IMPÉRIO

3ª edição

IMPÉRIO

Niall Ferguson

IMPÉRIO

Como os britânicos fizeram
o mundo moderno

Tradução
Marcelo Musa Cavallari

CRÍTICA

Copyright © Niall Ferguson, 2003
Copyright © Editora Planeta do Brasil, 2010, 2017, 2021
Todos os direitos reservados.
Título original: *Empire*

Revisão: Tulio Kawata e Ana Paula Felippe
Capa: Vitor Gentil
Imagem de capa: Photo12/UIG/Getty Images

CIP-BRASIL. CATALOGAÇÃO NA PUBLICAÇÃO
ANGÉLICA ILACQUA CRB-8/7057

Ferguson, Niall
  Império : como os britânicos fizeram o mundo moderno / Niall Ferguson ; tradução de Marcelo Musa Cavallari. – 3. ed. - São Paulo : Planeta do Brasil, 2021.
  432 p.

  ISBN 978-65-5535-434-8
  Título original: Empire

  1. Civilização moderna I. Título II. Cavallari, Marcelo Musa

21-2300   CDD: 909

Índices para catálogo sistemático:
1. Civilização moderna

2021
Todos os direitos desta edição reservados à
EDITORA PLANETA DO BRASIL LTDA.
Rua Bela Cintra, 986 – 4º andar
01415-002 – Consolação – São Paulo-SP
www.planetadelivros.com.br
faleconosco@editoraplaneta.com.br

O velho rio em sua larga extensão repousava tranquilo ao cair do dia, depois de eras de bons serviços prestados à raça que povoava suas margens, espraiado na tranquila dignidade de um curso de água que leva aos mais longínquos confins da terra... O fluxo da maré corre para a frente e para trás em seu serviço incessante, povoado de memórias de homens e navios que levou para o descanso do lar ou para as batalhas no mar. Ele conheceu e serviu todos os homens de que a nação se orgulha... Ele levou todos os navios cujos nomes são como joias brilhando na noite do tempo... Ele conheceu os navios e os homens. Eles navegaram de Deptford, de Greenwich, de Erith – os aventureiros e os colonizadores; navios de reis e navios de mercadores; capitães, almirantes, os escuros "clandestinos" do comércio oriental, e os "generais" comissionados das frotas das Índias Orientais. À caça de ouro ou em busca de fama, todos partiram por essa corrente, levando a espada, e, frequentemente, a tocha, mensageiros de poder dentro da terra, portadores de uma centelha do fogo sagrado. Que grandeza não flutuou nas cheias desse rio para dentro do mistério de uma terra desconhecida!... Os sonhos de homens, a semente de comunidades, os germes de impérios...

JOSEPH CONRAD, *O coração das trevas*

Sumário

Introdução	9
1. Por Que os Britânicos?	26
2. A Peste Branca	76
3. A Missão	134
4. Estirpe Celeste	182
5. Força Maxim	238
6. Império à Venda	309
Conclusão	376
Agradecimentos	393
Bibliografia	395
Índice Remissivo	410
Lista de Imagens	425

Introdução

Os britânicos controlam hoje o destino de 350 milhões de estrangeiros incapazes de governar a si mesmos, presas fáceis para a pilhagem e a injustiça, a não ser que um braço forte os proteja. Os britânicos estão dando a eles uma autoridade que tem suas falhas, sem dúvida, mas de uma forma, eu ousaria afirmar, que nenhum outro Estado conquistador jamais deu a um povo dependente.
GEORGE M. WRONG, 1909

[...] o colonialismo levou ao racismo, à discriminação racial, à xenofobia e à intolerância correlata, e [...] os africanos e os descendentes de africanos, os descendentes de asiáticos e de povos indígenas foram vítimas do colonialismo e continuam a ser vítimas de suas consequências.
DECLARAÇÃO DE DURBAN DA CONFERÊNCIA MUNDIAL CONTRA O RACISMO, DISCRIMINAÇÃO RACIAL, XENOFOBIA E INTOLERÂNCIA CORRELATA, 2001

Era uma vez um Império que governava aproximadamente um quarto da população mundial, cobria quase a mesma proporção da superfície terrestre do planeta e dominava praticamente todos os oceanos. O Império Britânico foi o maior império de todos os tempos, sem exceção. Como um arquipélago de ilhas chuvosas a noroeste da costa da Europa veio a governar o mundo é uma das questões fundamentais não só da história britânica, mas da história mundial. Essa é uma das questões que este livro tenta responder. A segunda questão, e talvez a mais difícil, a que ele se dedica é, simplesmente, se o Império foi uma coisa boa ou ruim.

Hoje em dia é bastante comum pensar que, no balanço geral, foi ruim. Provavelmente o principal motivo de o Império ter caído em descrédito foi o seu envolvimento no comércio de escravos no Atlântico e a escravidão em si. Isso já não é mais só uma questão de julgamento histórico, tornou-se um problema político e, potencialmente, legal. Em agosto de 1999, a Comissão da Verdade do Mundo Africano para Reparações e Repatriamento (African World Reparations and Repatriation Truth Commission), reunida em Acra, aprovou uma exigência de reparação por parte de "todas as nações da Europa ocidental e das Américas e de instituições que participaram e se beneficiaram do comércio de escravos e do colonialismo". A quantia sugerida como compensação adequada – baseada em estimativas do "número de vidas humanas perdidas pela África durante o comércio de escravos, assim como uma avaliação do valor do ouro, diamantes e outros minerais levados do continente durante o domínio colonial" – era de US$ 777 trilhões. Dado que mais de três milhões dos aproximadamente dez milhões de africanos que atravessaram o Atlântico para ser escravos antes de 1850 foram transportados em navios britânicos, supõe-se que a parcela das reparações britânicas poderia estar na casa dos 150 trilhões de libras.

Uma reivindicação como essa pode parecer fantasia. Mas a ideia recebeu um certo estímulo na Conferência Mundial das Nações Unidas contra o Racismo, Discriminação Racial, Xenofobia e Intolerância Correlata, realizada em Durban no verão de 2001. O relatório final da conferência "reconhecia" que a escravidão e o comércio de escravos foram um "crime contra a humanidade" do qual "os descendentes de africanos, asiáticos, descendentes de asiáticos e de povos indígenas" foram "vítimas". Em outra declaração da conferência, o "colonialismo" foi despreocupadamente amontoado com "escravidão, comércio de escravos [...] *apartheid* [...] e genocídio" em um chamado geral aos países membros da ONU "a honrar a memória das vítimas de tragédias passadas". Observando que "alguns Estados tomaram a iniciativa de pedir desculpas e pagaram reparações, quando apropriado, pelas graves violações cometidas em massa", a conferência "chamou todos aqueles que ainda não contribuíram para restaurar a dignidade das vítimas a encontrar formas apropriadas de fazê-lo".

Os próprios britânicos não deixaram de dar atenção a esses brados. Em maio de 2002, o diretor do centro de estudos Demos, sediado em Londres e que pode ser visto como a vanguarda do New Labour (Novo Trabalhismo), sugeriu que a rainha deveria embarcar em uma "turnê mundial para pedir desculpas pelos pecados passados do império como um primeiro passo para tornar a Commonwealth mais efetiva e relevante". A agência de notícias que relatou essa sugestão singular adicionou uma glosa muito útil: "Os críticos do Império Britânico, que no seu auge, em 1918, abrangia um quarto da população do mundo e da sua área, dizem que a sua imensa riqueza foi construída sobre a opressão e a exploração".

Em dezembro de 1999, um *site* da BBC (aparentemente voltado a crianças em idade escolar) ofereceu o seguinte resumo igualmente incisivo sobre a história imperial:

> O império atingiu a grandeza matando muitas pessoas com armas menos afiadas do que as suas e roubando os seus países, apesar de que os seus métodos mais tarde mudaram: matar muitas pessoas com metralhadoras destacou-se como a tática preferida do exército [...] (Ele) se esfacelou por causa de várias pessoas como o Mahatma Gandhi, heroico contestador revolucionário, sensível às necessidades de seu povo.

Sobre as perguntas feitas recentemente por um eminente historiador na rede de televisão BBC, pode-se dizer que resumem a opinião dominante atual. "Como", perguntou ele, "um povo que se achava livre acaba subjugando parte tão grande do mundo [...] Como um império da liberdade se torna um império de escravos? Como, apesar de suas 'boas intenções', os britânicos sacrificaram a 'humanidade comum' ao 'fetiche do mercado'?"

Beneficiários

Graças ao Império Britânico, tenho parentes espalhados pelo mundo inteiro – em Alberta, Ontário, na Filadélfia e em Perth, na Austrália. Por causa do Império, meu avô paterno John, quando tinha vinte e poucos anos, vendia ferramentas e aguardente para os índios no Equador.[1] Eu cresci admirando as duas grandes pinturas a óleo da paisagem andina trazidas na volta, penduradas gloriosamente na parede da sala da minha avó; e as duas bonecas indígenas, com o rosto carrancudo, curvadas sob o peso da lenha, destoando das estatuetas de porcelana ao lado na cristaleira. Graças ao Império, meu outro avô, Tom Hamilton, passou mais de três anos como oficial da Força Aérea Real combatendo os japoneses na Índia e na Birmânia. As suas cartas, conservadas carinhosamente pela minha avó, são um relato maravilhosamente observador e eloquente do Império na Índia na época da guerra, permeadas daquele liberalismo cético que era o cerne da sua filosofia. Ainda me lembro da alegria de virar as páginas com as fotografias que ele tirou quando es-

tava servindo na Índia e a emoção de ouvir suas histórias sobre os gaviões planando e o calor opressivo. Graças ao Império, o primeiro emprego de meu tio Ian Ferguson depois de formar-se em arquitetura foi na empresa McIntosh Burn de Calcutá, uma subsidiária da agência de administração Gillanders.*
Ian começara sua vida de trabalho na Marinha Real, e passou o resto da vida no exterior, primeiro na África e depois nos países do Golfo. Para mim, ele parecia a própria essência do aventureiro expatriado: queimado de sol, beberrão e orgulhosamente cínico – o único adulto que sempre, desde a minha mais tenra infância, me tratava como adulto, palavrões, humor negro e tudo.

O irmão dele – meu pai – também teve o seu momento de *Wanderlust*. Em 1966, depois de terminar os seus estudos de medicina em Glasgow, ele ignorou os conselhos de amigos e parentes levando sua mulher e seus dois filhos pequenos para o Quênia, onde trabalhou por dois anos ensinando e exercendo a medicina em Nairóbi. Assim, graças ao Império Britânico, as minhas lembranças mais remotas da infância são da África colonial, pois, apesar de o Quênia já ser independente por três anos e tocar constantemente no rádio a melodia que era a marca registrada de Jomo Kenyatta, "Harambe, Harambe" [Vamos todos nos unir], praticamente nada havia mudado desde os dias da Malícia Branca.** Tínhamos o nosso bangalô, nossa empregada, nosso suaíli rudimentar – e nossa sensação de segurança inabalável. Foi uma época mágica, que gravou indelevelmente na minha consciência a visão de um guepardo caçando, o som das mulheres kikuyu cantando, o cheiro das primeiras chuvas e o gosto de manga madura. Desconfio que minha mãe nunca foi mais feliz. E apesar de que finalmente voltamos para o céu cinzento e a suja neve derretida do inverno de Glasgow, nossa casa sempre foi cheia de lembranças do Quênia. Havia uma pele de antílope no sofá, um retrato dos guerreiros masai na parede, o banquinho entalhado rústico mas de decoração refinada em que eu e minha irmã gostávamos de nos empoleirar. Cada um tinha o seu tambor

---

* Agência de administração (*management agency*), empresas controladoras de companhias por ações, eram a forma preferida pelos britânicos para montar empresas na Índia durante o Império. (N. T.)

** No original *White Mischief*, alusão à obra de Evelyn Waugh *Black Mischief* (1932) (título traduzido em português como *Malícia negra*), sátira à tentativa de modernização da Abissínia (atual Etiópia) por Hailé Selassié. (N. T.)

de pele de zebra, uma cesta espalhafatosa de Mombasa, um espanta-mosca de pelo de gnu e uma boneca kikuyu. Nós não sabíamos, mas crescemos em um pequeno museu pós-colonial. Ainda tenho o hipopótamo, o javali, o elefante e o leão esculpidos em madeira que já foram os meus bens mais preciosos.

Ainda assim, tínhamos vindo para casa – e nunca mais voltamos lá. Quem nunca voltou para Escócia foi a minha tia-avó Agnes Ferguson (Aggie para todos os que a conheciam). Nascida em 1888, filha do meu bisavô James Ferguson, jardineiro, e de sua primeira mulher, Mary, Aggie personificou o poder transformado do sonho imperial. Em 1911, fisgada pelas fotos sedutoras das pradarias canadenses, ela e seu marido recente, Ernest Brown, decidiram seguir o exemplo do irmão dele: deixar a casa, a família e os amigos em Fife e rumar para o oeste. A isca foi a oferta de 160 acres de terra virgem em Saskatchewan, sem custo. A única condição é que tinham de construir uma habitação lá e cultivar a terra. Segundo a lenda da família, Aggie e Ernest deveriam ter viajado no *Titanic*. Por sorte, apenas a bagagem deles estava a bordo quando o navio afundou. De certa forma isso foi sorte, mas o resultado foi que precisaram começar a sua nova vida do nada. Se Aggie e Ernest achavam que iam se livrar do desagradável inverno escocês, ficaram rapidamente decepcionados. O que encontraram em Glenrock foi um descampado exposto ao vento onde as temperaturas podiam despencar muito mais do que na garoa de Fife. Era, como escreveu Ernest à sua irmã, "com certeza terrivelmente frio". O primeiro abrigo que conseguiram construir era tão primitivo que eles o chamavam de galinheiro. A cidade mais próxima, Moose Jaw [queixada de alce], ficava a 150 quilômetros. Para começar, seus vizinhos mais próximos eram índios, amigáveis, felizmente.

Mesmo assim, as fotografias em preto e branco deles e do "nosso lar na pradaria" que mandavam para os parentes todo Natal contam uma história de sucesso e realização, de uma felicidade conquistada a duras penas. Mãe de três crianças saudáveis, Aggie perdeu aquela aparência pálida que exibia quando era uma noiva emigrante. Ernest ficou bronzeado e com os ombros largos de trabalhar no solo da pradaria, raspou o bigode; de desenxabido que era, ficou bonito. O galinheiro foi substituído por uma casa de madeira. Gradualmente, a sensação de isolamento foi diminuindo, conforme mais escoceses se estabeleceram na região. Era reconfortante poder celebrar o Hogmanay com conterrâneos tão longe de casa, já que "eles não celebram muito o Ano-Novo por aqui, só os escoceses". Hoje os seus dez netos vivem por todo o Canadá, um país em que a renda anual é não apenas 10% mais alta que a britânica, mas inferior apenas à dos Estados Unidos. Tudo graças ao Império Britânico.

Dizer que eu cresci à sombra do Império seria evocar uma imagem muito tenebrosa. Para os escoceses, o Império era sinônimo da luz brilhante do Sol. Pode ter restado pouco dele no mapa já nos anos 1970, mas a minha família estava tão completamente imbuída do *éthos* imperial que a sua importância permaneceu inquestionável. Na verdade, o legado do Império era tão onipresente que nós o considerávamos parte da condição humana normal. As férias no Canadá não colaboravam em nada para alterar essa impressão. Nem aquela difamação sistemática da Irlanda católica que naqueles tempos era parte integrante da vida ao sul do Clyde. Cresci achando complacentemente que Glasgow era a "Segunda Cidade" (do Império); lendo sem espírito crítico os livros de H. Rider Haggard e John Buchan, apreciando todos os confrontos esportivos imperiais – principalmente o rúgbi, as turnês dos Lions* para Austrália, Nova Zelândia e (até serem lamentavelmente interrompidas) África do Sul[2]. Em casa, comíamos "biscoitos Império". Na escola, praticávamos "tiro imperial".

Os Argumentos Contra

Admito que, quando cheguei à adolescência, a ideia de um mundo governado por camaradas com casacos vermelhos, nariz empinado e capacetes de cortiça tinha virado um pouco piada, matéria-prima para comédias e séries de TV cômicas, como *Carry on Up the Khyber*, *It Ain't Half Hot Mum* e *Flying Circus*, do Monty Python. Talvez a linha arquetípica do gênero seja o filme do Monty Python *O sentido da vida*, quando "Tommy", jorrando sangue, fatalmente ferido em uma batalha contra os zulus, exclama em êxtase: "Quero dizer, matei quinze daqueles canalhas, senhor. Em casa, eu seria enforcado! Aqui eu vou ganhar uma porra de uma medalha, senhor!".

Quando cheguei a Oxford em 1982, o Império já nem engraçado era mais. Naqueles dias, a Oxford Union** ainda debatia moções solenes como

---

* Os Lions são uma seleção de rúgbi composta por jogadores da Escócia, da Inglaterra, do País de Gales e da Irlanda. (N. T.)

** Associação de debates da Universidade de Oxford. (N. T.)

Introdução

"Esta Casa Lamenta a Colonização". Jovem e tolo, eu me opus imprudentemente a essa moção e, ao fazer isso, encerrei prematuramente minha carreira na política estudantil. Acho que foi naquele momento que caiu a ficha: era claro que nem todo mundo compartilhava da minha visão otimista do passado imperial britânico. Na verdade, alguns dos meus contemporâneos ficavam bem escandalizados por eu estar disposto a defendê-lo. Quando comecei a estudar o assunto a sério, acabei percebendo que eu e minha família estávamos lamentavelmente mal informados: os custos do Império Britânico tinham, de fato, superado substancialmente os lucros. O Império tinha, no fim das contas, sido uma das Coisas Ruins da história.

Não é necessário recapitular aqui em nenhum detalhe os argumentos contra o imperialismo. Eles podem ser resumidos, eu acho, em dois tópicos: os que enfatizam as consequências negativas para os colonizados e os que enfatizam as consequências negativas para os colonizadores. À primeira categoria pertencem tanto os nacionalistas quanto os marxistas, desde o historiador do império mogol Gholam Hossein Khan, autor de *Seir Mutaqherin* (1789), até o acadêmico palestino Edward Said, autor de *Orientalismo* (1978), passando por Lênin e milhares de outros no meio. Ao segundo campo pertencem os liberais, de Adam Smith em diante, sustentando por quase o mesmo número de anos que o Império Britânico foi, mesmo sob o ponto de vista dos britânicos, "um desperdício de dinheiro".

A suposição central nacionalista/marxista é, óbvio, que o imperialismo foi economicamente explorador; todas as facetas do domínio imperial, incluindo os esforços aparentemente sinceros dos europeus para estudar e compreender as culturas nativas, foram em suas raízes planejadas para maximizar o "excedente" que poderia ser extraído dos povos subjugados. A suposição liberal central é mais paradoxal. Precisamente porque o imperialismo distorcia as forças do mercado – usando de tudo, desde poderio militar até tarifas preferenciais para manipular os negócios a favor das metrópoles –, ele também não era de interesse econômico para a metrópole no longo prazo. Nessa visão, era a livre integração econômica com o resto da economia mundial que interessava, não a integração coercitiva do imperialismo. Assim, o investimento na indústria doméstica teria sido melhor para os britânicos do que o investimento em colônias distantes, e o custo de defender o Império era um fardo para os pagadores de imposto, que poderiam por outro lado gastar o seu dinheiro nos produtos de um moderno setor de bens de consumo. Um historiador, ao escrever para a nova *História do Império Britânico de Oxford*, chegou a ponto de especular que, se os britânicos tivessem se livrado do Império em meados dos anos 1840, poderiam ter colhido um "dividendo da descolonização" na forma de um corte de impostos de 25%. O dinheiro que os contribuintes teriam economizado como resultado disso poderia ter sido gasto em eletricidade, carros e bens de consumo duráveis, incentivando assim a modernização industrial em casa.

Há quase cem anos, autores como J. A. Hobson e Leonard Hobhouse argumentavam em termos muito parecidos; eles, por sua vez, eram em certa medida herdeiros de Richard Cobden e John Bright nos anos 1840 e 1850. Em *A riqueza das nações*, Adam Smith expressou suas dúvidas sobre se era inteligente "criar uma nação de consumidores que seria obrigada a comprar nas lojas dos nossos diversos produtores todos os produtos com que eles pudessem supri-los". Mas foi Cobden que insistiu originalmente que a expansão do comércio britânico deveria andar de mãos dadas com uma política externa de completa não intervenção. O comércio sozinho, sustentava ele, era "a grande solução"

> que, como uma descoberta médica benéfica, vai servir para inocular com o saudável e salvador gosto pela civilização todos os países do mundo. Nem um fardo de mercadoria deixa a nossa costa sem levar as sementes da inteligência e do pensamento frutífero aos membros de algumas comunidades menos esclarecidas; nem um mercador visita nossas sedes das indústrias de produção sem voltar para o seu país como um missionário da liberdade, da paz e do bom governo – enquanto os nossos barcos a vapor, que agora visitam todos os portos da Europa, e as nossas milagrosas estradas de ferro, que são assunto em todos os países, são a propaganda e os comprovantes do valor das nossas instituições esclarecidas.

O ponto crítico para Cobden era que nem o comércio nem mesmo a expansão da "civilização" precisavam ser *impostas* pelas estruturas imperiais. Na verdade, o uso da força poderia não levar a nada se tentasse ir contra as benignas leis do mercado global livre:

> No que concerne ao nosso comércio, ele não pode nem ser sustentado nem muito prejudicado no exterior pela força ou pela violência. Os clientes estrangeiros que visitam nossos mercados não são aqui trazidos pelo medo do poder ou da

influência dos diplomatas britânicos: eles não são capturados pelas nossas frotas e exércitos: tampouco são atraídos por sentimentos de amor por nós, pois "não há amizade no comércio" é uma máxima igualmente aplicável a países e indivíduos. É somente pelos próprios interesses que os mercadores da Europa, assim como do resto do mundo, enviam seus navios aos nossos portos para serem carregados com os produtos do nosso trabalho. Um impulso idêntico atraiu todos os países, em diferentes períodos da história, a Tiro, a Veneza e a Amsterdã, e se, na revolução do tempo e dos acontecimentos, fosse descoberto um país (o que é provável) cujo algodão e cujas lãs fossem mais baratos do que os da Inglaterra e do resto do mundo, então para esse ponto – ainda que, supostamente, estivesse enterrado no canto mais remoto do globo – todos os comerciantes do mundo afluiriam, e nenhum poderio humano, frotas ou exércitos, evitariam que Manchester, Liverpool e Leeds compartilhassem o mesmo destino dos seus um dia orgulhosos antecessores na Holanda, na Itália e na Fenícia [...]

Assim, não havia necessidade de um império; o comércio cuidaria de si mesmo – e tudo o mais também, incluindo a paz mundial. Em maio de 1856, Cobden chegou a dizer que "seria um dia feliz quando a Inglaterra não tiver nem um acre de território na Ásia continental".

O fator comum a todos esses argumentos era e continua a ser, contudo, a suposição de que os benefícios do intercâmbio internacional poderiam ter sido e podem ser colhidos sem os custos do império. Para ser mais conciso, dá para ter globalização sem canhoneiras?

O Império e a Globalização

Tornou-se quase um lugar comum dizer que a globalização hoje tem muito em comum com a integração da economia mundial nas décadas anteriores a 1914. Mas o que exatamente significa essa palavra desgastada? Seria, como Cobden dá a entender, um fenômeno determinado economicamente, em que o intercâmbio livre de *commodities* e manufaturados tendesse a "unir a humanidade com os laços da paz"? Ou poderia o livre comércio precisar de um arcabouço político para funcionar?

Os adversários de esquerda da globalização naturalmente a veem como não mais do que a mais recente manifestação de um capitalismo internacional com uma resistência maldita. Por contraste, o consenso moderno entre economistas liberais é que o aumento da abertura econômica eleva os níveis de vida, mesmo que sempre haja alguns perdedores finais, conforme grupos sociais até o momento privilegiados e protegidos vão sendo expostos à competição internacional. Mas tanto os economistas quanto os historiadores econômicos preferem concentrar sua atenção no fluxo das mercadorias, do capital e do trabalho. Eles falam menos sobre o fluxo de conhecimento, cultura e instituições. Também tendem a prestar mais atenção às formas como o governo pode *facilitar* a globalização através de diversos tipos de desregulamentação do que às formas como ele pode promovê-la ativamente e na verdade *impô-la*. Há um apreço crescente pela importância das instituições legais, financeiras e administrativas como o império da lei, regimes monetários confiáveis, sistemas fiscais transparentes e burocracias não corruptas para incentivar o fluxo de capital através das fronteiras. Mas como as versões da Europa ocidental para essas instituições se disseminaram tão amplamente como fizeram?

Em alguns casos raros – o mais óbvio é o do Japão –, houve um processo voluntário consciente de imitação. Mas, com maior frequência, as instituições europeias foram impostas por pura força, muitas vezes literalmente a bala. Em teoria, a globalização pode ser possível em um sistema internacional de cooperação multilateral, surgido espontaneamente como vislumbrou Cobden. Mas também pode muito bem ser possível como resultado de coerção se o poder dominante do mundo der preferência ao liberalismo econômico. O império – e especificamente o Império Britânico – é o exemplo que vem à mente.

Hoje, as principais barreiras à alocação ótima do trabalho, do capital e dos bens no mundo são, por um lado, guerras civis e governos corruptos e sem leis que juntos condenaram tantos países da África subsaariana e partes da Ásia a décadas de empobrecimento; e, por outro lado, a relutância dos Estados Unidos e seus aliados em praticar, além de pregar, o livre comércio, ou de dedicar mais do que uma parcela ínfima de seus vastos recursos a programas de ajuda econômica. Por contraste, ao longo de boa parte da (ainda que certamente, como veremos, não toda) sua história, o Império Britânico agiu como uma agência dedicada a impor mercados livres, império da lei, proteção ao investidor e um governo relativamente incorrupto em mais ou menos um quarto do mundo. O Império também fez um bom tanto para incentivar essas coisas em países que estavam fora do domínio imperial formal, mas sob a sua influência econômica através do "imperialismo do livre comércio". À primeira vista, portanto, parece ser um argumento plausível dizer que o Império aumentou a prosperidade global – em outras palavras, foi uma Boa Coisa.

Muitas acusações, é claro, podem ser feitas contra o Império Britânico; elas não vão ser deixadas de lado no que se segue. Eu não afirmo, como John Stuart Mill fazia, que o domínio britânico na Índia foi "não somente com a mais pura das intenções, mas o mais benéfico em ato jamais visto pela humanidade", nem, como fez *Lord* Curzon, que "o Império Britânico é, abaixo da Providência, o maior instrumento para o bem que o mundo já viu", nem, como afirmou o general Smuts, que foi "o sistema mais amplo de liberdade humana organizada que jamais existiu na história humana". O Império nunca foi tão altruísta assim. No século XVIII, os britânicos eram na verdade tão empenhados na aquisição e exploração de escravos como foram logo depois empenhados em tentar acabar com a escravidão; e, por muito mais tempo, praticaram formas de discriminação racial e segregação que nós hoje consideramos detestável. Quando a autoridade imperial foi desafiada – na Índia em 1857, na Jamaica em 1831 e em 1865, na África do Sul em 1899 –, a reação britânica foi brutal. Quando a fome atacou (na Irlanda nos anos 1840, na Índia nos anos 1870), a reação foi negligente, em certa medida, claramente culpada. Mesmo quando tiveram interesse acadêmico pelas culturas orientais, talvez as tenham denegrido sutilmente no processo.

Ainda assim permanece o fato de que nenhuma organização na história fez mais para promover a livre movimentação dos bens, do capital e do trabalho do que o Império Britânico no século XIX e no início do XX. E nenhuma organização fez mais para impor as normas ocidentais de lei, de ordem e de governo ao redor do mundo. Caracterizar isso tudo como "capitalismo cavalheiresco" corre o risco de diminuir a escala – e a modernidade – da realização na esfera da economia; assim como a crítica ao caráter "ornamental" (leia-se hierárquico) do domínio ultramarino britânico tende a desconsiderar as virtudes notáveis do que foram administrações extraordinariamente não venais. Não foi só a minha família que se beneficiou dessas coisas.

A dificuldade com as realizações do Império é que elas têm uma probabilidade muito maior de serem consideradas menos importantes do que seus pecados. É instrutivo, no entanto, tentar imaginar um mundo sem o Império. Ao passo que seria mais ou menos possível imaginar o mundo sem a Revolução Francesa ou sem a Primeira Guerra Mundial, a imaginação patina numa história moderna contrafactual sem o Império Britânico.

Viajando pelos vestígios daquele Império na primeira metade de 2002, eu ficava frequentemente impressionado com sua ubíqua criatividade. Imaginar o mundo sem o Império seria riscar do mapa os elegantes bulevares de Williamsburg e da velha Filadélfia, lançar ao mar as ameias atarracadas de Port Royal, na Jamaica; fazer voltar a arbustos a gloriosa silhueta de Sidney, nivelar a favela fumacenta à beira-mar que é Free Town, em Serra Leoa, tapar o Big Hole de Kimberley, demolir a missão de Kuruman, lançar a cidade de Livingstone cataratas Vitória abaixo – que, claro, voltariam a ter o seu nome original, Mosioatunya. Sem o Império Britânico, não existiria Calcutá, Bombaim ou Madras. Os indianos podem mudar o nome das cidades o quanto quiserem, mas elas vão continuar sendo cidades fundadas e construídas pelos britânicos.

É, claro, tentador argumentar que tudo poderia ter acontecido de qualquer jeito, ainda que com nomes diferentes. Talvez as estradas de ferro tivessem sido inventadas e exportadas por outra potência europeia, talvez os cabos de telégrafo tivessem sido instalados no fundo do mar por outros. Talvez, como afirmava Cobden, os mesmos volumes de comércio tivessem ocorrido sem impérios belicosos intervindo no comércio pacífico. Talvez também os grandes deslocamentos de populações que transformaram as culturas e a cor da pele de continentes inteiros tivessem ocorrido de qualquer maneira.

Ainda assim, há motivos para duvidar que o mundo tivesse sido o mesmo ou mesmo parecido na ausência do Império. Mesmo se aceitarmos a possibilidade de que o comércio, o fluxo de capital e a migração poderiam estar "ocorrendo naturalmente" nos últimos trezentos anos, resta o fluxo da cultura e das instituições. E aqui as impressões digitais de um império parecem ser discerníveis mais imediatamente e serem menos fáceis de descartar.

Quando os britânicos governavam um país – mesmo quando apenas influenciavam o seu governo flexionando os seus músculos militares e financeiros –, havia certas características peculiares da sua própria sociedade que eles costumavam disseminar. A lista das mais importantes seria:

1. a língua inglesa;
2. formas inglesas de posse de terra;
3. bancos ingleses e escoceses;
4. o sistema de Common Law;
5. protestantismo;
6. esportes coletivos;
7. o Estado limitado ou do "vigilante noturno";
8. assembleias representativas;
9. a ideia da liberdade.

A última talvez seja a mais importante, porque continua sendo a característica mais peculiar do Império, aquilo que o separa dos seus rivais da Europa continental. Não pretendo afirmar que todos os imperialistas britânicos eram liberais: alguns estavam muito longe disso. Mas o que é muito impressionante na história do Império é que, toda vez que os britânicos se comportavam despoticamente, quase sempre havia uma crítica liberal a esse comportamento vinda de dentro da sociedade britânica. Na verdade, essa tendência a julgar a conduta imperial pelo padrão de liberdade era tão poderosa e consistente que deu ao Império Britânico um certo caráter autodestrutivo. Uma vez que uma sociedade colonizada tivesse adotado suficientemente as outras instituições que os britânicos traziam consigo, ficava muito difícil para os britânicos proibir aquela liberdade política a que eles mesmos davam tanta importância.

Teriam outros impérios produzido os mesmos efeitos? Parece duvidoso. Em minhas viagens, tive vislumbres de muitos impérios mundiais que poderiam ter existido. Na dilapidada Chinsura, uma visão de como a Ásia poderia ter sido se o império holandês não tivesse declinado e caído; na caiada Pondicherry, com a qual toda a Índia poderia se parecer se os franceses tivessem ganhado a Guerra dos Sete Anos; na poeirenta Délhi, onde o império mogol poderia ter sido restaurado se o Motim Indiano não tivesse sido esmagado; na úmida Kanchanaburi, onde o império japonês construiu a sua ponte sobre o rio Kwai com o trabalho escravo britânico. Nova Amsterdã seria a Nova York que conhecemos hoje se os holandeses não a tivessem entregado aos britânicos em 1664? Ela não seria mais parecida com Bloemfontein, uma autêntica sobrevivente da colonização holandesa?

Anglobalização

Existem já algumas boas histórias gerais do Império publicadas. O meu objetivo não é reproduzi-las, mas escrever a história da globalização tal como ela foi promovida pelos britânicos e suas colônias – "anglobalização", se quiser. A estrutura é basicamente cronológica, mas cada um dos seis capítulos tem um tema diferente. Em prol da simplicidade, o conteúdo pode ser resumido como a globalização dos:

1. mercados de bens;
2. mercado de trabalho;
3. cultura;
4. governo;
5. mercado de capitais;
6. guerra.

Ou, em termos mais humanos, o papel dos:

1. piratas;
2. plantadores;
3. missionários;
4. mandarins;*
5. banqueiros;
6. falidos.

O primeiro capítulo enfatiza o fato de que o Império Britânico começou como um fenômeno originalmente econômico, com o seu crescimento impulsionado pelo comércio e pelo consumo. A demanda por açúcar levou mercadores para o Caribe. A demanda por especiarias, chá e tecidos levou-os para a Ásia. Mas isso foi, desde o princípio, globalização com canhoneiras, pois os britânicos não foram os primeiros construtores de impérios, mas sim os piratas que recolhiam os restos dos impérios anteriores de Portugal, Espanha, Holanda e França. Eles eram imitadores imperiais.

---

* Mandarim é o apelido que os britânicos davam aos funcionários graduados do governo britânico que serviam em algum lugar do Império. (N. T.)

O segundo capítulo descreve o papel da migração. A colonização britânica foi um vasto movimento de povos, um *Völkerwanderung* como nada antes nem depois. Alguns saíram das Ilhas Britânicas em busca de liberdade religiosa, alguns em busca de liberdade política, alguns em busca de lucro. Outros não tiveram escolha, indo como escravos ou criminosos condenados. O tema central desse capítulo, portanto, é a tensão entre as teorias britânicas de liberdade e a prática do governo imperial, e como essa tensão acabou sendo resolvida.

O capítulo 3 enfatiza o caráter voluntário, não governamental da construção do Império, concentrando-se em particular no papel cada vez mais importante exercido por seitas religiosas evangélicas e sociedades missionárias na expansão da influência britânica. Um ponto crítico aqui é o projeto modernizador consciente que emanou dessas organizações – as "ONGs" vitorianas. O paradoxo é que foi precisamente a crença de que culturas nativas poderiam ser anglicizadas que provocou a revolta mais violenta do século XIX contra o domínio imperial.

O Império Britânico foi a coisa mais próxima de um governo mundial que já existiu. Apesar disso, a sua forma de operar era um triunfo do minimalismo. Para governar uma população que chegava a centenas de milhões, o Serviço Civil Indiano tinha uma força máxima de pouco mais de mil. O capítulo 4 pergunta como foi possível uma burocracia tão minúscula governar um império tão imenso, e explora a colaboração simbiótica, mas em última instância insustentável, entre os governantes britânicos e as elites locais, tanto tradicionais quanto novas.

O capítulo 5 lida principalmente com o papel da força militar no período da "Corrida pela África", explorando a interação entre a globalização financeira e a corrida armamentista entre as potências europeias. Embora eles já tivessem sido previstos antes, essa foi a era em que nasceram três fenômenos modernos críticos: o mercado de títulos verdadeiramente global, o complexo militar-industrial e os meios de comunicação de massa. A influência deles foi crucial para levar o Império a seu apogeu. A imprensa, acima de tudo, levou o Império à tentação que os gregos chamaram de *hybris*: o orgulho que precede a queda.

Por fim, o capítulo 6 considera o papel do Império no século XX, quando se viu desafiado não tanto pela insurgência nacionalista – ele conseguia lidar com ela –, mas por impérios rivais, e muito mais implacáveis. O ano de 1940 foi o momento em que o Império foi pesado na balança histórica; quando enfrentou a escolha entre um compromisso com o império malévolo de Hitler e lutar por, na melhor das hipóteses, uma vitória de Pirro. Na minha opinião, foi feita a escolha certa. Em um volume único que cobre o que foram, com efeito, quatrocentos anos de história global, vai haver necessariamente omissões; e estou dolorosamente ciente disso. Tentei, no entanto, não selecionar de forma a elogiar. A escravidão e o comércio de escravos não podem ser e não são negados; não mais do que a fome da batata irlandesa, a expropriação dos matabeles ou o massacre de Amritsar. Mas este balanço das conquistas do Império Britânico não omite também o lado do crédito. Busca mostrar que o legado do Império não é apenas "racismo, discriminação racial, xenofobia e intolerância correlata" – o que de qualquer forma já existia muito antes do colonialismo –, mas

- o triunfo do capitalismo como sistema ótimo de organização econômica;
- a anglicização da América do Norte e da Australásia;
- a internacionalização da língua inglesa;
- a influência duradoura da versão protestante da cristandade; e, acima de tudo,
- a sobrevivência das instituições parlamentares, que impérios muito piores ansiavam por extinguir nos anos 1940.

Quando jovem, recém-saído de sua primeira guerra colonial, Winston Churchill fez uma boa pergunta:

Que empreendimento uma comunidade esclarecida possa tentar é mais nobre e mais rentável do que livrar regiões férteis e grandes populações da barbárie? Levar a paz a tribos em guerra, ministrar justiça onde tudo era violência, arrancar as correntes do escravo, extrair a riqueza do solo, plantar as primeiras sementes do comércio e do aprendizado, aumentar em povos inteiros sua capacidade de ter prazer e diminuir suas chances de sofrer – que ideal mais belo ou recompensa mais valiosa pode inspirar o esforço humano?

Mas Churchill reconheceu que, mesmo com tais aspirações, a prática do Império raramente era edificante.

Ainda assim, quando a mente se volta do maravilhoso castelo nas nuvens da aspiração para os feios andaimes da tentativa e da realização, uma sucessão de ideias contraditórias surge [...] O inevitável fosso entre conquista e governo preenche-se com as figuras do comerciante ganancioso, do missionário inoportuno, do soldado ambicioso e do especulador mentiroso, que inquietam as mentes dos conquistados e incitam os apetites sórdidos dos conquistadores. E quando os olhos do pensamento se fixam sobre esses traços sinistros, mal nos parece possível acreditar que algum belo panorama possa ser atingido por um caminho tão odioso.

Para o bem ou para o mal – belo ou odioso –, o mundo que conhecemos hoje é em grande medida o produto da era imperial britânica. A questão não é se o imperialismo britânico foi imaculado. Não foi. A questão é se poderia ter havido um caminho menos sangrento para a modernidade. Em teoria, talvez houvesse. Mas e na prática? O que se segue, espero, vai permitir que o leitor decida.

---

1. Não era uma colônia, é claro, mas fazia parte do império econômico britânico informal na América Latina.
2. A proibição das turnês esportivas na África era na verdade muito fácil de reconciliar com os pressupostos liberais imperialistas da minha juventude. Parecia óbvio que ao negar aos negros africanos seus direitos civis e políticos, os afrikâneres estavam apenas mostrando quem realmente eram e justificando os esforços prévios (infelizmente fracassados) dos britânicos [...] para romper a sua dominância. Acho que a possibilidade de que sistema do *apartheid* tivesse alguma coisa a ver com o domínio britânico – ou de que os britânicos alguma vez tivessem posto em prática os seus próprios sistemas tácitos de *apartheid* – nunca me passaram pela cabeça.

I
Por Que os Britânicos?

> Por que meios os europeus são poderosos assim, ou por que, já que eles podem ir à Ásia e à África comerciar ou conquistar, os asiáticos e os africanos não podem invadir suas costas, estabelecer colônias em seus portos e ditar as leis aos seus príncipes naturais? O mesmo vento que os leva de volta poderia nos levar para lá.
> SAMUEL JOHNSON, *Rasselas*

Em dezembro de 1663, um galês chamado Henry Morgan navegou oitocentos quilômetros até o Caribe para realizar um ataque espetacular a um posto avançado espanhol chamado Gran Grenada, ao norte do lago Nicarágua. O objetivo da expedição era simples: encontrar e roubar ouro espanhol – ou qualquer outro bem móvel. Quando Morgan e seus homens chegaram a Gran Grenada, conforme relatou o governador da Jamaica em um despacho para Londres, "dispararam uma salva de tiros, destruíram dezoito canhões grandes tomaram a casa do intendente, onde estavam todas as armas e munições deles, trancaram na igreja principal trezentos prisioneiros dentre os melhores homens deles [...] saquearam por dezesseis horas, libertaram os prisioneiros, afundaram todos os navios e depois vieram embora". Foi o início da mais extraordinária onda de ataques para esmagar e depois pegar tudo do século XVII.

Nunca deve ser esquecido que foi assim que o Império Britânico começou: com um redemoinho de violência e ladroagem marítimas. Ele não foi concebido por imperialistas conscientes, desejosos de estabelecer o domínio britânico sobre terras estrangeiras, ou colonos esperançosos por construir uma nova vida além-mar. Morgan e seus companheiros "bucaneiros"[1] eram ladrões tentando roubar os ganhos do Império dos outros.

Os bucaneiros se autodenominavam "Confrades da Costa" e tinham um sistema complexo de divisão de lucros, incluindo apólices de seguro por ferimentos. Essencialmente, no entanto, eles se dedicavam ao crime organizado. Quando Morgan liderou outro ataque contra a cidade espanhola de Portobelo, no Panamá, em 1668, voltou com tantos despojos – no total, um quarto de milhão de peças de oito – que as moedas viraram dinheiro legal na Jamaica. Isso somava 60 mil libras com apenas um ataque. O governo britânico não só tolerava a atividade de Morgan, como positivamente o encorajava. Vista de Londres, a pirataria era uma forma barata de travar uma guerra contra o principal inimigo europeu da Inglaterra, a Espanha. Efetivamente, a Coroa licenciava piratas como "corsários", legalizando suas operações em troca de uma parte dos ganhos. A carreira de Morgan foi um exemplo clássico da forma como o Império Britânico começou, usando mercenários empreendedores tanto quanto forças oficiais.

Os Piratas

Acreditava-se que o Império Britânico tivesse sido conquistado em "um acesso de distração". Na verdade, a expansão da Inglaterra não foi nem de longe sem intenção: foi um ato consciente de imitação. Historiadores econômicos muitas vezes pensam na Inglaterra como "a primeira nação industrial". Mas, na corrida europeia por império, os ingleses largaram tarde. Foi só em 1655, por exemplo, que a Inglaterra adquiriu a Jamaica. Naquele tempo, o Império Britânico somava pouco mais do que um punhado de ilhas caribenhas, cinco *plantations* na América do Norte e uns poucos portos indianos. Cristóvão Colombo havia estabelecido as fundações do império americano da Espanha um século e meio antes. Aquele império causava inveja ao mundo, estendendo-se então de Madri a Manila e abrangendo o Peru e o México, os territórios mais ricos e mais populosos do continente americano. Até mais extenso e não menos rentável era o império português, que se espalhava para além das ilhas atlânticas de Madeira e São Tomé até incluir o enorme território do Brasil e numerosos postos avançados de comércio na África Ocidental, Indonésia, Índia e até na China. Em 1493, o papa havia expedido uma bula dando o comércio nas Américas para a Espanha e o comércio na Ásia para Portugal. Nessa divisão do mundo, os portugueses tinham ficado com o açúcar, as especiarias e os escravos. Mas o que os ingleses mais invejavam era o que os espanhóis descobriram na América: ouro e prata.

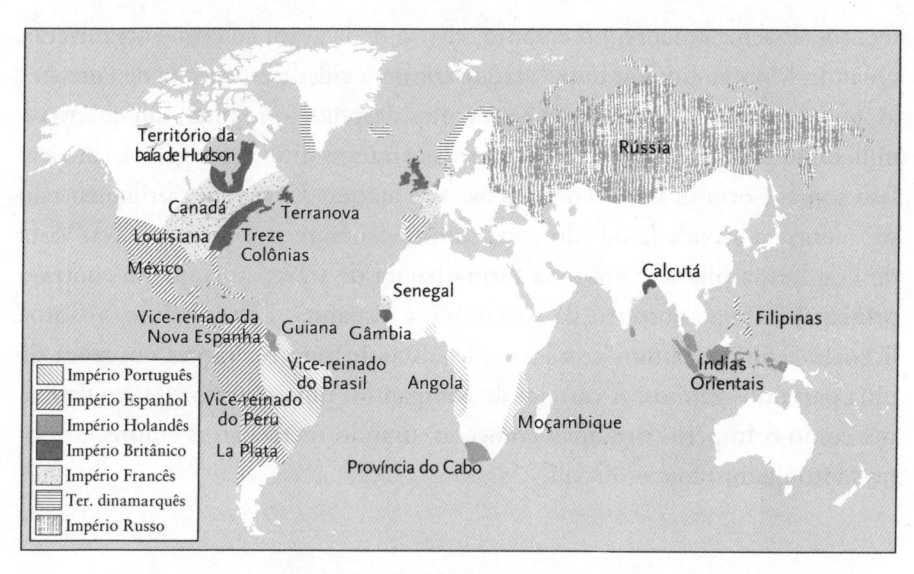

Impérios coloniais europeus, c. 1750

Desde o tempo de Henrique VII, os ingleses sonhavam encontrar um "El Dorado" próprio, na esperança de que a Inglaterra também pudesse ficar rica com os metais americanos. Muitas vezes não deu em nada. O melhor que haviam conseguido fazer foi explorar suas habilidades como marinheiros para roubar dinheiro dos navios e dos assentamentos espanhóis. Já em março de 1496, em uma manobra claramente inspirada pela descoberta da América por Colombo em nome da Coroa espanhola três anos antes, Henrique VII concedeu uma carta-patente ao navegador veneziano John Cabot, dando a ele e a seus filhos

> autoridade, faculdade e poder totais e livres para navegar a todas as partes, regiões ou costas do mar do leste, do oeste e do norte [para o sul não, para evitar conflitos com as descobertas espanholas], sob nossos estandartes, bandeiras e insígnias [...] para achar, descobrir e investigar quaisquer ilhas, países, regiões, províncias de pagãos ou infiéis, em qualquer parte do mundo localizados, que antes desse tempo fossem desconhecidos de todos os cristãos [...] e conquistar, ocupar e tomar posse de tais vilarejos, castelos, cidades e ilhas quaisquer por eles descobertos que possam conquistar, ocupar e tomar posse, como nossos vassalos, governadores terra-tenentes e representantes naquele lugar, adquirindo para nós o domínio, o título e a jurisdição desses mesmos vilarejos, castelos, cidades, ilhas e terras assim descobertos [...]

A inveja inglesa do império só ficou mais aguda depois da Reforma, quando os proponentes da guerra contra a Espanha católica começaram a argumentar que a Inglaterra tinha uma obrigação religiosa de construir um império protestante para fazer frente aos impérios "papistas" dos espanhóis e dos portugueses. O intelectual elizabetano Richard Hakluyt argumentava que, se o papa podia dar a Fernando e a Isabel o direito de ocupar "as ilhas e terras [...] que vocês tenham descoberto ou venham a descobrir" fora da cristandade, a Coroa inglesa tinha obrigação de "ampliar e fazer avançar [...] a fé de Cristo" em nome do protestantismo. A concepção inglesa de império foi, assim, formada em reação à da sua rival espanhola. O império da Inglaterra seria baseado no protestantismo, o espanhol repousava sobre o papismo.

Havia também uma distinção política. O império espanhol era uma autocracia, governada a partir do centro. Com o seu tesouro transbordando com a prata americana, o rei da Espanha podia acreditar ser possível aspirar ao domínio do mundo. Para o que mais servia todo aquele dinheiro, senão para aumentar a sua glória? Na Inglaterra, por comparação, o poder do monarca nunca se tornou absoluto; sempre foi limitado, primeiro pela aristocracia rica do país e depois pelas duas casas do Parlamento. Em 1649, um rei inglês até foi executado por ousar resistir às reivindicações políticas do Parlamento. Financeiramente dependentes do Parlamento, os monarcas ingleses muitas vezes tinham pouca opção além de contar com chefes de mercenários para lutar as suas guerras. No entanto, a fraqueza da Coroa inglesa escondia uma futura força. Exatamente porque o poder político estava mais amplamente distribuído, da mesma forma estava a riqueza. Os impostos só podiam ser cobrados com a aprovação do Parlamento. Quem tinha dinheiro podia, assim, estar razoavelmente seguro de que um governante absoluto não poderia apropriar-se dele. Isso acabaria por se mostrar um incentivo importante para empreendedores.

A questão crucial era, onde a Inglaterra deveria construir o seu império antiespanhol? Hakluyt havia tido um vislumbre das infinitas possibilidades através de um primo com o mesmo nome em 1589:

> encontrei sobre a mesa [do meu primo] [...] um mapa universal: ele, vendo-me um tanto curioso, começou a instruir a minha ignorância, mostrando-me a divisão da terra em três partes de acordo com a descrição antiga, e depois de acordo com a melhor distribuição posterior em mais partes: apontou sua vareta para

todos os mares, golfos, baías, estreitos, cabos, rios, impérios, reinos, ducados e territórios conhecidos em cada parte, com uma declaração também sobre suas mercadorias especiais e necessidades particulares, de que, com o benefício do tráfego e do intercâmbio de mercadores, estão abundantemente supridos. Do mapa ele me levou à Bíblia, e, abrindo-a no salmo 107, dirigiu-me aos versículos 23 e 24, nos quais li que aqueles que vão para o mar em navios, e se ocupam nas grandes águas, veem as obras do Senhor e suas maravilhas no profundo etc.

Mas o que o primo não podia mostrar a ele era onde mais no mundo poderia haver reservas de prata e ouro ainda não reivindicado.

A primeira viagem registrada da Inglaterra com esse fim foi em 1480, quando um barco carregado de otimistas saiu de Bristol para procurar "a ilha Brasylle a oeste da Irlanda". Não há registro do sucesso do empreendimento; parece duvidoso. O navegador veneziano John Cabot (Zuan Caboto) fez uma travessia bem-sucedida do Atlântico saindo de Bristol em 1497, mas perdeu-se no mar no ano seguinte e, ao que parece, poucos na Inglaterra ficaram convencidos com a sua crença tipo Colombo de que havia descoberto um caminho para a Ásia (o destino pretendido da sua segunda expedição fatal era o Japão, na época conhecido como Cipango). É possível que navios anteriores de Bristol tenham atingido a América. Com certeza, já em 1501 o governo espanhol estava nervoso porque os conquistadores ingleses poderiam chegar à frente deles a alguma riqueza no Golfo do México – até armaram uma expedição para "parar a exploração dos ingleses naquela direção". Mas, se os navegadores de Bristol como Hugh Elyot de fato cruzaram o Atlântico tão cedo, foi a Terranova que eles alcançaram, e o que encontraram não foi ouro. Em 1503, o Livro da Mordomia da Casa Real de Henrique VII registra pagamentos por "gaviões da ilha de Terranova". As imensas reservas de bacalhau na costa de Terranova eram mais interessantes para a comunidade de mercadores de Bristol.

Foi o ouro que atraiu *Sir* Richard Greville à ponta mais austral da América do Sul – ou, como ele disse em sua petição de 1574, "a probabilidade de trazer um grande tesouro em ouro, prata e pérolas desses países para este reino, como trouxeram outros príncipes de regiões semelhantes". Três anos depois, foi a mesma "esperança de ouro e prata" – sem mencionar "especiarias, drogas e cochonilha" – que inspirou a expedição de *Sir* Francis Drake para a América do Sul. ("Não há dúvida", declarou Haklyut entusiasmado, "de que nós vamos sujeitar à Inglaterra todas as minas de ouro do Peru [...]".) As expedições de Martin Frobisher em 1576, 1577 e 1578 foram todas igualmente em busca de metais preciosos. A descoberta e a exploração de "minas de ouro, prata e cobre" também estavam entre os objetivos da colonização da Virgínia, segundo as cartas patentes concedidas a *Sir* Thomas Gates e outros em 1606. (Ainda em 1607 havia um raio de esperança de que a Virgínia fosse "muito rica em ouro e cobre"). Era a *idée fixe* da época. A grandeza da Espanha, declarou *Sir* Walter Ralegh em *A descoberta do grande, rico e belo Império da Guiana, com uma relação da grandiosa e dourada cidade de Manoa (que os espanhóis chamam de El Dorado)* (1596), não tinha nada a ver com o "comércio de sacos de laranja de Sevilha [...] é o ouro indígena que [...] põe em perigo e perturba todas as nações da Europa". Ralegh, no tempo devido, navegou para Trinidad onde, em 1595, atacou a base espanhola em San José de Oruña e capturou Antonio de Berrio, o homem que ele acreditava saber a localização de "El Dorado". Sentado em um barco fedorento no delta do Orinoco, Ralegh lamentou: "Juro que nunca houve uma prisão na Inglaterra que possa ser considerada mais desagradável e repugnante – especialmente para mim, que há muitos anos sou alimentado e tratado de maneira muito diferente".

Tudo teria valido a pena se alguém tivesse encontrado o metal amarelo. Ninguém encontrou. Tudo o que Frobisher trouxe para casa foi um esquimó, e o sonho de Ralegh de encontrar o "grande, rico e belo Império da Guiana" nunca se realizou. A coisa mais agradável que ele encontrou Orinoco acima não foi ouro, mas sim uma nativa ("em toda a minha vida nunca vi uma mulher mais formosa: tinha boa estatura, olhos escuros, gorda de corpo e uma fisionomia excelente [...] Vi uma dama na Inglaterra tão parecida com ela que, não fosse a diferença de cor, poderia jurar ser a mesma pessoa"). Perto da foz do rio Caroni, cataram um pouco de minério, mas não era ouro. Conforme relatou sua esposa, ele voltou a Plymouth "com o máximo de honra que um homem jamais poderia ter, mas poucas riquezas". A rainha não ficou impressionada. Enquanto isso, a análise do minério encontrado na Virgínia por um entusiasmado Christopher Newport destruiu suas esperanças. Como *Sir* Walter Cope relatou a *Lord* Salisbury em 13 de agosto de 1607: "Outro dia nós enviamos a notícia de que havia ouro/ E hoje não podemos oferecer nem cobre/ É mais provável que a nossa descoberta se mostre uma Terra de Canaã do que uma terra de Ofir [...] No fim tudo virou fumaça". Da mesma forma, três viagens a Gâmbia, entre 1616 e 1621, em busca de ouro não renderam nada; na verdade, deram um prejuízo de 5.600 libras.

Os espanhóis tinham achado enormes quantidades de prata quando conquistaram o Peru e o México. Os ingleses tinham tentado o Canadá, a Virgínia e Gâmbia, e não acharam nada. Só havia uma coisa a fazer: roubar os espanhóis. Era assim que Drake ganhara dinheiro no Caribe e no Panamá nos anos 1570. Também foi a justificativa de Hawkins para atacar os Açores em 1581. Era o propósito do ataque de Drake a Cartagena e Santo Domingo quatro anos depois. Geralmente, quando uma expedição dava errado – como quando a expedição de *Sir* Humphrey Gilbert para as Índias Ocidentais afundou na costa da Irlanda em 1578 –, os sobreviventes recorriam à pirataria para cobrir suas despesas. Essa também foi a forma que Ralegh tentou para financiar sua busca pelo "El Dorado" – mandando seu capitão Amyas saquear Caracas, Rio de La Hacha e Santa Marta. Foi uma história parecida quando Ralegh tentou de novo em 1617, tendo convencido Jaime I a libertá-lo da Torre, onde estava preso por alta traição desde 1603. Com dificuldade, Ralegh levantou 30 mil libras e com elas armou uma frota. Àquela altura, porém, o controle espanhol sobre a região estava muito mais avançado e a expedição acabou em desastre quando seu filho Wat atacou a cidade de São Tomé, controlada pelos espanhóis, perdendo a própria vida e rompendo o compromisso com Jaime I de que não criaria nenhum atrito com os espanhóis. Os únicos frutos dessa malfadada viagem foram dois lingotes de ouro (da caixa-forte do governador de São Tomé), assim como alguma prataria, algumas esmeraldas e certa quantidade de tabaco – sem mencionar um índio prisioneiro, que Ralegh esperava que soubesse a localização das tão difíceis de achar minas de ouro. Ele e seus homens foram acusados (com justiça) de "Piratas, piratas, piratas!" pelo embaixador espanhol, e Ralegh foi devidamente executado na sua volta. Ele morreu ainda acreditando firmemente que existia uma "Mina de Ouro [...] dentro de um perímetro de cinco quilômetros de São Tomé". Como declarou no patíbulo: "Toda a minha intenção era buscar o ouro, para o benefício de Vossa Majestade e daqueles que foram comigo, com o resto de meus compatriotas".

Mesmo quando os navios ingleses iam em busca de bens menos preciosos do que ouro, os choques com outras potências pareciam inevitáveis. Quando John Hawkins tentou se introduzir no comércio de escravos da África Ocidental nos anos 1560, muito rapidamente se viu em conflito com os interesses espanhóis.

Dessa origem desavergonhadamente pirata, surgiu um sistema de "corso" ou guerra naval privatizada. Diante de uma ameaça direta da Espanha – que culminou, mas não acabou com a Armada –, Elizabeth I tomou a decisão muito sensata de licenciar o que, de qualquer forma, já estava acontecendo. Roubar os espanhóis virou, então, uma questão de estratégia. No período de guerras recorrentes com a Espanha, de 1585 a 1604, entre cem e duzentos navios por ano partiam para assediar as embarcações espanholas no Caribe e o valor em dinheiro do ganho obtido chegava a pelo menos 200 mil libras por ano. Era um vale-tudo naval, com os "navios ingleses de retaliação" atacando também toda e qualquer embarcação que entrava ou saía de portos ibéricos.

"O mar é o único império que pode naturalmente nos pertencer", Andrew Fletcher of Saltoun escrevera no fim do século XVII. No início do século XVIII, James Thomson escreveu sobre o "bem merecido império britânico do mar profundo". A chave para a ascensão do Império Britânico é o fato de que, em um período de mais ou menos um ano depois da Armada, esse império marítimo passou de aspiração a realidade.

Por que os britânicos eram tão bons piratas? Eles precisavam superar algumas desvantagens reais. Para começar, o padrão no sentido horário dos ventos e correntes do Atlântico significava que as embarcações espanholas e portuguesas gozavam de uma passagem fácil entre a península Ibérica e a América Central. Por comparação, os ventos no noroeste do Atlântico costumam ser de sudoeste (isto é, vêm do sudoeste) na maior parte do ano, soprando contra os navios ingleses com destino à América do Norte. Era muito mais fácil ir para o Caribe, seguindo os ventos predominantemente de noroeste no Atlântico Sul. Os navegadores ingleses, tradicionalmente presos à costa, precisaram de tempo para aprender as artes da navegação oceânica, que os portugueses tinham ajudado muito a aperfeiçoar. Mesmo a expedição de Drake às Índias Ocidentais em 1586 partiu de Cartagena para Cuba só para voltar a Cartagena dezesseis dias depois como resultado de erros de navegação e o efeito cumulativo de variação da bússola.

Também em tecnologia naval os ingleses estavam atrasados. Os portugueses eram inicialmente os líderes quando o assunto era velocidade. No fim do século XV, eles haviam inventado o barco com três mastros, que geralmente içava velas quadradas no mastro principal e de proa e uma vela latina triangular no mastro da mezena, permitindo que o barco mudasse de curso mais rápido. Também foram os pioneiros da caravela, que era construída em torno de uma resistente armação interna em vez de com tábuas que se sobrepunham. Isso não só era mais barato, como permitia acomodar portas de bateria à prova d'água. A dificuldade é que havia uma clara alternância entre a agilidade e o poder de fogo. A caravela ibérica não era páreo para uma galé veneziana quando se tratava de uma disputa a tiros, porque a última podia carregar uma artilharia muito mais pesada, como Henrique VIII descobriu ao largo da costa da Bretanha em 1513, quando galés mediterrâneas afundaram um de seus navios de saída, danificaram outro e mataram seu *Lord* almirante. Nos anos 1530, as galés venezianas podiam disparar balas de canhão pesando até quase trinta quilos. Foi somente nos anos 1540 que tanto as marinhas inglesa como a escocesa tornaram-se capazes de lançar navios construídos como caravelas com conveses de carga capazes de carregar alguma coisa com tanto poder de fogo.

Mas os ingleses estavam alcançando. Na época de Elizabeth I, a "galé a vela" híbrida, ou galeão, capaz de armar quatro canhões atirando para a frente, emergira como a principal embarcação britânica. Ele ainda não tinha o poder de uma galé, mas compensava isso com velocidade e agilidade. Ao mesmo tempo em que o desenho das embarcações evoluía, a artilharia inglesa melhorava graças aos avanços na fundição do ferro. Henrique VIII precisara importar canhões de bronze do continente. Mas os canhões de ferro feitos no país, apesar de mais difíceis de fundir, eram muito mais baratos (quase um quinto do preço). Isso resultava em uma quantidade significativamente maior de "tiros pelo mesmo preço" – uma vantagem técnica que perduraria por séculos. Os marinheiros ingleses também estavam se tornando melhores navegadores graças à reorganização da Trinity House em Deptford, à adoção da geometria euclidiana, à melhor compreensão das variações da bússola e de sua inclinação, à tradução de tabelas e cartas de navegação holandesas em livros como *The Mariners Mirrour* (1588) e à publicação de mapas aperfeiçoados como o "novo mapa com o aumento das Índias", citado em *Noite de reis*, de Shakespeare.

Os ingleses também foram pioneiros na melhoria da saúde das tripulações no mar. Náusea e doenças haviam de diversas formas mostrado ser os obstáculos mais persistentes para a expansão europeia. Em 1635, Luke Fox descreveu a sorte do homem do mar como "nada além de resistir e aguentar: uma cabine dura, carne salgada e fria, sono interrompido, pão mofado, cerveja choca, roupas molhadas, falta de fogo". O escorbuto era um grande problema em viagens longas porque a dieta naval tradicional tinha falta de vitamina C, as tripulações também eram vulneráveis ao beribéri e intoxicação alimentar, peste, tifo, malária, febre amarela e disenteria (o temido "fluxo sangrento"). O livro *The Cures of the Diseased in Remote Regions* [As curas dos doentes em regiões remotas] (1598), de George Wateson, foi o primeiro sobre o assunto, apesar de não ter ajudado muito (já que o tratamento girava em torno de sangrias e mudanças alimentares). Foi apenas mais para o fim do século XVIII que começou a haver um progresso real nessa área. Ainda assim, parecia que as Ilhas Britânicas tinham um suprimento infinito de homens duros o suficiente para suportar as dificuldades da vida no mar – homens como Christopher Newport, de Limehouse, que passou de marinheiro comum a rico dono de navio. Newport fez fortuna como corsário nas Índias Ocidentais, perdeu um braço em uma batalha com os espanhóis e saqueou a cidade de Tabasco, no México, em 1599. Henry Morgan estava longe de ser único.

O ataque de Morgan a Gran Grenada foi uma de muitas dessas incursões contra o império espanhol. Em 1668, ele atacou El Puerto del Principe, em Cuba, Portobelo, no atual Panamá, as ilhas de Curaçao e Maracaibo, onde agora é a Venezuela. Em 1670, tomou a ilha de Old Providence, atravessou para a costa continental e atravessou o istmo para tomar o próprio Panamá.[2] A escala dessas operações não deve ser exagerada. Muitas vezes, as embarcações envolvidas eram pouco mais do que barcos a remo, o maior barco que Morgan tinha à sua disposição em 1668 não tinha mais do que cinquenta pés de comprimento e possuía apenas oito canhões. Elas, no máximo, perturbavam o comércio espanhol. Ainda assim, fizeram dele um homem rico.

O surpreendente, porém, é o que Morgan fez com as peças de oito saqueadas. Poderia ter optado por uma aposentadoria confortável em Monmouthshire, como "filho de um cavalheiro de boa qualidade" que ele afirmava ser. Em vez disso, investiu em terras na Jamaica, adquirindo 836 acres de terra no vale do rio Minho (hoje em dia, vale de Morgan). Posteriormente, acrescentou 4.000 acres à paróquia de Santa Isabel. O motivo para comprar essas terras é que eram ideais para o plantio da cana-de-açúcar. E isso fornece a explicação para uma mudança mais geral na natureza da expansão ultramarina britânica. O Império havia começado com o roubo de ouro; progrediu com o cultivo do açúcar.

Nos anos 1670, a Coroa britânica gastou milhares de libras construindo fortificações para proteger o porto de Port Royal, na Jamaica. Os muros ainda estão de pé (embora muito longe do mar, por causa de um terremoto que moveu a linha costeira). O investimento foi julgado necessário porque a Jamaica rapidamente se tornava algo muito maior do que uma base de bucaneiros. A Coroa já estava ganhando somas substanciais com os impostos sobre o açúcar jamaicano. A ilha havia se tornado um dos principais ativos econômicos, a ser defendido a todo custo. Significativamente, o trabalho de construção foi supervisionado por ninguém menos do que Henry Morgan – agora *Sir* Henry. Poucos anos depois de seu ataque pirata a Gran Grenada, Morgan era agora não somente um grande plantador, mas também vice-almirante, comandante do regimento de Port Royal, juiz do tribunal do almirantado, juiz de paz e até governador da Jamaica. Outrora pirata autorizado, o chefe de mercenários agora estava sendo empregado para governar uma colônia. É verdade que Morgan perdeu todos os seus postos em 1681, depois de fazer "repetidas demonstrações extravagantes variadas [...] sob efeito do vinho". Mas foi uma aposentadoria honrosa. Quando morreu, em agosto de 1688, os navios que estavam no porto de Port Royal se revezaram no disparo de uma salva de 22 tiros.

A carreira de Morgan ilustra perfeitamente a maneira como o processo de construção do Império funcionou. Foi uma transição da pirataria para o poderio político que mudaria o mundo para sempre. Mas isso só foi possível porque algo um tanto revolucionário estava acontecendo em casa.

A Corrida do Açúcar

Filho de um mercador de Londres e autor dos romances campeões de venda *Robinson Crusoe* e *Moll Flanders,* Daniel Defoe foi também um observador perspicaz da vida britânica do seu tempo. O que ele viu acontecendo na Inglaterra do início do século XVIII era o nascimento de um novo tipo de economia: a primeira sociedade de consumo de massa do mundo. Como observou Defoe em *The Complete English Tradesman* (1725):

> A Inglaterra consome mais produtos produzidos no exterior, importados dos vários países em que eles são produzidos ou manufaturados, do que qualquer outro país do mundo [...] Essa importação consiste principalmente de açúcares e tabaco, cujo consumo pelos britânicos é quase inconcebível, além do consumo de algodão, índigo, arroz, gengibre, pimenta-da-jamaica, cacau ou chocolate, rum e melaço [...]

A ascensão do Império Britânico, pode-se dizer, tem menos a ver com a ética de trabalho protestante ou o individualismo inglês do que com o gosto dos britânicos por doces. As importações anuais de açúcar dobraram durante a vida de Defoe, e isso foi apenas a parte maior de uma enorme explosão de consumo. Conforme o tempo foi passando, artigos antes reservados à elite rica tornaram-se essenciais no dia a dia. O açúcar foi o produto mais importado pelos britânicos dos anos 1750, quando superou o linho estrangeiro, até os anos 1820, quando foi ultrapassado pelo algodão cru. No fim do século XVIII, o consumo de açúcar *per capita* era dez vezes maior que o da França (dez quilos por ano contra apenas um quilo). Mais do que qualquer um na Europa, os ingleses desenvolveram um apetite insaciável por mercadorias importadas.

O consumidor inglês gostava particularmente de misturar o seu açúcar a uma droga administrada por via oral e altamente viciante, a cafeína, complementada com uma substância inalada, mas igualmente viciante, a nicotina. Na época de Defoe, chá, café, tabaco e açúcar eram o novo, as coisas novas. E todas elas precisavam ser importadas.

O primeiro pedido inglês registrado de um pote de chá está em uma carta datada do dia 27 de junho de 1615, do sr. R. Wickham, agente da Companhia das Índias Orientais na ilha japonesa de Hirado, ao seu colega sr. Eaton em Macau, pedindo-lhe para mandar apenas "o melhor tipo de chá". No entanto, foi somente em 1658 que apareceu na Inglaterra o primeiro anúncio da que viria a ser a bebida nacional. Ele foi publicado no semanário subsidiado pelo governo *Mercurius Politicus*, na semana que terminou no dia 30 de setembro, e oferecia: "Aquela excelente, e por todos os médicos aprovada, bebida da *China*, chamada pelos *chineanos de tcha*, e por outras nações de *tay alias tee*... vendida na *Cabeça da Sultana*, 2 *Cophee-House* em *Sweetings Rents* ao lado da Royal Exchange, *Londres*". Mais ou menos na mesma época, o dono de um café, Thomas Garraway, publicou um cartaz intitulado "Uma descrição exata do cultivo, qualidade e virtudes da folha de chá", em que afirmava que ela podia curar "dor de cabeça, pedra, cálculo, edema, destilações, escorbuto, insônia, perda de memória, frouxidão ou tensão dos nervos, pesadelos e cólica provocada pelo vento". "Tomado com Mel da Virgem em vez de açúcar", garantia ele aos consumidores em potencial, "o chá limpa os rins e os ureteres, e, com leite e água, previne a consumpção. Se você for corpulento, ele assegura um bom apetite, e se você tiver uma indigestão, é exatamente o que você precisa para um vômito suave". Por algum motivo, a rainha portuguesa de Carlos II também tomava chá: o poema de Edmund Waller dedicado a ela por seu aniversário louvava "O amigo da Musa, o chá que nossa fantasia ajuda/ Reprime os vapores que a mente invadem,/ E mantém o palácio da alma sereno". Em 25 de setembro de 1660, Samuel Pepys tomou a sua "primeira xícara de chá (uma bebida da China)".

No entanto, foi somente no início do século XVIII que o chá começou a ser importado em quantidade suficiente – e a preços suficientemente baixos – para criar um mercado de massa. Em 1703, o *Kent* chegou a Londres com uma carga de trinta toneladas de chá, não muito distante da importação de cada um dos anos anteriores. O verdadeiro avanço ocorreu quando os números do chá "reservado para o consumo doméstico" saltou de uma média de 360 toneladas para mais de mil entre 1746 e 1750. Em 1756, o hábito estava suficientemente difundido para provocar uma acusação no *Ensaio sobre o chá*, de Hanway: "Até as criadas perderam o seu frescor tomando chá". (Samuel Johnson rebateu com uma resenha ambígua, escrita – como ele disse – por um "tomador de chá calejado e impudente".)

Mais controverso ainda era o tabaco, introduzido por Walter Ralegh e um dos poucos legados duradouros do malogrado assentamento de Roanoke, na Virgínia (ver capítulo 2). Como acontecia com o chá, os fornecedores de tabaco insistiam em suas propriedades medicinais. Em 1587, o criado de Ralegh, Thomas Heriot, relatou que a "erva", fumada depois de seca, "purga a fleuma supérflua e outros humores espessos, e abre todos os poros e passagens do corpo: por isso, o uso dele não apenas preserva o corpo de obstruções, mas também [...] em pouco tempo rompe-as: pelo que os corpos deles têm a saúde notavelmente preservada, e não conhece muitas doenças graves, que tantas vezes nos afligem na Inglaterra". Um anúncio inicial proclamava a capacidade do tabaco de "a saúde preservar, ou mitigar a nossa dor,/ regalar teu sentido e ajudar o cérebro trabalhador". Nem todo mundo estava convencido. Para Jaime I – um homem à frente de seu tempo também em outros aspectos –, a erva queimando era "abominável para os olhos, detestável para o nariz, prejudicial ao cérebro e perigosa para os pulmões". Mas, quando o cultivo do tabaco explodiu na Virgínia e em Maryland, houve uma queda dramática dos preços (de entre 8 e 72 pence o quilo nos anos 1620 e 1630 para cerca de 2 pence o quilo dos anos 1660 em diante) e um aumento correspondente rumo ao consumo de massa. Enquanto, nos anos 1620, apenas cavalheiros consumiam tabaco, nos anos 1690 era "o costume, a moda, o hábito de todos – tanto que todo lavrador tinha o seu cachimbo". Em 1624, Jaime I deixou de lado os escrúpulos e estabeleceu o monopólio real; o rendimento a ser obtido conforme a importação subia evidentemente e compensava a "detestável" fumaça, apesar de o monopólio ter se mostrado tão inaplicável quanto a proibição completa.

As novas importações transformaram não só a economia, mas o estilo de vida nacional. Como observou Defoe no seu *Complete English Tradesman*: "A mesa do chá entre as mulheres e os cafés entre os homens parecem ser o local da nova descoberta [...]". O que as pessoas mais gostavam nessas novas drogas era que elas ofereciam um estímulo muito diferente da droga europeia tradicional, o álcool. O álcool é, tecnicamente, um calmante. A glicose, a cafeína e a nicotina, por comparação, eram o equivalente do século XVIII para as bolinhas. Consumidas ao mesmo tempo, as novas drogas causaram um poderoso efeito na sociedade inglesa; o Império, poder-se-ia dizer, foi construído sobre uma imensa mania de açúcar, cafeína e nicotina – uma mania que quase todo mundo podia experimentar.

Ao mesmo tempo, a Inglaterra, e especialmente Londres, tornou-se o entreposto na Europa de todos esses novos estimulantes. Nos anos 1770, por volta de 85% da importação de tabaco britânica era na verdade reexportada, e quase 94% do café importado era reexportado, principalmente para o norte da Europa. Isso era, em parte, reflexo de tarifas diferenciadas: as altas taxas de importação restringiam o consumo de café para beneficiar a florescente indústria do chá. Como tantas características nacionais, a preferência dos ingleses pelo chá ao café teve suas origens no âmbito da política fiscal.

Ao vender uma parte de suas importações das Índias Ocidentais e Orientais aos mercados continentais, os britânicos estavam ganhando dinheiro suficiente para satisfazer um outro apetite há muito tempo latente, pois um componente crucial do novo consumismo foi uma revolução no vestuário. Escrevendo em 1595, Peter Stubbs observou que "nenhum povo do mundo é tão curioso por novidades como o é o da Inglaterra". Ele tinha em mente o crescente apetite dos consumidores ingleses por novos estilos de tecidos, um apetite que no início dos anos 1600 tinha varrido um gênero inteiro de legislação: as leis suntuárias, que tinham tradicionalmente regulamentado o que homens e mulheres ingleses podiam vestir de acordo com a sua posição social. Mais uma vez Defoe percebeu a tendência, em *Everybody's Business is Nobody's Business* [Os negócios de todos não são da conta de ninguém]:

a simples Joana do campo se transformou agora em uma sofisticada madame de Londres, pode tomar chá, cheirar rapé e portar-se tão bem quanto as melhores. Ela também tem que ter um arco sob a saia, assim como sua senhora, e sua pobre anágua de linho e lá se transformou em uma boa, de seda, com pelo menos quatro ou cinco jardas de largura.

No século XVII, no entanto, só havia um fornecedor de quem a compradora inglesa perspicaz compraria suas roupas. Pela simples qualidade, os tecidos, o *design*, a manufatura e a tecnologia indianos estavam em uma categoria própria. Quando comerciantes ingleses começaram a comprar seda e calicô indianos e trazê-los para casa, o resultado foi nada menos que uma transformação. Em 1663, Pepys levou sua esposa Elizabeth para fazer compras em Cornhill, um dos mais elegantes distritos comerciais de Londres, onde, "depois de muito provar, comprei para a minha esposa um *chintz*, isto é, um calicô indiano pintado para forrar o seu novo estúdio, que é muito bonito". Quando o próprio Pepys posou para o artista John Hayls, ele se deu ao trabalho de alugar uma vestimenta matinal indiana de seda que estava na moda, um *banyan*. Em 1664, mais de um quarto de milhão de peças de calicô foram importadas pela Inglaterra. Havia uma demanda quase tão grande pela seda bengali, tafetá de seda e musselina branca lisa. Como recordou Dafoe na *Weekly Review* de 31 de janeiro de 1708: "Eles invadiam as nossas casas, os nossos guarda-roupas, nossos aposentos; cortinas, almofadas, cadeiras e no fim as próprias camas não são outra coisa senão calicôs ou coisas indianas".

O bonito dos tecidos importados era que havia um mercado praticamente inesgotável para eles. Em última instância, há uma quantidade limite de chá ou de açúcar que um ser humano pode consumir. Mas o apetite das pessoas por roupas não tinha, e não tem, esse limite natural. Os tecidos indianos – que até uma serviçal como a "simples Joana do campo" de Defoe podia comprar – faziam com que os ingleses, ávidos tomadores de chá, não apenas se sentissem melhor; eles tinham aparência melhor, também.

Os fundamentos econômicos desse comércio de importação inicial eram relativamente simples. Os mercadores ingleses tinham pouco a oferecer para os indianos que estes já não fizessem sozinhos. Então pagavam com dinheiro, usando metal proveniente do comércio em algum outro lugar, em vez de trocar mercadorias inglesas por indianas. Hoje, chamamos a expansão desse processo de globalização, termo com o qual queremos dizer a integração do mundo em um único mercado. Mas, em um aspecto importante, a globalização do século XVII era diferente. Levar ouro e prata para a Índia e a mercadoria de volta para casa, mesmo a transmissão de ordens para comprar e vender, implicava viagens de milhares de quilômetros, cada quilômetro sob o risco de tempestades, naufrágios e piratas.

A maior ameaça de todas, porém, não vinha dos navios que içavam a Jolly Roger.* Vinha de outros europeus que estavam tentando fazer exatamente a mesma coisa. A Ásia estava prestes a se tornar o cenário de uma batalha implacável por uma fatia do mercado.

Era a globalização de canhoneiras.

Virando Holandês

O largo, barrento rio Hugli é o maior braço do Grande Delta do Ganges em Bengala. É uma das artérias de comércio históricas da Índia. Da sua foz em Calcutá pode-se navegar rio acima para o próprio Ganges e depois seguir para Patna, Varanasi, Allahabad, Kanpur, Agra e Délhi. Na outra direção, fica a baía de Bengala, os ventos de monção do comércio e as rotas marítimas que levam à Europa. Assim, quando os europeus chegaram para comerciar na Índia, o Hugli era um de seus destinos preferenciais. Era o portal econômico para o subcontinente.

Hoje, umas poucas construções caindo aos pedaços na cidade de Chinsura, ao norte de Calcutá, são tudo o que resta do primeiro posto avançado indiano de uma das maiores companhias de comércio do mundo, a Companhia das Índias Orientais. Por mais de cem anos ela dominou as rotas de comércio asiáticas, praticamente monopolizando o comércio em uma gama de mercadorias que ia de especiarias a sedas.

Mas essa era a Companhia das Índias holandesa – a Vereenigde Oostindishe Compagnie – não a inglesa. As vilas e os armazéns dilapidados de Chinsura não foram construídos para ingleses, mas para comerciantes de Amsterdã, que estavam ganhando dinheiro na Ásia muito antes de os ingleses aparecerem.

---

* Jolly Roger é o nome da tradicional bandeira dos piratas europeus e americanos que apresenta, sobre um fundo preto, uma caveira sobre ossos cruzados. (N. E.)

A Companhia das Índias Orientais holandesa foi fundada em 1602. Era parte de uma completa revolução financeira que fez de Amsterdá a mais sofisticada e dinâmica das cidades europeias. Desde que se livraram do domínio espanhol em 1579, os holandeses estiveram na vanguarda do capitalismo europeu. Haviam criado um sistema de dívida pública que permitia que o governo pegasse dinheiro emprestado de seus cidadãos a taxas baixas de juros. Haviam fundado uma coisa parecida com um banco central moderno. O dinheiro deles era sólido. O sistema tributário – baseado no imposto sobre o consumo – era simples e eficiente. A Companhia das Índias Orientais holandesa representou um marco em organização corporativa, também. Na época em que foi fechada, em 1796, tinha pago um retorno médio de 18% ao ano sobre o capital subscrito original, um desempenho impressionante num tempo tão longo.

É verdade que um grupo de mercadores sediado em Londres já havia subscrito 30 mil libras para "empreender uma viagem [...] para as Índias Orientais e outras ilhas e países por lá" desde que pudessem obter o monopólio real; que em setembro de 1600 Elizabeth I concedeu oficialmente "à Companhia de Mercadores de Londres que comerciam nas Índias Orientais" um monopólio de quinze anos sobre o comércio nas Índias Orientais; e que, no ano seguinte, a primeira frota de quatro navios viajou para a Sumatra. Mas os mercadores holandeses estavam comerciando com a Índia via cabo da Boa Esperança desde 1595. Em 1596, haviam se estabelecido firmemente em Bantam, na ilha de Java, de onde as primeiras remessas de chá chinês destinado ao mercado europeu partiram em 1606. Além disso, a companhia deles era uma sociedade por ações permanente, diferente da companhia inglesa, que não se tornou permanente antes de 1650. Apesar de ter sido fundada dois anos depois da inglesa, a companhia holandesa rapidamente foi capaz de dominar o lucrativo comércio de especiarias com as ilhas Molucas da Indonésia, antes um monopólio português. Simplesmente, a escala de negócios dos holandeses era maior: eram capazes de enviar quase cinco vezes mais navios para a Ásia do que os portugueses, e duas vezes mais do que os ingleses. Isso em parte porque, ao contrário da companhia inglesa, a companhia holandesa remunerava seus administradores com base na receita bruta em vez do lucro líquido, incentivando-os a maximizar o volume dos seus negócios. Ao longo do século XVII, os holandeses se expandiram rapidamente, estabelecendo bases em Masulipatnam, na costa oeste da Índia, em Surat, no noroeste, e em Jaffna, no Ceilão. Nos anos 1680, eram os tecidos de Bengala que respondiam pelo grosso dos carregamentos dos navios para a Europa. Chinsura parecia estar no caminho certo rumo a se tornar a futura capital de uma Índia Holandesa.

Em outros aspectos, porém, as duas companhias das Índias Orientais tinham muito em comum. Elas não deveriam ser ingenuamente comparadas às corporações multinacionais modernas, já que eram muito mais monopólios autorizados pelo Estado, mas, por outro lado, eram muito mais sofisticadas do que as associações de bucaneiros do Caribe. Os comerciantes ingleses e holandeses que as fundaram eram capazes de juntar seus recursos para fazer grandes e muito arriscados empreendimentos sob a proteção de monopólios do governo. Ao mesmo tempo, as companhias permitiam que os governos privatizassem a expansão ultramarina, repassando os consideráveis riscos envolvidos. Se ganhassem dinheiro, as companhias podiam também canalizar recursos, ou, o que era mais comum, empréstimos, em troca da renovação de suas licenças. Os investidores privados, por sua vez, podiam ter certeza de que teriam uma fatia de mercado de 100%.

As companhias não foram as primeiras organizações desse tipo; e muito menos as últimas. Havia sido fundada uma em 1555 (como "Guilda e Companhia dos Aventureiros Mercadores para a Descoberta de Regiões, Países, Ilhas e Desconhecidos Lugares"); ela acabou virando a Companhia da Moscóvia, que comerciava com a Rússia. Em 1592, a Companhia do Levante foi formada quando as Companhias de Veneza e da Turquia se fundiram. Foram concedidas licenças em 1588 e 1592 para companhias que desejavam monopolizar respectivamente o comércio com a Senegâmbia e Serra Leoa, na África Ocidental. Foram sucedidas pela Companhia da Guiné ("Companhia dos Aventureiros do Comércio para os Portos da África"), que em 1631 recebeu um novo monopólio de 31 anos sobre todo o comércio com a África Ocidental. Nos anos 1660, uma nova e poderosa companhia, a Companhia dos Aventureiros Reais na África, havia nascido com um monopólio para durar nada menos do que mil anos. Foi um empreendimento especialmente lucrativo, já que foi ali – finalmente – que os ingleses encontraram ouro; embora escravos acabassem se mostrando a maior exportação da região. No outro extremo climático, havia a Companhia da Baía do Hudson ("A Honorável Companhia de Comércio dos Aventureiros da Inglaterra na Baía do Hudson Adentro") fundada em 1670 para monopolizar o comércio de peles canadenses.

Em 1695, os escoceses tentaram imitar os ingleses estabelecendo a sua própria Companhia Escocesa de Comércio com a África e as Índias. A Companhia do Mar do Sul, planejada para monopolizar o comércio com a América espanhola, surgiu mais tarde, em 1710.

Eram os monopólios concedidos a essas companhias realmente aplicáveis? Considerando o caso das duas companhias das Índias Orientais, o problema era que elas não podiam ambas ter o monopólio sobre o comércio asiático com a Europa. A ideia de que o fluxo de mercadorias para Londres era de alguma forma diferente do fluxo de mercadorias para Amsterdã era absurda, dada a proximidade dos mercados dos holandeses e dos ingleses. Ao se estabelecer em Surat, na costa noroeste da Índia em 1613, a Companhia das Índias Orientais inglesa estava muito obviamente tentando ganhar uma fatia do lucrativo comércio de especiarias. Se o volume das exportações de especiarias fosse inelástico, então ela só poderia dar certo se conseguisse tomar negócios da companhia holandesa. Essa era, de fato, a pretensão: nas palavras do economista político contemporâneo William Petty, não havia "senão uma certa proporção de comércio no mundo". A esperança do diretor da Companhia das Índias Orientais, Josiah Child, era "que outras nações, as quais estão em competição conosco pelo mesmo negócio, não possam arrancá-lo de nós, mas que o nosso possa continuar e crescer, com a diminuição do deles". Era economia como um jogo de soma zero – a essência do que veio a se chamar mercantilismo. Se, por outro lado, o volume das exportações de especiarias se mostrasse elástico, o aumento do suprimento que ia para a Inglaterra depreciaria o preço das especiarias na Europa. As primeiras viagens vindas de Surat da companhia inglesa foram extraordinariamente lucrativas, com lucros de até 200%. Mas, depois disso, o efeito previsível da competição anglo-holandesa era causar a queda dos preços. Quem contribuiu com o 1,6 milhão de libras (entre 1617 e 1632) da segunda sociedade por ações das Índias Orientais acabou perdendo dinheiro.

Era, então, praticamente inevitável que as tentativas dos ingleses de se intrometer no comércio oriental levassem ao conflito, especialmente porque as especiarias correspondiam a três quartos do valor dos negócios da companhia holandesa nessa época. Já em 1623, a violência irrompeu, quando os holandeses mataram dez comerciantes ingleses em Amboina, na Indonésia. Entre 1652 e 1674, os ingleses travaram três guerras contra os holandeses, sendo o principal objetivo tomar à força o controle sobre as principais rotas que partiam da Europa ocidental – não somente para as Índias Orientais, mas também para o Báltico, para o Mediterrâneo, para a América do Norte e para a África Ocidental. Poucas vezes guerras foram travadas por motivos comerciais tão declarados. Decididos a conseguir a supremacia naval, os ingleses mais do que dobraram o tamanho da sua marinha mercante e, em um intervalo de apenas onze anos (1649 a 1660), acrescentaram nada menos do que 216 navios à marinha propriamente dita. Leis de navegação foram aprovadas em 1651 e 1660 para promover a navegação inglesa à custa dos mercadores holandeses que dominavam o comércio do transporte oceânico, através da insistência de que bens de colônias inglesas viessem em navios ingleses.

Mesmo assim, apesar de alguns êxitos ingleses no início, os holandeses levaram a melhor. Os postos de comércio ingleses na África Ocidental foram quase completamente aniquilados. Em junho de 1667, uma frota holandesa chegou a navegar pelo Tâmisa, ocupar Sheerness e forçar a passagem pela barreira do Medway, destruindo as docas e os navios em Chatham e Rochester. No fim da Segunda Guerra Holandesa, os britânicos se viram expulsos do Suriname e de Polaroon; em 1673, também perderam temporariamente Nova York. Isso foi uma surpresa para muita gente. Afinal de contas, a população inglesa era duas vezes e meia maior do que a holandesa, e a economia inglesa também era maior. Na Terceira Guerra Holandesa, os ingleses tiveram a vantagem adicional do apoio francês. Ainda assim, um sistema financeiro superior permitiu aos holandeses um poder de fogo muito acima de seu peso econômico.

O custo dessas guerras malsucedidas, por contraste, pôs uma forte pressão sobre o antiquado sistema financeiro da Inglaterra. O próprio governo oscilou à beira da falência: em 1671, Carlos II foi obrigado a impor uma moratória sobre certas dívidas do governo – a chamada "Parada do Tesouro". Esse terremoto financeiro teve consequências políticas profundas; porque as ligações entre o centro financeiro de Londres e a elite política na Grã-Bretanha nunca haviam estado tão próximas como no reinado de Carlos II. Não só nas salas dos conselhos do centro financeiro, mas também nos palácios reais e nas imponentes mansões da aristocracia, as guerras anglo-holandesas causaram consternação. O duque de Cumberland foi um dos fundadores da Companhia Real Africana e mais tarde presidente da Companhia da Baía do Hudson. O duque de York, o futuro Jaime II, foi presidente da Nova Companhia Real Africana, fundada em 1672 depois que os holandeses arruinaram a sua antecessora. Entre 1660 e 1683, Carlos II recebeu "contribuições voluntárias" no valor de 324.150 libras da Companhia das Índias Orientais. A competição literalmente de gargantas cortadas com os holandeses estava estragando a festa da Restauração. Tinha de haver uma alternativa. A solução acabou sendo (como tantas vezes na história dos negócios) uma fusão – mas não uma fusão entre as duas companhias das Índias Orientais. Foi necessária uma fusão política.

No verão de 1688, desconfiada da fé católica de Jaime II e temerosa quanto a suas ambições políticas, a poderosa oligarquia de aristocratas ingleses deu um golpe contra ele. Sugestivamente, foram apoiados pelos comerciantes da City, o centro financeiro e empresarial de Londres. Convidaram o Stadtholder* holandês Guilherme de Orange a invadir a Inglaterra, e Jaime foi deposto praticamente sem derramamento de sangue. Essa "Revolução Gloriosa" em geral é retratada como um evento político, a confirmação decisiva das liberdades inglesas e do sistema de monarquia parlamentarista. Mas ela também teve o caráter de fusão de empresas inglesas e holandesas. Enquanto o príncipe holandês Guilherme de Orange tornava-se, com efeito, o novo chefe do executivo da Inglaterra, os homens de negócio holandeses tornavam-se grandes acionistas da Companhia das Índias Ocidentais inglesa. Os homens que organizaram a Revolução Gloriosa sentiam não precisar das lições de um holandês sobre religião ou política. Como os holandeses, a Inglaterra já tinha o protestantismo e o governo parlamentar. O que eles podiam aprender com os holandeses eram finanças modernas.

Em particular, a fusão anglo-holandesa de 1688 apresentou aos britânicos uma série de instituições financeiras cruciais das quais os holandeses foram os pioneiros. Em 1694, foi fundado o Banco da Inglaterra para administrar os empréstimos do governo assim como a moeda nacional, similar (embora não idêntico) ao bem-sucedido Amsterdan Wisselbank, fundado 85 anos antes. Londres também foi capaz de importar o sistema holandês de dívida pública nacional, financiado através da bolsa de valores, em que títulos de longo prazo podiam ser comprados e vendidos facilmente. O fato de isso permitir que

---

* Cargo de governador de província ou das províncias unidas da Holanda no século XVII. (N. T.)

o governo tomasse dinheiro emprestado a taxas de juros significativamente reduzidas tornava projetos em larga escala – como guerras – muito mais fáceis de bancar. Perspicaz como sempre, Daniel Defoe viu rapidamente o que o crédito barato poderia fazer por um país:

> O crédito faz a guerra e faz a paz; levanta exércitos, equipa navios, trava batalhas, sitia cidades; e, em uma palavra, é mais justamente chamado de tendão da guerra do que o próprio dinheiro [...] O crédito faz o soldado lutar sem pagamento, os exércitos marcharem sem provisões [...] é uma fortaleza inexpugnável [...] ele faz o papel se passar por dinheiro [...] e enche o Tesouro e os bancos com quantos milhões quiser, por encomenda.

As instituições financeiras sofisticadas tinham tornado possível para a Holanda não apenas financiar o seu comércio no mundo inteiro, mas também protegê-lo com um poderio marítimo de primeira classe. Agora essas instituições viriam a ser postas em uso na Inglaterra em uma escala muito maior.

A fusão anglo-holandesa significava que os ingleses podiam atuar muito mais livremente no Oriente. Foi feito um acordo que efetivamente dava a Indonésia e o comércio de especiarias para os holandeses, deixando para os ingleses desenvolver o comércio de tecidos indianos mais recente. Isso acabou sendo um bom negócio para a companhia inglesa, porque o mercado de tecidos rapidamente superou em crescimento o mercado de especiarias. Acontece que a demanda por pimenta, noz-moscada, macis, cravo e canela – as especiarias de que as fortunas da companhia holandesa dependiam – era consideravelmente menos elástica do que a demanda por calicôs, *chintz* e algodão. Essa era uma das razões pelas quais, na altura dos anos 1720, a companhia inglesa ultrapassava sua rival holandesa no valor das vendas; e por que a primeira deu prejuízo em apenas dois anos entre 1710 e 1745, enquanto os lucros da segunda decaíam. O escritório central da Companhia das Índias Ocidentais inglesa então era na Leadenhall Street. Era aí que aconteciam as reuniões dos dois corpos administrativos da Companhia – a Corte de Diretores (acionistas com 2 mil libras ou mais em ações das Índias Orientais) e a Corte de Proprietários (acionistas com mil libras ou mais). Mas o verdadeiro símbolo da sua crescente rentabilidade eram os imensos armazéns em Bishopsgate, construídos para abrigar o crescente volume de tecido importado que a Companhia estava trazendo da Índia para a Europa.

A troca de especiarias para pano também implicou uma transferência da sede asiática da Companhia das Índias Orientais. Surat estava então se acabando aos poucos. Em seu lugar três novas "feitorias" (como às vezes eram conhecidas) foram estabelecidas – postos de comércio fortificados que hoje estão entre as cidades mais populosas da Ásia. A primeira delas ficava na costa sudoeste da Índia, a famosa costa de Coromandel. Ali, em um sítio costeiro adquirido em 1630, a Companhia construiu um forte que, como se para alardear seu caráter inglês, foi batizado de Forte Saint George. À sua volta surgiria a cidade de Madras. Apenas trinta anos depois, em 1661, a Inglaterra adquiriu Bombaim de Portugal, como parte do dote para Carlos II quando ele se casou com Catarina de Bragança. Finalmente, em 1690, a Companhia estabeleceu um forte em Satanuti, na margem leste do rio Hugli. Ele foi, depois, amalgamado com dois outros vilarejos para formar uma cidade maior chamada Calcutá.

Hoje, ainda é possível discernir os vestígios dessas "feitorias" britânicas, que foram de diversas formas as zonas de empreendimento do início do Império. O forte de Madras ainda está mais ou menos intacto, com sua igreja, seu pátio de manobras, suas casas e seus armazéns. Não havia nada de original nessa disposição. Os postos de comércio anteriores dos portugueses, dos espanhóis e dos holandeses haviam sido construídos segundo projetos muito parecidos. Sob a nova organização anglo-holandesa, porém, lugares como Chinsura pertenciam ao passado. Calcutá era o futuro.

Nem bem a Companhia das Índias Orientais acabara de resolver o problema da competição holandesa e já teve de enfrentar uma outra, e muito mais insidiosa, fonte de competição: seus próprios funcionários. Isso é o que os economistas chamam de "problema de agência":* a dificuldade fundamental que os proprietários de uma empresa têm para controlar seus funcionários. É uma dificuldade que cresce proporcionalmente à distância entre os que possuem as ações e os que estão na folha de pagamento.

Aqui é preciso dizer umas palavrinhas não só sobre distância, mas sobre o vento. Em 1700 era possível navegar de Boston para a Inglaterra em quatro

---

* Tradução literal usada no Brasil assim como o termo original em inglês *agency problem*. (N. T.)

ou cinco semanas (na outra direção levava de cinco a sete).³ Chegar a Barbados geralmente levava umas nove semanas. Por causa da direção dos ventos no Atlântico, o comércio tinha um ritmo sazonal: os navios partiam para as Índias Ocidentais entre novembro e janeiro; os navios para a América do Norte, por outro lado, partiam de meados do verão até o fim de setembro. As durações da viagem para quem ia ou voltava da Índia, no entanto, eram muito maiores; chegar a Calcutá partindo da Inglaterra via Cidade do Cabo levava, em média, cerca de seis meses. Os ventos que predominam no oceano Índico são de sudoeste de abril a setembro, mas de noroeste de outubro a março. Navegar para a Índia significava zarpar na primavera; só era possível voltar para casa no outono.

Os tempos de viagens muito mais longos entre a Ásia e a Europa tornaram o monopólio da Companhia das Índias Orientais ao mesmo tempo fácil e difícil de impor. Comparado ao comércio com a América do Norte, era difícil para companhias rivais menores competir pelo mesmo negócio; enquanto nos anos 1680 centenas de companhias transportavam mercadorias indo e vindo para a América e para o Caribe, o custo e os riscos de uma viagem de seis meses para a Índia favoreciam a concentração do comércio nas mãos de um grande operador. Esse mesmo grande operador, no entanto, só com extrema dificuldade conseguia controlar o seu próprio pessoal, uma vez que demorava quase metade do ano só para chegar aonde eles trabalhavam. Cartas com instruções levavam o mesmo tempo. Assim, funcionários da Companhia das Índias Orientais tinham um bom tanto de liberdade – na verdade, a maioria deles estava totalmente além do controle de seus patrões em Londres. E como os salários que eles recebiam era relativamente modestos (um escrevente ganhava um salário básico de cinco libras ao ano, não muito mais do que um criado doméstico na Inglaterra), a maioria dos funcionários da Companhia não hesitava em fazer negócios à parte, por conta própria. Isso era o que seria mais tarde satirizado como "os bons e velhos princípios de economia de Leadenhall Street – salários pequenos e gratificações enormes". Outros iam mais longe, abandonando completamente o emprego na Companhia e fazendo negócios exclusivamente para si mesmos. Esses eram uma maldição na vida dos diretores: os clandestinos.

O maior de todos os clandestinos foi Thomas Pitt, filho de um clérigo de Dorset que entrou para o serviço da Companhia das Índias Orientais em 1673. Quando chegou à Índia, Pitt simplesmente se escondeu e começou a comprar mercadorias de comerciantes indianos, enviando-as para a Inglaterra por conta própria. A direção da Companhia determinou que Pitt voltasse para casa, acusando-o de ser um "jovem ultrajante de temperamento arrogante, indigno e atrevido que não hesitaria em provocar qualquer dano que estivesse a seu alcance". Pitt ignorou solenemente essas exigências. Na verdade, ele se associou ao chefe da companhia no golfo de Bengala, Matthias Vincent, com cuja sobrinha se casou. Sob ameaça de um processo, Pitt fez um acordo com a Companhia pagando uma multa de quatrocentas libras, o que para ele, naquela altura, era um cafezinho.

Homens como Pitt foram essenciais para o crescimento do comércio nas Índias Ocidentais. Ao lado do comércio oficial da Companhia, um enorme comércio privado estava se desenvolvendo. Isso significava que o monopólio sobre o comércio anglo-asiático, que a Coroa havia concedido à Companhia das Índias Ocidentais, estava se desintegrando. Isso provavelmente foi bom do mesmo jeito, já que uma companhia monopolista não poderia ter expandido o comércio entre os britânicos e a Índia tão rapidamente sem os clandestinos. Na verdade, a própria Companhia começou aos poucos a perceber que os clandestinos – mesmo o incontrolável Pitt – poderiam ser mais uma ajuda do que um obstáculo para seus negócios.

Seria bastante errado imaginar que a fusão anglo-holandesa tenha entregado a Índia para a Companhia da Índias Ocidentais inglesa. A realidade continuava a ser que tanto os comerciantes ingleses quanto os holandeses eram participantes menores de um enorme império asiático. Madras, Bombaim e Calcutá não eram mais do que minúsculos postos avançados nas bordas de um subcontinente imenso e economicamente avançado. A essa altura, os ingleses eram meros parasitas na periferia, dependentes de parcerias com negociantes indianos: *dubashes* em Madras, *banyans* em Bengala. E o poder político continuava centralizado no Forte Vermelho, em Délhi, a residência principal do imperador mogol, o "Senhor do Universo" muçulmano, cujos ancestrais haviam invadido a Índia vindos do norte no século XVI, e desde então dominavam a maior parte do subcontinente. Visitantes ingleses como *Sir* Thomas Roe podem ter tentado depreciar o que viram quando visitaram Délhi ("Infinitas religiões, nenhuma lei. Com essa confusão, o que se pode esperar?", foi o veredito de Roe em 1615), mas o império mogol era rico e poderoso, comparado ao qual os países europeus pareciam anões. Em 1700, a população da Índia era vinte vezes maior que a da Inglaterra. A parte da Índia na produção mundial naquela época é estimada em 24% – quase um quarto; a participação da Inglaterra era de apenas 3%. A ideia de que os britânicos um dia poderiam dominar a Índia teria parecido, para alguém que tivesse estado em Délhi no fim do século XVII, simplesmente ridícula.

Era só graças à permissão do imperador mogol – e com o consentimento de seus subordinados locais – que a Companhia das Índias Orientais conseguia simplesmente comerciar. E eles nem sempre eram prestativos. Como reclamou a Corte de Diretores da companhia:

> Esses governantes [nativos] têm [...] aptidão para nos maltratar, e extorquir de nós o que quiserem de nosso patrimônio, sitiando nossas feitorias[4] e parando nossos barcos no Ganges, eles nunca vão deixar de fazer isso até que os façamos sentir nosso poder como os fizemos sentir nossa verdade e nossa justiça [...]

Era, no entanto, mais fácil dizer do que fazer isso. Por um tempo, adular o imperador mogol era parte essencial dos negócios da Companhia das Índias Orientais, já que perder a simpatia era sinônimo de deixar de ganhar dinheiro.

Era necessário fazer visitas à corte mogol. Os representantes da companhia tinham que se prostrar diante do Trono do Pavão no pátio interno do Forte Vermelho, o Diwan-i-am. Tratados complexos precisavam ser negociados. Propinas tinham que ser pagas para os funcionários mogóis. Tudo isso demandava homens que eram tão bons em truques e manhas quanto em compra e venda.

Em 1698, apesar de suas apreensões anteriores, a Companhia decidiu enviar ninguém menos do que o clandestino Thomas Pitt para Madras, como governador do Forte Saint George. O seu salário era de apenas duzentas libras por ano, mas seu contrato agora admitia explicitamente que ele podia negociar por conta própria sem problemas. Um belo exemplar de ladrão de galinhas que virou vigia do galinheiro (e podia roubar algumas galinhas por fora), Pitt precisou, quase imediatamente, resolver uma crise diplomática quando o imperador, Aurungzeb, anunciou não apenas a proibição do comércio com os europeus como a prisão deles e o confisco imediato de seus bens. Ainda enquanto estava negociando com Aurungzeb para o decreto ser revogado, Pitt teve de defender o Forte Saint George contra Duad Khan, o *nawab* da Carnática,* que se apressou em executar o édito do imperador.

Na altura dos anos 1740, porém, o imperador estava perdendo o controle sobre a Índia. O persa Nadir Shah Afshar saqueou Délhi em 1739 à frente de um exército turco-afegão; afegãos liderados por Ahmed Shah Abdali invadiram o norte da Índia várias vezes depois de 1747. Somando-se a essas "irrupções tribais", os antigos representantes mogóis nas províncias – homens como o *nawab* de Arcot e o *nizam*** de Hyderabad – estavam empenhados em estabelecer reinos para si mesmos. A oeste, os marathas governavam sem se reportar nem mostrar consideração a Délhi. A Índia estava entrando em uma fase de guerras intestinas que os britânicos mais tarde caracterizariam com desprezo como "anarquia" – prova de que os indianos eram incapazes de governar a si mesmos. Na verdade era uma luta pelo controle da Índia não muito diferente da luta pelo controle da Europa dominada pelos Habsburgos que vinha desde o século XVII. Foram justamente as ameaças vindas do norte que forçaram os governantes indianos a governar com mais eficiência, modernizando os seus sistemas de impostos para pagar pelos grandes exércitos regulares, algo muito semelhante ao que seus pares na Europa estavam fazendo ao mesmo tempo.

Os assentamentos europeus na Índia sempre foram fortificados. Agora, nesses tempos de perigo, eles precisavam ser guarnecidos para valer. Incapazes de reunir forças suficientes entre o seu pessoal inglês, a Companhia das Índias Ocidentais começou a recrutar seus próprios regimentos entre as castas de guerreiros do subcontinente – camponeses telugu no sul, kunbis no oeste e rajputs e brahmins do médio vale do Ganges –, equipando-os com armas europeias e subordinando-os a oficiais ingleses. Em teoria, era simplesmente a divisão de segurança da Companhia, que tinha a função de proteger suas propriedades em tempo de guerra. Na prática, era um exército particular, e um exército que logo se tornaria crucial para os negócios. Tendo começado como uma operação de comércio, a Companhia das Índias Ocidentais agora tinha os seus próprios assentamentos, seus próprios diplo-

---

* *Nawab* era o nome dado ao cargo de governador provincial no império mogol. Carnática, de Karnatak, era o nome da região sudeste da Índia. (N. T.)

** Nome tradicional do governante da cidade de Hyderabad. (N. T.)

matas, até mesmo o seu próprio exército. Estava mais e mais começando a se parecer com um reino. E aí estava a diferença central entre a Ásia e a Europa. As potências europeias podiam lutar umas com as outras o quanto quisessem: o vencedor sempre seria europeu. Quando as potências indianas entraram em guerra, porém, havia a possibilidade de que uma potência não indiana saísse vencedora.

A única pergunta era, qual?

Os Homens da Guerra

Gingee é um dos fortes mais espetaculares na Carnática. Cravado em um morro íngreme que se ergue abruptamente do nevoeiro das planícies, ele domina o interior da costa de Coromandel. Em meados do século XVIII, porém, ele não era ocupado nem pelos britânicos nem por governantes locais. Gingee estava nas mãos dos franceses.

O conflito inglês com os holandeses tinha sido comercial. Na raiz, tratava-se estritamente de negócios, uma competição por participação no mercado. A luta com a França – que iria se conflagrar em todos os cantos do mundo como uma versão mundial da Guerra dos Cem Anos – ia decidir quem *governaria* o mundo. O resultado estava longe de poder ser previamente determinado.

Dizem que quando o ministro da Educação francês acorda de manhã, em qualquer dia, ele sabe exatamente o que está sendo ensinado em todas as escolas sob seu controle. Todo aluno francês aprende o mesmo currículo: a mesma matemática, a mesma literatura, a mesma história, a mesma filosofia. É uma abordagem verdadeiramente imperial da educação. E ela se aplica tanto ao *lycée* francês de Pondicherry quanto aos seus correspondentes em Paris. Se as coisas tivessem acontecido de outra forma nos anos 1750, as escolas em toda a Índia poderiam ter sido iguais – e o francês, não o inglês, poderia ter se tornado a *língua franca* do mundo.

Essa possibilidade está longe de ser pura fantasia. Com certeza a fusão anglo-holandesa havia fortalecido muito a Inglaterra. E, com a união dos Parlamentos, em 1707, uma segunda fusão havia produzido uma nova entidade ilustre: o Reino Unido da Grã-Bretanha, um termo originalmente difundido por Jaime I para apaziguar a Escócia por ter sido anexada à Inglaterra – e os ingleses por serem governados por um escocês. Ao fim da Guerra da Sucessão Espanhola (1713), esse novo Estado era agora inquestionavelmente a potência naval europeia dominante. Tendo adquirido Gibraltar e Port Mahon (Minorca), os britânicos estavam em posição de controlar a entrada e a saída do Mediterrâneo. Já a França continuava sendo a potência predominante na Europa continental. Em 1700, a França tinha uma economia que era o dobro da britânica e uma população quase três vezes maior. E, assim como os britânicos, a França tinha se lançado através dos mares para o mundo além da Europa. Havia colônias francesas na América na Louisiana e no Quebec – a "Nova França". As ilhas francesas produtoras de açúcar, como Martinica e Guadalupe, estavam entre as mais ricas do Caribe. E, em 1664, os franceses haviam montado a sua própria Companhia das Índias Orientais, a Compagnie des Indes Orientales, com sede em Pondicherry, ao sul, não muito longe, do assentamento britânico em Madras. O perigo de que a França ganhasse uma disputa contra os britânicos pelo domínio do mundo era real, e permaneceu real durante mais da metade de um século. Nas palavras do *Critical Review*, em 1756:

> Todo britânico deve estar ciente da ambiciosa visão da França, sua eterna sede pelo domínio universal e suas constantes intrusões nas propriedades de seus vizinhos [...] [N]osso comércio, nosso país, não, todo o resto da Europa [sofrem] o risco permanente de virar presa do Inimigo comum, o cormorão universal, que, se fosse possível, engoliria todo o globo.

É verdade que, comercialmente, a Compagnie des Indes representava uma ameaça relativamente modesta para a Companhia das Índias Orientais. Sua primeira encarnação perdeu somas consideráveis de dinheiro apesar dos subsídios do governo, e precisou ser refinanciada em 1719. Diferente da sua correlata inglesa, a companhia francesa estava sob firme controle governamental. Era administrada por aristocratas que se importavam pouco com o comércio, mas muito com política e poder. A forma que a ameaça francesa assumiu era, assim, muito diferente da holandesa. Os holandeses queriam participação no mercado. Os franceses queriam territórios.

Em 1746, o governador francês de Pondicherry, Joseph François Dupleix, resolveu desferir um golpe contra a presença inglesa na Índia. O diário de

Ananda Ranga Pillai, seu *dubash** indiano, transmite um pouco do clima no forte francês na véspera do golpe de Dupleix. Segundo Pillai, a "opinião pública diz agora que a maré da vitória vai daqui para a frente virar a favor dos franceses [...] As pessoas [...] afirmam que a Deusa da Fortuna havia partido de Madras para estabelecer residência em Pondicherry". Dupleix garantiu-lhe que "a Companhia Inglesa está destinada a desaparecer. Ela está há muito tempo com pouco dinheiro, e o que tinha em seu nome foi emprestado para o rei, cuja deposição é certa. A perda do capital é, portanto, inevitável, e isso deve levar a um colapso. Lembre-se das minhas palavras. A verdade delas será trazida a você quando, em breve, descobrir que a minha profecia se realizou". No dia 26 de fevereiro de 1747, como registrou Pillai, os franceses

> lançaram-se contra Madras [...] como um leão se precipita contra uma manada de elefantes [...] cercaram o forte, e em um dia surpreenderam e espantaram o governador [...] e todas as pessoas que estavam lá [...] Capturaram o forte, hastearam sua bandeira nos baluartes, tomaram posse de toda a cidade, e brilharam em Madras como o sol, que espalha seus raios pelo mundo todo.

Consternada, a Companhia das Índias Orientais receou ser "totalmente destruída" por sua rival francesa. Segundo um relatório recebido pelos diretores em Londres, os franceses aspiravam "a nada menos do que nos excluir do comércio desta costa [a área de Madras], e, gradualmente, do [comércio] da Índia".

Na verdade, Dupleix calculou mal o momento para sua ação. O fim da Guerra da Sucessão Austríaca na Europa com a Paz de Aix-la-Chapelle em 1748 forçou-o a abandonar Madras. Mas, depois, em 1757, as hostilidades entre Inglaterra e França foram retomadas – dessa vez em uma escala sem precedentes.

A Guerra do Sete Anos foi a coisa mais próxima que o século XVIII viu de uma guerra mundial. Como os conflitos globais do século XX, ela foi na raiz uma guerra europeia. Grã-Bretanha, França, Prússia, Áustria, Portugal, Espanha, Saxônia, Hanover, Rússia e Suécia, todos participaram. Mas o combate alastrou-se de Coromandel ao Canadá, de Guiné a Guadalupe, de Madras a Manila. Indianos, nativos americanos, escravos africanos e colonos

---

* *Dubash*, em hindustâni, significa intérprete, mas os *dubashes* serviam como intermediários entre europeus e indianos para todo tipo de questão, inclusive comerciais. (N. T.)

americanos, todos foram envolvidos. Em jogo, estava o futuro do Império em si. A questão era, simplesmente: o mundo seria britânico ou francês?

O homem que acabou dominando a política britânica nesse armagedão hanoveriano foi William Pitt. Não é de se admirar que um homem cuja fortuna familiar repousava sobre o comércio anglo-indiano, não tivesse a menor intenção de ceder a posição global dos britânicos ao seu mais antigo rival europeu. Sendo neto de Thomas Pitt, ele instintivamente pensou na guerra em termos globais. Sua estratégia foi contar com a única força superior que os britânicos possuíam: sua frota e, por trás dela, seus estaleiros. Enquanto os aliados prussianos dos britânicos continham os franceses e os aliados destes na Europa, a Marinha Real atacava o império deles em alto mar, deixando os exércitos ingleses espalhados para terminar o serviço nas colônias. A chave, então, era estabelecer uma clara vantagem marítima. Como disse Pitt na Câmara dos Comuns em dezembro de 1775, antes de a guerra ser declarada formalmente, mas bem depois de a luta ter começado nas colônias:

> Devemos ter nossa marinha tanto e tão bem tripulada quanto possível antes de declarar guerra [...] Não é pois agora necessário para nós, uma vez que estamos à beira de uma guerra, usar todos os métodos pensáveis para encorajar os marinheiros mais hábeis e capacitados a ingressar no serviço de Sua Majestade? [...] Uma guerra aberta já começou: os franceses atacaram os soldados de Sua Majestade na América, e em resposta os navios de Sua Majestade atacaram os navios do rei francês naquela parte do mundo. Não é isso uma guerra aberta? [...] Se nós não livrarmos os territórios de todos os nossos aliados indianos, assim como os nossos territórios na América, de todo forte francês, e de toda guarnição francesa, podemos desistir de nossos assentamentos.

Pitt garantiu o apoio do Parlamento para recrutar 55 mil marinheiros. Ele aumentou a frota para 105 navios de guerra, contra apenas 70 do lado francês. Ao longo do processo, os Estaleiros Reais viraram o maior empreendimento industrial do mundo, construindo e consertando navios e empregando milhares de homens.

A política de Pitt dependia em parte da recente superioridade econômica dos britânicos: na construção de navios, na metalurgia e na fundição de armas eles agora gozavam de uma liderança perceptível. Os britânicos estavam usando não somente tecnologia, mas ciência para dominar as ondas. Quando George

Anson circum-navegou o mundo com suas seis embarcações nos anos 1740, a cura para o escorbuto ainda era desconhecida e John Harrison ainda estava trabalhando na terceira versão do seu cronômetro para determinar a longitude no mar. Os marinheiros morriam aos montes; os navios frequentemente se perdiam. Na época em que o *Endeavour* do capitão James Cook partiu para o Pacífico Sul, em 1768, Harrison ganhara o prêmio da Comissão da Longitude e a tripulação de Cook era alimentada com chucrute como prevenção contra o escorbuto. Como exemplo perfeito da nova aliança entre ciência e estratégia, a bordo do *Endeavour* havia um grupo de naturalistas, com destaque para o botânico Joseph Banks, e a viagem de Cook tinha duas missões: "preservar o poder, o domínio, e a soberania da GRÃ-BRETANHA" reivindicando a Australásia para o Almirantado e registrar o trânsito de Vênus para a Sociedade Real.

Apenas a disciplina naval continuava imutavelmente severa. O almirante John Byng foi fuzilado, num episódio famoso logo no início da guerra, por não ter conseguido destruir as forças francesas ao largo de Minorca, infringindo o 12º artigo de guerra, que declarava:

> Toda pessoa da frota que por covardia, negligência ou deslealdade [...] não fizer o máximo para tomar ou destruir todo navio a que deveria ser sua obrigação dar combate; toda pessoa culpada nesse sentido, e tendo sido condenada por isso por sentença de uma corte marcial, deve morrer.[5]

Homens mais duros, como o primo de Byng, *Sir* George Pocock, derrotaram a frota francesa ao largo da costa da Índia. Homens mais duros, como James Cook, transportaram o general Wolfe e seus soldados pelo rio São Lourenço para atacar Quebec. E homens mais duros, como George Anson – agora Primeiro *Lord* do Almirantado –, planejaram e comandaram o bloqueio da França, talvez a mais clara demonstração da superioridade naval britânica proporcionada pela guerra.

Em novembro de 1759, a esquadra francesa finalmente fez uma tentativa desesperada de encetar uma invasão à Inglaterra. *Sir* Edward Hawke estava esperando por eles. Numa tempestade, os ingleses perseguiram a esquadra francesa até bem dentro da baía de Quiberon na costa sul da Bretanha, onde ela foi aniquilada – dois terços dos navios naufragaram, foram queimados ou capturados. A invasão foi abandonada. A supremacia naval britânica era agora completa, tornando a vitória nas colônias francesas praticamente certa, já que, cortando a comunicação entre a França e seu império, a marinha dera às forças terrestres britânicas uma vantagem decisiva. A tomada de Quebec e Montreal acabou com o governo francês no Canadá. As ricas ilhas caribenhas do açúcar – Guadalupe, Marie Galante e Dominica – também caíram. E, em 1762, os aliados espanhóis da França foram mandados embora de Cuba e das Filipinas. Naquele mesmo ano, a guarnição francesa desocupou o forte de Gingee. A essa altura, todas as bases francesas na Índia – incluindo a própria Pondicherry – tinham sido tomadas.

Foi uma vitória baseada na superioridade naval. Mas essa reviravolta só foi possível porque os britânicos tinham uma vantagem crucial sobre a França: a habilidade de tomar dinheiro emprestado. Mais de um terço de todo o gasto dos britânicos na guerra foi financiado por empréstimos. As instituições copiadas dos holandeses na época de Guilherme III haviam se solidificado, permitindo que o governo de Pitt distribuísse o custo da guerra vendendo títulos de juros baixos para o público investidor. Os franceses, por seu lado, ficaram reduzidos a implorar ou roubar. Como disse o bispo Berkeley, o crédito foi "a principal vantagem que a Inglaterra teve sobre a França". O economista francês Isaac de Pinto concordou: "Foi o fracasso do crédito em um momento de necessidade que estragou tudo, e provavelmente foi a principal causa dos desastres posteriores". A Dívida Nacional garantiu cada vitória naval britânica; seu crescimento – de £74 milhões para £133 milhões durante a Guerra dos Sete Anos – foi a medida do poder financeiro britânico.

Nos anos 1680 ainda existia uma distinção entre a Inglaterra e "o Império Inglês na América". Em 1743, tinha sido possível falar no "Império Britânico, considerado como um só corpo, isto é, Grã-Bretanha, Irlanda, as *plantations* e colônias de pesca na América, além de suas possessões nas Índias Orientais e na África". Mas agora *Sir* George Macartney podia escrever sobre "esse vasto império no qual o Sol nunca se põe e cujas fronteiras a natureza ainda não determinou". O único arrependimento de Pitt (a paz só foi alcançada depois que ele havia deixado o cargo) foi que se permitiu aos franceses ficar com alguma de suas possessões estrangeiras, particularmente as ilhas que haviam sido devolvidas a eles no Caribe. O novo governo, ele acusou na Câmara dos Comuns em dezembro de 1762,

> perdeu de vista o grande princípio fundamental, de que a França deve principalmente, se não somente, ser temida por nós à luz de um poder marítimo e comer-

cial [...] e devolvendo a ela as valiosas ilhas da Índia Ocidental [...] demos-lhe os meios para recuperar suas imensas perdas [...] O comércio com essas conquistas é da natureza mais lucrativa [...] [e] tudo o que ganhamos [...] é quadruplicado pela perda que acarreta à França.

Como Pitt corretamente pressentiu, as "sementes da guerra" já estavam germinando nos termos da paz. A luta pela hegemonia mundial entre a Grã-Bretanha e a França continuaria, só com breves intervalos, até 1815. Mas a Guerra dos Sete Anos decidiu irrevogavelmente uma coisa. A Índia seria britânica, não francesa. E isso deu aos britânicos o que, por quase duzentos anos, seria tanto um enorme mercado para o comércio inglês quanto uma reserva inexaurível de homens para as forças armadas. A Índia era muito mais que a "joia na coroa". Literal e metaforicamente, era uma mina inteira de diamantes.

E os indianos? A resposta é que eles se permitiram ser divididos – e, por fim, governados. Mesmo antes da Guerra dos Sete Anos, os britânicos e os franceses estavam interferindo na política indiana, tentando determinar os sucessores do *subahdar*[*] do Deccan e do *nawab* da Carnática. Robert Clive, o mais ativo dos homens da Companhia das Índias Orientais, chamou a atenção pela primeira vez quando tentou levantar o cerco de Trichinopoly, onde o candidato britânico para o Deccan, Mahomed Ali, estava encurralado; depois tomou Arcot, capital da Carnática, e a defendeu contra o cerco montado pelas forças do rival de Mahomed Ali, Chanda Sahib.

Quando estourou a Guerra dos Sete Anos, o *nawab* de Bengala, Siraj-ud-Daula, atacou o assentamento britânico de Calcutá, encarcerando entre 60 e 150[6] prisioneiros britânicos no que ficou conhecido como "Buraco Negro" no Forte William. Siraj tinha apoio da França. Seus rivais, porém, a família de banqueiros Jaget Seth, subsidiaram o contra-ataque britânico. E Clive conseguiu convencer os partidários de um *nawab* rival, Mir Jafar, a abandonar o lado de Siraj em 22 de junho de 1757, na batalha de Plassey. Tendo vencido a batalha e garantido o governo de Bengala, Clive destituiu

---

[*] Uma das designações dadas aos governadores provinciais do império mogol. (N. T.)

Mir Jafar, nomeando seu genro Mir Kasim; quando este último mostrou não ser suficientemente maleável, foi expulso, e Mir Jafar, reempossado. Mais uma vez as rivalidades indianas estavam sendo exploradas para fins europeus. Era completamente característico do período que mais de dois terços dos 2.900 homens de Clive em Plassey eram indianos. Nas palavras do historiador indiano, Gholam Hossein Khan, autor de *Seir Mutaqherin*, ou *Revisão dos tempos modernos* (1798):

> É em consequência de tais e semelhantes divisões [entre governantes indianos] que a maioria das fortalezas, não, quase todo o Hindustão, tornou-se possessão dos ingleses [...] Dois príncipes disputam o mesmo país, um deles recorre aos ingleses, e os instrui sobre o modo e o método de se tornarem os chefes. Por suas insinuações e pela ajuda deles, atrai a si alguns dos mais importantes homens do país que, sendo seus amigos, já estão estreitamente ligados à sua pessoa; e, enquanto isso, os ingleses concluíram em intenção própria algum tratado e acordo com ele, por algum tempo são fiéis a esses termos, até terem uma boa visão do governo e dos costumes do país, bem como uma completa familiaridade com os vários partidos; e então treinam um exército e, conseguindo o apoio de um partido, logo sobrepujam o outro, e, pouco a pouco, se introduzem no país, e fazem dele uma conquista [...] Os ingleses, que parecem bastante passivos, como se tolerassem ser conduzidos, estão na verdade dando movimento à máquina.

Não havia, concluiu ele, "nada estranho naqueles comerciantes terem achado os meios de se transformarem em mestres deste país"; eles simplesmente "se aproveitaram da imbecilidade de alguns soberanos hindustânis, tão orgulhosos quanto ignorantes".

À época da vitória de Clive sobre seus inimigos indianos restantes, em Buxar em 1764, ele havia chegado a uma conclusão radical sobre o futuro da Companhia das Índias Orientais. Fazer negócios por tolerância dos indianos já não era suficiente. Como ele mesmo disse em uma carta para o diretor da companhia em Londres:

> Posso afirmar com algum grau de confiança que esse rico e próspero reino pode ser totalmente controlado por uma força tão pequena quanto a de 2 mil europeus [...] [os indianos são] indolentes, lascivos, ignorantes e covardes além do

que se possa imaginar [...] [eles] tentam tudo por traição e não pela força [...] o que é, então, que nos permite garantir nossas atuais aquisições ou aumentá-las senão uma força tal que não deixe nada para o poder da traição e da ingratidão?

Sob o Tratado de Allahabad, o imperador mogol concedeu à Companhia das Índias Orientais a administração civil – conhecida como *diwani* – de Bengala, Bihar e Orissa. Era uma licença não para imprimir dinheiro, mas para a segunda melhor coisa: ganhá-lo através de impostos. O *diwani* deu à Companhia o direito de cobrar impostos de mais de 20 milhões de pessoas. Supondo que pelo menos um terço da produção delas pudesse ser tomada dessa forma, isso implicaria um rendimento de entre 2 milhões e 3 milhões de libras por ano. Ela estava agora no que parecia ser o maior negócio de todos na Índia: o negócio de governar. Como disse o Conselho de Bengala da companhia em uma carta aos diretores em 1769: "Seu comércio, de agora em diante, pode ser considerado mais um canal para transferir seus lucros para a Grã-Bretanha".

Antes piratas, depois comerciantes, os britânicos eram agora os governantes de milhões de pessoas no exterior – e não só na Índia. Graças a uma combinação de poderio naval e financeiro, tornaram-se os vencedores na corrida europeia por império. O que começou como uma proposta de negócios havia se tornado agora uma questão de governo.

A pergunta que os britânicos tinham que se fazer agora era: como o governo da Índia deve ser conduzido? O impulso de um homem como Clive era simplesmente saquear – e ele saqueou, apesar de mais tarde dizer insistentemente que "se surpreendeu com seu próprio comedimento". Um homem de temperamento tão violento que, na ausência de inimigos pensava imediatamente em autodestruição, Clive era o precursos dos dissolutos construtores de império de Kipling em seu conto "O homem que queria ser rei":

> Nós vamos [...] embora para algum outro lugar onde um homem não é vigiado de perto e pode se dar bem [...] em qualquer lugar onde se lute, um homem que sabe como treinar homens sempre pode ser rei. Vamos a esses lugares e diremos a qualquer rei que encontrarmos – "Quer acabar com seus inimigos?" – e mostraremos para ele como treinar homens; porque isso sabemos melhor do que

qualquer outra coisa. Então vamos derrubar aquele rei e tomar seu trono e estabelecer uma dinastia.

Se o comando britânico em Bengala, no entanto, devesse ser mais do que uma continuação da tática de esmagar e tomar dos piratas, era necessária uma abordagem mais sutil. A nomeação de Warren Hastings como primeiro governador-geral pelo Ato Regulador de 1773 parecia inaugurar uma tal abordagem.

Um homenzinho esperto, tão inteligente quanto Clive era brutal, Hastings era um ex-King's Scholar em Westminster e entrou para a Companhia das Índias Orientais como escrevente aos dezessete anos. Logo se tornou fluente em persa e hindi e, quanto mais estudava a cultura indiana, mais respeitoso se tornava. O estudo do persa, escreveu em 1769, "não pode deixar de abrir nossas mentes, e nos inspirar com aquela benevolência que a nossa religião inculca para com toda a raça humana". Como ressaltou em seu prefácio para a tradução que ele encomendou do *Bhagavadgita*:

> Toda ocasião que trouxer de volta o verdadeiro caráter [dos indianos] vai nos impressionar com um sentido mais generoso de sentimento por seus direitos naturais, e vai nos ensinar a estimá-los pela nossa própria medida. Tais ocasiões, porém, só podem ser obtidas por seus escritos; e esses sobreviverão, quando o domínio britânico há muito tiver deixado de existir, e quando as fontes que uma vez manaram riqueza e poder estiverem perdidas para a memória.

Hastings patrocinou traduções dos textos islâmicos *Fatawa al-'Alamgiri* e *Hidaya*, além de fundar a madraçal de Calcutá, uma escola de direito islâmico. "A lei muçulmana", disse para *Lord* Mansfield, "é tão abrangente, e tão bem definida, como as da maioria dos estados na Europa". Ele não foi menos assíduo em encorajar o estudo da geografia e da botânica da Índia.

Sob os auspícios de Hastings, uma sociedade nova, híbrida, começou a se desenvolver em Bengala. Os estudiosos britânicos não apenas traduziram as leis e a literatura indianas; empregados da Companhia também se casaram com mulheres indianas e adotaram costumes indianos. Essa extraordinária época de fusão cultural tem um apelo para nossas sensibilidades modernas, ao sugerir que o Império não nasceu com o "pecado original" do racismo. Mas seria esse seu verdadeiro significado? Um aspecto crucial da era Hastings facilmente esquecido é que a maioria dos homens da Companhia das Índias

Orientais que "viraram nativos" eram eles mesmos total ou parcialmente oriundos de uma das minorias étnicas da Grã-Bretanha. Eles eram escoceses.

Nos anos 1750, pouco mais de um décimo da população das Ilhas Britânicas morava na Escócia. Mesmo assim, a Companhia das Índias Orientais era, no mínimo, metade escocesa. Dos 249 escreventes nomeados pelos diretores para servir em Bengala na última década da administração Hastings, 119 eram escoceses. De 116 candidatos para o corpo de oficiais do exército da companhia em Bengala recrutado em 1782, 56 eram escoceses.7 De 371 homens aceitos pelos diretores para trabalhar como "mercadores livres", 211 eram escoceses. De 254 cirurgiões-assistentes recrutados pela companhia, 132 eram escoceses. O próprio Hastings se referia a seus conselheiros mais próximos como seus "guardiões escoceses": homens como Alexander Elliot, de Minto, John Sumner, de Peterhead, e George Bogle, de Bothwell. De 35 indivíduos encarregados por Hastings de missões importantes durante seu período como governador-geral, pelo menos 22 eram escoceses. Em Londres, Hastings também contava com acionistas escoceses para apoiar sua administração na Corte dos Proprietários da companhia, notadamente os Johnston de Westerhall. Em março de 1787, Henry Dundas, o procurador-geral da Escócia, disse brincando ao seu candidato ao governo de Madras, *Sir* Archibald Campbell, que "toda a Índia em breve estará nas [nossas] mãos, e [...] o condado de Argyll vai ficar despovoado pela emigração de Campbell fornecidos a Madras". (Até a primeira mulher de Hastings era escocesa: Mary *née* Elliot, de Cambuslang, viúva de um capitão Buchanan que morrera no Buraco Negro.)

Boa parte da explicação para essa desproporção está na maior disposição dos escoceses para tentar a sorte no exterior. Essa sorte estava em baixa nos anos 1690 quando a Companhia da Escócia tentou estabelecer uma colônia em Darien, na costa oeste do Panamá, um lugar tão insalubre que a empreitada tinha poucas chances de sucesso, embora a hostilidade espanhola e inglesa tenha acelerado seu colapso. Felizmente, a união dos Parlamentos de 1707 foi também uma união de economias – e uma união de ambições imperiais. O excesso de empresários e engenheiros, médicos e mosqueteiros da Escócia poderia aplicar seus talentos e energias mais longe ainda a serviço do capital inglês e sob a proteção da marinha inglesa.

Os escoceses podem também ter estado mais preparados para ser incorporados a sociedades nativas do que os britânicos do sul. George Bogle, enviado por Hastings para explorar o Butão e o Tibete, teve duas filhas com uma mulher tibetana e escreveu admirado sobre o diferente estilo tibetano de poligamia (no qual uma mulher podia ter múltiplos maridos). John Maxwell, o filho de um ministro de New Machar, perto de Aberdeen, que se tornou editor da *India Gazette*, não ficou menos intrigado com o (a seu ver) lascivo e afeminado modo de vida indiano; ele teve pelo menos três filhos com mulheres indianas. William Fraser, um dos cinco irmãos de Inverness que foram para a Índia no começo dos anos 1800, teve um papel crucial em subjugar os gurcos; colecionava tanto manuscritos mogóis quanto esposas indianas. Segundo um relato, tinha seis ou sete esposas e incontáveis filhos, que eram "hindus e muçulmanos, conforme a religião e a casta de suas mães". Entre os produtos de tais uniões estava o amigo de Fraser e companheiro de exército James Skinner, filho de um escocês de Montrose e uma princesa Rajput, e o fundador do regimento de cavalaria Skinner's Horse (Cavalo de Skinner). Skinner tinha pelo menos sete esposas e a ele foi atribuída a paternidade de oitenta crianças: "Preto ou branco não fará muita diferença diante da presença Dele", comentou uma vez. Embora vestisse seus homens com turbantes escarlates, cintos com bordas prateadas e túnicas amarelas berrantes e tenha escrito suas memórias em persa, Skinner era um cristão devoto que ergueu uma das mais suntuosas igrejas de Délhi, São Tiago, em ação de graças por ter sobrevivido a uma batalha especialmente sangrenta.

Nem todo mundo era tão multicultural, é claro. De fato, em sua história da Índia moderna, Gholam Hossain Khan queixou-se da tendência exatamente inversa:

> Os portões da comunicação e da relação estão cerrados entre os homens desta terra e aqueles estrangeiros que se tornaram seus patrões; e esses últimos constantemente mostram uma aversão à sociedade dos indianos, e um desdém em relação a conversar com eles [...] Nenhum dos cavalheiros ingleses mostra nenhuma inclinação ou prazer pela companhia de cavalheiros deste país [...] Tal é a aversão que os ingleses abertamente mostram pela companhia dos nativos, e tal é o desdém que mostram por ele, que nenhum amor, e nenhuma aliança (dois itens que, aliás, são o princípio de toda união e vínculo, e a fonte de todo regulamento e acordo) pode nascer entre os conquistadores e os conquistados.

Nem devemos deixar os muitos aspectos atraentes da fusão indo-céltica do século XVIII nos cegar para o fato de que a Companhia das Índias Orientais existia não para o bem da academia e da miscigenação, mas para ganhar dinheiro. Hastings e seus contemporâneos tornaram-se homens muito ricos. Fizeram isso apesar das limitações do mercado-chave para seu principal produto, tecidos indianos, causadas por várias medidas protecionistas criadas para estimular a manufatura britânica. E não importa o quão devotos pudessem ser à cultura indiana, seu objetivo sempre foi transferir seus lucros de volta para casa na Grã-Bretanha. A conhecida "drenagem" de capital da Índia para a Grã-Bretanha havia começado.

Era uma tradição que vinha desde os dias de Thomas Pitt. Em 1701, quando governador de Madras, Pitt encontrou a maneira perfeita de enviar seu lucro para a Inglaterra. "Meu grande caso", ele o chamou, "minha grande preocupação, meu tudo, a mais fina joia do mundo". Naquela época, pesando cerca de 410 quilates, o diamante Pitt era o maior que o mundo já tinha visto; depois de lapidado, foi avaliado em 125 mil libras. Pitt nunca contou toda a história de como o encontrou (quase com certeza, veio das minas do imperador mogol em Golconda, embora Pitt negasse). Em todo caso, ele o vendeu, mais tarde, para o príncipe regente da França, que o incorporou à coroa francesa. Mas a joia literalmente fez-lhe o nome: dali em diante ele ficou conhecido como Pitt "Diamante". Não havia símbolo mais poderoso da riqueza que um inglês ambicioso e capaz podia fazer na Índia, e aonde Pitt liderou, muitos outros se apressaram em seguir. Clive também enviou seus lucros para a Inglaterra na forma de diamantes. No total, 18 milhões de libras foram transferidos da Índia para a Grã-Bretanha por esse meio. Em dez anos a partir de 1783, a drenagem totalizou 1,3 milhão de libras. Como disse Gholam Hossein Khan:

> Os ingleses têm também um costume de vir por um certo número de anos, e depois ir embora fazer uma visita a seu país de origem, sem que qualquer um deles mostre alguma inclinação por se fixar nesta terra [...] E quando juntam a esse costume aquele outro, que todos os emigrantes consideram uma obrigação religiosa, quer dizer, o de juntar tanto dinheiro neste país quanto puderem, e carregá-lo em enormes quantias para o reino da Inglaterra; então não é nenhuma surpresa que esses dois costumes, misturados, devam ser solapantes e ruinosos para este país, e devam ser um eterno empecilho a que ele floresça novamente algum dia.

É claro que nem todo escrevente da Companhia das Índias Orientais se tornou um Clive. De uma mostra de 645 funcionários que foram para Bengala, mais da metade morreu na Índia. Dos 178 que retornaram à Inglaterra, um

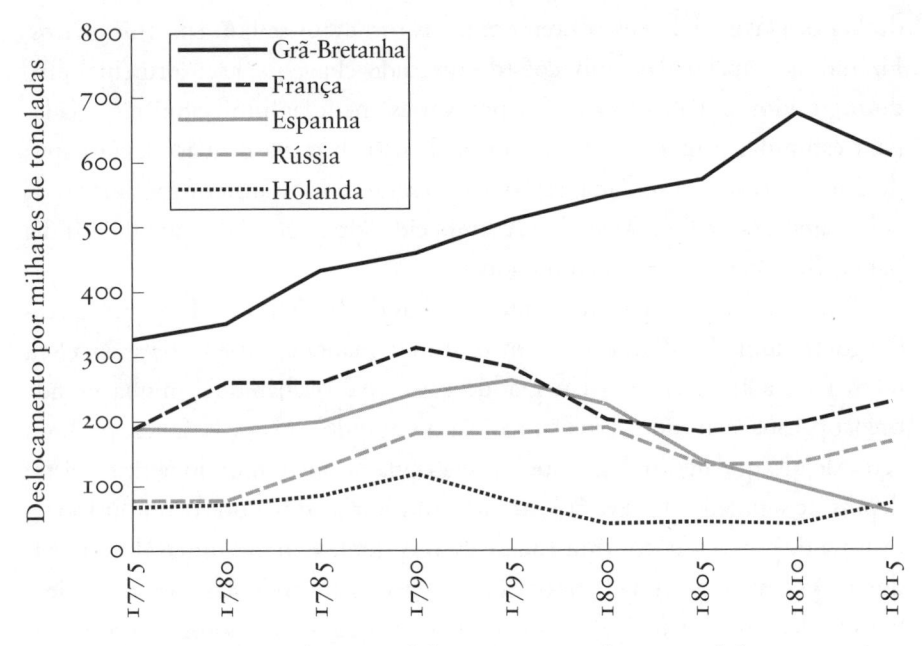

Marinhas europeias: tonelagem total dos navios acima de 500 toneladas, 1775-1815.
No final do século XVIII, a Grã-Bretanha realmente dominava os mares

bom número – cerca de um quarto – não estava especialmente rico. Como disse Samuel Johnson a Boswell: "É melhor um homem ter 10 mil libras ao fim de dez anos passados na Inglaterra, do que 20 mil libras ao fim de dez anos passados na Índia, porque deve-se computar o que se dá pelo dinheiro; e um homem que viveu dez anos na Índia desistiu de dez anos de conforto social e de todas aquelas vantagens que provêm de morar na Inglaterra".

Mesmo assim, uma nova palavra estava prestes a entrar na língua inglesa: o "nababo",* uma corruptela do titulo nobiliárquico indiano *nawab*. Os nababos eram homens como Pitt, Clive e Hastings, que levaram suas fortunas de volta para casa e as converteram em mansões grandiosas e imponentes como a de Pitt, em Swallowfield, a de Clive, em Claremont, e a de Hastings, em Daylesford. Eles não se limitavam, porém, a comprar imóveis. Foi com o dinheiro que ganhou na Índia que Thomas Pitt comprou a cadeira de Old Sarum no Parlamento, o infame "distrito podre" que seu neto mais famoso

---

* *Nabob*, em inglês, mas a origem da palavra em português é a mesma. (N. T.)

representou mais tarde na Câmara dos Comuns. Foi uma enorme hipocrisia da parte de William Pitt quando ele reclamou em janeiro de 1770:

> As riquezas da Ásia foram despejadas sobre nós, e trouxeram com elas não só o luxo asiático, mas, temo, princípios asiáticos de governo [...] Os importadores de ouro estrangeiro forçaram sua entrada no Parlamento por uma tal torrente de corrupção privada que nenhuma fortuna hereditária poderia resistir.

"Temos sentados entre nós", murmurou doze anos depois, "os membros do rajá de Tangore e do *nawab* de Arcot, os insignificantes representantes de déspotas orientais".

Em *A feira das vaidades*, de Thackeray, Becky Sharp se imagina – como esposa do coletor de impostos de Boggley Wollah – "enfeitada [...] em uma infinidade de xales, turbantes e colares de diamante, e [...] montada em um elefante", já que "dizem que todos os nababos indianos são imensamente ricos". Tendo voltado a Londres em razão de uma "queixa do fígado", o nababo em questão

> levava seus cavalos ao parque; jantava nas tavernas elegantes [...] frequentava os teatros, como era moda naquele tempo, ou fazia uma aparição na ópera, cuidadosamente vestido com meia-calça e chapéu de três pontas [...] era muito malicioso em relação ao número de escoceses que [...] o governador geral, sustentava [...] Como estava encantada a srta. Rebecca com [...] as histórias dos ajudantes de campo escoceses.

Seria difícil imaginar uma figura mais tímida e menos marcial do que Jos Sedley. Mesmo assim, na verdade os lucros dos nababos eram, cada vez mais, garantidos por um enorme aparato militar na Índia. No período de Warren Hastings, a Companhia das Índias Orientais tinha mais de 100 mil homens armados, e estava em um estado quase permanente de guerra. Em 1767, foram dados os primeiros tiros no que veio a se mostrar uma prolongada luta com o estado de Mysore. No ano seguinte, os Sarkars do Norte – os estados da costa leste – foram tomados do Nizam de Hyderabad. E sete anos depois, Benares e Ghazipur foram capturados do *nawab* de Oudh. O que começou como uma força de segurança informal para proteger o comércio da companhia tinha se tornado agora a *raison d'être* da companhia: travar novas batalhas, conquistando novos territórios, para pagar batalhas anteriores. A presença britânica na Índia também dependia da capacidade da marinha de derrotar os franceses quando eles voltassem ao combate, como fizeram nos anos 1770. E isso custava mais dinheiro ainda.

Era fácil ver quem enriquecia com o Império. A questão era, quem exatamente ia pagar por ele?

Cobradores de Impostos

Robert Burns era exatamente o tipo de homem que poderia ter se sentido tentado a buscar sua fortuna no Império. De fato, quando sua vida amorosa deu errado em 1768, pensou seriamente em se mandar para a Jamaica. No final, perdeu o navio planejado e escolheu, depois de pensar bem, ficar na Escócia. Mas seus poemas, canções e cartas ainda podem nos dar uma inestimável percepção da política econômica do Império do século XVIII.

Burns nasceu em 1759, no auge da Guerra dos Sete Anos, filho de um jardineiro pobre de Alloway. Seu primeiro sucesso literário, embora gratificante, não pagava contas. Ele testou suas habilidades na agricultura, mas isso não era muito melhor. Havia, no entanto, uma terceira possibilidade para ele. Em 1778, candidatou-se a ser um dos Comissários do Imposto sobre Produtos para se tornar, na realidade, um coletor de impostos. Era algo que o envergonhava muito mais que sua célebre bebedeira e fornicação. Como contou em segredo a um amigo: "Não darei desculpas... por ter sentado para te escrever neste papel repugnante, manchado com as contas sanguinárias 'desses amaldiçoados piolhos de cavalo da Receita'. Pela gloriosa causa do LUCRO farei qualquer coisa, serei qualquer coisa". Mas "cinco e trinta libras por ano não era um mau último recurso para um pobre Poeta". "Existe", admitiu, "certo estigma ligado à figura de funcionário da Receita, mas não pretendo adquirir honra com nenhuma profissão; e apesar de o Salário ser comparativamente pequeno, é um luxo para qualquer coisa que os primeiros 25 anos da minha vida me ensinaram a esperar". "As pessoas podem falar à vontade da desonra da Receita, mas o que vai sustentar minha família e me manter independente do mundo é, para mim, uma questão muito importante."

Engolindo seu orgulho pelo salário de coletor de impostos, Burns se tornou um elo na grande corrente das finanças imperiais. As guerras britânicas contra a França foram financiadas por empréstimos e mais empréstimos, e a montanha mágica sobre a qual o poder britânico se firmava, a Dívida Nacional, cresceu na proporção dos novos territórios adquiridos. Quando Burns começou a trabalhar para a Receita, a dívida estava na casa dos 244 milhões de libras. Uma função crucial da Receita era, portanto, angariar os fundos necessários para pagar os juros dessa dívida.

Quem pagava o imposto? Os principais produtos taxados eram destilados, vinhos, sedas e tabaco, além de cerveja, velas, sabonetes, goma, couros, janelas, casas, cavalos e carruagens. A ideia era cobrar os impostos dos produtores das mercadorias. Mas, na prática, recaía sobre os consumidores, já que os produtores simplesmente somavam o imposto aos seus preços. Cada copo de cerveja e uísque que um homem tomava era taxado, e cada cachimbo que fumava. Como Burns disse, seu negócio era "moer os rostos do Publicano e do Pecador sob as rodas impiedosas do Imposto". Mas os virtuosos também tinham que pagar. Cada vela que um homem acendia quando lia, até mesmo o sabão com o qual se lavava, era taxado. Para os nababos, é claro, esses impostos mal eram perceptíveis. Mas consumiam uma substancial proporção da renda de uma família comum. Na verdade, então, os custos da expansão ultramarina – ou, para ser preciso, dos juros da Dívida Nacional – foram pagos pela maioria pobre que ficou em casa. E quem recebia esses juros? A resposta era uma pequena elite formada principalmente de sulistas donos de títulos, cerca de 200 mil famílias, que haviam investido parte de sua riqueza nos "Fundos".

Um dos grandes quebra-cabeças dos anos 1780 é, portanto, é saber por que foi na França – onde os impostos eram muito mais leves e menos regressivos – e não na Grã-Bretanha que finalmente se deu a revolução política nos anos 1780. O próprio Burns era um desses britânicos a quem a ideia da revolução agradava. Foi ele, afinal, quem deu à era da revolução um de seus hinos mais duradouros "Um homem é um homem por tudo isso". Um meritocrata por instinto, Burns se ressentia amargamente da "estupidez imponente dos fidalgos autossuficientes ou da exuberante insolência de nababos emergentes". Apesar de sua própria cumplicidade como coletor de impostos, até escreveu um ataque populista ao imposto sobre produtos, "O diabo levou o cobrador de imposto". Burns teve, porém, que abandonar seus princípios políticos para manter o emprego. Depois de ter sido visto cantando um hino revolucionário em um teatro em Dumfries, teve que escrever uma subserviente carta de desculpas para o Comissário do Conselho Escocês do Imposto sobre Produto, prometendo "selar os [seus] lábios" sobre o assunto da revolução.

Os pobres bebedores e fumantes de Ayrshire estavam longe de ser os súditos do Império Britânico em pior situação, no entanto. Na Índia, o impacto dos impostos britânicos era ainda maior, pois o crescente custo do exército indiano era o único item do gasto imperial que os pagadores de impostos britânicos nunca tiveram que pagar. Desastrosamente, a escalada dos impostos em Bengala coincidiu com uma enorme fome, que matou nada menos do que um terço da população de Bengala – cerca de 5 milhões de pessoas. Para Gholam Hossein Kahn, havia uma conexão clara entre "a vasta exportação de moeda que é conduzida todo ano ao país da Inglaterra" e a condição precária de seu país:

> A diminuição dos produtos de cada distrito, somada à incontável multidão devastada pela fome e pela mortalidade continua aumentando o despovoamento do país [...] Já que os ingleses são agora os governantes e patrões deste país, bem como os únicos homens ricos, a quem aquelas pobres pessoas podem recorrer para oferecer os produtos de sua arte, de modo a se beneficiar de suas despesas? [...] A numerosos artífices [...] não resta outro meio a não ser mendigar ou roubar. Uma multidão, portanto, já abandonou seus lares e terras; e multidões que não estão dispostas a deixar suas residências fizeram um pacto com a fome e a miséria, e terminaram suas vidas no canto de suas cabanas.

Não era só que os britânicos repatriaram muito do dinheiro que ganhavam na Índia. Cada vez mais, mesmo o dinheiro que gastavam quando estavam lá tendia a ser com bens britânicos, não indianos. E os tempos ruins também não acabaram ali. Outra fome em 1783-4 matou mais de um quinto da população das planícies indianas; isso foi seguido de períodos de escassez grave em 1791, 1801 e 1805.

Em Londres, os acionistas estavam se sentindo intranquilos, e o preço das ações da Companhia das Índias Orientais nesse período deixavam claro por quê. Tendo indo às alturas sob a direção de Clive, caíram bruscamente no de Hastings. Se a galinha dos ovos de ouro de Bengala morresse de fome, os ganhos futuros da companhia entrariam em colapso. Hastings também não podia contar com operações militares para reabastecer os cofres da Companhia. Em 1773, ele aceitou a oferta de 40 milhões de rúpias do *nawab* de Oudh para lutar contra os rohillas, um povo afegão que havia se instalado em Rohilkund, mas os custos dessa operação mercenária não foram muito menores do que a propina, que, de qualquer jeito, nunca foi paga. Em 1779,

Preço da ação da Companhia das Índias Orientais, 1753-1823

os marathas venceram o exército inglês mandado para desafiar seu domínio na Índia Ocidental. Um ano depois, Haider Ali, de Mysore, e seu filho Tipu Sultan atacaram Madras. Conforme a renda implodia e os custos explodiam, a Companhia teve que contar com vendas de títulos e empréstimos de curto prazo para permanecer solvente. Finalmente, os diretores foram forçados não só a reduzir o dividendo anual, mas a recorrer ao governo em busca de ajuda – para desgosto do economista do mercado livre, Adam Smith. Como Smith observou com desdém em *A riqueza das nações* (1776):

> Suas dívidas, em vez de serem reduzidas, aumentaram por um débito a pagar ao tesouro [...] de [...] 400 mil libras, por um outro com a alfândega por taxas não pagas, por uma grande dívida com o banco por dinheiro emprestado, e por um quarto por notas emitidas contra eles na Índia, e descuidadamente aceitas, num total de 12 milhões de libras.

Em 1784, a dívida da companhia era de 8,4 milhões de libras e os críticos de Hastings agora incluíam um poderoso batalhão de políticos, dentre os quais Henry Dundas e Edmund Burke – o primeiro um cacique escocês linha-dura, o último um grande orador irlandês. Quando Hastings renunciou ao cargo de governador-geral e voltou para casa em 1785, eles garantiram que fosse processado.

O julgamento de Hastings, que acabou durando exaustivos sete anos, foi mais do que a humilhação pública de um executivo-chefe diante de uma reunião de acionistas descontentes. Na verdade, toda a base do comando da Companhia na Índia estava em julgamento. As alegações originais para o *impeachment* debatidas na Câmara dos Comuns acusavam Hastings

> De completa injustiça, crueldade e deslealdade contra a confiança das nações, empregando soldados britânicos com o propósito de exterminar pessoas inocentes e indefesas [...] os rohillas [...]
> De vários casos de extorsão e outras ações de má administração contra o rajá de Benares [...]
> [De] Numerosos e insuportáveis sofrimentos aos quais a Família Real de Oude [Oudh] foi submetida [...]
> De empobrecer e despovoar todo o país de Oude [Oudh], transformando aquele país, que já foi um jardim, em um deserto inabitado [...]
> De ser cruel, e injusto, e nocivo no uso de seus poderes e da situação de grande confiança que ocupava na Índia, destruindo as antigas fundações do país, e ampliando uma influência indevida acertando contratos extravagantes, e concedendo salários excessivos.
> De receber dinheiro contra as ordens da Companhia, do Ato do Parlamento e de seus próprios compromissos sagrados; e de aplicar o dinheiro em propósitos totalmente impróprios e não autorizados [e de] enormes extravagâncias e suborno em vários contratos com o objetivo de enriquecer seus dependentes e favoritos.

Apesar de nem todas as denúncias terem sido aceitas, a lista era suficiente para prender Hastings e o acusar de "grandes crimes e infrações". Em 13 de fevereiro de 1788, o mais observado – e, certamente, o mais longo – julgamento da história do Império Britânico começou em uma atmosfera como a de uma noite de estréia no West End. Diante de uma vistosa plateia, Burke e o dramaturgo Richard Sheridan abriram a acusação com hipérboles de virtuoses:

BURKE: Eu o acuso em nome da nação inglesa, cuja antiga honra ele manchou. Eu o acuso em nome da nação da Índia, cujos direitos ele pisou e cuja terra transformou num deserto. Por último, em nome da própria natureza humana, em nome de ambos os sexos, em nome de todas as idades, em nome de todas as classes, eu acuso o inimigo comum e opressor de todos.

SHERIDAN: Em sua mente tudo é embaralhado, ambíguo, insidiosamente obscuro, e pequeno; tudo simplicidade afetada, e dissimulação real – uma massa heterogênea de qualidades contraditórias; com nada de grande, a não ser seus crimes, e até esses, contrastam com a insignificância de seus motivos, que denotam ao mesmo tempo sua baixeza e sua torpeza, e o distinguem como traidor e vigarista.

Hastings não era páreo para isso; ele embaralhou suas falas. Por outro lado, o sinal distintivo de uma peça de sucesso, uma temporada longa, não é o sinal distintivo de um julgamento de sucesso. No final, Hastings foi absolvido por uma Casa dos *Lords* exausta e substancialmente alterada.

Ainda assim, a Índia britânica nunca mais seria a mesma. Antes mesmo de o julgamento começar, um novo Ato da Índia tinha sido sugerido no Parlamento por outro William Pitt, filho do herói da Guerra dos Sete Anos e bisneto de Pitt "Diamante". O objetivo era limpar a Companhia das Índias Orientais e acabar com a pirataria dos nababos. De agora em diante, os governadores-gerais na Índia não seriam funcionários da Companhia, mas pessoas da nobreza, escolhidas diretamente pela Coroa. Quando o primeiro deles, o barão Cornwallis, chegou à Índia (recém-derrotado na América), tomou medidas imediatas para mudar o caráter da administração da Companhia, aumentando os salários e reduzindo privilégios adicionais numa inversão deliberada dos "antigos princípios da economia da rua Leadenhall". Isso marcou o início do que se tornaria uma instituição famosa por sua incorruptibilidade verde-mar* – o Serviço Civil Indiano. No lugar da taxação arbitrária da era de Hastings, o Acordo Permanente de Cornwallis de 1793 introduziu direitos de propriedade privada de terras ao estilo inglês e fixou as obrigações fiscais perpétuas dos proprietários de terras; o efeito disso foi reduzir camponeses a meros arrendatários e fortalecer a posição de uma nobreza rural que surgia em Bengala.

---

* "Incorruptível verde-mar" foi a expressão usada por Thomas Carlyle para descrever o líder da Revolução Francesa, Maximilien Robespierre. (N. T.)

O novo palácio do governador-geral construído em Calcutá pelo sucessor de Cornwallis, Richard, barão de Mornington (mais tarde marquês Wellesley) – irmão do futuro duque de Wellington –, era um símbolo importante do que os britânicos na Índia aspiravam depois de Warren Hastings. Corrupção oriental era passado; virtude clássica era o presente, apesar de o despotismo continuar sendo a ordem política preferida. Como Horace Walpole, de certo modo insinceramente, disse, "um grupo pacífico e tranquilo de homens do comércio" tinha se tornado "herdeiro dos romanos".

Uma coisa não mudou, no entanto. Sob o comando de Cornwallis e Wellesley, o poder britânico na Índia continuou a se basear na espada. Guerra após guerra ampliou o domínio britânico muito além de Bengali – contra os marathas, contra Mysore, contra os sikhs no Punjab. Em 1799, Tipu Sultan foi morto quando sua capital Seringapatam caiu. Em 1803, depois da derrota dos marathas em Délhi, o próprio imperador mogol aceitou a "proteção" britânica. Por volta de 1815, cerca de 40 milhões de indianos estavam sob governo britânico. Nominalmente, ainda era uma companhia que estava no poder. Mas a Companhia das Índias Orientais agora era muito mais do que seu nome sugeria. Ela era herdeira dos mogóis, e o governador-geral era o imperador *de facto* de um subcontinente.

Em 1615, as Ilhas Britânicas eram uma entidade economicamente medíocre, politicamente turbulenta e estrategicamente de segunda classe. Duzentos anos depois, a Grã-Bretanha havia adquirido o maior império que o mundo já tinha visto, incluindo 43 colônias em cinco continentes. O título do *Tratado sobre a riqueza, o poder e os recursos do Império Britânico em todas as partes do globo* (1814), de Patrick Colquhon, dizia tudo. Eles tinham roubado os espanhóis, copiado os holandeses, vencido os franceses e os indianos. Agora eram os governantes supremos.

Tudo isso foi feito "num acesso de distração"? Claramente não. Do reinado de Elizabeth I em diante, houve uma campanha constante para tomar os impérios dos outros.

Comércio e conquista, porém, não seriam, por si sós, suficientes para alcançar isso, não importava qual fosse o poder financeiro e naval britânico. Também teria que haver colonização.

1. Os bucaneiros eram originalmente marinheiros abandonados ou escravos fugidos que curavam tiras de carne em uma grelha simples conhecida como *boucan*.
2. A descrição detalhada dos famosos ataques de Morgan a possessões espanholas são baseadas nos escritos de um holandês chamado Exquemlin, que aparentemente participou de alguns desses ataques. Seu livro, *De Americaensche Zee-Rovers* (c. 1684) foi traduzido como *The History of the Bucaniers* [A História dos bucaneiros]. Morgan processou os editores ingleses não tanto porque Exquemlin o acusou de autorizar atrocidades de seus homens, mas porque ele deu a entender que Morgan era um *indeventured servant* (servo por contrato) quando chegou ao Caribe.
3. Alguns leitores podem achar que ajuda considerar a duração dos vôos modernos, mas trocando a palavra "horas" por "semanas".
4. Os diretores chamavam de "feitoria" simples armazéns; a companhia não se dedicava à produção industrial.
5. O destino de Byng inspirou a famosa frase de Voltaire: "Neste país é bem-visto matar um almirante de vez em quando para encorajar os outros".
6. Relatos contemporâneos falam de 146 prisioneiros, a maioria dos quais morreu sufocada. Parece provável que o número fosse menor, mas não há dúvida de que uma grande proporção deles morreu. Era o auge do verão indiano e o "buraco" era uma cela de apenas 6 metros por 4.
7. Os irlandeses, ao contrário, eram super-representados nos escalões mais baixos. No início do século XIX o exército de Bengala era 34% inglês, 11% escocês e 48% irlandês.

2
A Peste Branca

O que deveríamos fazer senão cantar em seu louvor
Que nos conduziu pelo labirinto aquático
A uma ilha por tanto tempo desconhecida,
E ainda assim muito mais amável do que a nossa?
Onde ele encalha o imenso monstro marinho
Que levanta o mar profundo em suas costas,
Ele nos aporta em uma plataforma verdejante,
A salvo da ira das tempestades e dos prelados.
Ele nos deu essa primavera eterna
Que aqui tudo adorna [...]
ANDREW MARVELL, "Canção dos emigrantes nas Bermudas" (1653)

Nós vimos um grupo de homens [...] sob os auspícios do governo inglês e protegido por ele [...] por uma longa série de anos [...] elevar-se, em gradações suaves, a um estado de prosperidade e felicidade quase invejável, mas também os vimos enlouquecerem com o excesso de felicidade, e estourar uma rebelião aberta contra esse genitor, que os protegeu contra as pilhagens de seus inimigos.
PETER OLIVER, *A origem e o progresso da Revolução Americana* (1781)

Entre o início dos anos 1600 e os anos 1950, mais de 20 milhões de pessoas deixaram as Ilhas Britânicas para começar uma nova vida além-mar. Só uma minoria voltou. Nenhum outro país do mundo chegou perto de exportar tantos de seus habitantes. Ao deixar a Grã-Bretanha, os primeiros emigrantes não arriscavam apenas as economias da sua vida, mas a própria vida.

Suas viagens eram sempre arriscadas; seus destinos, muitas vezes insalubres e inóspitos. Para nós, a decisão de apostar tudo em uma passagem só de ida é desconcertante. Ainda assim, sem esses milhões de passagens – algumas adquiridas voluntariamente, outras não – não poderia ter havido um Império Britânico. Porque o alicerce fundamental do Império foi a migração em massa: a maior da história da humanidade. O êxodo britânico mudou o mundo. Ele tornou brancos continentes inteiros.

Para a maioria dos emigrantes, o Novo Mundo significava liberdade – liberdade religiosa em alguns casos, mas, acima de tudo, liberdade econômica. De fato, os britânicos gostavam de pensar nessa liberdade como aquilo que tornava o seu império diferente – e, é claro, melhor – do que o espanhol, o português e o holandês. "Sem a liberdade", declarou Edmund Burke em 1766, "não seria o Império Britânico". Mas poderia um império, que implicava o domínio britânico sobre terras estrangeiras, ser baseado na liberdade? Isso não era uma contradição em termos? Certamente nem todos os que cruzaram os oceanos fizeram-no por vontade própria. Além disso, todos ainda eram súditos do monarca britânico; como exatamente isso os tornava politicamente livres? Foi precisamente essa pergunta que deflagrou a primeira grande guerra de independência contra o Império.

Depois dos anos 1950, o fluxo de migração se inverteu claramente. Mais de um milhão de pessoas de todos os lugares do antigo Império vieram como imigrantes para a Grã-Bretanha. Tão controversa é essa "colonização inversa", que sucessivos governos impuseram restrições severas a ela. Mas, nos séculos XVII e XVIII, eram os britânicos os imigrantes não desejados, pelo menos aos olhos de quem já habitava o Novo Mundo. Para os que estavam no polo passivo do império da liberdade britânico, esses milhões de migrantes eram pouco melhores do que uma peste branca.

Plantation

No início dos anos 1600, um grupo de pioneiros intrépidos cruzou o mar para colonizar e, esperavam eles, civilizar um país primitivo habitado por – na opinião deles – um "povo bárbaro": a Irlanda.

Foram as rainhas Tudor, Mary e Elizabeth, que autorizaram a colonização sistemática da Irlanda, primeiro em Munster, no sul, e depois, de forma mais ambiciosa, em Ulster, no norte. Hoje em dia, tendemos a ver isso como o início dos problemas da Irlanda. Mas a colonização pretendia ser a resposta para o problema crônico de instabilidade do país.

Desde que Henrique VIII se proclamou rei da Irlanda, em 1541, o poder inglês tinha se limitado à chamada "Paliçada" do assentamento inglês anterior perto de Dublin e o forte escocês sitiado de Carrickfergus. Quanto à língua, à propriedade de terra e à estrutura social, o resto da Irlanda era um outro mundo. Havia, porém, um perigo: a Irlanda católica romana poderia ser usada pela Espanha como porta dos fundos para entrar na Inglaterra protestante. A colonização sistemática foi adotada como solução. Em 1556, Mary entregou propriedades confiscadas em Leix e Offaly, em Leinster, a colonizadores que lá fundaram Philipstown e Maryborough, que eram pouco mais do que postos avançados militares. Foi sob a sua meia-irmã Elizabeth que a ideia de assentamentos ingleses tomou forma. Em 1569, *Sir* Warham St. Leger propôs uma colônia no sudoeste de Munster; dois anos depois, *Sir* Henry Sydney e o conde de Leicester convenceram a rainha a implementar um plano similar em Ulster após o confisco das propriedades de Shane O'Neill.

A ideia era que "cidades ancoradouro" fossem fundadas por mercadores "entrincheirados" e pelo assentamento de "bons fazendeiros, fabricantes de carroças e de arados, ferreiros [...] seja para se estabelecer, seja para lá viver e servir sob cavalheiros como os que devem lá habitar". Por terras que agora eram "estéreis", "desoladas" e "inabitadas" deveriam correr "leite e mel", segundo Walter Devereux, conde de Essex, que hipotecou suas propriedades na Inglaterra e em Gales para financiar o "empreendimento de Ulster".

Os candidatos a colonos, porém, não se saíram bem; muitos voltaram para casa "sem ter esquecido os confortos da Inglaterra, e não tendo a firmeza de propósito necessária para suportar os trabalhos de um ou dois anos neste país desolado". Em 1575, uma expedição inglesa tomou Carrickfergus dos escoceses, mas Essex logo se viu na liça contra os chefes gaélicos, sob a liderança do O'Neill (Turlough Luineach). Um ano depois, Essex morreu de disenteria em Dublin, ainda acreditando que o futuro estava na "introdução de colônias de ingleses". Em 1595, o poder em Ulster estava nas mãos de Hugh O'Neill, conde de Tyrone, que se proclamou príncipe de Ulster depois de garantir o apoio da Espanha. Em agosto de 1598, O'Neill derrotou um exército inglês em Yellow Ford. Foi a mesma história em Munster. Depois da supressão das revoltas católicas foi iniciado o projeto de um assentamento lá. As terras deveriam ser divididas em propriedades de 12 mil acres entre ingleses que se comprometessem a povoá-las com arrendatários ingleses. Entre os que adquiriram propriedades em Munster estavam *Sir* Walter Ralegh e Edmund

Spenser, que escreveu *The Faerie Queene* em sua casa em Kilcoman, no condado de Cork. Em outubro de 1598, porém, os colonos foram massacrados; a casa de Spenser foi arrasada.

Foram somente o fracasso da Espanha em mandar uma força adequada a Kinsale e a derrota do exército de O'Neill quando ele tentou romper o cerco ao local que evitaram o completo abandono da estratégia de colonização elizabetana. Depois da submissão de O'Neill e da sua fuga para o continente, em 1607, a estratégia foi, todavia, revivida pelo sucessor de Elizabeth, Jaime VI da Escócia, agora Jaime I da Inglaterra.

Como qualquer leitor da poesia de John Donne sabe, os jacobitas gostavam muito de metáforas. O termo deles para colonização era *plantation*;* nas palavras de *Sir* John Davies, os colonos eram "bom grão"; os nativos eram "erva daninha". Mas isso era mais do que simples jardinagem social. Em teoria, *plantation* era só outra palavra para colonização, a antiga prática grega de estabelecer assentamentos de indivíduos leais fora dos limites políticos. Na verdade, *plantation* significava o que hoje é conhecido como "limpeza étnica". As terras do conde rebelde e de seus associados – na prática, a maior parte dos seis condados de Armagh, Coleraine, Fermanagh, Tyrone, Cavan e Donegal – deveriam ser confiscadas. As terras mais valiosas do ponto de vista agrícola e estratégico seriam entregues para o que o *Lord* Preposto Chichester chamou de "colônias de pessoas civis da Inglaterra e da Escócia". Plante o bastante do bom grão inglês e escocês, argumentavam os conselheiros de Jaime, "e o país terá um assentamento feliz para sempre". Onde fosse possível, como o próprio rei deixou claro, os nativos seriam "removidos".

O chamado "Livro Impresso", publicado em abril de 1610, explicava em detalhe como a *plantation* iria funcionar. A terra deveria ser distribuída em lotes determinados que iam de mil a 3 mil acres. Os maiores lotes iriam para os chamados, de forma pouco auspiciosa, *undertakers*,** cuja tarefa era construir

---

* *Plantation*, em inglês, tem o significado de plantação, mas também designa o tipo de exploração agrária colonial que se tornou padrão nas colônias europeias, sobretudo da América. *Plantation* tornou-se um termo técnico dicionarizado nessa forma também em português. (N. T.)

** Ironia intraduzível, uma vez que *undertaker*, em inglês, significa tanto empreendedor quanto coveiro. (N. T.)

igrejas protestantes e fortificações. Simbolicamente, os muros de Derry (ou "Londonderry", como foi renomeada em 1610) têm a forma de um escudo, protegendo a comunidade protestante lá plantada pela Cidade de Londres. Os católicos tinham de viver fora dos muros, abaixo, no Bogside. Nada ilustra melhor a segregação étnica e religiosa implícitas na política de *plantation*.

É difícil acreditar que alguém achava que isso iria "assentar" a Irlanda. Não fez nada nem parecido com isso. No dia 22 de outubro de 1641, os católicos de Ulster se levantaram contra os recém-chegados. No que um contemporâneo chamou de "terrível tempestade de sangue", aproximadamente 2 mil protestantes foram mortos. Não foi a última vez que colonização acabou significando conflito, não coexistência. Mesmo assim, a essa altura, a colonização já havia se firmado. Antes mesmo do levante de 1641, havia mais de 13 mil ingleses, homens e mulheres, estabelecidos nos seis condados da *plantation* jacobita, e mais de 40 mil escoceses por toda a Irlanda do Norte. Munster também havia sido revivida: em 1641, a "nova população inglesa" era de 22 mil pessoas. E isso era só o começo. Em 1673, um panfletista anônimo podia confiantemente descrever a Irlanda como "um dos principais membros do Império Britânico".

Assim, a Irlanda foi o laboratório experimental da colonização britânica e Ulster foi o protótipo da *plantation*. O que isso parecia mostrar era que o império poderia ser construído não só por meio de comércio e conquista, mas também de migração e assentamento. O desafio agora era exportar o modelo para mais longe – não atravessar só o mar da Irlanda, mas o Atlântico.

Como a ideia da *plantation* irlandesa, a ideia de uma *plantation* americana foi também elizabetana. Como de costume, foi o desejo de emular a Espanha – e o medo de perder o lugar para a França[1] – que levaram a Coroa a dar o seu apoio. Em 1578, um cavalheiro de Devon chamado Humphrey Gilbert, meio-irmão de *Sir* Walter Ralegh, conseguiu obter uma patente da rainha para colonizar as terras não habitadas ao norte da Flórida espanhola. Nove anos mais tarde, uma expedição estabeleceu o primeiro assentamento britânico na América do Norte, na ilha de Roanoke, ao sul da baía de Chesapeake, onde hoje é Kitty Hawk. A essa altura, a colonização espanhola e portuguesa na América Central e do Sul já tinha quase um século.

Uma das questões mais importantes da história moderna é por que a colonização da América do Norte por europeus do norte teve resultados tão diferentes da colonização da América do Sul por europeus do sul. Vale a pena primeiro lembrar quanto os dois processos tiveram em comum. O que começou como uma caça a ouro e prata rapidamente adquiriu uma dimensão agrícola. A safra do Novo Mundo podia ser exportada, incluindo milho, batata-doce, tomate, abacaxi, cacau e tabaco; ao passo que a safra de outros lugares – trigo, arroz, cana-de-açúcar, banana e café – podia ser transferida para as Américas. Mais importante ainda, a introdução de animais domésticos até então desconhecidos (bois, porcos, galinhas, ovelhas, cabras e cavalos) aumentou muito a produtividade agrícola. No entanto, a aniquilação – no caso da América Latina – de cerca de três quartos da população indígena por doenças europeias (sarampo, varíola, gripe e tifo) e, depois, por doenças trazidas da África (particularmente a febre amarela) criou não apenas um vácuo de poder conveniente, mas também uma escassez crônica de mão de obra. Isso tornou a imigração em grande escala não somente possível como desejável. Também significou que, mesmo depois de cem anos de imperialismo ibérico, a maior parte do continente americano ainda não estava colonizado pelos europeus. Não foi só para elogiar sua rainha solteira que Ralegh deu o nome de "Virgínia" à região em torno da baía de Chesapeake.

As expectativas para a Virgínia eram altas, com previsões de que ela produziria "todas as mercadorias da Europa, da África e da Ásia". Segundo um entusiasta, "a terra [lá] produz tudo em abundância, como no início da criação, sem esforço ou trabalho". O poeta Michael Drayton chamou-a de o "único paraíso da Terra". Mais uma vez, houve quem garantisse que na terra fluiriam leite e mel. A Virgínia provaria ser, segundo outro incentivador,

> Tiro para as cores, Basã para as madeiras, Pérsia para os óleos, Arábia para as especiarias, Espanha para sedas, Narcis para os navios, Holanda para peixes, Pomona para frutas, e quanto à lavoura, Babilônia para o milho, além da abundância de amoreiras, minerais, rubis, pérolas, gemas, uvas, veados, aves de caça, drogas para o físico, ervas para a comida, raízes para cores, cinzas para sabão, madeira para construção, pastos para alimentar, rios para pescar, e qualquer outra mercadoria que a Inglaterra queira.

O problema é que a América era milhares de quilômetros mais longe do que a Irlanda, e a agricultura precisaria começar do zero. No intervalo entre a chegada e a primeira colheita bem-sucedida, haveria problemas desanimadores de abastecimento. Haveria também, como acabou se revelando, ameaças até mais graves para os colonos do que os temidos *woodkerryes* papistas de Ulster.

Assim como foi para o desenvolvimento do comércio dos britânicos com a Índia, a colonização foi uma forma de "parceria público-privada": a Coroa estabelecia as regras com contratos reais, mas cabia a indivíduos privados assumir o risco – e arranjar o dinheiro. Esses riscos acabaram se revelando consideráveis. O primeiro assentamento em Roanoke mal sobreviveu por um ano; em junho de 1586, ele já havia sido abandonado depois de problemas com os "índios"[2] locais. A segunda expedição para Roanoke, em 1587, foi liderada por John White, que deixou esposa e filhos lá quando voltou à Inglaterra para buscar provisões. Quando voltou, em 1590, eles e todos os outros colonos haviam desaparecido. A Companhia da Virgínia, fundada em abril de 1606 não era, portanto, algo do interesse de quem fosse avesso a riscos.

Pouco resta de Jamestown, na Virgínia, o primeiro posto avançado americano da companhia. Embora possa ser chamada legitimamente de a primeira colônia britânica bem-sucedida na América, ela também chegou perto de ter o mesmo destino da sua malfadada antecessora em Roanoke. Malária, febre amarela e peste fizeram com que, no final de seu primeiro ano, sobrassem só 38 homens de uma força original de mais de cem. Por quase dez anos, Jamestown cambaleou à beira da extinção. O que salvou a colônia foi a liderança tenaz de um pioneiro atualmente um tanto esquecido.

O maior infortúnio de John Smith foi chamar-se John Smith: tivesse ele um nome menos esquecível e teríamos todos ouvido falar dele. Soldado irascível e navegador intrépido, que tinha sido escravizado pelos turcos uma vez, Smith estava convencido de que o futuro do Império Britânico estava na colonização americana. Apesar de ter chegado à Virgínia como prisioneiro – acusado de motim no meio do Atlântico –, foi ele quem impôs ordem e evitou um segundo Roanoke conciliando os índios locais. Mesmo assim, as chances de sobreviver um ano em Jamestown eram de aproximadamente 50%, e o inverno de 1609, que Smith teve que passar buscando suprimentos na Inglaterra, foi lembrado como "o tempo da fome". Apenas homens razoavelmente desesperados apostariam suas vidas contra chances como essas. O que Jamestown precisava era de artesãos hábeis, fazendeiros, artesãos. Mas o que ela tinha, como reclamou Smith, era a escória da sociedade jacobita. Era preciso algo mais se fosse para a *plantation* britânica na América realmente deitar raízes.

Um incentivo importante foi a oferta da Companhia da Virgínia a eventuais colonos de lotes de cinquenta acres de terra a um aluguel irrisório perpétuo. Sob o sistema de distribuição de terra "por cabeça", um colono recebia cinquenta acres por cada dependente trazido com ele. Mas só a perspectiva de terra gratuita não bastou para atrair o tipo de gente que John Smith procurava. Igualmente importante foi a descoberta, em 1612, de que o tabaco podia ser produzido com facilidade. Em 1621, as exportações da erva produzida na Virgínia havia disparado para 350 mil libras por ano. Seis anos depois, o próprio rei foi levado a lamentar ao governador e ao Conselho da Virgínia que "esta província seja totalmente construída sobre fumaça".

Na superfície, o tabaco era a resposta. Ele precisava de pouco investimento: só umas poucas ferramentas, uma prensa e um galpão para secagem. Apesar de consumir tempo, exigia apenas conhecimentos básicos, como o truque de "podar" a planta com o dedão e o indicador, e não era fisicamente exigente. O fato de que o tabaco exauria o solo depois de sete anos de cultivo só encorajou a expansão da colonização em direção ao oeste. Mas foi justamente a facilidade do cultivo que quase provocou a ruína da Virgínia. Entre 1619 e 1639, conforme a oferta foi crescendo exponencialmente até chegar a 1,5 milhão de libras ao ano, o preço do tabaco despencou de três xelins para três pence a libra. As companhias de comércio monopolistas da Ásia nunca conseguiriam aguentar essa queda. Mas, na América, onde atrair colonizadores era o objetivo, não poderia haver esse tipo de monopólio.

Resumindo, os fundamentos econômicos da América britânica eram precários; e só com fundamentos econômicos a América britânica não poderia ter sido construída. Alguma coisa mais era necessária – um atrativo adicional para cruzar o Atlântico além da motivação do lucro. Essa coisa acabou sendo o fundamentalismo religioso.

Depois de romper com Roma sob o pai dela, abraçar entusiasticamente a Reforma sob o meio-irmão dela e depois repudiá-la sob a meia-irmã dela, a Inglaterra finalmente estabeleceu um "meio-termo" protestante com a ascensão de Elizabeth I. Para as pessoas que vieram a ser conhecidas como puritanos, porém, o *establishment* anglicano era um conchavo. Quando ficou claro que Jaime I pretendia manter a ordem elizabetana, apesar de sua educação de calvinista escocês, um grupo de autodenominados "peregrinos", de Scrooby, em Nottinghamshire, decidiu que era hora de partir. Tentaram a Holanda, mas depois de dez anos desistiram por achar que era muito mundana. Então ouviram falar da América, e precisamente o que espantava as outras pessoas – o fato de que era um lugar selvagem – atraiu-os como ideal. Onde mais fundar uma sociedade verdadeiramente religiosa senão em meio um "imenso e vazio caos"?

No dia 9 de novembro de 1620, quase oito semanas depois de sair de Southampton, os peregrinos aportaram em Cape Cod. Como se fosse para dar a si mesmos a ficha mais limpa possível, erraram a Virgínia por uns trezentos quilômetros, e acabaram na costa norte, mais fria, que John Smith havia batizado de "Nova Inglaterra". É interessante especular o que a Nova Inglaterra seria se os peregrinos tivessem sido as únicas pessoas a bordo do *Mayflower*. Afinal, eles não eram apenas fundamentalistas; também eram comunistas, que pretendiam possuir sua propriedade e distribuir sua produção igualitariamente. Na verdade, só cerca de um terço das 149 pessoas a bordo eram peregrinos: a maioria havia respondido aos anúncios da Companhia da Virgínia, e os seus motivos para atravessar o Atlântico eram mais materiais do que espirituais. Alguns, na verdade, estavam fugindo de uma depressão na indústria têxtil do leste da Inglaterra. O objetivo deles era se dar bem mais do que ser bons, e o que os atraiu para a Nova Inglaterra não foi tanto a ausência de bispos e outras relíquias do papismo, mas a presença, em grandes quantidades, de peixes.

Os pesqueiros da Terranova há muito atraíam pescadores britânicos para o Atlântico. Mas é claro que era muito mais fácil alcançá-los da América. As águas costeiras da Nova Inglaterra também estavam cheias de peixe: havia uma tal abundância ao largo de Marblehead que "parecia ser possível andar por cima das costas deles sem molhar os sapatos". O incansável John Smith tinha percebido a importância disso quando explorou o litoral pela primeira vez. "Não deixe a baixeza da palavra peixe enfastiá-lo", ele escreveu mais tarde, "pois vai proporcionar um ouro tão bom quanto o das minas da Guiana ou de Tumbatu, com menos risco e custo, e mais certeza e facilidade". Essa era uma razão muito diferente para cruzar o Atlântico: não Deus, mas bacalhau.* As lápides desgastadas pelo tempo em Marblehead, na costa de Massachusetts, atestam a existência de um assentamento britânico no local já em 1628. Mas a cidade não tinha igreja nem pregador até 1684, mais de sessenta anos depois de os peregrinos terem fundado Plymouth. A essa altura a indústria pesqueira estava bem estabelecida, exportando centenas de milhares de barris de bacalhau todo ano.

---

* Trocadilho intraduzível no original: *Not God, but cod.* (N. T.)

Os peregrinos podem ter vindo para o Novo Mundo para escapar do papismo. Mas o "fim principal" dos homens de Marblehead "era apanhar peixe".

Essa foi, então, a combinação que fez a Nova Inglaterra prosperar: puritanismo mais motivação pelo lucro. Foi uma combinação institucionalizada pela Companhia da Baía de Massachusetts, fundada em 1629, cujo presidente John Winthrop reunia alegremente em sua pessoa congregacionalismo e capitalismo. Em 1640, Massachusetts estava crescendo rapidamente, graças não só ao peixe, mas às peles e à agricultura. Umas 20 mil pessoas já haviam se instalado lá, muito mais do que os que àquela altura viviam em volta da baía de Chesapeake. A população de Boston triplicou em apenas trinta anos.

Havia, porém, um outro ingrediente crucial: procriação. Diferentemente dos colonos europeus mais ao sul, na Nova Inglaterra eles começaram a se reproduzir muito rapidamente, quadruplicando seu número entre 1650 e 1700. Na verdade, era provavelmente a taxa de natalidade mais alta do mundo. Na Grã-Bretanha, apenas cerca de três quartos das pessoas realmente se casavam; nas colônias americanas, eram nove de dez e a idade das mulheres nas colônias quando se casavam era também consideravelmente menor – consequentemente, sua fertilidade era mais alta. Essa foi uma das diferenças fundamentais entre a América britânica e a América Latina. Os colonizadores espanhóis costumavam ser *encomenderos* sós. Apenas cerca de um quarto do total de 1,5 milhão de migrantes portugueses e espanhóis para a América Latina antes da independência eram mulheres; a maioria dos migrantes ibéricos do sexo masculino, portanto, arranjava parceiras sexuais na (decrescente) população indígena ou entre a (rapidamente crescente) população escrava. O resultado, depois de algumas gerações, foi uma população mista substancial de *mestizos* e *mulatos* (hispânicos e africanos).[3] Os colonizadores britânicos na América do Norte não eram apenas muito mais numerosos; eram encorajados a trazer suas mulheres e filhos, preservando assim a sua cultura mais ou menos intacta. Na América do Norte, assim como na Irlanda do Norte, portanto, a colonização britânica era um assunto de família. Em consequência, a Nova Inglaterra era realmente uma nova Inglaterra, muito mais do que a Nova Espanha poderia jamais ser uma nova Espanha.

Assim como em Ulster, também no Novo Mundo *plantations* implicavam plantar – não só pessoas, mas alimento. E plantar alimentos demandava arar a terra. A questão era, de quem era a terra?

Não dava para os colonizadores fazer de conta que ninguém vivia lá antes da sua chegada. Só na Virgínia havia entre 10 mil e 20 mil índios algonquim; Jamestown ficava no coração do território powhatan. No início, é verdade, parecia haver uma chance de coexistência pacífica baseada no comércio e até no casamento inter-racial. O chefe powhatan Wahunsonacock foi persuadido por John Smith a ajoelhar e ser coroado por John Smith "como vassalo de Sua Majestade", o rei Jaime. A filha do chefe, Pocahontas, foi a primeira americana nativa a se casar com um inglês: John Rolf, que havia sido pioneiro no cultivo do tabaco. Mas foi um exemplo que poucos seguiriam. Quando *Sir* Thomas Dale tentou se casar com a filha mais nova de Wahunsonacock, "porque, sendo agora um só povo, e tendo o desejo de viver para sempre no seu país [de Wahunsonacock] ele acreditava que não poderia haver uma ajuda maior para a paz e a amizade do que um elo natural de união unida", seus avanços foram rechaçados. Wahunsonacock, a essa altura, desconfiava de que havia ali a intenção de "invadir o meu povo, e tomar posse do meu país". Ele estava certo.

Em seu panfleto "Uma boa velocidade para a Virgínia", o capelão da Companhia da Virgínia, Robert Gray, perguntava: "Por que direito ou mandado podemos entrar na terra desses selvagens, tomar-lhes a sua herança legítima, e nos plantarmos em seu lugar, não tendo sido tratados injustamente ou provocados por eles?". A resposta de Richard Hakluyt foi que os americanos nativos eram um povo "clamando por nós [...] para virmos e ajudá-los". O selo da Companhia da Baía de Massachusetts (1629) tinha até um índio balançando uma bandeira onde se lia "Venham e nos ajudem". Mas a realidade era que os britânicos queriam ajudar a si mesmos. Como *Sir* Francis Wyatt, governador da Virgínia, disse: "Nosso primeiro trabalho é a expulsão dos selvagens para ganhar a livre extensão do campo para aumentar o gado, os porcos etc. o que vai mais do que nos estabelecer, pois é infinitamente melhor não ter nenhum pagão entre nós". Para justificar a expropriação de populações indígenas, os colonizadores ingleses encontraram um raciocínio peculiar, a conveniente ideia da *terra nullius*, terra de ninguém. Nas palavras do grande filósofo político John Locke (que também era secretário dos *Lords* Proprietários da Carolina), um homem só era dono da terra se tivesse "misturado o seu trabalho nela e juntado-a a algo que fosse seu". Simplificando, se a terra não tivesse ainda sido cercada e cultivada, estava lá para ser tomada. Segundo John Winthrop:

os nativos da Nova Inglaterra não cercam a terra nem têm uma habitação assentada nem nenhum gado domesticado para melhorar a terra e assim têm apenas um direito natural a essas terras. Assim, se deixarmos para eles o suficiente para o seu uso podemos tomar legalmente o resto, sendo que há mais do que o suficiente para eles e para nós.

Os americanos nativos eram tolerados quando conseguiam se enquadrar na ordem econômica britânica que surgia. A Companhia da Baía do Hudson, no Canadá, estava satisfeita de contar com os índios cree caçando e montando armadilhas para abastecer os comerciante com peles de castor e de caribu. Os narragansetts também eram tratados com respeito porque produziam as contas *wampum* – feitas de conchas roxas e brancas da costa do estreito de Long Island –, que funcionaram como a primeira moeda da América do Norte. Onde os índios reivindicavam a propriedade de terras valiosas para a agricultura, porém, a coexistência era simplesmente descartada. Se os índios resistiam à expropriação, então podiam e deviam (nas palavras de Locke) "ser destruídos como um *leão* ou um *tigre*, uma dessas feras selvagens, com as quais o homem não pode ter sociedade ou segurança".

Já em 1642, Miantonomo, chefe da tribo narragansett de Rhode Island, podia ver os sinais do destino do seu povo:

> vocês sabem que nossos pais tinham muitos veados e peles, nossas planícies estavam cheias de veados, e também as nossas florestas, e de perus, e nossas enseadas cheias de peixe e aves. Mas esses ingleses tomaram a nossa terra, cortam a relva com foices, e derrubam as árvores com machados, suas vacas e seus cavalos comem a relva, e os seus porcos estragam nossas barrancas de mariscos, e nós vamos morrer de fome.

O que já havia acontecido na América Central agora se repetia ao longo da orla marítima do Atlântico Norte. Em 1500, no que viria a ser a América do Norte britânica, havia aproximadamente 560 mil índios americanos. Em 1700, o número havia caído para menos da metade disso. Era apenas o começo de um declínio drástico que viria a afetar todo o continente norte-americano conforme a área da colonização branca foi se expandindo para o oeste. Em 1500, havia provavelmente por volta de 2 milhões de indígenas nas regiões que hoje formam os Estados Unidos. Por volta de 1700, o número era 750 mil. Em 1820, havia apenas 325 mil.

Guerras curtas, mas sangrentas, contra colonizadores mais bem armados causaram muitas mortes. Depois que os powhatan atacaram Jamestown em 1622, a opinião dos colonizadores endureceu. Na visão de *Sir* Edward Coke, os índios podiam ser apenas *perpetui enimici*, "inimigos perpétuos [...] pois entre eles, como acontece com os demônios, de quem eles são súditos, e os cristãos há uma hostilidade perpétua, e não pode haver paz". Os massacres eram a ordem do dia: dos powhatan em 1623 e 1644, dos pequots, em 1637, dos doegs e dos susquehannocks, em 1675, dos wampanoag em 1676-7. Mas o que realmente matou os americanos nativos foram as doenças infecciosas trazidas do outro lado do mar pelos colonizadores brancos: varíola, gripe, difteria. Como os ratos na Peste Negra medieval, os homens brancos foram os portadores dos germes fatais.

Para os colonizadores, por outro lado, o impacto devastador da varíola dava prova de que Deus estava do lado deles, matando convenientemente os moradores anteriores desse novo mundo. Uma das coisas pelas quais os peregrinos agradeceram em Plymouth no fim de 1621 foi o fato de que 90% dos indígenas da Nova Inglaterra haviam morrido de doenças na década anterior à sua chegada, tendo antes – com muita consideração – arado a terra e enterrado estoques de milho para o inverno. Nas palavras de John Archdale, governador da Carolina nos anos 1690, "a Mão de Deus [foi] vista de forma eminente na diminuição do número de *índios*, para dar lugar aos *ingleses*".

O quase desaparecimento dos proprietários originais não significou que a terra na América colonial não pertencesse a ninguém, no entanto. Ela pertencia ao rei, e ele poderia então conceder essas partes do patrimônio real recentemente adquiridas a indivíduos merecedores. Quando a viabilidade das colônias americanas tornou-se perceptível, isso rapidamente virou uma nova forma de patronato para os monarcas Stuart: colonização e favorecimento andavam de mãos dadas. Isso teve implicações importantes para a estrutura social da nascente América britânica. Em 1632, por exemplo, Carlos I concedeu Maryland aos herdeiros de *Lord* Baltimore, modelando os títulos segundo os títulos palatinos outorgados aos bispos de Durham no século XIV, e dando permissão aos "*Lords* Proprietários" para criar títulos e conceder terras segundo um princípio essencialmente feudal. Ao dar Carolina para oito aliados próximos, Carlos II criou uma ordem social ainda mais explicitamente hierárquica, com *landgraves* e *cassiques* possuindo propriedades de, respectivamente, 48 mil e 24 mil acres, governando a colônia através de um Grande Conselho puramente aristocrático. Nova York assumiu esse nome quando, depois de ser tomada dos holandeses em 1664, Carlos a deu para seu irmão Jaime, duque de York.

De forma bastante semelhante, foi para acertar uma dívida de 16 mil libras com um de seus partidários – William Penn, o almirante que havia capturado a Jamaica – que Carlos II concedeu ao filho de Penn a propriedade do que veio a ser a Pensilvânia. Da noite para o dia, isso fez de William Penn Junior o maior proprietário individual de terras da história britânica, com uma propriedade bem maior do que a Irlanda. Isso também deu a ele a oportunidade para mostrar o que a combinação de fervor religioso e busca de lucro poderia alcançar. Como os Pais Peregrinos, Penn era membro de uma seita religiosa radical: desde 1667, era quacre, e havia até sido preso na Torre de Londres por causa de sua fé. Mas, diferentemente dos colonizadores de Plymouth, o "Experimento Sagrado" de Penn era criar um "assentamento tolerante" não só para quacres, mas para qualquer seita religiosa (desde que fosse monoteísta). Em outubro de 1682, seu navio, o *Welcome*, subiu o rio Delaware e, com o título real em punho, ele desembarcou em terra firme para fundar a cidade da Filadélfia, a antiga palavra grega para "amor fraternal".

Penn sabia que, para a sua colônia ser bem-sucedida, precisava ser lucrativa. Como ele mesmo disse francamente: "Embora eu deseje expandir a liberdade religiosa, também desejo receber alguma recompensa pelo meu esforço". Com esse fim, ele se tornou um vendedor de terra em grande escala, vendendo imensas áreas de terra a preços muito baixos: cem libras compravam 5 mil acres. Penn foi também um planejador urbano visionário que queria sua capital como uma antítese de Londres, superlotada e propensa a incêndios; vem daí o modelo americano atualmente familiar de ruas em grade. Acima de tudo, ele era um homem de *marketing* que sabia que até o sonho americano precisava ser vendido. Não contente com incentivar colonos ingleses, galeses e irlandeses, ele promoveu a emigração da Europa continental, traduzindo seus prospectos para o alemão e outras línguas. Funcionou: entre 1689 e 1815, bem mais de um milhão de europeus continentais migraram para a América do Norte continental e para as Índias Ocidentais britânicas, principalmente alemães e suíços. A combinação de tolerância religiosa e terra barata era um chamariz poderoso para famílias de colonos. Isso era liberdade verdadeira: liberdade de consciência – e terra quase de graça.[4]

Havia uma pegadinha, no entanto. Nem todo mundo nesse novo Império branco podia ser proprietário de terra. Era preciso haver também alguns trabalhadores, principalmente nos lugares em que estavam sendo cultivadas plantações de trabalho intensivo como açúcar, tabaco e arroz. A questão era: como fazê-los cruzar o Atlântico? E foi aí que o Império Britânico descobriu os limites da liberdade.

Branco e Negro

A escala da migração que partiu das Ilhas Britânicas nos séculos XVII e XVIII não se equipara à de nenhum outro país europeu. Só da Inglaterra, o total líquido da emigração entre 1601 e 1701 superou 700 mil. No seu auge, nos anos 1640 e 1650 – não por coincidência o período da Guerra Civil Inglesa –, a taxa de emigração anual foi superior a 0,2 por mil (aproximadamente a mesma taxa da Venezuela atualmente).

Como vimos, os primeiros emigrantes britânicos para a América tinham sido atraídos pela perspectiva de liberdade de consciência e terra barata. Mas os atrativos da emigração eram bem diferentes para aqueles que tinham apenas seu trabalho para vender. Para eles, tinha muito pouco a ver com liberdade. Pelo contrário, significava abrir mão conscientemente da sua liberdade. Poucos desses migrantes cruzaram o oceano usando seus próprios recursos. A maioria viajava sob um sistema de servidão temporária, conhecido em inglês como *indenture*, que foi inventado para aliviar a escassez crônica de mão de obra. Em troca do preço de sua viagem, eles faziam um contrato empenhando seu trabalho por um número determinado de anos, geralmente quatro ou cinco. Na prática, eles se tornavam escravos, mas escravos com contratos de prazo fixo. Podem não ter se dado conta disso quando saíram da Inglaterra. Ao chegar à Virgínia como a noiva de um colono, a personagem Moll Flanders, de Daniel Defoe, precisa que a sua mãe (e sogra) explique para ela que:

> a maior parte dos habitantes da colônia vem para cá em circunstâncias muito diferentes das da Inglaterra; que, de maneira geral, eles eram de dois tipos, ou (1) dos que eram trazidos por capitães de navios para serem vendidos como empregados, é assim que nós os chamamos, querida, diz ela, mas eles são mais correta-

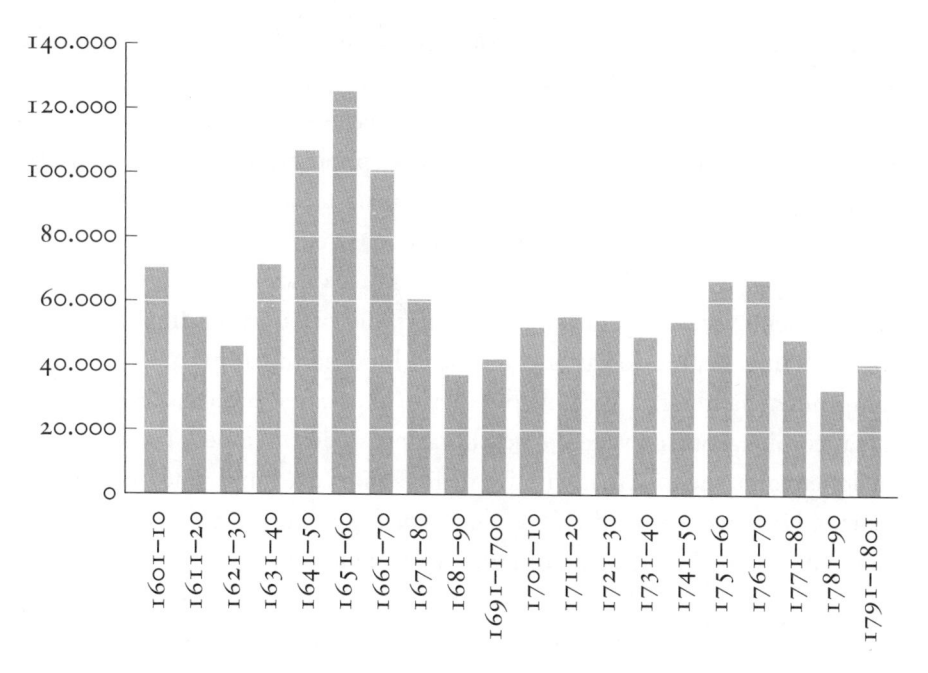

Emigração inglesa líquida (1601-1801)

mente chamados escravos. Ou (2) dos que são degredados de Newgate e outras prisões depois de serem considerados culpados de delitos graves e outros crimes passíveis de pena de morte. Quando vêm para cá, diz ela, nós não fazemos diferença: os colonos os compram, e eles trabalham juntos no campo até que seu prazo expire [...]

Entre metade e dois terços dos europeus que migraram para a América do Norte entre 1650 e 1780, fizeram-no sob contratos de servidão temporária; para os emigrantes ingleses para Chesapeake, a proporção era próxima de sete em cada dez. Assentamentos como Williamsburg, a elegante capital colonial da Virgínia, dependiam em grande medida desse fornecimento contínuo de mão de obra barata, não só para trabalhar nos campos de tabaco, mas para suprir toda a gama de bens e serviços que a aristocracia colonial emergente esperava. Como os escravos, a venda dos servos por contrato era anunciada no jornal local, a *Virginia Gazette*: "Recém-chegados [...] 139 homens, mulheres e meninos. Ferreiros, pedreiros, gesseiros, sapateiros [...] um vidraceiro, um alfaiate, um impressor, um encadernador [...] várias costureiras [...]".

Embora a maioria dos servos por contrato fosse de homens jovens com idade entre 15 e 21 anos, um servo contratado bem mais velho era John Harrower, de quarenta anos, que escreveu um diário de suas experiências para entregar para a sua mulher quando pudesse pagar para ela juntar-se a ele. Durante meses, Harrower perambulara pela sua terra natal procurando emprego para tentar sustentar mulher e filhos, mas em vão. O registro no seu diário na quarta-feira, dia 26 de janeiro de 1774, explica em poucas palavras o que realmente estava impulsionando a migração britânica no final do século XVIII: "Hoje, depois de gastar o último xelim que tinha, fui obrigado a me comprometer a ir para a Virgínia por quatro anos como professor em troca de cama, comida, roupa lavada e cinco libras por todo o tempo". Isso podia ser qualquer coisa, menos uma tentativa de liberdade; era simplesmente o último recurso. Harrower segue, descrevendo as condições horrorosas a bordo quando seu navio, o *Planter*, enfrentou uma violenta tempestade atlântica:

> Às 8 da noite fomos obrigados a descer tanto o alçapão da proa quanto o da popa, e pouco depois eu realmente acho que houve a cena mais estranha no convés de que eu já vi ou ouvi. Havia alguns dormindo, alguns vomitando, alguns assobiando, alguns evacuando, alguns soltando gases, alguns trocando insultos, alguns praguejando, alguns batendo as pernas e as coxas, alguns o fígado, os pulmões, os bofes e os olhos. E para tornar a cena ainda mais estranha, alguns xingavam o pai, a mãe, a irmã e o irmão.

Para sublinhar a completa perda da liberdade, os passageiros eram chicoteados ou acorrentados quando se comportavam mal. Quando Harrower finalmente chegou à Virgínia, depois de mais de dois meses exaustivos no mar, sua instrução básica mostrou ser um recurso valioso. Foi empregado como tutor das crianças do proprietário de uma *plantation* local. Infelizmente, a sorte dele parou por aí. Em 1777, depois de apenas três anos longe de casa, ele ficou doente e morreu, antes de poder pagar para sua mulher e seus filhos se juntarem a ele.

A experiência de Harrower foi típica em dois aspectos. Sendo escocês, era o típico migrante que foi na segunda leva para as colônias americanas depois de 1700: os escoceses e os irlandeses somavam quase três quartos de todos os colonos britânicos do século XVIII. Eram os homens dessas áreas periféricas empobrecidas que tinham menos a perder e mais a ganhar vendendo-se como servos. Quando Johnson e Boswell viajaram pelas Terras Altas e pelas ilhas em

1773, viram várias vezes os sinais do que o segundo chamou mais tarde, com desaprovação, de "esta fúria epidêmica de emigração". Johnson assumiu uma visão mais realista.

> O sr. Arthur Lee mencionou alguns escoceses que haviam tomado posse de uma parte infértil da América, e queria saber por que eles desejariam isso. Johnson. "Bem, senhor, toda infertilidade é comparativa. Os escoceses não iam achar infértil." Boswell. "Vamos, ele está exaltando os ingleses. Você esteve agora na Escócia, e conte se não viu carne e bebida suficientes lá." Johnson. "Bem, sim, senhor, carne e bebida suficientes para dar aos habitantes força bastante para fugir de casa."

Nenhum dos dois percebeu que o que estava realmente "removendo" homens e mulheres das suas casas em tão grande número era a combinação de donos de terra "prósperos" – isto é, cobrando arrendamentos extorsivos – e uma sucessão de safras decepcionantes. Era ainda mais provável que irlandeses fossem atraídos pela perspectiva de "climas mais amenos e governo menos arbitrário". Dois quintos de todos os emigrantes britânicos entre 1701 e 1780 eram irlandeses, a taxa de migração só aumentou no século seguinte, quando a introdução da batata vinda da América e o crescimento exponencial da população levaram a ilha às calamidades dos anos 1840. Essa fuga da periferia deu ao Império Britânico um perene colorido celta.[5]

A morte prematura de Harrower também estava longe de ser rara. Cerca de dois em cada cinco recém-chegados morriam nos dois primeiros anos na Virgínia, geralmente por causa da malária ou problemas intestinais. Sobreviver a essas doenças era o processo conhecido de forma eufemística como "aclimatação". Os que estavam passando por isso muitas vezes podiam ser reconhecidos por sua aparência doentia.

Desde que o fornecimento fosse mantido, o trabalho de servos por contrato poderia funcionar na Virgínia, onde o clima era aceitável e o principal produto agrícola relativamente fácil de colher. Mas nas colônias britânicas no Caribe simplesmente não era suficiente. Muitas vezes se esquece de que a maioria – por volta de 60% – dos emigrantes britânicos do século XVII não foi para a América, mas sim para as Índias Ocidentais. Era lá, afinal de contas, que o dinheiro estava. O comércio com o Caribe nem se comparava ao comércio com a América: em 1773, o valor das importações britânicas da

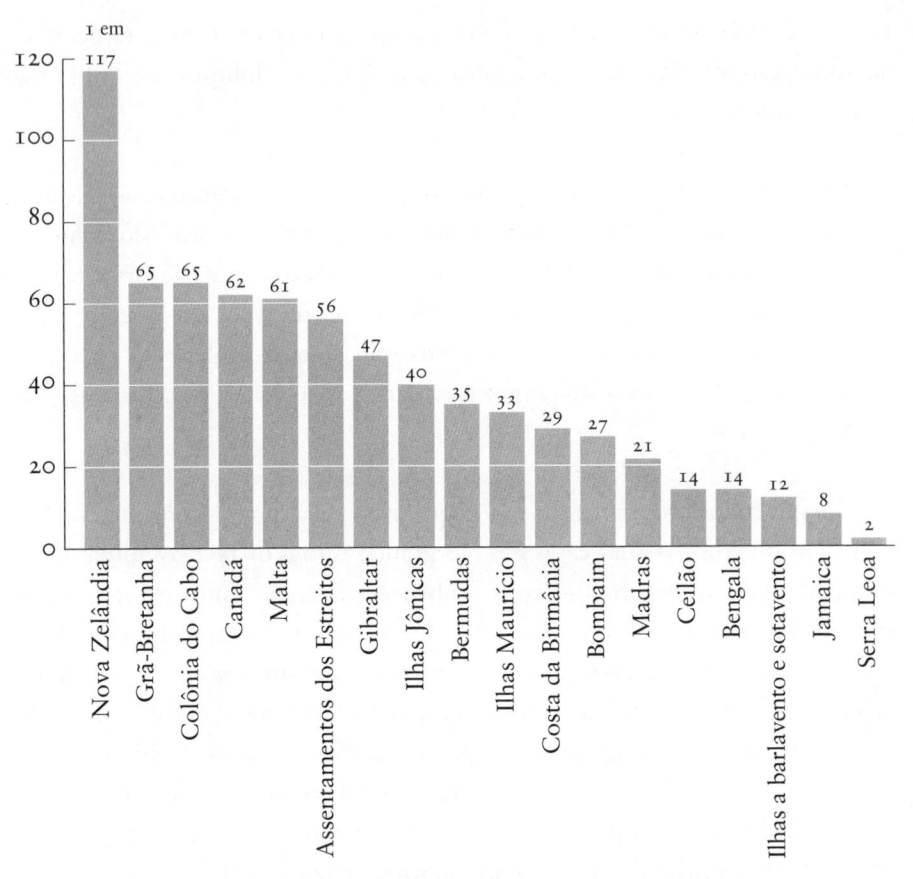

As chances de morrer em diferentes partes do Império Britânico:
mortalidade entre os soldados britânicos, c. 1817-1838

Jamaica foi cinco vezes maior do que o de todas as colônias americanas. Nevis produziu três vezes mais importações britânicas do que Nova York entre 1714 e 1773, Antígua três vezes mais do que a Nova Inglaterra. Açúcar, e não tabaco, era o maior negócio do império colonial do século XVIII. Em 1775, a importação de açúcar chegou a quase um quinto de todas as importações britânicas, e valia cinco vezes mais do que a importação de tabaco. Durante a maior parte do século XVIII, as colônias americanas foram pouco mais do que subsidiárias econômicas das ilhas do açúcar, abastecendo-as com os alimentos básicos que a monocultura não podia produzir. Diante da escolha entre expandir o território britânico na América e manter a ilha francesa de Guadalupe, produtora de açúcar, no fim da Guerra dos Sete Anos, William Pitt preferiu a opção caribenha, pois: "A situação do comércio existente nas conquistas da América do Norte é extremamente ruim; as especulações sobre o futuro delas são precárias, e a perspectiva, na melhor das hipóteses, muito remota".

O problema é que a taxa de mortalidade nessas ilhas tropicais era assustadora, especialmente durante a "temporada de doenças" no verão. Na Virgínia, precisou-se de uma imigração de 116 mil pessoas para produzir uma comunidade de 90 mil colonos. Em Barbados, por comparação, foi necessária a imigração de 150 mil para produzir uma população de 20 mil. As pessoas logo perceberam. Depois de 1700, a emigração para o Caribe despencou quando as pessoas passaram a optar pelo clima mais temperado (e terra em maior abundância) da América.

Já em 1675, a Assembleia de Barbados foi levada a se queixar: "Em tempos passados éramos abundantemente providos de servos cristãos da Inglaterra [...] mas agora conseguimos poucos ingleses, não tendo terras para dar a eles ao fim de seu tempo, o que antes era a principal atração". Tinha de haver uma alternativa para o trabalho por contrato. Havia.

De 1764 a 1779, a paróquia de São Pedro e São Paulo em Olney, em Northamptonshire, esteve sob os cuidados de John Newton, pastor devoto e compositor de um dos hinos mais queridos do mundo. A maioria de nós em algum momento já ouviu ou cantou "Amazing Grace". O que é menos conhecido é o fato de que, por seis anos, o seu compositor foi um bem-sucedido comerciante de escravos, transportando centenas de africanos através do Atlântico, de Serra Leoa para o Caribe.

"Amazing Grace" é o hino supremo de redenção evangélica: "Maravilhosa graça, que doce o som/ Que salvou um miserável como eu!/ Eu estava perdido, agora fui encontrado,/ Eu estava cego, agora vejo". É, consequentemente, tentador imaginar Newton de repente vendo a luz quanto à escravidão e afastando-se da sua profissão perversa para dedicar-se a Deus. Mas a ordem no tempo para a conversão de Newton está toda errada. Na verdade, foi depois do seu despertar religioso que Newton se tornou primeiro imediato e depois capitão de uma série de navios negreiros, e só muito mais tarde começou a questionar a moralidade de comprar e vender seus semelhantes.

Nós hoje, é claro, temos repulsa à escravidão. O que achamos difícil de compreender é por que alguém como Newton não tinha. A escravidão, no

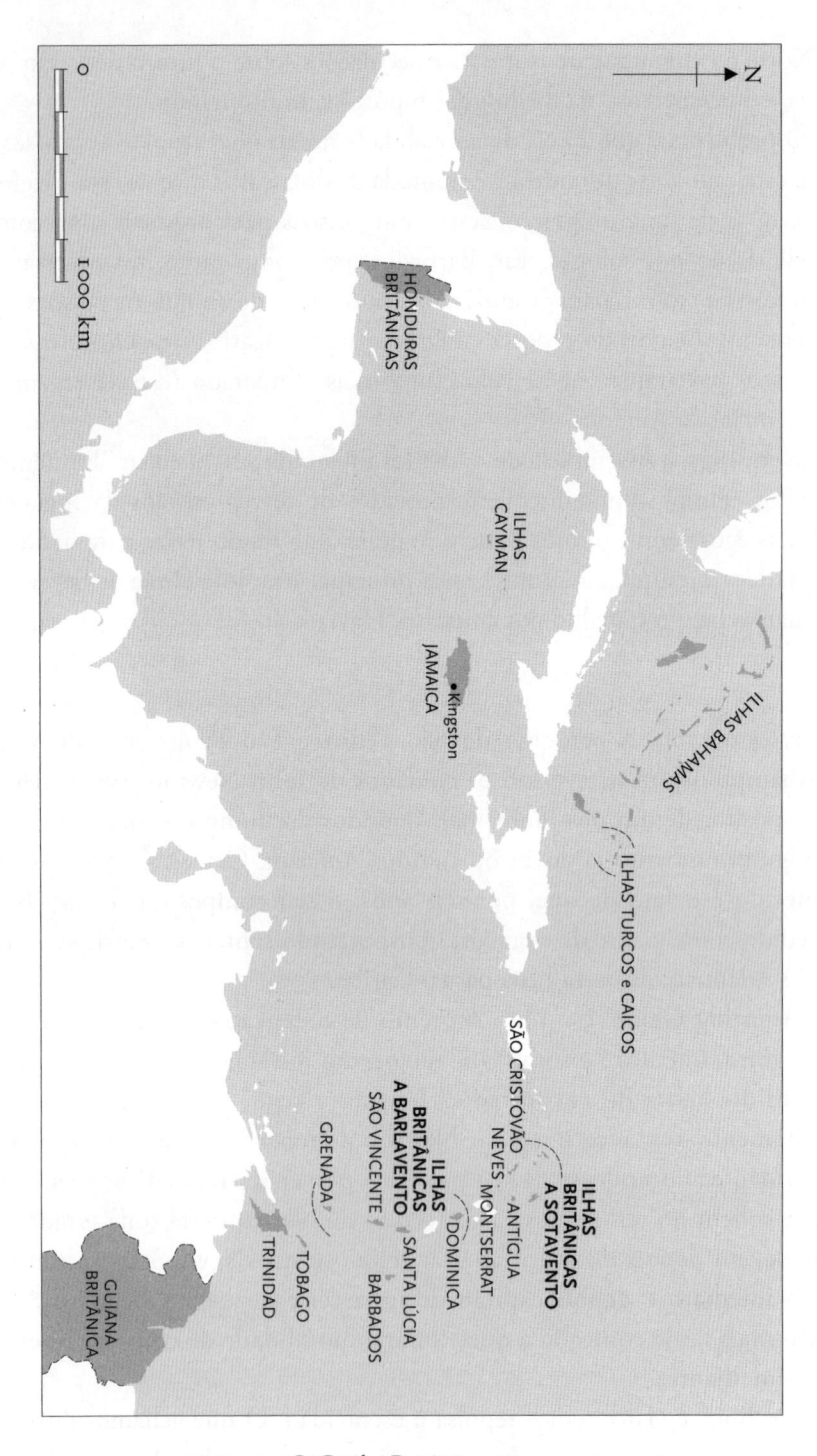

O Caribe Britânico, 1815

entanto, fazia um sentido irresistível como proposta econômica. Os lucros a serem obtidos com o cultivo do açúcar eram imensos; os portugueses já haviam demonstrado na ilha da Madeira e em São Tomé que só escravos africanos conseguiam aguentar o trabalho; e os plantadores do Caribe estavam dispostos a pagar aproximadamente oito ou nove vezes o que custava um escravo na costa ocidental da África. Apesar de o negócio ser arriscado (Newton dizia que era uma espécie de loteria em que todo aventureiro esperava ganhar o prêmio), era lucrativo. Os rendimentos anuais das viagens de escravos durante o último meio século de comércio britânico de escravos foram em média de 8% a 10%. Não é de se espantar que o comércio de escravos tenha dado a Newton a impressão de ser uma "ocupação distinta", adequada até para um cristão renascido.

Os números envolvidos eram enormes. Tendemos a pensar no Império Britânico como um fenômeno de migração branca, mas, entre 1662 e 1807, quase 3,5 milhões de africanos foram para o Novo Mundo como escravos transportados em navios ingleses. Isso foi mais de três vezes o número de migrantes brancos no mesmo período. Foi também mais de um terço de todos os africanos que cruzaram o Atlântico como escravos. No começo, os britânicos fingiram que estavam acima da escravidão. Quando um dos primeiros mercadores recebeu a oferta de escravos na Gâmbia, ele respondeu: "Somos um povo que não lida com tais mercadorias, não vendemos ou compramos uns aos outros ou que tenha a mesma forma que nós". Mas não demorou muito para escravos da Nigéria e do Benin começarem a ser enviados para as plantações de açúcar de Barbados. Em 1662, a Nova Companhia Real Africana se comprometeu a fornecer 3 mil escravos por ano para as Índias Ocidentais, um número que já havia subido para 5,6 mil em 1672. Depois que o monopólio da companhia foi abolido, em 1698, o número de comerciantes particulares de escravos – homens como Newton – disparou. Em 1740, Liverpool estava mandando 33 navios por ano para a viagem triangular da Inglaterra para a África e daí para o Caribe. Foi no mesmo ano em que a canção de James Thomson "Rule Britannia" foi cantada, com sua declaração empolgante: "Os britânicos não vão jamais, jamais ser escravos". Havia muito tempo a proibição anterior de comprá-los fora esquecida.

O envolvimento de Newton com a escravidão começou no fim de 1745, quando, jovem marinheiro, começou a trabalhar para um comerciante chamado Amos Clow, que havia se estabelecido nas ilhas Benanoes, ao largo de

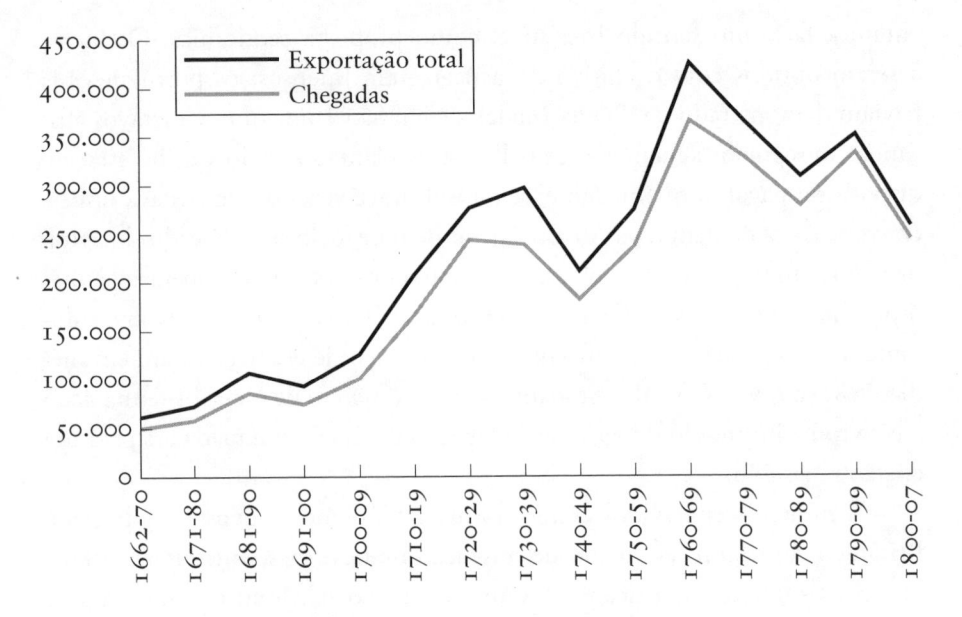

Exportação de escravos da África e chegadas na
América em navios britânicos e coloniais, 1662-1807

Serra Leoa. Por uma curiosa inversão, ele logo se viu sendo tratado como pouco mais do que um escravo pela concubina africana de Clow. Depois de mais de um ano de doença e negligência, Newton foi resgatado por um navio chamado *Greyhound*; e foi a bordo dessa embarcação, durante uma tempestade em março de 1748, que o jovem teve o seu despertar religioso. Só depois disso ele se tornou comerciante de escravos, assumindo o comando de seu primeiro navio negreiro quando tinha ainda apenas vinte e poucos anos.

O diário de John Newton entre 1750-51, quando estava no comando do navio negreiro *Duke of Argyle*, deixa a nu as atitudes dos que viviam e lucravam com o comércio de vidas humanas. Navegando para cima e para baixo na costa de Serra Leoa e além dela, Newton passava longas semanas trocando mercadorias (incluindo "os artigos dominantes: cerveja e cidra") por pessoas, negociando o preço e a qualidade com os comerciantes de escravos locais. Era um comprador seletivo, evitando mulheres mais velhas "com seios caídos". No dia 7 de janeiro de 1751, ele trocou oito escravos por uma certa quantidade de madeira e marfim, mas achou que havia pagado caro quando percebeu que um deles tinha "uma boca muito ruim". "Um bom escravo homem, agora que há tantos concorrentes", queixou-se ele, "é uma coisa duas vezes mais cara do que era antes". Repare na palavra "coisa".* Ele registrou no mesmo dia a morte de "uma boa mulher escrava, nº 11". Mas se os africanos eram apenas números para Newton, para os africanos Newton era uma figura diabólica, um canibal até. Olaudah Equiano foi um dos poucos africanos levados para as Índias Ocidentais britânicas a deixar um relato da sua experiência. Nele, atesta a suspeita amplamente disseminada de que as pessoas brancas (ou "vermelhas") eram seguidoras de *Mwene Puto*, o "Senhor dos Mortos", que pegava os escravos para comê-los. Alguns de seus companheiros cativos estavam convencidos de que o vinho tinto que eles viram seus captores bebendo aos goles era feito do sangue de africanos e que o queijo na mesa do capitão era feito com o cérebro deles. Medos semelhantes claramente motivaram os escravos no porão de Newton, que colocaram "os fetiches de seu país" em um dos barris de água do navio, pois "eram crédulos a ponto de supor que mataria inevitavelmente quem dela bebesse".

Em maio de 1751, quando Newton içou vela para Antigua, seu navio tinha mais africanos a bordo do que britânicos: 174 escravos e menos de trinta tripulantes, tendo sete, àquela altura, sucumbido a doenças. Esse era o momento mais perigoso para o mercador de escravos, não só por causa do risco de um surto de cólera ou disenteria no navio superlotado, mas por causa do perigo de os escravos virem a se amotinar. Newton foi recompensado pela sua vigilância em 26 de maio:

> À noite, por obra da Providência, descobri que uma conspiração entre os escravos homens iria se levantar contra nós, apenas umas poucas horas antes do que deveria ser executada. Um homem jovem [...] que havia passado toda a viagem sem ferros, primeiro por conta de uma grande ferida, e, desde então, por seu bom comportamento aparente, passou a eles uma espicha para baixo da grade da escotilha, mas felizmente foi visto por uma das pessoas [tripulação]. Eles já estavam com ela há mais ou menos uma hora antes de eu fazer uma busca, e nesse tempo eles fizeram um trabalho tão rápido (sendo um instrumento que não faz barulho) que hoje de manhã descobri que quase vinte deles haviam quebrados seus ferros.

---

* No original em inglês não se usa a palavra "coisa". O texto de Newton citado usa o pronome *it*, e não *he*, para falar do escravo, implicando que ele não seria uma pessoa, mas uma coisa. (N. T.)

Ele teve uma experiência semelhante em uma viagem no ano seguinte, quando um grupo de oito escravos foi encontrado em posse de "algumas facas, pedras, projéteis etc. e um cinzel frio". Os culpados foram punidos com gargalheiras e prendedores de polegar.

Dadas as condições a bordo de navios de escravos como o *Argyle* – superlotação, higiene precária, falta de exercício e alimentação inadequada –, não é de surpreender que, em média, um em cada sete escravos morria durante a travessia do Atlântico.[6] O que surpreende é como um homem como Newton, que celebrava cerimônias religiosas para a sua tripulação e se recusava até a falar sobre negócios aos domingos, foi capaz de fazer um negócio como esse com tão poucos escrúpulos. Em uma carta para sua mulher do dia 26 de janeiro de 1753, Newton elaborou uma desculpa fascinante:

> As três maiores bênçãos de que a natureza humana é capaz são, sem dúvida, religião, liberdade e amor. Como Deus me honrou com cada uma delas! Aqui há nações inteiras à minha volta, cujas línguas são totalmente diferentes umas das outras, mas acredito que todas concordam nisso de que não têm palavras que expressem essas ideias atraentes: de onde infiro que as ideias em si não têm lugar na mente deles. E como não há meio-termo entre a luz e a escuridão, essas pobres criaturas não só são estranhas às vantagens que usufruo, como estão mergulhadas em todos os males contrários. Em vez das bênçãos presentes, e das perspectivas de futuro brilhantes da cristandade, eles são enganados e assediados por necromancia, mágica e toda a série de superstições que o medo, combinado com a ignorância, pode produzir na mente humana. *A única liberdade de que eles têm alguma noção é a isenção de ser vendidos* [grifo meu]; e mesmo essa, muito poucos estão totalmente seguros de que não deva ser, uma hora ou outra, a sua sina: pois, muitas vezes, acontece que um homem que vende outro a bordo de um navio seja ele mesmo comprado e vendido da mesma forma, e talvez na mesma embarcação, antes que a semana chegue ao fim. Quanto ao amor, pode haver algumas almas mais delicadas entre eles do que eu encontrei; mas, na maior parte, quando tentei explicar essa palavra encantadora, raramente fui minimamente compreendido.

Como alguém poderia ver a si mesmo privando africanos de liberdade se eles não tinham uma concepção disso além de "isenção de ser vendidos"?

As atitudes de Newton estavam longe de ser excepcionais. Segundo o fazendeiro jamaicano Edward Long, os africanos eram "desprovidos de caráter, e parecem ser praticamente incapazes de fazer qualquer progresso quanto a civilidade ou ciência. Não têm um plano ou sistema de moralidade entre eles [...] não têm sensações morais". Eles eram, concluiu, simplesmente uma espécie inferior. James Boswell, tão pronto a falar pela liberdade em outros casos, negou taxativamente que "os negros fossem oprimidos, já que os filhos da África sempre foram escravos".

Como o diário de Newton deixa claro, a escravidão precisava ser imposta à força desde o momento em que os navios zarpavam. Continuava a ser imposta à força quando os escravos eram descarregados e vendidos. Na Jamaica, um dos mercados abastecidos por Newton, os homens brancos eram superados em dez para um pelos que eles haviam escravizado. Na Guiana britânica, a proporção era vinte para um. Sem a ameaça da violência, é difícil acreditar que o sistema pudesse ter sido sustentado por muito tempo. Os instrumentos de tortura inventados para disciplinar escravos no Caribe – como grilhões com pontas, que tornavam impossível correr, ou as gargalheiras, em que podiam ser pendurados pesos como forma de punição – são pesados lembretes de que a Jamaica era a linha de frente do colonialismo britânico do século XVIII.

É certo que o poema de James Grainger, "A cana-de-açúcar", publicado em 1764, faz a vida do fazendeiro *criollo* soar lírica, ainda que um tanto árdua:

> Que solo a cana afeta: que cuidados exige;
> Sob que sinais plantar; que males aguardam;
> Como melhor cristalizar o néctar quente;
> E como tratar a prole escura da África.

Mas foi a "prole da África" quem sofreu pelo apetite dos ingleses por açúcar. Eles não tinham só de plantar, cuidar e colher a cana-de-açúcar; precisavam espremer o suco da cana e fervê-lo imediatamente em tachos enormes. A palavra original em espanhol para a *plantation* de açúcar era *ingenio* – motor – e produzir açúcar de cana era tanto indústria quanto agricultura. Essa era, porém, uma indústria em que não só a cana-de-açúcar, mas também seres humanos eram a matéria-prima. Em 1750, uns 800 mil africanos tinham sido levados para o Caribe britânico, mas a taxa de mortalidade era tão alta e a taxa de reprodução tão baixa que a população escrava ainda era de menos de 300 mil. Uma regra prática contemporânea inventada pelo fazendeiro de Barbados Edward Littleton era que um fazendeiro com cem escravos precisaria comprar oito ou dez por ano para "manter o estoque". *O discurso do sr. John Talbot Campo-bell* (1736), um panfleto pró-escravidão de autoria de um pastor de Nevis, reconhecia explicitamente que, "pelo cômputo geral, por volta de dois quintos dos negros recém-importados morrem na aclimatação".

Não se deve esquecer, também, que houve uma outra dimensão da exploração de africanos nas colônias de escravos – a saber, a exploração sexual. Quando Edward Long chegou à Jamaica, em 1757, ficou chocado ao descobrir que seus companheiros fazendeiros escolhiam rotineiramente parceiras sexuais entre as escravas: "Muitos aqui são os homens, de toda classe, qualidade e grau, que preferem a libertinagem entre esses abraços de garanhões, a compartilhar o êxtase puro e legítimo que deriva do amor matrimonial mútuo". Essa prática era conhecida como "temperar",* mas, como a diatribe de Long contra ela indica, havia uma desaprovação crescente do que mais tarde veio a ser estigmatizado como "miscigenação".[7] Com efeito, uma das histórias mais contadas dessa época era a de Inkle e Yarico, que descreve o caso entre um marinheiro náufrago e uma virgem negra:

> Enquanto ele assim passava o dia com um pesar infrutífero,
> Uma virgem negra por acaso passou por ali;
> Ele viu sua beleza nua com surpresa,
> Seus membros bem proporcionados e seus olhos vivazes!

Depois de "temperar" até se cansar, porém, Inkle não tarda a vender a infeliz Yarico como escrava.

Entretanto, seria errado retratar os africanos vendidos como escravos exclusivamente como vítimas passivas. Houve muitos escravos que lutaram contra seus opressores brancos. Rebeliões eram quase tão frequentes quanto furacões na Jamaica. Houve 28 entre a aquisição da ilha pelos britânicos e a abolição da

---

* Em inglês *nutmegging*, verbo formado de *nutmeg*, noz-moscada. O termo aludia tanto à ideia de mistura implicada no uso de tempero, quanto à cor da noz-moscada dos filhos de uniões inter-raciais. (N. T.)

escravidão, segundo uma das contagens. Mais ainda, sempre houve uma parte da população negra que esteve além do controle britânico: os *maroons*.

Quando o pai de William Penn tomou a Jamaica da Espanha em 1655, já havia uma comunidade bem estabelecida de escravos errantes que haviam escapado de seus senhores espanhóis vivendo em esconderijos nas montanhas. Eles eram conhecidos como *maroons*, corruptela do espanhol *cimarron* (selvagem ou indomado). Ainda hoje é possível saborear a cultura *maroon* e sua contribuição culinária para o mundo, o charque de porco, no festival anual *maroon* em Accompong. (A própria cidade tem esse nome em homenagem a um dos irmãos do grande líder *maroon*, capitão Cudjoe.) Somente de ouvi-los cantar e vê-los dançando é possível ver que os *maroons* conseguiram preservar uma parte substancial da sua cultura ancestral africana, apesar do seu exílio forçado. Só em um aspecto eles levam a marca do cativeiro. Apesar de muitos serem originalmente falantes de *akan*, de Gana, Cudjoe exigia que todos os seus seguidores falassem inglês. O motivo disso era eminentemente prático. Os *maroons* não desejavam só evitar ser devolvidos à escravidão pelos novos governantes britânicos da Jamaica; também desejavam aumentar seus próprios contingentes libertando escravos recém-chegados. (Sendo polígamos, os *maroons* estavam especialmente interessados em libertar mulheres escravas.) Como os comerciantes de escravos cruzavam o Atlântico trazendo pessoas vindas de uma miríade de tribos diferentes, a integração delas à comunidade *maroon* exigia a conservação do inglês como língua comum.

Liderados por Cudjoe e inspirados pela mágica figura matriarcal da rainha Nanny, os *maroons* travaram uma guerra de guerrilha contra a economia das *plantations*. Os fazendeiros passaram a temer o som distante do *abeng*, o caramujo que assinalava a aproximação dos atacantes *maroons*. Em 1728, por exemplo, George Manning comprou 26 escravos para a sua propriedade. No fim do ano, quase exclusivamente em consequência de incursões *maroons*, restavam apenas quatro. O coronel Thomas Brooks foi forçado pelos *maroons* a simplesmente abandonar sua propriedade em St. George. Nomes jamaicanos de lugares que sobrevivem como "o Distrito de Não Olhe para Trás" atestam a paranoia gerada pelos *maroons*. Em desespero, os ingleses solicitaram uma tropa dos índios miskito da costa de Honduras para tentar contê-los. Soldados regulares foram chamados de Gibraltar. Finalmente, em 1732, os britânicos conseguiram encaixar um golpe com a tomada do principal assentamento *maroon*, Nanny Town. Mas os *maroons* apenas desapareceram nos morros para lutar de novo em outra ocasião; enquanto os soldados de Gibraltar sucumbiam, previsivelmente, às doenças e à bebida. No fim de 1732, como um membro da Assembleia da Jamaica lamentou,

> A insegurança do nosso país ocasionada pelos nossos escravos em rebelião contra nós, cuja insolência se tornou tão grande que não podemos dizer que temos certeza de outro dia e roubos e assassinatos são tão comuns em nossas estradas principais que é sob o maior risco que viajamos por elas.

No fim, não havia outra opção senão fazer um acordo. Em 1739, foi assinado um tratado que efetivamente concedia autonomia aos *maroons* em uma área de aproximadamente 660 hectares; em troca, eles aceitaram não só parar de libertar escravos, como devolver escravos fugitivos aos seus senhores – em troca de recompensa. Foi um exemplo inicial da forma como o Império Britânico muitas vezes funcionou: se os britânicos não pudessem vencer alguém, eles o punham para dentro. É certo que o acordo não pôs fim às rebeliões escravas; pelo contrário, fez com que escravos insatisfeitos não tivessem outra opção senão rebelar-se, já que a rota de fuga para Nanny Town havia efetivamente sido fechada. Houve uma série de revoltas de escravos nos anos 1760, pelo menos inicialmente inspiradas pelo exemplo dos *maroons*. Mas, dali em diante, os *maroons* passaram a ser mais ou menos confiáveis para ficar do lado dos britânicos contra escravos rebeldes. De fato, os próprios *maroons* se tornaram donos de escravos. Podia não ser possível derrotá-los. Foi possível comprá-los.

Em 1770, então, parecia que o império atlântico da Inglaterra havia encontrado um equilíbrio natural. O comércio triangular entre a Grã-Bretanha, a África Ocidental e o Caribe mantinham as *plantations* abastecidas com mão de obra. As colônias americanas continentais mantinham-na abastecida de víveres. O açúcar e o tabaco afluíam para a Grã-Bretanha, uma proporção substancial deles para ser reexportada para o continente. E os lucros desses produtos do Novo Mundo lubrificavam as engrenagens do comércio asiático do Império. Ainda assim, os *maroons* eram um lembrete – preocupante para os fazendeiros, inspirador para seus bens humanos – de que os escravos, sobre cujas costas escoriadas todo o edifício imperial parecia repousar, tinham a capacidade de libertar a si mesmos. Mais tarde, nos anos 1790, a bem-sucedida revolta de escravos na colônia francesa de Santo Domingo motivou medidas enérgicas contra os *maroons* pelo então governador em exercício da Jamaica, *Lord* Balcarres, que culminou com a expulsão de aproximadamente seiscentos *maroons* da cidade de Trelawny.[8] Quando isso aconteceu, no entanto, os *maroons* eram a menor das preocupações do Império. Os escravos de Santo Domingo juntaram forças com os mulatos descontentes e, em 1804, estabeleceram uma república independente no Haiti. O Haiti não foi, porém, a primeira colônia do Novo Mundo a declarar independência. Menos de trinta anos antes, um tipo muito diferente de república havia sido proclamada na América continental. E aqui o desafio ao domínio imperial tomou a forma não de escravos desesperados, mas de prósperos colonizadores brancos.

A Guerra Civil

Foi o momento em que o ideal britânico de liberdade deu o rebote. Foi o momento em que o Império Britânico começou a se esgarçar. Na área verde no centro de Lexington, em Massachusetts, soldados britânicos trocaram fogo pela primeira vez contra colonos americanos armados. Era 19 de abril de 1775.

Os soldados haviam sido enviados a Concord para confiscar um esconderijo de armas pertencente a milícias coloniais de cuja lealdade as autoridades tinham começado a duvidar. Mas as milícias foram alertadas por Paul Revere, que chegou cavalgando antes, não gritando "Os britânicos estão chegando!" – eles eram todos britânicos a essa altura –, mas "Os regulares saíram!". Em Lexington, 77 homens-minuto, assim chamados porque se dizia que eles "ficavam a postos em um minuto", apareceram para deter o avanço britânico, entrando em formação na praça da cidade. Não está claro quem disparou o primeiro tiro, mas nunca houve dúvida sobre o resultado: os homens-minuto foram dizimados pelos bem treinados regulares.

Os cidadãos de Lexington ainda celebram todos os anos o martírio dos homens-minuto com uma meticulosa encenação do conflito. É uma agradável celebração matinal da identidade nacional americana, uma oportunidade para comer bolinhos e tomar café ao ar livre em uma manhã fresca de primavera. Mas, no observador britânico – para quem é quase impossível não se emocionar ao ouvir pífaros e tambores tocando "Homens de Harlech" enquanto os casacos-vermelhos entram e saem de cena marchando –, o Dia do Patriotas em Lexington causa perplexidade. Por que esse encontro desigual não marcou o fim abrupto de uma rebelião obscura da Nova Inglaterra? A resposta é, primeiro, que a resistência dos colonos foi ficando mais forte conforme os regulares avançavam rumo a Concord; segundo, que o oficial no comando dos regulares, o corpulento e indeciso coronel Francis Smith praticamente perdeu o controle sobre os seus homens depois de ser atingido na perna. Enquanto a sua guarnição batia em retirada rumo a Boston, foi dizimada por franco-atiradores. A Guerra da Independência Americana tinha começado.

A guerra está no cerne da concepção dos americanos sobre si mesmos: a ideia de uma luta pela liberdade contra um império malévolo é o mito de criação do país. Mas o maior paradoxo da Revolução Americana – e ele forçosamente salta aos olhos quando se vê os prósperos cidadãos atuais de Lexington tentando reviver o sacrifício de seus antepassados – é que quem se revoltou contra o domínio britânico foram os que estavam em melhor situação dentre todos os súditos coloniais britânicos. Há bons motivos para considerar que, nos anos 1770, os habitantes da Nova Inglaterra estavam entre os povos mais ricos do mundo. A renda *per capita* era no mínimo igual à do Reino Unido e era mais bem distribuída. Os habitantes da Nova Inglaterra tinham fazendas maiores, famílias maiores e educação melhor do que os da Velha Inglaterra. E, o que era crucial, pagavam muito menos impostos. Em 1763, o britânico médio pagava 26 xelins por ano em impostos. A quantia equivalente para um contribuinte de Massachusetts era apenas um xelim. Dizer que ser súditos britânicos havia sido bom para essas pessoas seria dizer pouco. E mesmo assim foram eles, não os trabalhadores por contrato da Virgínia ou os escravos da Jamaica, quem primeiro atirou longe o jugo da autoridade imperial.

Aos olhos dos britânicos, o parque de Lexington parece o cenário ideal não para uma guerra fratricida, mas para um jogo de críquete. Não é um detalhe insignificante da história colonial o fato de que os americanos um dia jogaram o mais inglês dos jogos. Em 1751, por exemplo, a *New York Gazette and Weekly Post Boy* relatou:

> Na segunda-feira passada (1º de maio) foi jogada uma partida de críquete no nosso parque por uma aposta considerável entre onze londrinos contra onze nova-iorquinos. O jogo foi jogado segundo o método londrino [...]

Os nova-iorquinos ganharam por 87 *runs*. À luz desse resultado, uma questão não é fácil de ser respondida: por que os americanos desistiram do críquete?

Apenas vinte anos antes da "batalha" de Lexington, os colonos americanos haviam provado sua lealdade ao Império Britânico apresentando-se às dezenas de milhares para lutar contra os franceses e seus aliados índios na Guerra dos Sete Anos. De fato, o primeiro tiro dessa guerra foi dado por um jovem colono chamado George Washington. Em 1760, Benjamin Franklin escrevera um panfleto anônimo em que previa que o rápido crescimento da população na América iria

> em um século ou mais, tornar o número de súditos britânicos daquele lado da água mais numerosos do que são deste;[9] mas estou longe de ter, quanto a esse assunto, qualquer temor de eles se tornarem inúteis ou perigosos [...] e vejo esses temores como meramente imaginários e sem qualquer fundamento provável.

O que deu errado?

Crianças em idade escolar e turistas ainda aprendem a história da Revolução Americana principalmente em termos de ônus econômicos. Em Londres, diz a argumentação, o governo queria alguma recompensa pela expulsão dos franceses da América do Norte na Guerra dos Sete Anos e pela manutenção de um exército permanente de 10 mil homens para policiar os índios insatisfeitos para além dos montes Apalaches, que haviam se aliado aos franceses. O resultado foram novos impostos. Examinada mais de perto, contudo, a verdadeira história é sobre revogação de impostos, não imposição de impostos.

Em 1765, o Parlamento aprovou a Lei do Selo, que obrigava que tudo, de jornais a cartas de baralho, fosse impresso em papel com selo especial – e, portanto, taxado. A receita planejada não era imensa: 110 mil libras, aproximadamente metade disso vindo das Índias Ocidentais. Mas a taxação mostrou ser tão impopular que o ministro que a introduziu, George Grenville, foi forçado a renunciar e em março do ano seguinte ela já havia sido revogada. Dali em diante, aceitou-se, o Império taxaria apenas o comércio externo, não as transações internas. Dois anos mais tarde, um novo ministro das Finanças, Charles Townshend, tentou de novo, dessa vez com uma variedade de novas taxas alfandegárias. Na esperança de adoçar a pílula, o imposto sobre um dos artigos mais populares do consumo colonial, o chá, foi na verdade reduzido de um xelim para três pence por libra-peso. Não foi uma boa ideia. Samuel Adams rascunhou uma circular para a Assembleia de Massachusetts conclamando à resistência até a essas taxas. Em janeiro de 1770, um novo governo britânico, sob o

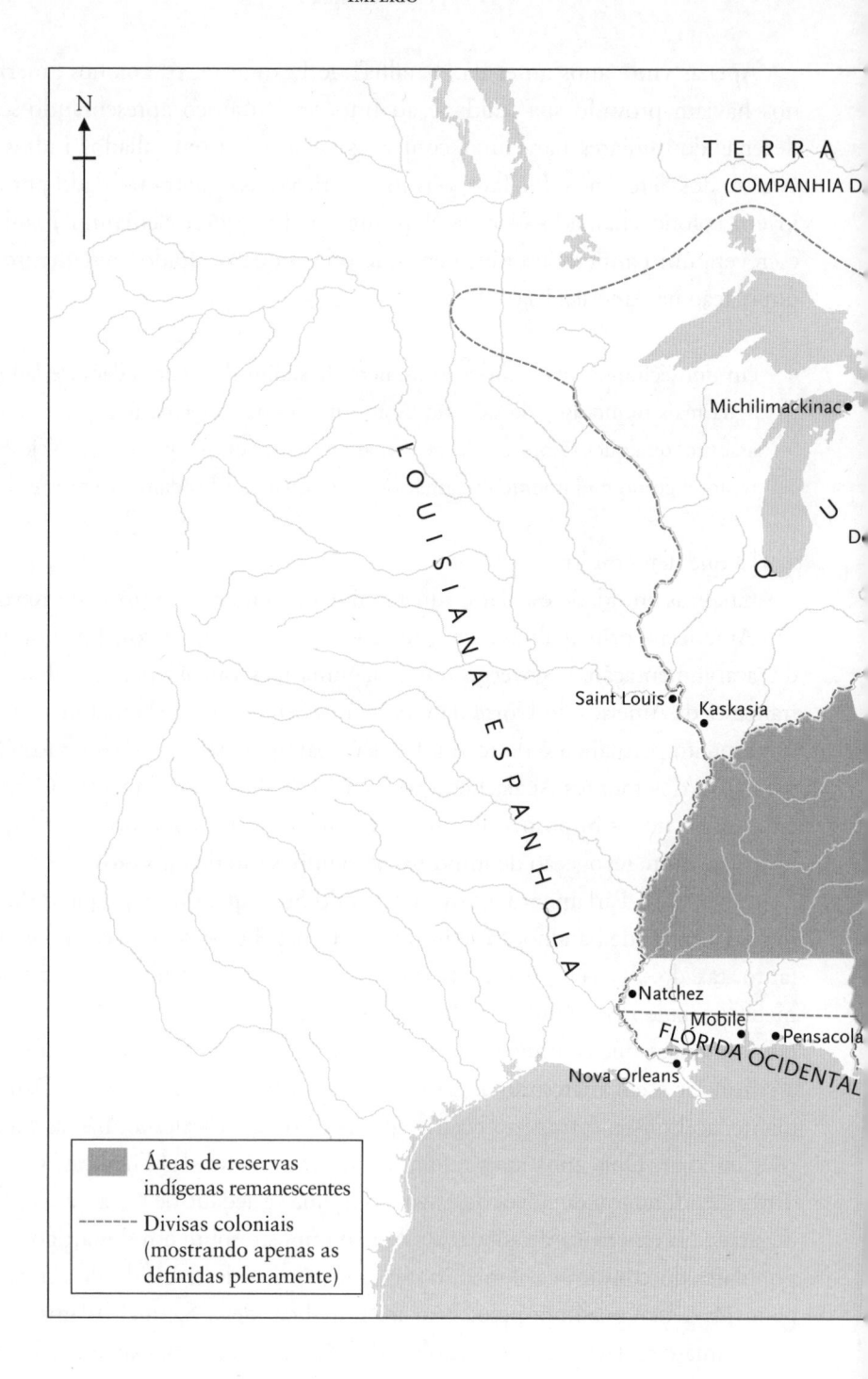

América do Norte britânica, 1774

TERRANOVA

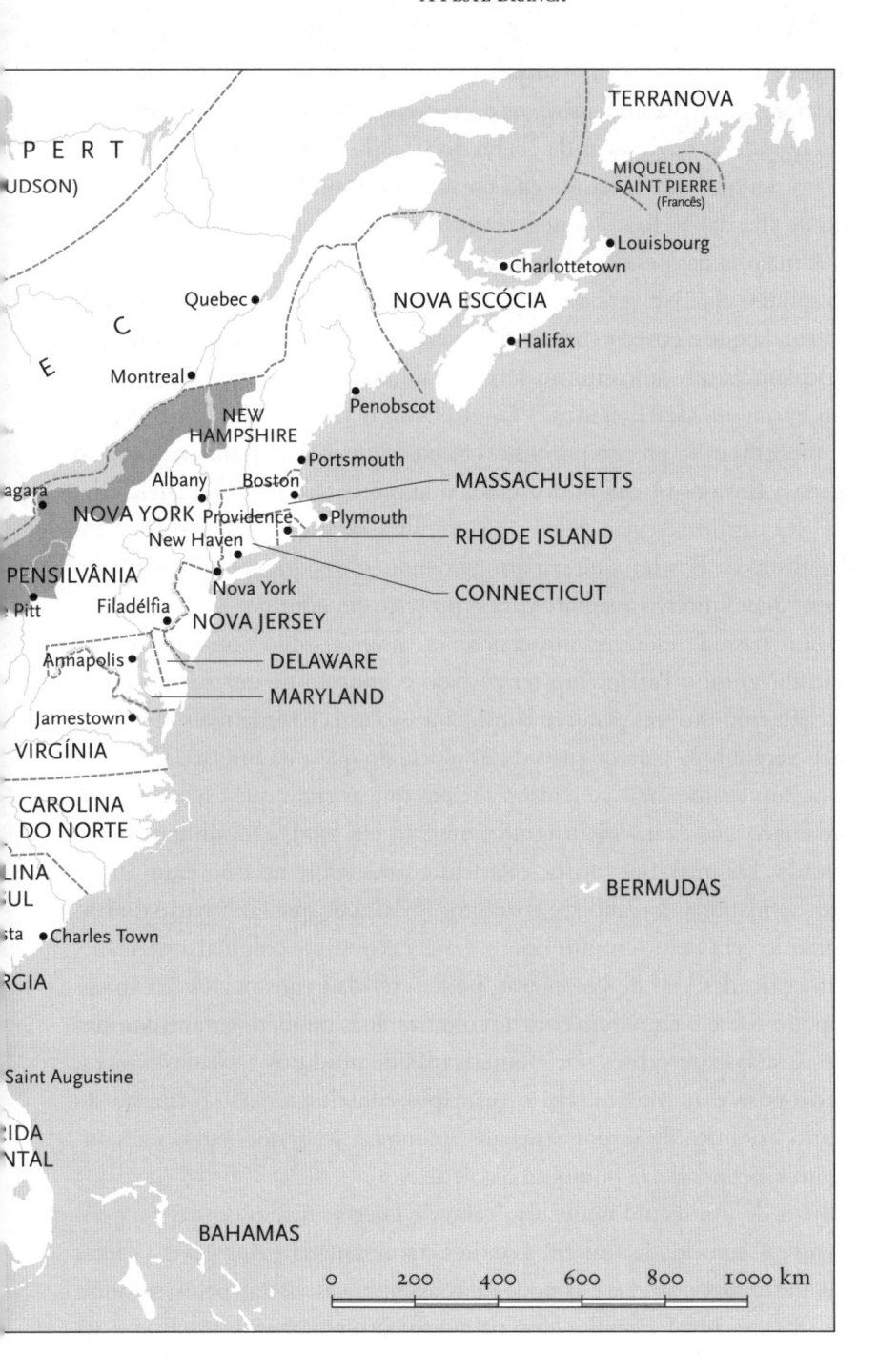

P E R T
(UDSON)

MIQUELON
SAINT PIERRE
(Francês)

• Louisbourg

• Charlottetown

Quebec •

NOVA ESCÓCIA

• Halifax

Montreal •

Penobscot •

NEW HAMPSHIRE

• Portsmouth

Albany • Boston •

MASSACHUSETTS

NOVA YORK Providence • Plymouth

RHODE ISLAND

New Haven •

PENSILVÂNIA

Nova York •

CONNECTICUT

Pitt • Filadélfia •

NOVA JERSEY

Annapolis •

DELAWARE

MARYLAND

Jamestown •

VIRGÍNIA

CAROLINA DO NORTE

LINA
UL

BERMUDAS

• Charles Town

RGIA

• Saint Augustine

IDA
NTAL

BAHAMAS

0   200   400   600   800   1000 km

notoriamente feio *Lord* North,¹⁰ suspendeu todos os novos impostos, exceto o imposto sobre o chá. Mesmo assim, os protestos em Boston continuaram.

Todo mundo já ouviu falar da "Festa do Chá de Boston", de 16 de dezembro de 1773, na qual 342 caixas de chá no valor de 10 mil libras foram atiradas do navio de chá das Índias Orientais *Dartmouth* nas águas turvas do porto de Boston. A maioria das pessoas acredita que foi um protesto contra uma alta do imposto sobre o chá. Na verdade, o preço do chá em questão era excepcionalmente baixo, já que o governo britânico havia acabado de dar à Companhia das Índias Ocidentais um desconto no imposto muito mais alto que recaía sobre o chá ao entrar na Grã-Bretanha.¹¹ Com efeito, o chá saía da Grã-Bretanha livre de impostos e era preciso pagar só o imposto americano muito mais baixo na chegada a Boston. O chá nunca tinha sido tão barato na Nova Inglaterra. A "Festa" foi organizada não pelos consumidores irados, mas sim pelos ricos contrabandistas de Boston, que sairiam perdendo. Os contemporâneos sabiam muito bem que o motivo aparente para o protesto era absurdo. "A posteridade não vai ficar pasma", escreveu um cético, "ao ficar sabendo que a motivação deste transtorno foi o Parlamento ter cortado o imposto de um xelim sobre a libra de chá e imposto três pence, e considerar isso uma histeria mais inexplicável, e mais vergonhosa para os anais da América, do que a da bruxaria?"

Assim, um exame mais cuidadoso mostra que as taxas que causaram tanto estardalhaço não eram só insignificantes; já em 1773, elas tinham quase desaparecido. De qualquer forma, essas discussões sobre taxação eram insignificantes comparadas à realidade econômica básica de que fazer parte do Império Britânico era bom – muito bom – para a economia colonial americana. As muito criticadas Leis de Navegação podem ter dado aos navios britânicos o monopólio sobre o comércio com as colônias, mas também garantiram um mercado para as exportações norte-americanas de produtos agrícolas básicos, gado, ferro-gusa e até navios. Foi o princípio constitucional – o direito do Parlamento britânico de impor taxas aos colonos americanos sem o seu consentimento – o verdadeiro pomo da discórdia.

Por mais de um século houve um cabo de guerra entre o centro e a periferia – entre a autoridade real em Londres, representada pelos governadores coloniais indicados por ela, e o poder das assembleias eleitas pelos colonos. Foi uma característica peculiar dos primeiros assentamentos britânicos na América, especialmente os da Nova Inglaterra, ter desenvolvido instituições representativas (outra diferença importante entre a América do Norte e a do

Sul). Por comparação, as tentativas de implantar aristocracias hereditárias no estilo europeu falharam completamente. De 1675 em diante, contudo, Londres tentou aumentar sua influência sobre as colônias, que nos primeiros anos haviam sido, para todos os efeitos, autônomas. Até aquela época, só a Virgínia havia sido designada uma "colônia da Coroa". Em 1679, New Hampshire foi declarada província real e, cinco anos depois, Massachusetts tornou-se "Possessão da Nova Inglaterra". Nova York passou a ficar sob autoridade real direta quando o seu proprietário tornou-se rei em 1685, Rhode Island e Connecticut aceitaram ser encampadas pela Coroa logo em seguida.

É certo que essas tendências centralizadoras foram interrompidas quando os Stuart foram afastados do poder, em 1688. Na verdade, a "Revolução Gloriosa" encorajou os colonos a ver suas próprias assembleias como equivalentes, em *status*, ao Parlamento de Westminster: algumas assembleias coloniais aprovaram leis repetindo a Magna Carta e afirmando os direitos daqueles que elas representavam. Em 1739, um funcionário da Coroa teve a impressão de que as colônias eram efetivamente "comunidades independentes", com legislativos efetivamente "absolutos nos limites de seus respectivos territórios" e que mal "deviam satisfações por suas leis ou atos" à Coroa.

Isso, porém, acabou sendo a deixa para uma nova onda de iniciativas centralizadoras de Londres antes, durante e depois da Guerra dos Sete Anos. É nesse contexto constitucional que os debates sobre a taxação nos anos 1760 precisam ser compreendidos. A mão pesada da tentativa do governo de *Lord North* de submeter os legisladores refratários de Massachusetts depois da Festa do Chá, fechando o porto de Boston e impondo um governo militar foi só a última de muitas afrontas aos legisladores coloniais. Ao revogar a Lei do Selo, em 1766, o Parlamento havia declarado enfaticamente que "teve, tem e por direito deve ter, poder e autoridade totais para fazer leis e estatutos com força e validade suficientes para obrigar as colônias e o povo da América". Era disso que os colonos discordavam.

Havia talvez também um elemento de suscetibilidade colonial em ação. Uma vez, lamentou Franklin, houvera "não só respeito, mas também afeição pela Grã-Bretanha, por suas leis, seus usos e costumes, e até uma predileção por seus modismos, que aumentaram muito o comércio. Nativos da Grã-Bretanha sempre foram tratados com especial consideração; ser um homem da Velha Inglaterra era, por si só, ser um personagem de respeito, e dava uma espécie de posição entre nós". Mas, em troca, os colonos eram tratados não como súditos, mas como "súditos de súditos"; como uma "raça republicana, uma ralé mista de escoceses, irlandeses, vagabundos estrangeiros, descendentes de criminosos, rebeldes ingratos etc.", como se fossem "indignos do nome de ingleses, e bons apenas para ser desdenhados, refreados, acorrentados e espoliados". John Adams expressou o mesmo sentimento de inferioridade com mais força. "Nós não vamos ser os negros deles", vociferou, escrevendo como "Humphry Ploughjogger" na *Gazeta de Boston*. "Eu digo que somos tão bonitos quanto os ingleses, e, assim, deveríamos ser tão livres quanto eles".

Nessa atmosfera cada vez mais azeda, foi realizado o primeiro Congresso Continental no Carpenter's Hall, na Filadélfia, no outono de 1774, reunindo os elementos mais rebeldes das várias assembleias coloniais. Aqui, pela primeira vez, foram aprovadas resoluções para reter todos os impostos do governo britânico, se necessário recorrendo à força. Ainda assim, o famoso *slogan* de Samuel Adams – "Nada de taxação sem representação" – não era uma rejeição da condição de britânico, mas uma *afirmação* enfática dessa condição. O que os habitantes das colônias diziam era que estavam exigindo a mesma liberdade usufruída pelos seus pares, os súditos do outro lado do Atlântico. A essa altura, eles se viam como britânicos transatlânticos que queriam uma representação local real, não a representação "virtual" que lhes era oferecida pela distante Câmara dos Comuns. Em outras palavras, queriam que suas assembleias fossem colocadas no mesmo patamar que o Parlamento de Westminster, no que teria sido um Império reformado, quase uma federação. Como disse *Lord* Mansfield em 1775, os habitantes das colônias "estariam em relação à Grã-Bretanha [...] como a Escócia estava em relação à Inglaterra, antes do tratado da União".

Alguns pensadores britânicos com visão de longo prazo – entre eles o grande economista Adam Smith e o deão de Gloucester, Josiah Tucker – viam esse tipo de descentralização imperial como a resposta. Enquanto Smith imaginou uma federação imperial, com Westminster apenas no ápice de um império descentralizado, Tucker propôs o protótipo do Commonwealth, em que só a soberania do monarca uniria o Império. Colonos moderados, como Joseph Galloway, também tentaram um acordo: ele propôs o estabelecimento de um conselho legislativo americano, com membros escolhidos pelas assembleias coloniais, mas sob um presidente-geral indicado pela Coroa. O governo em Londres descartou todas essas soluções. A questão havia se tornado muito simplesmente "a supremacia do Parlamento". O governo de *Lord* North estava preso entre dois legislativos igualmente assertivos, cada um convencido de que estava com a razão. O máximo que ele podia oferecer era que o Parlamento iria suspender (apesar de ainda conservar) o direito de taxação se uma assembleia colonial estivesse disposta a arrecadar e pagar a quantia requerida para a defesa imperial, assim como pagar pelo seu próprio governo civil. Não era o suficiente. Até o pedido de Elder Pitt para que os soldados fossem retirados de Boston foi derrubado pela Câmara dos *Lords*. A essa altura, na visão de Benjamin Franklin, a "reivindicação do governo de soberania sobre mais de 3 milhões de pessoas íntegras e sensatas da América parecia ser o maior absurdo, já que eles demonstravam ter discernimento escassamente suficiente para governar uma manada de porcos". Isso era guerra verbal.

Demorou só um pouco mais de um ano depois dos primeiros tiros em Lexington para a rebelião se transformar em uma revolução aberta. No dia 4 de julho de 1776, na austera câmara normalmente utilizada pela assembleia da Pensilvânia, a Declaração da Independência foi adotada por representantes das treze colônias separatistas do Segundo Congresso Continental. Somente dois anos antes, seu principal autor, Thomas Jefferson, então com 33 anos, ainda havia se dirigido a Jorge III em nome dos "seus súditos na América Britânica". Agora os britânicos transatlânticos, ou "continentais", tinham se tornado "patriotas" americanos. Na verdade, a maior parte da Declaração é uma lista um tanto tediosa e exagerada de injustiças supostamente infligidas aos habitantes das colônias pelo rei, que eles acusavam de tentar erigir uma "tirania sobre estes estados". Ela tem todos os sinais distintivos de um documento altamente revisado por um comitê grande demais. É o preâmbulo de Jefferson que as pessoas lembram hoje: "Consideramos estas verdades como evidentes por si mesmas, que todos os homens foram criados iguais, foram dotados pelo Criador de certos direitos inalienáveis, que entre estes estão a vida, a liberdade e a busca da felicidade".

Hoje em dia, isso soa tão revolucionário quanto a maternidade e a torta de maçã. Na época, era um desafio explosivo não só à autoridade real, mas também aos valores tradicionais de uma sociedade cristã hierárquica. Antes de 1776, o debate sobre o futuro das colônias havia em grande medida sido travado nos termos familiares às contendas constitucionais britânicas do século anterior. Com a publicação do *Senso comum*, de Thomas Paine, em 1776, no entanto, uma ideia totalmente nova entrou no debate, e se disseminou com uma velocidade de tirar o fôlego: o antimonarquismo, com a forte implicação do republicanismo. É claro que a república não era nenhuma novidade. Os venezianos, os alemães hanseáticos, os suíços e os holandeses, todos tinham repúblicas; de fato, os próprios britânicos haviam tido a sua curta experiência republicana nos anos 1650. Mas o prefácio de Jefferson garantiu que a república americana seria moldada na linguagem do iluminismo: em termos dos direitos naturais – acima de tudo o direito de cada indivíduo de "julgar por si mesmo o que vai assegurar ou pôr em risco a sua liberdade".

Talvez a coisa mais notável sobre a Declaração da Independência seja o fato de que os representantes de todas as treze colônias tenham sido capazes de assiná-lo. Pouco mais de vinte anos antes, as divisões entre elas eram aparentemente tão grandes que Charles Townshend havia achado "impossível imaginar tantas províncias diferentes, divididas quanto aos seus interesses e separadas pelo ciúme e pelo preconceito inveterado, sendo algum dia capazes de conceber um plano de segurança mútua e despesa recíproca". Até Benjamin Franklin admitiu que as colônias tinham

> formas de governo diferentes, leis diferentes, interesses diferentes, e algumas delas confissões religiosas diferentes e costumes diferentes. A desconfiança umas das outras é tão grande que, por mais que uma união das colônias seja há muito tempo necessária, para sua defesa comum e sua segurança contra seus inimigos, e por mais que cada colônia tenha sentido essa necessidade, ainda assim nunca foram capazes de efetivar uma tal união entre elas.

A Declaração tinha a intenção de acabar com essas divisões. Ela até cunhou o nome "Estados Unidos". Mas as suas consequências iriam se mostrar profundamente divisivas. A linguagem revolucionária de Jefferson alijava muitos habitantes das colônias mais conservadores. Um número surpreendentemente grande deles se mostrou disposto a lutar pelo rei e pelo Império. Quando o dr. James Thatcher resolveu se juntar aos patriotas, descobriu que seus amigos

> não deram nenhum encorajamento, alegando que, como esta é uma guerra civil, se eu caísse nas mãos dos britânicos o meu destino seria a forca [...] Os conservadores me assediaram com o seguinte: "Jovem, você está ciente de que está prestes a violar o seu dever para com o melhor rei de todos, e mergulhar de cabeça na destruição? Pode ter certeza de que esta rebelião vai durar pouco".

A versão de Hollywood para a Guerra de Independência é uma luta aberta entre patriotas heróicos e casacos-vermelhos malvados de estilo nazista. A realidade foi bem diferente. Foi realmente uma guerra civil, que dividiu classes sociais e até famílias. E o pior da violência não envolveu soldados britânicos, foi perpetrada por habitantes das colônias rebeldes contra seus compatriotas que permaneceram leais à Coroa.

Tomemos o caso da Christ Church, na Filadélfia, muitas vezes considerada o epicentro da revolução porque vários dos signatários da Declaração da Independência frequentavam cultos lá. Na verdade, os partidários da independência eram minoria na congregação. Apenas cerca de um terço deles apoiava a independência; o resto era contra ou neutro. A Christ Church, como inúmeras outras na América colonial, era uma igreja dividida pela política. E não foram só as congregações que ficaram divididas; famílias inteiras foram despedaçadas pela guerra civil. A família Franklin frequentava regularmente a Christ Church, tanto que tinha o seu próprio banco. Benjamin Franklin passou quase uma década defendendo em vão os argumentos a favor dos habitantes das colônias em Londres antes de voltar e aderir ao Congresso Continental e à luta pela independência. Mas o seu filho William, governador de Nova Jersey, permaneceu fiel à Coroa durante a guerra. Os dois nunca mais voltaram a se falar.

A pressão sobre os clérigos era particularmente intensa, pois os ministros deviam a sua aliança ao rei como chefe da Igreja da Inglaterra. Como reitor da Christ Church, Jacob Duché ficou dilacerado entre a lealdade ao *establishment* anglicano e a simpatia por aqueles dentre o seu rebanho que apoiavam a revolução. Sua cópia do Livro de Oração Comum atesta a extensão do seu apoio à independência. O que o Livro de Orações diz originalmente é: "Nós Vos suplicamos humildemente que disponhais e governeis o coração de Jorge, Vosso servo, nosso rei e governante [...]" (isto é, Jorge III). Duché pegou de uma pena, riscou essas palavras e as substituiu por: "Nós Vos suplicamos humildemente que dirijais os governantes destes Estados Unidos [...]". Isso foi, sem sombra de dúvida, um ato revolucionário. Mesmo assim, quando a independência foi declarada formalmente, apesar do fato de que um dos signatários era o próprio cunhado de Duché, ele amarelou, voltou para o rebanho anglicano e tornou-se legalista. O dilema de Duché ilustra como a Revolução Americana podia dividir até indivíduos. E não foram só os anglicanos que rejeitaram a rebelião por motivos religiosos. Os sandemanianos de Connecticut permaneceram leais porque acreditavam incondicionalmente que um cristão deveria ser "um súdito leal, submetendo-se quanto a interesses civis a todas as ordenações do homem em nome do Senhor".

No geral, algo em torno de um a cada cinco pessoas da população branca da América do Norte britânica permaneceu leal à Coroa durante a guerra. A bem da verdade, companhias legalistas frequentemente lutavam com muito mais tenacidade do que os hesitantes generais britânicos. Havia até canções legalistas, como "O Congresso":

> Esses canalhas robustos e idiotas insensatos,
> Alguns macaqueadores e mulas pragmáticas,
> Alguns ferramentas obedientes,
> Esses, esses compõem o Congresso.
>
> Então Júpiter resolveu enviar uma maldição,
> E todas as misérias da vida resumir
> Não a praga, não a fome, mas muito pior
> Ele nos amaldiçoou com um Congresso.
>
> Então a paz abandonou essa costa sem esperança,
> Então canhões dispararam com horrendo estrondo
> Ouvimos falar de sangue, morte, ferimentos e poças de sangue,
> A cria do Congresso.

Em meio a essa polêmica os dois lados costumavam rotular uns aos outros como *whigs* e *tories*.* Essa foi, na verdade, a segunda Guerra Civil britânica – ou talvez a primeira americana.

Um legalista que lutou nas Carolinas, o interiorano careca David Fanning, escreveu um relato envolvente sobre as suas experiências do tempo da guerra. Segundo uma versão da história de Fanning, foi depois da caravana em que ele estava ter sido saqueada por uma milícia rebelde, em 1775, que ele "se alistou a favor do rei", embora pareça mais provável que toda a área onde Fanning viveu tenha permanecido legalista. Durante seis anos ele esteve en-

---

* *Whig* e *tory* eram os termos usados para caracterizar os integrantes dos partidos políticos britânicos. (N. T.)

volvido em uma guerra de guerrilha na Carolina do Norte, ganhando, nesse processo, duas balas nas costas e uma recompensa por sua cabeça. No dia 12 de setembro de 1781, desferiu um golpe importante para o Império quando ele e seus seguidores legalistas, apoiados por um destacamento de regulares britânicos, saíram da neblina em uma madrugada para tomar a cidade de Hillsborough, e com ela toda a Assembleia Geral da Carolina do Norte, o governador rebelde do estado e numerosos soldados do exército patriota. Depois desse êxito, as colunas legalistas na Carolina do Norte cresceram para mais de 1.200 homens. Havia forças legalistas semelhantes em locais tão distantes quanto Nova York, o leste da Flórida, Savannah, na Geórgia, e a ilha Daufuskie, na Carolina do Sul.

Existia claramente a possibilidade de uma cooperação mais próxima entre forças como as milícias irregulares de Fanning e as tropas regulares dos casacos-vermelhos. Mesmo assim, por duas razões, essa foi uma guerra que os britânicos simplesmente não podiam vencer. Para começar, a guerra civil transatlântica foi rapidamente absorvida pela disputa global de longa duração entre os britânicos e a França. Era a chance de Luís XVI se vingar da Guerra dos Sete Anos, e ele a aproveitou com prazer. Desta vez, os britânicos não tinham nenhum aliado continental para prender a França – sem mencionar o aliado dela, a Espanha – à Europa. Nessas circunstâncias, uma campanha maciça na América teria sido extremamente arriscada.

De qualquer forma, e tão importante quanto isso, muitas pessoas na Grã-Bretanha simpatizavam com os habitantes das colônias. Samuel Johnson foi bastante incomum com sua hostilidade rabugenta contra eles ("Estou muito disposto a amar toda a humanidade, exceto um americano [...] Sim, senhor, eles são uma raça de condenados, e deveriam agradecer qualquer coisa que nós concedemos a eles que seja menos do que a força). Com efeito, só o número de discussões violentas que ele tinha sobre o assunto, muitas registradas por seu biógrafo, James Boswell, confirma que Johnson estava em minoria. O próprio Boswell havia formado "uma opinião clara e firme de que as pessoas na América tinham uma boa justificativa para resistir a uma reivindicação de que seus pares no país-mãe deveriam ter controle total sobre os seus destinos, impondo-lhes taxas sem o seu consentimento". Muitos políticos *whig* importantes assumiram o mesmo ponto de vista. No Parlamento, o exuberante líder dos *whigs*, Charles James Fox, desfilou as suas simpatias pelos americanos aparecendo de bege e azul, as cores do exército patriota de Washington. Edmund Burke falou em nome de muitos quando declarou: "O uso exclusivo da força [...] pode subjugar momentaneamente, mas não elimina a necessidade de subjugar novamente; e uma nação que precisa ser perpetuamente conquistada não está sendo governada". Resumindo, faltava estômago a Londres para impor o domínio britânico sobre colonos brancos que estavam determinados a resistir a ele. Uma coisa era lutar contra nativos americanos ou escravos amotinados, mas era outra coisa lutar contra o que vinha a ser seu próprio povo. Como disse *Sir* Guy Carlton, governador britânico do Quebec quando justificou seu tratamento leniente a alguns prisioneiros patriotas: "Já que tentamos em vão fazê-los nos aceitar como irmãos, vamos pelo menos mandá-los embora dispostos a nos ver como primos em primeiro grau". O comandante-em-chefe britânico, William Howe, era igualmente ambivalente quanto a travar uma guerra civil; isso pode explicar por que ele não atacou quando poderia ter destruído o exército de Washington em Long Island.

Também vale lembrar que, em termos econômicos, as colônias continentais continuavam a ter muito menos importância do que as do Caribe. Elas eram de fato altamente dependentes do comércio com a Grã-Bretanha e não era injustificado supor que, independente dos arranjos políticos, permaneceriam assim num futuro próximo. Em retrospectiva, sabemos que perder os Estados Unidos foi perder uma grande fatia do futuro econômico do mundo. Mas, na época, os custos no curto prazo para reimpor a autoridade britânica nas treze colônias pareciam ser consideravelmente maiores do que os benefícios.

É verdade que os britânicos tiveram alguns êxitos militares. Eles venceram, embora a um alto custo, o primeiro confronto importante da guerra em Bunker's Hill. Nova York foi tomada em 1776, e Filadélfia, a capital rebelde, em setembro do ano seguinte. O próprio salão em que a Declaração da Independência foi assinada tornou-se um hospital militar para patriotas feridos e moribundos. Mas o fato é que Londres não conseguia fornecer soldados suficientes nem generais suficientemente bons para transformar sucessos pontuais em uma vitória total. Em 1778, os rebeldes haviam restabelecido o controle sobre a maior parte do território, da Pensilvânia a Rhode Island. E quando os britânicos tentaram mudar suas operações para o sul, onde podiam contar com um apoio legalista mais forte, sucessos pontuais em Savannah e Charleston não puderam evitar uma derrota completa. Cornwallis foi empurrado para o norte pelos generais rebeldes Horatio Gates e Nathanael Greene, até ser forçado a mudar seu quartel-general para a Virgínia. O momento crucial aconteceu em 1781, quando Washington, em vez de atacar Nova York (como havia planejado originalmente), deslocou-se para o sul contra Cornwallis. Ele fez isso a conselho do comandante francês, conde de Rochambeau. Ao mesmo tempo, o almirante francês, François de Grasse, derrotou a frota britânica comandada pelo almirante Thomas Graves e bloqueou a baía de Chesapeake. Cornwallis ficou encurralado na península de Yorktown entre os rios James e York. Aqui houve uma inversão das condições em Lexington: agora os britânicos estavam em menor número – por uma proporção de mais de dois para um – e menos armados.

Hoje o campo de batalha de Yorktown parece tão ameaçador quanto um campo de golfe. Mas, em outubro de 1781, ele estava todo esburacado por trincheiras cheias de homens armados e artilharia. Em 11 de outubro, Washington começou a bombardear as posições britânicas com mais de cem canhões pequenos e médios. Manter as duas posições defensivas conhecidas como redutos 9 e 10 – pequenos fortes feitos de baluartes de madeira e sacos de areia – tornou-se crucial para que Cornwallis pudesse resistir até que chegassem reforços. O confronto corpo a corpo mais violento aconteceu na noite de 14 de outubro, quando uma força patriota liderada pelo futuro secretário do Tesouro americano, Alexander Hamilton, atacou o reduto pela direita com baionetas fixas. Foi um ataque heroico executado profissionalmente, prova de que os habitantes das colônias tinham percorrido um longo caminho como soldados desde a derrota em Lexington. No entanto, se não fosse pelos franceses que assaltaram o outro reduto ao mesmo tempo, o ataque poderia não ter sido bem-sucedido. Mais uma vez, a contribuição francesa foi essencial para a vitória dos patriotas e para a derrota dos britânicos. E foi a marinha francesa às suas costas que condenou Cornwallis, impedindo a retirada de sua tropa. Na manhã de 17 de outubro, ele mandou um tambor tocar o pedido de negociação. Foi, como escreveu um soldado americano em seu diário, "a mais deliciosa música para todos nós".

Ao todo, 7.157 soldados e marinheiros britânicos se renderam em Yorktown, entregando mais de 240 peças de artilharia e seis estandartes de regimento. A história conta que, enquanto eles marchavam para o cativeiro, a sua banda tocava "O mundo de cabeça para baixo". (Outras evidências apontam que os prisioneiros foram procurar consolo na bebida quando chegaram a Yorktown). Mas o que, exatamente, havia virado o mundo de cabeça para baixo? Fora a intervenção francesa e a incompetência do generalato britânico, a raiz estava na falta de vontade em Londres. Quando o exército britânico se rendeu em Yorktown, legalistas como David Fanning sentiram que haviam sido abandonados. Joseph Galloway lamentou a "falta de sabedoria dos planos e a falta de vigor e empenho na execução".

Por outro lado, os legalistas não estavam suficientemente desiludidos com o governo britânico para abandoná-lo totalmente. Pelo contrário: muitos deles reagiram à derrota emigrando em direção ao norte, para as colônias britânicas do Canadá, que haviam permanecido todas leais. O próprio Fanning acabou indo para New Brunswick. No total, cerca de 100 mil legalistas deixaram os novos Estados Unidos em direção ao Canadá, Inglaterra e Índias Ocidentais. Alegou-se algumas vezes que, ao ganhar o Canadá na Guerra dos Sete Anos, os britânicos enfraqueceram sua posição na América. Sem a ameaça francesa, por que as treze colônias deveriam permanecer leais? Ainda assim, a perda da América teve o efeito imprevisto de assegurar o Canadá para o Império, graças ao fluxo de legalistas ingleses que, junto com novos colonos ingleses, acabariam reduzindo os franceses do Quebec a uma minoria sitiada. O espantoso é que tantas pessoas tenham se manifestado contra a independência americana indo embora, preferindo ser leais ao rei e ao Império em vez de à "vida, liberdade e busca da felicidade".

Foi, como vimos, Thomas Jefferson quem cunhou essa frase famosa. Havia, no entanto, uma dificuldade que os revolucionários americanos achavam um tanto embaraçosa. A sua Declaração de que todos os homens tinham sido "criados iguais" também se aplicava aos 400 mil escravos negros que eles possuíam coletivamente – aproximadamente um quinto da população total das ex-colônias, e quase metade da população da Virgínia onde Jefferson nasceu? Em sua autobiografia, reproduzida dentro do seu imaculado memorial de mármore branco em Washington, D. C., Jefferson foi bem explícito: "Nada está escrito com mais certeza no livro do destino do que: estas pessoas [os escravos] devem ser livres". No entanto, a autobiografia continua dizendo – e os escultores do memorial inexplicavelmente deixaram isso de fora – que "as duas raças" estavam divididas por "linhas indeléveis de distinção entre elas". Afinal, o próprio Jefferson era proprietário de terras na Virgínia e tinha cerca de duzentos escravos, apenas sete dos quais ele libertou.

A ironia é que, tendo obtido sua independência em nome da liberdade, os habitantes americanos das colônias continuaram a perpetuar a escravidão nos estados do Sul. Como perguntou Samuel Johnson com acidez no seu panfleto antiamericano *Taxation No Tyranny*: "Como é que os ganidos mais estridentes por liberdade vêm de feitores de negros?". Em contraste, algumas décadas depois de perder as colônias americanas, os britânicos aboliram o comércio de escravos e depois a própria escravidão em todo o Império. De fato, já em 1775, o governador britânico da Virgínia, *Lord* Dunmore, ofereceu a emancipação a escravos que aderissem à causa britânica. Isso não foi totalmente oportunista: o famoso julgamento de *Lord* Mansfield no caso de Somersett havia declarado a escravidão ilegal na Inglaterra três anos antes. Do ponto de vista da maioria dos afro-americanos, a independência americana postergou a emancipação por pelo menos uma geração. Apesar de a escravidão ter sido gradualmente abolida nos estados do Norte como Pensilvânia, Nova York, Nova Jersey e Rhode Island, ela permaneceu firmemente arraigada no Sul, onde vivia a maioria dos escravos.

A independência também não foi uma boa notícia para os americanos nativos. Durante a Guerra dos Sete Anos, o governo britânico havia se mostrado ansioso para conciliar as tribos indígenas, no mínimo para tentar fazê-los abandonar a aliança com os franceses. Foram assinados tratados que estabeleciam os montes Apalaches como o limite do assentamento britânico, deixando as terras a oeste delas, incluindo o vale do Ohio, para os índios. É preciso admitir que esses tratados não foram observados estritamente quando veio a paz, fazendo eclodir a guerra conhecida como o Levante de Pontiac, em 1763. Mas o fato é que a autoridade imperial distante de Londres estava mais inclinada a reconhecer os direitos dos americanos nativos do que os colonos ávidos por terra no local.

A independência americana poderia ter anunciado o fim do Império Britânico. Ela certamente marcou o nascimento de uma nova força dinâmica no mundo – uma república revolucionária que podia agora explorar seus vastos recursos naturais sem ter de prestar satisfação a uma monarquia distante. Contudo, o Império estava longe de se estilhaçar por causa dessa perda, em nítido contraste com a Espanha, que nunca se recuperou da revolta de suas colônias na América do Sul. Na verdade, a perda das treze colônias parece ter estimulado uma fase inteiramente nova da expansão colonial britânica para ainda mais longe. É verdade que a metade de um continente foi perdida. Mas, do outro lado do mundo, um novo continente inteiro acenava.

Marte

Os britânicos haviam sido atraídos para a Ásia pelo comércio. Haviam sido atraídos para a América pela terra. A distância era um obstáculo, mas com ventos favoráveis podia ser vencida. Havia, porém, um outro continente que era atraente para eles por motivos diametralmente diferentes. Porque era estéril. Porque era absurdamente longe. Porque era uma prisão natural.

Com a sua estranha terra vermelha e sua fauna e sua flora exóticas – eucaliptos e cangurus –, a Austrália no século XVIII era o equivalente de Marte. Isso ajuda a explicar por que a primeira reação oficial à descoberta da Nova Gales do Sul pelo capitão Cook, em 1770, foi identificá-la como o depósito ideal de criminosos.

Informalmente, o degredo de condenados para as colônias vinha acontecendo desde o início dos anos 1600, embora não tenha se tornado formalmente parte do sistema penal até 1717. Pelo século e meio seguinte, a lei determinou que criminosos menores poderiam ser degredados por sete anos em vez de chicoteados ou marcados a ferro quente, enquanto homens com pena de morte comutada poderiam ser degredados por catorze anos. Em 1777, nada menos do que 40 mil homens e mulheres da Grã-Bretanha e da Irlanda haviam sido degredados com base nisso para as colônias americanas, complementando o fornecimento de trabalhadores por contrato (como explicou a mãe de Moll Flanders a ela). Com as colônias americanas agora perdidas, algum lugar precisava ser encontrado para evitar que as prisões britânicas – sem contar os barcos transformados em prisões ao longo do sudeste da costa – ficassem superlotadas com os detentos intransferíveis. Havia também considerações estratégicas. Cientes das antigas reivindicações espanholas e das expedições holandesas e francesas mais recentes, alguns políticos britânicos consideravam imperativo que a Nova Gales do Sul fosse colonizada, ainda que só para garantir a posse britânica. Livrar-se dos condenados, porém, era o principal objetivo.

A Irlanda do Norte ficava a um dia de navio, a América do Norte a poucas semanas. Mas quem ia querer começar do zero uma colônia a 16 mil milhas de distância?[12] Não é de se estranhar que a colonização inicial da Austrália tenha sido compulsória.

Em 13 de maio de 1787, uma frota de onze navios partiu de Portsmouth, abarrotada com 548 homens e 188 mulheres condenados, variando de um limpador de chaminés de nove anos, John Hudson, que havia roubado algumas roupas e uma pistola, até uma vendedora de trapos de 82 anos chamada Dorothy Handland, que havia sido condenada por perjúrio. Eles chegaram a Botany Bay, pouco além de onde hoje é o porto de Sydney, em 19 de janeiro de 1788, depois de mais de oito meses no mar.

Ao todo, entre 1787 e 1853, aproximadamente 123 mil homens e somente menos de 25 mil mulheres foram degredados nos chamados "navios do inferno" para os antípodas por crimes que variavam de falsificação a roubo de ovelhas. Com eles veio um número desconhecido de crianças, incluindo um número considerável concebido *en route*. Mais uma vez, desde o começo os britânicos estavam determinados a se reproduzir em sua nova colônia. De fato, licenciosidade sexual, alimentada por rum importado, viria a ser uma das primeiras características marcantes de Sydney.

O assentamento da Austrália tinha o objetivo de resolver um problema na Grã-Bretanha – principalmente o dos crimes contra a propriedade. Em essência, foi uma alternativa para enforcar ladrões ou construir prisões para abrigá-los na Grã-Bretanha. Entre os condenados, porém, também havia presos políticos. Luditas, saqueadores de comida, tecelões radicais, saqueadores *swing*, mártires de Tolpuddle, cartistas, *patriotes* quebequenses – membros de todos esses grupos acabaram na Austrália. Aproximadamente um quarto de todos os degredados eram irlandeses, dos quais um a cada cinco havia sido condenado por uma acusação política. E não foram só os irlandeses que acabaram lá aos montes. A Austrália tinha um número mais do que razoável de escoceses, apesar de os juízes da Escócia serem mais relutantes do que seus pares ingleses para sentenciar condenados por crimes graves ao degredo. Um número surpreendente de Ferguson foi mandado para a Austrália: dez ao todo. Os escassos registros sobre seus crimes e penas deixam claro como era dura a vida na colônia penal. Sete anos de trabalhos forçados por roubar galinhas não era uma sentença incomum na época; ela foi dada a uma das pessoas com o mesmo nome que eu. Transgressões cometidas depois que os condenados chegavam eram punidas com castigos físicos: a disciplina no início da colônia penal era baseada em chicotadas. Os que fugiam, esperando ingenuamente – como alguns fizeram – caminhar até a China, morriam nos desfiladeiros áridos das montanhas Azuis.

O grande paradoxo da história da Austrália é que aquilo que começou como uma colônia habitada por pessoas que os britânicos haviam descartado tenha se mostrado tão leal ao Império Britânico por tanto tempo. A América começara como uma combinação de *plantation* de tabaco com utopia puritana, a criação de liberdade econômica e religiosa, e acabou virando uma república rebelde. A Austrália começou como uma cadeia, a própria negação da liberdade. E os colonos mais confiáveis acabaram sendo não os peregrinos, mas os prisioneiros.

Talvez a melhor explicação para o paradoxo australiano seja esta: apesar de o sistema de degredo tornar em piada a afirmação dos britânicos de que o seu império era um império da liberdade, na prática, o efeito dessa política foi *libertador* para muitos dos que foram mandados para a Austrália. Isso em parte era porque, em uma época em que a propriedade era o santo dos santos, a justiça criminal britânica condenava as pessoas rotineiramente por crimes que nós hoje consideramos triviais. Embora de metade a dois terços dos degredados fossem "criminosos recorrentes", quase todos os seus crimes eram pequenos roubos. A Austrália, literalmente, começou como uma nação de ladrões de loja.

Para começar, é verdade que os condenados estavam em uma situação só um pouco melhor que a dos escravos, forçados a trabalhar para o governo ou "designados" para um número crescente de donos de terra particulares (entre eles os oficiais do Regimento da Nova Gales do Sul). No entanto, quando ganhavam seus "passes de liberdade" no fim da pena, os prisioneiros estavam livres para vender o seu trabalho para quem oferecesse mais. Mesmo antes disso, eram-lhes dadas tardes livres para cultivar seus próprios lotes. Já em 1791, dois ex-condenados, Richard Phillimore e James Ruse, estavam cultivando trigo e milho em lotes próprios respectivamente na ilha de Norfolk e em Paramatta, suficientes para tirá-los do esquema. Com efeito, aos que sobreviviam ao degredo e cumpriam a sua sentença era dada uma chance de começar uma vida nova – mesmo que fosse uma vida nova em Marte.

Ainda assim, sem uma liderança inspirada, a Austrália poderia nunca ter passado de uma imensa ilha do Diabo. Em sua transformação de área de despejo em reformatório, um papel crucial foi exercido pelo governador da colônia entre 1809 e 1821, Lachlan Macquarie. Oficial de carreira do exército nascido nas ilhas Hébridas que havia alcançado o comando de um regimento na Índia, Macquarie era um déspota igualzinho aos seus antecessores navais. Quando se falava em nomear um conselho para ajudá-lo, ele respondia: "Eu cultivo a esperança de que uma tal instituição nunca vai ser estendida a esta colônia". Porém, diferentemente dos outros, Macquarie era um déspota *esclarecido*. Para ele, a Nova Gales do Sul não era só uma terra de castigo, era também uma terra de redenção. Sob seu governo benigno, ele acreditava, os condenados poderiam ser transformados em cidadãos:

> A perspectiva de ganhar a liberdade é o maior incentivo que pode ser dado para a reforma dos costumes dos habitantes [...] Quando unida à retidão e à boa conduta longamente posta à prova, deve levar um homem de volta à posição na sociedade que eles perderam e abolir, tanto quanto o caso admitir, todos os antecedentes da má conduta prévia.

Macquarie tomou medidas para melhorar as condições dos navios que traziam os condenados para a Austrália, reduzindo drasticamente a taxa de mortalidade de 1 a cada 31 para 1 a cada 122 ao seguir os conselhos de William Redfern, um cirurgião degredado que se tornou o médico da família do governador. Ele abrandou o sistema de justiça da colônia, permitindo até que condenados com experiência legal representassem homens acusados em julgamentos. Mas a contribuição mais visível e duradoura de Macquarie foi transformar Sydney em uma cidade colonial-modelo. Justo quando, em Londres, a economia do *laissez-faire* começava a dar o tom, Macquarie tornou-se um planejador impenitente. No centro da sua visão urbana estava o imenso quartel de Hyde Park, o maior prédio do gênero do império ultramarino naquela época. Com suas austeras linhas simétricas – obra de Francis Howard Greenway, arquiteto de Gloucestershire e falsificador degredado –, o quartel parece um protótipo do "panóptico" utilitarista de Jeremy Bentham. Seiscentos criminosos, com habilidades de artesão, dormiam lá em fileiras de redes, cem por aposento, mantidos facilmente sob observação através de visores. Entretanto, estava longe de ser um bloco de punição. Era um centro para alocar ordenadamente trabalhadores especializados condenados, prisioneiros que um dia haviam sido artesãos mas que haviam caído em tempos difíceis e recorrido a pequenos crimes. Esses eram os homens de que Macquarie precisava para as centenas de prédios públicos que ele acreditava que elevariam

Sydney de colônia de condenados a conurbação. O primeiro deles era um belo hospital financiado pela imposição de uma taxa sobre o rum.

Com a infraestrutura da sua cidade em grande medida completa, Macquarie voltou sua atenção para a redução da dependência da colônia de comida importada. As "cidades de Macquarie" foram estabelecidas ao longo das margens férteis do rio Hawkesbury acima, em direção às montanhas Azuis, uma terra agrícola rica, ideal para grãos e criação de ovelhas. Em cidades como Windsor, Macquarie procurou realizar sua ideia de redenção colonial oferecendo concessões de trinta acres de terra àqueles que tivessem cumprido sua sentença. Richard Fitzgerald era um menino de rua em Londres condenado ao degredo aos quinze anos, que logo ganhou fama por sua "notável atividade e conduta ordeira". Macquarie tornou Fitzgerald superintendente da agricultura e celeiros na área de Windsor. Em poucos anos, o ex-delinquente virou um pilar da sociedade, proprietário do *pub* Macquarie Arms em uma ponta da cidade e construtor de uma igreja local sólida e imponente, São Mateus, do outro.

Conforme mais e mais condenados foram cumprindo a sentença ou ganhando indultos, as características da colônia começaram a mudar. Com apenas um a cada catorze optando por voltar à Grã-Bretanha, em 1828, já havia mais pessoas livres do que condenados na Nova Gales do Sul – e alguns dos velhos remanescentes estavam rapidamente se tornando *nouveaux riches*. Samuel Terry era um trabalhador analfabeto de Manchester que fora degredado por sete anos por roubar quatrocentos pares de meias. Libertado em 1807, ele se estabeleceu em Sydney como estalajadeiro e agiota. Terry foi tão bem-sucedido no seu duplo papel que em 1820 possuía 19 mil acres de terras, algo como um décimo de toda a terra possuída por todos os outros condenados juntos. Ele ficou conhecido como o "Rothschild da Baía de Botany". Mary Reibey, que acabou conquistando a imortalidade no verso da nota de vinte dólares australiana, foi enviada à Austrália aos treze anos por roubo de cavalo. Ela se casou bem e se saiu melhor ainda no comércio, na navegação e no ramo imobiliário. Em 1820, tinha 20 mil libras.

Ao final de seu mandato como governador, Macquarie tinha conquistado sua quota de inimigos. Em Londres era visto como esbanjador, enquanto havia alguns na Austrália que o viam como leniente demais. Mesmo assim, ele podia afirmar de forma bastante legítima: "Encontrei Nova Gales do Sul como uma cadeia e deixei-a como uma colônia. Encontrei uma população de prisioneiros desocupados, indigentes e funcionários pagos e deixei uma grande comunidade livre vicejando com a prosperidade dos rebanhos e o trabalho dos condenados".

Mas, o que aconteceu com a punição? O sucesso da política de Macquarie significava que Nova Gales do Sul estava rapidamente se tornando uma colônia próspera. Isso também significava que o degredo para lá já não era um dissuasor da criminalidade, mas sim uma passagem gratuita para uma vida nova, com a perspectiva de uma boa indenização na forma de uma concessão de terra ao fim da sentença. O diretor de uma prisão britânica ficou espantado quando cinco prisioneiras irlandesas protestaram veementemente contra a redução de suas penas para um período na prisão. Elas não deixaram a menor dúvida de que preferiam ser degradadas.

Isso posto, nem todos os condenados podiam se redimir da forma como Macquarie imaginava. O problema era o que deveria ser feito com os reincidentes inveterados. A resposta é que desde o início foi necessário que existissem prisões dentro da prisão. No início do seu mandato como governador, Macquarie havia ordenado o abandono da infernal ilha de Norfolk, mas os reincidentes continuaram a ser despachados para a Terra de Van Diemen, hoje Tasmânia, e para a baía de Moreton, em Queensland. Em Port Arthur, na Tasmânia, o comandante da prisão, Charles O'Hara Booth, tinha licença para para levar "a vingança da lei ao limite máximo da resistência humana". Na baía de Moreton, Patrick Logan costumava mandar condenados para o hospital por causa da punição a que ele deu o nome de *flagellatio*. Depois que a ilha de Norfolk foi reaberta como prisão, novos extremos de brutalidade e sadismo foram pesquisados por John Giles Price, que amarrava homens a armações de ferro de camas velhas depois de serem chicoteados, para ter certeza de que os seus ferimentos infeccionariam. Poucos homens na história do Império Britânico tiveram tão merecidamente o tipo de morte que ele sofreu nas mãos, martelos e pés de cabra de um grupo de condenados, na pedreira de Williamstown, em 1857.

Embora os reincidentes tenham sido sistematicamente brutalizados em tais locais, isso não foi nada comparado à forma como os indígenas ou povos aborígenes da Austrália – havia por volta de 300 mil deles em 1788 – foram tratados. Como os índios americanos, eles foram vítimas da praga branca. Os colonos trouxeram consigo a contaminação, na forma de doenças infecciosas às quais os aborígenes não tinham resistência, e o cultivo, que implicava a exclusão das tribos nômades das suas regiões ancestrais de caça. O que o açúcar foi para as Índias Ocidentais e o tabaco para a Virgínia, as ovelhas foram para a Austrália. Em 1821, já havia 290 mil ovelhas na Austrália, correndo por cima do mato onde os aborígenes caçaram cangurus por milênios.

Macquarie, paternalista como sempre, tinha esperança de que os aborígenes pudessem ser trazidos do, como ele disse, "seu estado errante e nu", e transformados em fazendeiros respeitáveis. Em 1815, tentou assentar quinze deles em uma pequena fazenda no litoral, em Middle Head, prontinha, com barracas especialmente construídas e um barco. Afinal, argumentava, se os condenados podiam ser transformados em cidadãos-modelo se lhes fossem dados o equipamento correto e uma segunda chance, por que não os aborígenes? Para desespero de Macquarie, porém, os aborígenes logo perderam o interesse pela vida bem ordenada que tinha em mente para eles. Perderam o barco, ignoraram as cabanas e voltaram a perambular no mato. Esse tipo de indiferença – em nítido contraste com a reação belicosa dos maoris da Nova Zelândia à colonização branca – selaria o destino dos aborígenes. Quanto mais eles rejeitavam a "civilização", mais os fazendeiros ávidos por terra sentiam-se justificados por exterminá-los. A "única superioridade deles acima dos brutos", declarou um cirurgião naval visitante, "consistia no uso da lança, em sua ferocidade extrema e no emprego do fogo no cozimento de sua comida".

Em um dos capítulos mais chocantes da história do Império Britânico, os aborígenes da Terra de Van Diemen foram caçados, confinados e finalmente exterminados: um acontecimento que merece verdadeiramente o agora desgastado termo "genocídio". (Trucanini, o último deles, morreu em 1876.) Tudo o que pode ser dito para mitigar é que, se a Austrália tivesse sido uma república independente no século XIX, como os Estados Unidos, o genocídio poderia ter sido em escala continental, mais do que apenas um fenômeno da Tasmânia. Quando o escritor Anthony Trollope visitou a Austrália, dois anos depois da morte de Trucanini, perguntou a um magistrado:

> o que o senhor recomendaria que eu fizesse [...] se a pressão das circunstâncias me compelisse a atirar em um homem negro no mato? Deveria ir ao posto policial mais próximo [...] ou deveria ficar contente como se tivesse [...] matado uma cobra mortífera? O conselho dele foi claro e explícito: "Só um tolo falaria alguma coisa sobre isso".

Trollope concluiu que "era o seu [dos aborígenes] destino serem abolidos". No entanto, uma das peculiaridades do Império Britânico foi a forma como o poder imperial no centro se empenhava em conter os impulsos geralmente muito mais cruéis dos colonos na periferia. A preocupação do Parlamento quanto aos maus-tratos aos povos indígenas levou à indicação de protetores dos aborígenes em Nova Gales do Sul e no oeste da Austrália, em 1838-9. É verdade que esses esforços bem-intencionados não puderam evitar atrocidades como o massacre de Myall Creek, em 1838, em que um grupo de doze criadores de gado, todos, menos um, ex-condenados, mataram 28 aborígenes desarmados a tiros e facadas. Uma guerra longa e de baixa intensidade seria travada por décadas entre fazendeiros e aborígenes conforme a agricultura foi se expandindo pelo território. Mas a presença de uma autoridade repressora, por mais distante que estivesse, foi o que distinguiu as colônias britânicas de repúblicas de assentados independentes. Não houve nenhuma influência repressora quando os Estados Unidos travaram uma guerra contra os índios americanos.

O caso dos aborígenes foi um exemplo marcante da forma como as atitudes mudavam com a distância. Os britânicos em Londres viam o problema de forma bem diferente da dos britânicos em Sydney. Como poderia um império que afirmava estar fundado sobre a liberdade justificar a negação dos desejos dos habitantes das colônias quando eles colidiam com os de um legislativo muito distante? Essa foi a questão central na América nos anos 1770, e a resposta final foi a secessão. Nos anos 1830, a questão foi feita novamente no Canadá. Mas, dessa vez, os britânicos tinham uma resposta melhor.

Desde a Guerra da Independência americana, o Canadá parecia a mais confiável das colônias britânicas, graças ao influxo dos legalistas derrotados dos Estados Unidos. Em 1837, porém, os falantes de francês do Quebec no baixo Canadá e os reformistas pró-americanos do Alto Canadá se rebelaram. Sua queixa principal não era desconhecida: apesar de serem representados em sua própria Casa de Assembleia, seus desejos podiam ser ignorados à vontade por um Conselho Legislativo e um governador que só respondiam a Londres. Houve um genuíno pânico de que os Estados Unidos, que cresciam rapidamente, aproveitassem a oportunidade para anexar seu vizinho do norte; essa incorporação estava, afinal de contas, explicitamente prevista no artigo XI dos Artigos da Confederação americanos. Em 1812, os Estados Unidos chegaram a mandar um exército de 12 mil homens para o Canadá, mas ele foi completamente derrotado.

A experiência americana de caminhar sozinho como uma república havia sido inegavelmente bem-sucedida. Iriam as outras colônias brancas agora separar-se como repúblicas do modo como os Estados Unidos tinham feito? Haveria os Estados Unidos do Canadá e os Estados Unidos da Austrália? Talvez a coisa mais surpreendente seja o fato de que isso não tenha acontecido.

Uma parte do crédito por isso não ter acontecido se deve a uma figura inesperada, John Lambton, o conde de Durham, uma sobra de alta classe da era da Regência, que foi enviado ao Canadá para evitar essa nova revolta colonial. "Déspota extravagante", nas palavras de um contemporâneo, Durham anunciou sua chegada a Quebec desfilando sobre um cavalo branco pelas ruas, instalando-se no Château St. Louis, jantando em travessas de ouro e prata e entornando champanhe de boas safras. Apesar das aparências, porém, Durham não era um incompetente. Ele foi um dos autores da Lei da Reforma de 1832, daí seu apelido "Jack Radical". Também tinha o bom senso de ser bem assessorado. Charles Buller, seu secretário particular, tinha nascido em Calcutá, estudado história com Thomas Carlyle, e ganhado fama de advogado brilhante antes de entrar para a Câmara dos Comuns; enquanto o principal assessor de Durham, Edward Gibbon Wakefield, havia escrito longamente sobre reforma agrária na Austrália – ironicamente, enquanto languescia na prisão de Newgate, para onde foi mandado por três anos por ter sequestrado uma herdeira menor de idade. Ele era um dos muitos pensadores da sua geração assombrados pelo fantasma, resumido pelo estatístico Thomas Malthus, do crescimento populacional doméstico insustentável. Para Wakefield, as colônias eram a resposta óbvia para a inundação de britânicos em excesso. Mas, para encorajar a livre colonização, em oposição à continuação do degredo, ele estava convencido de que era necessário atingir algum tipo de arranjo com o sentimento de independência inerentemente britânico dos colonos.

Durham, Buller e Wakefield passaram apenas seis meses no Canadá antes de voltar à Inglaterra e apresentar seu relatório. Embora preocupado principalmente com os problemas específicos do governo do Canadá, ele tinha um subtexto profundamente importante que era relevante para todo o Império Britânico. De fato, o Relatório Durham pode bem ter sido o livro que salvou o Império. Pois o que ele fez foi reconhecer que os colonos americanos estavam certos. Eles tinham, afinal de contas, o direito de requerer que aqueles que governavam as colônias brancas prestassem contas às assembleias representativas dos habitantes das colônias, e não simplesmente aos agentes de uma distante autoridade real. O que Durham propôs para o Canadá foi exatamente o que uma geração anterior de ministros britânicos havia negado às colônias americanas:

> um sistema de governo responsável que pudesse dar ao povo o controle real sobre os seus próprios destinos [...] O governo da colônia deveria de agora em diante ser conduzido em conformidade com as opiniões da maioria na Assembleia.

O relatório também inferiu que os americanos estavam certos por adotar uma estrutura federal entre seus estados; isso também viria a ser copiado no Canadá e depois na Austrália.

É preciso admitir que ele não foi posto em prática imediatamente. Apesar de o governo ter se apressado em implementar a principal recomendação de Durham – que o Alto Canadá e o Baixo Canadá fossem unificados a fim de diluir a influência francesa sobre o primeiro – o governo responsável só foi introduzido em 1848, e só na Nova Escócia. Só em 1858 ele foi concedido à maioria das colônias canadenses. Mas a essa altura a ideia já tinha pegado na Austrália e na Nova Zelândia, que também começaram a caminhar em direção ao governo responsável. Nos anos 1860, o equilíbrio do poder político em todas as colônias brancas tinha definitivamente mudado. Dali em diante, os governadores passariam a ter um papel mais decorativo, como representantes de um monarca igualmente cada vez mais decorativo; o poder real pertenceria aos representantes eleitos dos colonos.

O "governo responsável", então, foi uma forma de reconciliar a prática do império com o princípio da liberdade. O que o Relatório Durham significava era que as aspirações dos canadenses, australianos, neozelandeses e sul-africanos – que não eram muito diferentes das dos americanos nos anos 1770 – poderiam ser e seriam atendidas sem a necessidade de guerras de independência. Dali em diante, o que quer que os habitantes quisessem, eles basicamente conseguiam. Isso fez, por exemplo, com que, quando os australianos pediram o fim do degredo, Londres cedesse. O último navio de condenados partiu em 1867.

Assim, não haveria uma batalha de Lexington em Auckland; não haveria um George Washington em Canberra; não haveria declaração de independência em Ottawa. De fato, é difícil não sentir, ao ler o Relatório Durham, que seu subtexto é de lamento. Se os colonos americanos tivessem conseguido obter o governo responsável quando o pediram pela primeira vez nos anos 1770 – se os britânicos tivessem correspondido às expectativas da sua própria retórica de liberdade –, nunca teria havido uma Guerra de Independência. Na verdade, os Estados Unidos poderiam nunca ter existido. E milhões de emigrantes britânicos poderiam ter escolhido a Califórnia em vez do Canadá quando fizessem suas malas para ir embora.[13]

---

1. Os huguenotes franceses já haviam estabelecido assentamentos onde viria a ser a Carolina do Sul e no norte da Flórida nos anos 1560.
2. É importante ter em mente que, nessa época, a costa da América do Norte interessava primariamente como fonte de apoio estratégico para as ambições dos britânicos no Caribe, também conhecido como "Índias Ocidentais". Daí o termo "índio", familiar, mas incongruente, para os nativos da América do Norte.
3. Em 1800, apenas 3,5 milhões dos 13,5 milhões de pessoas na América Latina eram brancas, das quais 30 mil eram *peninsulares* nascidos na Espanha. Os outros brancos eram *criollos* nascidos na América. Em 1820, por volta de um quarto da população da América Latina era de origem étnica mista.
4. Posteriormente, outro incentivo para atrair migrantes empreendedores para a América foi o estabelecimento da Geórgia, em 1732, como um asilo para devedores.
5. No fim do século XIX, aproximadamente três quartos da população britânica moravam na Inglaterra, comparado a um décimo na Escócia e um décimo na Irlanda. Mas, no Império, os ingleses mal somavam a metade dos colonizadores. Os escoceses constituíam por volta de 23% da população britânica de nascimento na Nova Zelândia, 21% no Canadá e 15% na Austrália. Os irlandeses constituíam 21% dos britânicos de nascimento no Canadá e na Nova Zelândia, e um total de 27% na Austrália.
6. Essa foi a taxa de mortalidade média durante todo o período do comércio de escravos britânico, de 1662 a 1807. A taxa era mais próxima de um para quatro nas primeiras décadas. Como o relato de Newton deixa claro, os escravos eram mantidos permanentemente acorrentados, deitados em prateleiras que mal chegavam a 75 centímetros de altura "como livros em uma prateleira". No entanto, a taxa de mortalidade das tripulações dos navios negreiros era ainda maior – por volta de 17% na segunda metade do século XVIII. Daí a rima de marinheiro: "Tome cuidado e preste atenção/ Na curva na costa do Benin:/ Para um que sai/ São quarenta que entram".
7. Na Virgínia foi decretado, em 1662, que as crianças mulatas de mulheres negras deveriam ser escravas; em 1705 o casamento inter-racial foi proibido.
8. Primeiro para a Nova Escócia, depois para Serra Leoa.

9. Essa não era uma projeção irrealista. Em 1700, a população da América do Norte britânica era de aproximadamente 265 mil, em 1750, era 1,2 milhão e, em 1770, 2,3 milhões – mais do que a população da Escócia.
10. "Sua aparência não poderia ser mais rude, desajeitada e desagradável. Dois grandes olhos saltados que ficavam revirando sem motivo (pois ele era totalmente míope), uma boca enorme, lábios grossos e o rosto inchado davam a ele os ares de um trombeteiro cego." (Horace Walpole)
11. Foi esse o momento em que as instituições idiossincráticas da metade asiática e da metade americana do Império Britânico colidiram fatalmente. A Companhia das Índias Orientais foi fortemente atingida pelo boicote dos colonos americanos ao chá, que era parte da campanha contra os impostos de Townshend. Lutando contra um excedente de chá e o peso de uma dívida crescente, a companhia queria simplesmente descarregar parte de seu excedente no mercado americano.
12. A distância da viagem da primeira frota de condenados, de Portsmouth ao Rio de Janeiro, do Rio para a Cidade do Cabo, e da Cidade do Cabo para Botany Bay foi de 15.900 milhas.
13. Na verdade, apesar dos incentivos do governo para migrar para a Austrália, os Estados Unidos por muito tempo continuaram sendo o destino mais popular entre emigrantes do Reino Unido. Das 600 mil pessoas que deixaram a Inglaterra, o País de Gales e a Escócia entre 1815 e 1850, 80% foram para os Estados Unidos. Para os 13 milhões que deixaram o Reino Unido nos sessenta anos seguintes a 1850, a proporção foi mais ou menos a mesma, os irlandeses, principalmente, preferindo a "terra dos livres" ao Império. Foi só ao longo do século XX que cada vez mais britânicos começaram a optar por emigrar para o Império em vez de para os Estados Unidos da América. Mais de 6 milhões de britânicos emigraram para o Império entre 1900 e 1963, aproximadamente oito a cada dez de todos os emigrantes britânicos.

3
A Missão

> Quando a diferença entre a influência de um governo cristão e a de um pagão é considerada, quando o conhecimento do desconsolo do povo nos força a refletir sobre as bênçãos indizíveis para milhões que se seguiria à extensão do domínio britânico, não é ambição, mas benevolência que dita o desejo de ter todo o país. Onde a providência de Deus mandar, um estado depois do outro vai ser entregue a seu cuidado.
>
> McLeod Wylie, *Bengala como campo para missões* (1854)

No século XVIII, o Império Britânico fora, na melhor das hipóteses, amoral. Os hanoverianos tinham tomado poder na Ásia, terra na América e escravos na África. Os povos nativos eram taxados, ou roubados, ou eliminados. Mas, paradoxalmente, suas culturas eram amplamente toleradas; e em alguns casos até estudadas e admiradas.

Os vitorianos tinham aspirações mais elevadas. Não sonhavam apenas com dominar o mundo, mas também redimi-lo. Já não era suficiente para eles explorar outras raças; o objetivo agora era melhorá-las. Os povos nativos parariam de ser explorados, mas suas culturas – supersticiosas, retrógradas, pagãs – teriam de ser abandonadas. Em particular, os vitorianos aspiravam trazer a luz para o que eles chamavam de Continente Escuro.

A África, na verdade, era muito menos primitiva do que imaginavam. Longe de ser "um caos rudimentar", como um viajante dos primeiros tempos descreveu, a África subsaariana abrigava uma miríade de Estados e nações, algumas delas um bom tanto mais avançadas economicamente do que sociedades pré-coloniais contemporâneas na América do Norte e na Austrália. Havia cidades consideráveis, como Timbuktu (no atual Mali) e Ibadan (na Nigéria moderna), minas de ouro e cobre e até uma indústria têxtil. No entanto, em três aspectos ela dava aos vitorianos a impressão de ser atrasada. Diferente do norte da África, as religiões da África subsaariana não eram monoteístas; exceto pelas extremidades norte e sul, era infestada por malária, febre amarela e outras doenças letais para os europeus (e para as suas criações preferidas); e, talvez o mais importante, os escravos eram a principal exportação – de fato, o fornecimento de escravos para comerciantes europeus e árabes ao longo da costa tornou-se a maior fonte de renda do continente. O caminho peculiar do desenvolvimento econômico global levou os africanos à atividade de capturar e vender uns aos outros.

Assim como as organizações não governamentais de hoje, os missionários vitorianos acreditavam que sabiam o que era melhor para a África. Seu objetivo não era tanto a colonização, mas a "civilização": introduzir um modo de vida que fosse antes e acima de tudo cristão, mas também caracteristicamente norte-europeu em sua reverência ao esforço e à abstinência. O homem que acabou personificando esse novo *éthos* do império foi David Livingstone. Para Livingstone, o comércio e a colonização – os fundamentos originais do Império – eram necessários, mas não suficientes. Em essência, ele e milhares de missionários como ele queriam que o Império fosse reconvertido.

Isso não foi um projeto de governo, mas sim obra do que hoje chamamos de setor voluntário. As boas intenções das agências de ajuda vitorianas acabariam, porém, tendo inesperadas, e às vezes sangrentas, consequências.

De Clapham a Freetown

Os britânicos têm uma longa tradição de enviar ajuda para a África. Enquanto eu escrevia este livro, os militares britânicos estavam estacionados em Serra Leoa desde 2000, como pacificadores e mantenedores da paz. A missão deles era, fundamentalmente, altruísta: ajudar a restaurar a estabilidade em um país arrasado por anos de guerra civil.[1] Pouco menos de duzentos anos atrás, havia um esquadrão da Marinha Real estacionado em Serra Leoa em uma missão moralmente comparável: impedir navios negreiros de zarpar da costa da África em direção à América, e, assim, pôr um fim no comércio de escravos no Atlântico.

Essa foi uma reviravolta surpreendente, especialmente surpreendente para os próprios africanos.[2] Depois da primeira vez que os britânicos estiveram em Serra Leoa, em 1562, não levaram muito tempo para se tornar comerciantes de escravos. Pelos dois séculos e meio subsequentes, como vimos, mais de

3 milhões de africanos foram levados para o cativeiro em navios britânicos. Mas então, perto do fim do século XVIII, algo mudou drasticamente; foi quase como se uma chave tivesse sido virada na psique britânica. De repente, eles começaram a trazer escravos de volta para a África Ocidental e libertá-los. Serra Leoa tornou-se a "Província da Liberdade". Sua capital foi renomeada Freetown. Os escravos libertados atravessavam o Arco da Liberdade, que trazia a inscrição – agora quase escondida pelo mato – "Libertados da escravidão pela coragem e pela filantropia britânicas". Em vez de acabarem nas *plantations* do outro lado do Atlântico, cada um recebia um quarto de acre de terra, uma panela, uma pá – e a liberdade.

Os assentamentos em Freetown eram nações em miniatura, como ainda são hoje: os congoleses na cidade de Congo, os fulani em Wilberforce, os ashanti em Kissy. Nos velhos tempos, os escravos eram trazidos para a costa, acorrentados e presos a barras de ferro à espera do embarque para atravessar o Atlântico. Agora vinham para Freetown para tirar as correntes e começar uma vida nova. O que aconteceu para transformar os principais escravocratas do mundo nos principais libertadores de escravos do mundo? A resposta está em um fervoroso renascimento religioso, cujo epicentro era, por incrível que pareça, Clapham.

Zachary Macaulay foi um dos primeiros governadores de Serra Leoa. Filho do ministro de Inverary e pai do maior historiador vitoriano, Macaulay trabalhara por um tempo como administrador de uma *plantation* de açúcar na Jamaica. Rapidamente, porém, ele se viu incapaz de reconciliar o trabalho com sua fé cristã: as chicotadas que testemunhava diariamente o "enojavam" demais. Em busca de irmãos de alma, voltou para a Inglaterra, onde rapidamente foi contratado pelo banqueiro e membro do Parlamento Henry Thorton, o principal financiador da Companhia de Serra Leoa, que havia sido estabelecida como um pequeno empreendimento colonizador privado cujo objetivo principal era repatriar a pequena população de ex-escravos que vivia em Londres. Foi por iniciativa de Thorton que Macaulay foi mandado para Serra Leoa, em 1793, onde o seu apetite por trabalhar duro por uma boa causa logo lhe garantiu o posto de governador. Nos cinco anos seguintes, Macaulay mergulhou na mecânica do comércio que ele agora estava determinado a eliminar, jantando com os chefes das tribos africanas do interior que forneciam escravos e até atravessando o Atlântico em um navio negreiro para testemunhar pessoalmente o sofrimento de quem estava a bordo. Quando voltou para a Inglaterra, Macaulay não só era um especialista em comércio de escravos; ele era *o* especialista.

Só havia um lugar em Londres onde um homem como Macaulay poderia morar, e era Clapham. Lá, ele poderia ter a certeza de encontrar almas semelhantes. De fato, pode-se dizer que a transformação moral do Império Britânico começou na Igreja da Santíssima Trindade, ao norte do passeio público de Clapham. Os companheiros de paróquia de Macaulay, que incluíam Thornton e o brilhante orador parlamentar William Wilberforce, combinavam fervor evangélico e inflexível inteligência política. A Seita de Clapham, como ficaram conhecidos, foi exímia em mobilizar uma nova geração de ativistas na base. Munidos dos relatos em primeira mão de Macaulay sobre o comércio de escravos, resolveram assegurar sua abolição.

Não é fácil explicar uma mudança tão profunda na ética de um povo. Costumava-se argumentar que a escravidão fora abolida simplesmente porque deixara de ser lucrativa, mas todas as evidências apontam para o outro lado: na verdade, ela foi abolida apesar do fato de que ainda era lucrativa. O que é preciso compreender, então, é uma mudança de espírito coletiva. Como todas as grandes mudanças desse tipo, ela começou pequena. Há muito tempo existia uma minoria de pessoas dentro do Império Britânico que se opunha à escravidão por motivos religiosos. Os quacres da Pensilvânia se manifestavam contra ela já desde os anos 1680, argumentando que ela violava a injunção bíblica "faça com os outros como você gostaria que fizessem com você" (Mateus 7:12). Nos anos 1740 e 1750 o chamado Grande Despertar da América e a ascensão do metodismo na Grã-Bretanha espalharam esses escrúpulos em círculos protestantes mais amplos. Outros se voltaram contra a escravidão pelos ensinamentos do iluminismo; tanto Adam Smith como Adam Ferguson eram contra o comércio de escravos, Smith porque o "trabalho executado por homens livres no fim das contas é mais barato do que o realizado pelos escravos". Mas foi somente nos anos 1780 que a campanha contra a escravatura ganhou impulso suficiente para convencer os legisladores. A escravidão foi abolida na Pensilvânia em 1780, um exemplo seguido com diferentes graus de entusiasmo por alguns outros estados do Norte. Em 1788, foi aprovada uma lei em Westminster para regulamentar as condições nos navios negreiros; quatro anos mais tarde, um projeto de lei para a abolição gradual foi aprovado na Câmara dos Comuns, mas rejeitado pelos *Lords*.

A campanha pela abolição foi uma das primeiras grandes agitações extraparlamentares. Sua liderança era notavelmente abrangente. Os fundadores da Sociedade pela Abolição do Comércio de Escravos, Granville Sharp e Thomas Clarkson, eram anglicanos, mas a maioria dos seus aliados mais próximos era quacre. O apoio à causa se estendeu além de Clapham para envolver o Pitt mais jovem, o ex-comerciante de escravos John Newton, Edmund Burke, o poeta Samuel Taylor Coleridge e o rei das porcelanas, Josiah Wedgwood, que era unitarista. Homens de todas essas denominações se uniram na causa comum contra a escravidão em reuniões como aquela a que esteve presente o jovem David Livingstone, em Exeter Hall.

A coisa mais impressionante sobre a campanha foi a extensão do apoio que ela mobilizou. Wedgwood produziu milhares de insígnias antiescravidão, com a figura de um negro sobre um fundo branco portando o lema: "Não sou eu homem e um irmão?". Logo estavam em toda parte. Quando 11 mil pessoas, só em Manchester – dois terços da população masculina – assinou uma petição clamando pelo fim do comércio, isso equivalia a um clamor por uma política externa ética, um clamor tão generalizado que o governo não ousou ignorá-lo. Em 1807, o comércio de escravos foi abolido. Dali em diante, traficantes de escravos condenados enfrentariam, por uma fina ironia, o degredo para a colônia penal britânica na Austrália. E nem com essa vitória os reformistas ficaram satisfeitos. Em 1814, nada menos de 750 mil pessoas assinaram petições exigindo a abolição da escravidão em si.

Foi o nascimento de um novo tipo de política, a política do grupo de pressão. Graças ao trabalho de ativistas zelosos armados só com canetas, papel e indignação moral, a Grã-Bretanha tinha se voltado contra a escravidão. O que é ainda mais notável, é que a escravidão foi abolida apesar da oposição decidida de alguns interesses poderosos ligados a ela. Os fazendeiros das Índias Ocidentais haviam sido, um dia, suficientemente influentes para intimidar Edmund Burke e contratar James Boswell. Os comerciantes de escravos de Liverpool não eram menos formidáveis. Mas foram simplesmente varridos pela maré evangélica. A única forma de os comerciantes de Liverpool sobreviverem era encontrar um novo tipo de comércio. De modo bastante conveniente, encontraram um substituto na importação de óleo de palma da África Ocidental para fabricação de sabão. Literal e metaforicamente, os ganhos impuros do comércio de escravos viriam a ser lavados depois da abolição.

Uma vitória levou a outra. Uma vez que o comércio de escravos havia acabado, a própria escravidão só poderia definhar. Entre 1808 e 1830, a população escrava das Índias Ocidentais britânicas caiu de aproximadamente 800 mil para 650 mil. Em 1833, a última resistência ruiu. A escravidão tornou-se ilegal no território britânico; os hilotas do Caribe foram emancipados, e seus donos recompensados com os fundos de um empréstimo especial do governo.

Isso não pôs fim, é claro, no tráfico de escravos transatlântico ou na escravidão nas Américas. Ela continuou não só no Sul dos Estados Unidos, mas, em muito maior escala, no Brasil; contando tudo, cerca de 1,9 milhão de africanos cruzaram o Atlântico depois da proibição britânica, a maioria deles para a América Latina. No entanto, os britânicos fizeram o máximo que puderam para interromper esse tráfico que continuava. Uma Esquadra da África Ocidental britânica foi enviada para patrulhar a costa africana a partir de Freetown, com recompensas oferecidas aos oficiais navais para cada escravo que interceptassem e libertassem. Com o verdadeiro ardor do convertido, os britânicos estavam agora decididos a "varrer dos mares da África e da América o comércio atroz com que eles estão agora infestados".

Os governos da Espanha e de Portugal foram coagidos a aceitar proibições ao comércio, permitindo à Marinha Real agir impunemente contra seus cidadãos; estabeleceram-se até tribunais internacionais de arbitragem. Os franceses, meio de má vontade, aderiram à patrulha, resmungando que os britânicos estavam interessados apenas em evitar que outros países lucrassem com o que eles haviam sido suficientemente tolos para proibir. Só os navios com bandeira dos Estados Unidos desafiavam o regime britânico. Eis uma medida da força da campanha para banir o comércio: ela conseguiu mobilizar não só os legisladores para proibir o comércio, mas também a Marinha Real para impor a proibição. Que a mesma marinha pudesse mais ou menos ao mesmo tempo estar envolvida em abrir os portos da China para o comércio de ópio da Índia deixa claro que o impulso moral da guerra ao tráfico de escravos não partiu do Almirantado.

O monumento à Seita de Clapham, no muro oeste da Igreja da Santíssima Trindade, saúda Macaulay e seus amigos, que "não descansaram até que a maldição da escravidão fosse varrida de todas as partes dos domínios britânicos". Mas esse era apenas o primeiro estágio de um plano muito mais ambicioso. Não é a toa que o memorial também os exalta por trabalhar "de forma tão abundante pela moralidade nacional e pela conversão dos pagãos". Isso por si só era uma mudança. Por duzentos anos, o Império havia se dedicado ao comércio, à guerra e à colonização. Havia exportado produtos, capital e gente. Agora, porém, queria exportar a cultura britânica. Os africanos podiam ser retrógrados e supersticiosos, mas, para essa nova geração de evangélicos britânicos, eles também pareciam capazes de ser "civilizados". Como disse Macaulay, havia chegado o tempo de "espalhar sobre a superfície escura [da África] luz, liberdade e civilização". Espalhar a palavra de Deus e assim salvar as almas dos pagãos era uma nova justificativa não lucrativa para expandir a influência britânica. Essa viria a ser a missão definidora das organizações não governamentais (ONGs) mais bem-sucedidas do século.

As sociedades missionárias eram as agências de ajuda vitorianas, levando assistência material e espiritual para o mundo "menos desenvolvido". Suas origens remontam à Sociedade para a Promoção do Evangelho Cristão (1698) e à Sociedade para a Propagação do Evangelho (1701), mas elas estavam quase exclusivamente preocupadas com o bem-estar espiritual dos colonos e funcionários britânicos de ultramar. Assim como o movimento antiescravocrata, o movimento para converter povos indígenas decolou no fim do século XVIII. Em 1776, a *Evangelical Magazine* dedicou um editorial à "África, esse país tão injustiçado". Era para "essa inculta e oprimida terra" que os editores da revista estavam "desejosos de enviar o Evangelho de Cristo [...] essa bênção essencial que ultrapassa os males das vidas mais sofridas". Dezesseis anos mais tarde, William Carey pregou um sermão fundamental em Nottingham, exortando seus ouvintes a "esperar grandes coisas de Deus; tentar grandes coisas por Deus"; pouco depois, ele e alguns amigos formaram a primeira Sociedade Batista para a Propagação do Evangelho entre os Pagãos. Depois vieram, em 1795, a Sociedade Missionária de Londres, que aceitava missionários de todas as seitas não conformistas, e, em 1799, a Sociedade Missionária da Igreja Anglicana, que declarava ser seu objetivo – de fato, sua obrigação cristã – "propagar o conhecimento do Evangelho entre os pagãos". Existiram também sociedades escocesas formadas em Glasgow e Edimburgo, em 1796.

O lugar óbvio para começar o trabalho missionário na África era Freetown. Em 1814, a Sociedade Missionária da Igreja já havia começado a trabalhar lá; logo em seguida vieram os metodistas. As duas organizações começaram a converter iorubas "recapturados" (escravos libertados trazidos para Freetown por intervenção da marinha). Mas, desde o início, a intenção era mandar missionários não só para a África. Missionários anglicanos foram para a mais remota das colônias britânicas, a Nova Zelândia, já em 1809. No Natal de 1814, Samuel Marsden pregou sobre o texto "Vede, eu vos trago novas de grande alegria" para uma congregação de maoris que não entendia nada. A sua sobrevivência parece ter atraído outros. Os metodistas estabeleceram uma missão lá em 1823, os católicos romanos em 1838. Em 1839, os anglicanos já tinham onze postos missionários na Nova Zelândia, contra seis dos metodistas. O mais bem-sucedido dos primeiros missionários da Nova Zelândia talvez tenha sido o anglicano Henry Miller, um destemido ex-marinheiro que trabalhou lá de 1823 até a sua morte, em 1867, construindo a primeira igreja (em Paihia) e traduzindo a Bíblia para o maori. Williams conseguiu conquistar o respeito dos maoris, principalmente intervindo para lembrar-lhes o Evangelho no meio de uma batalha acirrada. No entanto, nem todos os missionários conseguiam se safar desse tipo de desafio aos hábitos tradicionais. O reverendo Carl S. Volkner foi para a Nova Zelândia nos anos 1850, mas caiu em desgraça com os maoris opotiki por tentar convencê-los a desistir de derramar sangue quando irrompeu uma guerra contra um clã rival, em 1865. Um dos chefes opotiki enforcou-o, atirou nele, decapitou-o em sua própria igreja, bebeu o seu sangue e engoliu seus dois olhos.

Converter os pagãos era uma empreitada perigosa. Para ter êxito, o movimento missionário precisava de um exército de homens jovens – aventureiros, idealistas e altruístas, dispostos a ir para os confins da terra para semear a Palavra. Não podia ser maior a diferença de motivação entre os missionários e as gerações anteriores de construtores do Império, ferrabrases, comerciantes de escravos e colonizadores.

William Threlfall partiu para a África do Sul em 1824 com apenas 23 anos e era uma das maiores esperanças da Missão Metodista. Ele quase morreu já na viagem para o sul, quando o tifo irrompeu a bordo do navio, e pouco depois de desembarcar ficou gravemente doente. Para se ter uma ideia do novo idealismo da época, quando estava deitado no que ele temia ser seu leito de morte na Cidade do Cabo, tomou a mão de um amigo e, "com a maior sinceridade possível, expressou o desejo de ser negro, a fim de poder ir para o meio dos nativos do país sem despertar a suspeita de estar influenciado por pontos de vista sinistros ou mundanos". Dessa vez Threlfall se recuperou.

Mas, menos de um ano depois, ele e um companheiro foram esquartejados por nativos.

Threlfall e milhares como ele foram mártires de um novo imperialismo evangélico. A sua prontidão para sacrificar-se não por fortuna, mas por Deus foi o que tornou o Império vitoriano diferente de tudo o que havia acontecido antes. E por trás de cada missionário – de fato, por trás de todas as ONGs vitorianas – havia homens e mulheres em muito maior número que apoiavam e financiavam o trabalho, o tipo satirizado por Dickens em *Casa soturna* como a sra. Jellyby, criminosamente negligente com sua família próxima, mas apaixonadamente dedicada a boas causas:

> Ela se dedicou a uma extensa variedade de assuntos públicos em várias épocas e, no momento (até que alguma outra coisa a atraia), dedica-se ao assunto África, com vistas ao cultivo da planta do café – E os nativos – e o feliz assentamento, às margens dos rios africanos, da nossa população doméstica superabundante [...] Ela era uma mulher graciosa, muito pequena e roliça, entre quarenta e cinquenta anos, com belos olhos, apesar de que eles tinham o curioso costume de parecer que olhavam para longe. Como se [...] não pudessem ver nada mais próximo do que a África!

Em muitos sentidos, a missão-modelo na África foi a Sociedade Missionária Kuruman de Londres, com sede em Bechuanalândia, cerca de mil quilômetros a noroeste da Cidade do Cabo. A Kuruman era citada regularmente na literatura da Sociedade Missionária de Londres (SML) para mostrar como uma missão bem administrada deveria ser, e é possível ver por que quando se vai lá. Parece uma asseada pequena vila escocesa no coração da África, completa, com uma igreja com telhado de palha, casinhas caiadas e uma caixa de correio vermelha. A essência do projeto Kuruman era simples: ao transformar os africanos em cristãos, a missão estava ao mesmo tempo civilizando-os, mudando não só a sua fé como também seu modo de vestir, higiene e moradia. O progresso feito em Kuruman nesses aspectos foram relatados com entusiasmo na *Missionary Magazine*:

> As pessoas agora se vestem com manufaturados britânicos e têm uma aparência bastante respeitável na casa de Deus. As crianças que antes andavam nuas e tinham uma aparência extremamente desagradável estão decentemente vestidas [...]

No lugar de umas poucas choupanas lamentáveis, parecidas com chiqueiros, agora temos uma cidade organizada, o vale em que ela está localizada, que até há pouco não era cultivado, agora está coberto de jardins.

Em outras palavras, não era só cristianização que se buscava. Era anglicização.

Então, no dia 31 de julho de 1841, essa missão foi atingida por um relâmpago humano – um homem que revolucionaria o movimento missionário, e mudaria o relacionamento entre os britânicos e a África para sempre.

O Super-Homem Vitoriano

Filho de um alfaiate que virou vendedor de chá, David Livingstone nasceu em 1813 na cidade têxtil de Blantyre, em Lanarkshire, onde começou a trabalhar em uma tecelagem com apenas dez anos. Foi um autodidata prodigioso. Apesar de um turno de doze horas e meia por dia, seis dias por semana, ele se enterrava em livros, aprendendo sozinho latim, rudimentos de grego clássico, literalmente lendo enquanto fiava. Em Livingstone, as duas grandes correntes intelectuais do início do século XIX se encontraram: a reverência pela ciência do iluminismo e o sentido de missão do calvinismo renascido. Foi o primeiro que o levou a estudar medicina; o segundo convenceu-o a pôr sua energia e suas habilidades à disposição da Sociedade Missionária de Londres. Ele pagou por seus próprios estudos no Anderson's College em Glasgow, depois se candidatou a virar missionário em 1838. Dois anos mais tarde, em novembro de 1840, formou-se como licenciado da Faculdade Real de Médicos e Cirurgiões de Glasgow. Nesse mesmo mês foi ordenado ministro.

As respostas de Livingstone a um questionário da SML são uma amostra reveladora da natureza da vocação do missionário:

> Quando fui apresentado ao valor do Evangelho [...] o desejo de que todos pudessem desfrutar de suas bênçãos instantaneamente encheram minha mente e isso, depois da salvação pessoal, pareceu-me o que deveria ser o principal objetivo de todo cristão [...] As principais obrigações [do missionário] são, eu entendo[,] empenhar-se com todos os meios a seu dispor para tornar conhecido o Evangelho através da pregação, da exortação, da conversão, da instrução dos jovens,

melhorando, tanto quanto estiver em seu poder, a condição temporal daqueles entre os quais estiver trabalhando, introduzindo as artes e as ciências da civilização e fazendo tudo o que puder para louvar a cristandade aos ouvidos e às consciências. Ele vai ser exposto a grandes testes à sua fé e à sua paciência, pela indiferença, desconfiança e até oposição direta e desprezo daqueles para cujo bem está trabalhando desinteressadamente, pode ficar tentado a desanimar por causa do pequeno fruto aparente dos seus esforços, e exposto a todas as influências contaminantes do paganismo [...]

As dificuldades e os perigos da vida missionária, até onde tive meios de averiguar sua natureza e extensão[,] foram objeto de reflexão séria, e, na dependência da assistência prometida pelo Espírito Santo, não hesito em dizer que eu me submeteria de boa vontade a eles considerando a minha constituição capaz de suportar qualquer parcela ordinária de dificuldade ou cansaço.

Livingsone sabia muito bem onde estava se metendo. Mas também tinha uma estranha certeza de ter o que era necessário. E nisso estava bastante correto. Depois das escuras, satânicas tecelagens de Lanarkshire, o mundo não reservava nenhum terror para ele.

Originalmente, pretendia ir para a China, mas, quando a deflagração da primeira Guerra do Ópio impediu isso, convenceu a SML a enviá-lo à África do Sul. Parecia ser o homem perfeito para continuar o trabalho que vinha sendo feito em Kuruman. Sendo pregador e médico, Livingstone se prestava de forma ideal para a tarefa de disseminar a cristandade e a civilização juntas. Além disso, diferente de muitos missionários jovens, ele tinha uma constituição de ferro, que era mais do que adequada para os rigores da vida africana. Ele sobreviveria à mordida de um leão e a inúmeros ataques de malária, para a qual, com o rigor característico, inventou o seu próprio remédio peculiarmente desagradável.[3]

Mas ficou desiludido rapidamente com o que encontrou na missão-modelo da Sociedade. Converter africanos revelou-se uma tarefa dolorosamente lenta, como os seus primeiros diários em Kuruman deixam claro:

A população está mergulhada no mais baixo estado de degradação moral. Tanto que deve ser difícil, ou melhor, impossível para os cristãos na Inglaterra imaginar algo parecido com uma noção exata da bruteza que encobre suas mentes. Ninguém pode conceber o estado em que eles vivem. As suas ideias são todas terrenas e é com grande dificuldade que podem ser levados a [se] separar de objetos sensíveis [...] toda a roupa deles é encharcada de gordura, então a minha logo fica suja. E sentar-se entre eles dia após dia e ouvir a sua música ribombante é o suficiente para deixar qualquer um com aversão ao paganismo para sempre. Se não estiverem cheios de carne e cerveja resmungam, e quando seus estômagos estão satisfeitos então começa o barulho que chamam de cantoria.

Essa era a realidade por trás da propaganda pia do *Missionary Magazine*. Como admitiu o fundador da missão, Robert Moffat, não houve

> conversões, nada de indagar sobre Deus; nenhuma objeção levantada para exercitarmos nossos poderes em defesa. Indiferença e estupidez formam a coroa sobre cada fronte; ignorância – a mais grosseira ignorância – forma a base de cada coração. As coisas terrenas, sensuais e diabólicas, estimulam o movimento e a alegria, enquanto as grandes preocupações com a redenção da alma lhes parecem uma roupa esfarrapada, em que não veem nem encanto nem valor [...] Nós pregamos, nós conversamos, nós catequizamos, mas sem o menor sucesso aparente. É só saciar os espíritos mendicantes deles dando perpetuamente e você é tudo o que é bom. Mas recuse-se a satisfazer os seus pedidos sem fim, o tema do elogio deles se transforma em escárnio e ofensa.

Livingstone gradualmente chegou à conclusão deprimente de que os africanos demonstravam interesse por ele não por causa da sua pregação, mas só por causa do seu conhecimento médico – incluindo o que chamavam de "medicina da arma", que permitia que ele matasse a caça com seu rifle. Como percebeu amargamente na tribo bakhtala: "Eles desejam a residência de homens brancos, não por algum desejo de conhecer o Evangelho, mas meramente, como alguns deles em conversas mais tarde expressaram, 'para que com nossa presença e nossa oração possam obter abundância de chuva, contas, armas etc.'".

Mesmo que o Evangelho fosse ilustrado de modo encantador, usando a lanterna mágica que Livingstone levava para cada cidade, a resposta era desanimadora. Quando Sechele, chefe dos bakwena, deu-lhe permissão para dirigir-se ao seu povo, em agosto de 1848, o resultado não foi nenhuma surpresa:

Uma audiência boa e atenta, mas, depois do serviço, fui ver um homem doente e, quando voltei, o chefe havia se recolhido em uma cabana para tomar cerveja, e, como é o costume, aproximadamente uns quarenta homens estavam em pé do lado de fora cantando para ele, ou, em outras palavras, implorando cerveja por aquele meio. Um ministro que não tivesse visto muito serviço pioneiro como eu já vi teria ficado chocado ao ver tão pouco efeito produzido por um discurso fervoroso a respeito do futuro Julgamento.

Foi só depois que ele curou uma das crianças de Sechele que estava doente que o chefe levou a sua mensagem a sério. Só como curador do corpo, parecia, era possível salvar a alma africana.

A essa altura, Livingstone havia passado sete anos como missionário. Como Moffat, com cuja filha Mary havia se casado em 1845, ele aprendera as línguas nativas e se esforçara em traduzir a Bíblia para elas. Mas Sechele parecia ser seu único convertido. E, apenas alguns meses depois, o chefe apostatou, voltando ao seu costume tribal de poligamia. Foi a mesma história alguns anos depois, quando Livingstone tentou converter membros da tribo makololo. Um outro visitante britânico observou que "o passatempo favorito da tribo" era "imitar Livingstone lendo e cantando salmos. Isso sempre vinha acompanhado por uivos de gargalhadas derrisórias". Nem um único makololo foi convertido.

Livingstone concluiu que fazer as coisas segundo o manual missionário nunca poderia derrotar o que ele via como "superstição". Para penetrar na África teria que ser encontrado algum meio melhor do que simplesmente pregar no deserto. O próprio deserto tinha de ser convertido de alguma forma – tornar-se mais receptivo à civilização britânica.

Como abriria ele o coração das trevas? Para responder a essa questão, Livingstone precisou fazer uma não declarada mudança de carreira. Em 1848, ele deixou efetivamente de ser missionário. Em vez disso, tornou-se explorador.

Desde a fundação da Sociedade Geográfica Real, em 1830, havia quem argumentasse que a África precisava ser explorada antes que pudesse ser convertida. Já em 1796, Mungo Park havia mapeado o curso do rio Níger. O próprio Livingstone já havia feito alguma exploração em Kuruman, mas, ao lançar-se na travessia do deserto de Kalahari para encontrar o lago Ngami, em 1849, ele aderiu efetivamente ao movimento de exploração; de fato, seu relato da viagem de 950-1100 quilômetros foi repassado pela Sociedade Missionária de Londres para a Sociedade Geográfica Real, ganhando a medalha de ouro e parte do Prêmio Real anual por descoberta geográfica. Gostando ou não, sua mulher também tinha se tornado exploradora, assim como seus três filhos. Livingstone era realista quanto aos riscos envolvidos em levar toda a sua família para o desconhecido, mas não estava hesitante quanto à necessidade de assumi-los:

> Temos uma imensa região diante de nós [...] É um risco levar sua esposa e filhos para uma terra infestada pela febre, a febre africana. Mas aquele que acredita em Jesus recusar-se-ia a assumir um risco por tal capitão? Só o coração de um pai pode sentir como eu me sinto quando olho para os meus pequenos e pergunto, vou voltar com este ou aquele?

Uma das características menos facilmente inteligíveis dos primeiros missionários é o fato de atribuírem mais importância às almas dos outros do que às vidas de seus próprios filhos. No entanto, uma segunda expedição chegou tão perto de matar eles todos que Livingstone finalmente decidiu mandar sua família de volta para a Inglaterra. Eles não o viram novamente por quatro anos e meio.[4]

As expedições para o lago Ngami foram as primeiras de uma sucessão de viagens quase sobre-humanas que enfeitiçariam a imaginação no meado do período vitoriano. Em 1853, Livingstone viajou quinhentos quilômetros ao longo do alto curso do rio Zambezi, depois partiu de Linyanti, no atual Botswana, para Luanda, na costa da Angola portuguesa; nas palavras do *Times*, "uma das maiores explorações geográficas da era". Depois de recuperar suas forças, ele então voltou para Linyanti, antes de encetar uma impressionante marcha para Quilimane, em Moçambique, fazendo dele o primeiro europeu a literalmente atravessar o continente do oceano Atlântico para o Índico. Ali estava a quintessência do herói daquela era, brotado de origens humildes, desbravando o caminho para a civilização britânica no que era manifestamente o menos hospitaleiro de todos os continentes do mundo. E ele estava fazendo isso por conta própria, voluntariamente. Livingstone tinha se tornado uma ONG de um homem só – o primeiro *médicin sans frontières* do século XIX.

Para Livingstone, a procura de uma forma de abrir a África para a cristandade e a civilização tornou-se ainda mais urgente pela descoberta de que a escravidão ainda prosperava. Embora o comércio do lado ocidental do continente tivesse sido supostamente suprimido depois da lei de abolição britânica, escravos continuavam a ser exportados da África central e oriental para a Arábia, para a Pérsia e para a Índia. Talvez até 2 milhões de africanos tenham sido vítimas desse tráfico para o Oriente ao longo do século XIX; centenas de milhares deles passaram pelo grande mercado de escravos da ilha de Zanzibar, que unia as várias economias do oceano Índico.[5] Para um homem da geração de Livingstone, que não tinha experiência com o muito maior comércio de escravos que os próprios britânicos haviam um dia operado na África Ocidental, o espetáculo das caravanas de escravos e da devastação e despovoamento que elas deixavam para trás foi profundamente chocante. "A doença mais estranha que eu já vi nesta terrra", escreveu mais tarde, "parece realmente ser o coração partido, e ela ataca homens livres que foram capturados e feitos escravos [...] Um belo menino de uns doze anos [...] disse que não havia nada de errado com ele, só a dor no coração". Livingstone ficou tão indignado com os sofrimentos dos escravos quanto uma geração anterior havia ficado indiferente.

É fácil desprezar os missionários vitorianos como chauvinistas culturais, que desprezavam de forma impensável as sociedades africanas que encontravam. Essa acusação não pode ser feita a Livingstone. Sem a assistência dos povos nativos da África central, suas viagens teriam sido impossíveis. Os makalolo podem não ter aceitado o cristianismo, mas estavam ansiosos por trabalhar para Livingstone; e, conforme ele os foi conhecendo e às outras tribos que os ajudavam, suas atitudes mudaram gradativamente. Os africanos, escreveu, muitas vezes eram mais "sábios do que seus vizinhos brancos".

Aos que os retrataram como assassinos, ele respondeu que "nunca havia nutrido suspeitas de perfídia enquanto estava entre negros puros e que, com uma ou duas exceções, sempre fora tratado com educação; de fato, as tribos mais centrais eram tão completamente civilizadas [que] [...] um missionário com prudência e tato razoáveis com certeza obteria respeito". Recusava-se a acreditar, escreveria mais tarde, "em qualquer incapacidade de pensamento ou sentimento do africano [...] Com referência ao *status* dos africanos entre as nações do mundo, nós não vimos nada que justificasse a noção de que eles eram de uma 'raça' ou 'espécie' diferente das mais civilizadas". Foi precisamente o respeito de Livingstone pelos africanos que tornou o comércio de escravos tão repugnante para ele; pois era esse "comércio do inferno" que estava destruindo as comunidades deles diante dos seus próprios olhos.

Até então, Livingstone precisara apenas combater o que lhe pareciam superstições primitivas e economias de subsistência. Agora, no entanto, estava na rota de colisão com um sistema econômico sofisticado organizado na costa leste da África por comerciantes de escravos portugueses e árabes. Mesmo assim, com a determinação de sempre, logo elaborou um esquema que não só abriria a África para Deus e a civilização, mas, de quebra, descartaria a escravidão. Como muitos vitorianos, ele não duvidava que um mercado livre seria mais eficiente do que um não livre. Em sua opinião, "a bruxaria do comércio de escravos" tinha desviado a atenção "de todas as outras fontes de riqueza" na África: "Café, algodão, açúcar, óleo, ferro e até ouro eram abandonados pelos ganhos ilusórios de um comércio que raramente enriquece". Se fosse possível encontrar uma rota mais fácil pela qual comerciantes honestos pudessem viajar para o interior e estabelecer um "comércio legítimo" dessas outras mercadorias – comprar o produto do trabalho africano livre em vez de pegar essa mão de obra à força e exportá-la –, então os comerciantes de escravos seriam postos para fora do mercado. O trabalho livre faria desaparecer o não livre. Tudo o que Livingstone precisava fazer era achar essa rota.

Em sua busca pela artéria da civilização, Livingstone foi incansável. De fato, comparado aos que se esforçavam para acompanhar seu passo, ele parecia indestrutível. Primeiro homem branco a atravessar o deserto de Kalahari, primeiro homem branco a ver o lago Ngami e primeiro homem branco a atravessar o continente, em novembro de 1855 ele se tornou o primeiro a ver o que talvez seja a maior de todas as maravilhas naturais do mundo. A leste de Esheke, o curso suave do Zambezi é interrompido por um imenso abismo. Os locais conheciam a cascata como Mosioatunya, "a fumaça que troveja". Livingstone – já ciente da necessidade de atrair apoio para o seu trabalho na Grã-Bretanha – prontamente rebatizou-a de cataratas Vitória "como prova da minha lealdade".[6]

Lendo os diários de Livingstone, é impossível não ficar impressionado com seu entusiasmo apaixonado pela paisagem africana. "A vista toda era extremamente bela", escreveu ele sobre as cataratas. "Ninguém pode imaginar a beleza da visão a partir de qualquer coisa vista na Inglaterra":

> Quando rebentava, pedaços de água revolta voavam todos na mesma direção cada um emitindo vários raios de espuma exatamente como pedacinhos de aço quando queimados pelo oxigênio produzem raios de faíscas. O lençol branco como neve parecia-se com miríades de pequenos cometas correndo na mesma direção, cada um dos quais produzia [...] do seu núcleo filetes de espuma.

Essas eram "cenas tão encantadoras que devem ter sido olhadas por anjos em seu voo"; eram simplesmente "a vista mais maravilhosa da África". Esses sentimentos ajudam a explicar a transição de Livingstone do trabalho missionário para a exploração. Solitário, por vezes até misantropo, ele claramente achava mais compensador marchar mil milhas pelo interior da África por uma visão sublime do que pregar mil sermões por uma única conversão. No entanto, a beleza pura e simples das cataratas Vitória só explica parcialmente a excitação de Livingstone. Pois ele sempre insistia que estava viajando com um propósito: encontrar um caminho para abrir a África ao comércio e à civilização britânicos. E no próprio Zambezi parecia ter achado a chave para realizar o seu grandioso projeto.

Além das cataratas, Livingstone supôs, o rio deve ser navegável até o mar por uns 1500 quilômetros. Isso certamente significava que ele poderia ser usado para trazer o comércio para o interior da África, permitindo que a civilização europeia fluísse rio acima no seu rastro. Quando as "superstições" tribais se dissolvessem sob a sua influência, o cristianismo iria finalmente criar raízes. E conforme o comércio legítimo se espalhasse pelo interior, ele minaria o comércio de escravos ao criar emprego livre para os africanos. O Zambezi, resumindo, era – tinha de ser – a estrada pretendida por Deus.

E logo ao lado das cataratas Vitória estava precisamente o tipo de lugar em que colonizadores britânicos poderiam se instalar: o platô de Batoka, uma paisagem de "gramados abertos e ondulantes cobertos com relva baixa do tipo que poetas e nativos chamam de terra pastoral", mas onde "trigo de qualidade superior e colheita abundante" também brotaria, junto a "outros cereais e raízes excelentes em grande variedade". Era ali, nas Terras Altas da Zâmbia, que, acreditava Livingstone, seus compatriotas – idealmente escoceses pobres mas robustos como ele – poderiam estabelecer uma nova colônia britânica. Como muitos exploradores antes e depois dele, Livingstone acreditava ter achado a Terra Prometida. Esta, porém, deveria ser um El Dorado cultural tanto quanto econômico. Uma vez colonizado por homens brancos, o platô de Batoka irradiaria ondas de civilização, até que todo o continente estivesse limpo de superstição e escravidão.

Consciente da necessidade de integrar sua nova colônia à economia imperial, Livingstone tinha até um cultivo principal em mente para Batoka. Ali seria cultivado algodão, reduzindo a dependência das tecelagens britânicas (como aquela em que ele havia passado a sua infância) que utilizavam algodão cultivado por escravos americanos. Era uma visão messiânica audaz que não unia só comércio, civilização e cristianismo, mas também comércio livre e trabalho livre.

Em maio de 1856, Livingstone partiu para a Inglaterra numa nova missão. Dessa vez, porém, as pessoas que ele pretendia converter eram o público e o governo britânicos e o bom livro com que ele iria bater de porta em porta era o seu *Viagens missionárias e pesquisas no sul da África*. E dessa vez a conversão foi instantânea. Ele recebeu uma chuva de medalhas e honras. Até uma audiência particular com a rainha foi-lhe concedida. Quanto ao livro, foi um *best-seller* instantâneo, vendendo 28 mil exemplares em um período de sete meses. Em *Household Words*, o próprio Dickens fez uma crítica extasiada, confessando sinceramente que

> o efeito sobre mim foi rebaixar a minha opinião sobre o meu próprio caráter de uma maneira extremamente fora do comum e desastrosa. Eu achava que possuía as virtudes morais da coragem, da paciência, da resolução e do autocontrole. Desde que li o volume do dr. Livingstone, fui levado à humilhante conclusão de que, ao formar a minha própria opinião sobre mim, fui influenciado por um artigo falsificado. Guiado pelo teste do viajante do sul da África, acho que as minhas tão prezadas paciência, coragem, resolução e autocontrole se mostraram não mais do que artigos de lata.

O que impressionou Dickens em especial foram

> a honestidade inabalável do autor ao descrever suas dificuldades, e reconhecer as suas decepções na tentativa de implantar o cristianismo entre os selvagens africanos; a sua independência sensata de todas aquelas influências sectárias perniciosas que restringem de forma tão lamentável os esforços de tantos homens bons; e o seu reconhecimento destemido da necessidade absoluta de associar toda ajuda legítima que a sabedoria deste mundo pode dar ao trabalho de pregar o Evangelho para ouvintes pagãos.

Esse endosso, enfatizando, como fazia, a dimensão ecumênica do apelo de Livingstone, não poderia ter sido calculada melhor para arrecadar apoio para o seu grandioso projeto africano. "Nenhum dos muitos leitores do dr. Livingstone", concluiu Dickens, "deseja a ele de forma mais cordial sucesso no nobre trabalho a que ele novamente se devota – ninguém vai se regozijar com mais sinceridade ao ouvir sobre o seu progresso seguro e próspero toda vez que notícias sobre ele chegarem à Inglaterra – do que o autor destas poucas linhas". Até a Sociedade Missionária de Londres, que não havia ficado muito feliz com a sua deserção das obrigações missionárias oficiais, precisou reconhecer no seu relatório anual de 1858 que as *Viagens missionárias* haviam "expandido a simpatia" pelo movimento missionário. Um pequeno elogio, mas elogio de qualquer jeito.

Mesmo assim, como o relatório da SML não podia deixar de acrescentar, o sucesso de Livingstone havia quase imediatamente sido ofuscado por "acontecimentos terríveis, mas instrutivos [...] tão inesperadamente [...] permitidos pela providência de Deus". No mesmo ano em que o livro apareceu, irrompeu do outro lado do mundo uma tempestade que iria colocar toda a estratégia de cristianização do Império em questão.

O Choque de Civilizações

Para os missionários, o interior da África era território virgem. As culturas locais lhes pareciam primitivas; o contato prévio com europeus tinha sido mínimo. Na Índia, ao contrário, o movimento missionário enfrentava um desafio no geral muito mais difícil. Ali existia uma civilização manifestamente muito mais sofisticada do que a da África. Sistemas de crença politeístas e monoteístas eram ambos profundamente arraigados. E os europeus haviam convivido com os indianos por mais de um século e meio sem desafiar essas outras crenças.

Até as primeiras décadas do século XIX, os britânicos não tiveram a menor intenção de tentar anglicizar a Índia, e, certamente, nem de cristianizá-la. Pelo contrário, os próprios britânicos é que muitas vezes se deleitavam em ser orientalizados. Desde o tempo de Warren Hastings, uma população de comerciantes e soldados predominantemente masculina havia se adaptado aos costumes indianos e aprendido línguas indianas; muitos também haviam arrumado amantes e esposas indianas. Assim, quando o capitão Robert Smith do 44º (East Sussex) Regimento viajou pela Índia entre 1828 e 1832, não ficou surpreso ao encontrar e admirar uma linda princesa de Délhi, cuja irmã era "casada, apesar de ser de linhagem real, com o filho de um funcionário graduado a serviço da Companhia [das Índias Orientais] [...] Ela tinha vários filhos, dos quais eu vi dois e [...] eles tinham a aparência exterior de pequenos maometanos, usando turbantes etc.". O próprio Smith achou os traços da dama em questão "da mais alta categoria de beleza". Sendo até certo ponto um artista amador, ele gostava muito de esboçar mulheres indianas – e não por interesse puramente antropológico. Como disse:

> A expressão suave, tão característica dessa raça, a beleza e a regularidade dos traços e a forma simétrica da cabeça chamam a atenção e expressam um alto conceito sobre a intelectualidade da raça asiática [...] Essa elegância clássica da forma não está restrita apenas à cabeça, o busto tem muitas vezes as excelentes proporções das estátuas antigas e quando visto através do fino véu de musselina esvoaçante quando uma graciosa mulher hindu sobe de sua ablução matinal no Ganges é um objeto digno do trabalho do poeta ou do artista.[7]

Irlandês, Smith já havia se casado com uma conterrânea antes de ser mandado para a Índia. No entanto, homens solteiros que iam trabalhar para a Companhia das Índias Orientais frequentemente iam mais longe na sua admiração pelas mulheres asiáticas. Em uma de suas *Cartas para casa escritas da Índia* (a maioria datada dos anos 1830), Samuel Snead Brown observou que "aqueles que viveram com uma mulher nativa por qualquer período de tempo nunca se casam com uma europeia [...] Tão agradavelmente divertidas, tão ansiosas para serem prestativas e agradar [elas são], que uma pessoa, depois de se acostumar com a companhia delas, recua diante da ideia de deparar-se com os caprichos ou sujeitar-se às vontades de uma mulher inglesa".

Essa atmosfera de tolerância mútua e até admiração era como a Companhia das Índias Orientais gostava, ainda que praticasse tolerância religiosa mais por pragmatismo do que por princípio. Apesar de agora ser mais um estado do que um negócio, seus diretores continuavam a ver o comércio como sua principal preocupação; e como, nos anos 1830 e 1840, 40% do valor total das exportações indianas vinham na forma do ópio, não havia muito espaço para pensamentos elevados no conselho de administração. Os veteranos da Índia, em Calcutá, Madras e Bombaim não tinham nenhum interesse, qualquer que fosse, em desafiar a cultura indiana tradicional. Pelo contrário, acreditavam que qualquer desafio desse tipo desestabilizaria as relações anglo-indianas; e isso seria ruim para os negócios. Como Thomas Munro, governador de Madras, afirmou secamente em 1813: "Se civilização um dia vier a ser um artigo de comércio entre [os britânicos e a Índia], estou convencido de que este país vai sair ganhando com a carga importada". Não havia nenhum motivo, na sua opinião, para tentar "transformar os hindus em anglo-saxões":

> Eu não tenho fé na doutrina moderna do progresso dos hindus ou de nenhum outro povo. Quando leio, como às vezes faço, sobre uma medida através da qual uma grande província progrediu repentinamente, ou uma raça de semibárbaros civilizados progrediu até quase virarem quacres, eu jogo o livro fora.

Era por isso que os capelães da Companhia das Índias Orientais estavam expressamente proibidos de pregar para os indianos. E é por isso que a companhia usava o seu poder para restringir a entrada de missionários na Índia, forçando os que queriam trabalhar lá a se estabelecerem no pequeno encrave dinamarquês em Serampore. Como Robert Dundas, presidente do Conselho de Controle na Índia, explicou a *Lord* Minto, o governador-geral, em 1808:

> Longe de nós ser avessos à introdução do cristianismo na Índia [...] mas nada poderia ser mais imprudente ou insensato do que tentar introduzi-lo por meios que possam irritar ou alarmar os preconceitos religiosos deles [...] É desejável que o conhecimento do cristianismo seja oferecido aos nativos, mas os meios a serem empregados para esse fim devem ser tais que estejam livres de qualquer perigo ou alarme político [...] Nosso poder superior nos obriga à necessidade de proteger os habitantes nativos quanto à posse livre e imperturbada de suas opiniões religiosas.

Em 1813, contudo, o estatuto da companhia teve de ser renovado, e os evangélicos aproveitaram a oportunidade para acabar com o controle dela sobre a atividade missionária na Índia. O velho orientalismo estava prestes a bater de frente com o novo evangelismo.

Os homens que queriam a Índia aberta aos missionários britânicos eram os mesmos que haviam promovido a campanha contra o comércio de escravos e lançado o movimento missionário na África: William Wilberforce, Zachary Macaulay e o resto da Seita de Clapham, agora reforçada por Charles Grant, um ex-diretor da Companhia das Índias Orientais que passara por uma conversão religiosa depois de uma juventude completamente dissipada na Índia.

Tendo estado lá, Grant era crucial; ele exerceu um papel nessa campanha análogo ao de Newton, o ex-comerciante de escravos, e Macaulay, o ex-administrador de *plantation*, na campanha contra a escravidão. No seu *Observações sobre o estado da sociedade entre os súditos asiáticos da Grã-Bretanha*, Grant desafiou Munro e os outros defensores da tolerância:

> Não é necessário concluir que [...] nossos territórios asiáticos [...] nos foram dados, não apenas para que pudéssemos extrair um lucro anual deles, mas para que pudéssemos difundir entre os seus habitantes, há muito afundados na escuridão, no vício e no sofrimento, a luz e as influências benignas da Verdade [...]?

A campanha começou na New London Tavern com uma reunião do "Comitê da Sociedade Protestante", que conclamou a "propagação veloz e universal" do cristianismo "através das regiões do Leste". Em vão os diretores da Companhia das Índias Orientais protestaram. Quando o Parlamento votou, 837 petições tinham sido enviadas por evangélicos ansiosos em todo o país, instando pelo fim da exclusão dos missionários na Índia. Ao todo, quase meio milhão de pessoas assinaram essas petições. Doze delas ainda podem ser vistas na biblioteca da Câmara dos *Lords*, a maioria do sul da Inglaterra. Um sinal de como a máquina da pressão extraparlamentar estava bem lubrificada é que quase todas usam exatamente o mesmo preâmbulo:

> Os habitantes das populosas regiões da Índia que constituem uma importante parcela do Império Britânico, estando envoltos em um dos mais deploráveis estados de escuridão moral, e sob a influência de superstições abomináveis e degradantes, têm um direito proeminente aos sentimentos mais compassivos e aos préstimos mais benevolentes dos cristãos britânicos.

Um grupo de peticionários "via com profundo pesar os horríveis ritos e a imoralidade degradante que prevalecia entre a imensa população da Índia, agora nossos companheiros súditos, e [...] alimentavam com entusiasmo a esperança de que possamos apresentá-los às sólidas bênçãos religiosas de que os habitantes da Grã-Bretanha usufruem". Isso era também uma fórmula, adotada originalmente em uma reunião da Sociedade Missionária da Igreja em Cheapside, em abril de 1813, e disseminada através de jornais evangélicos como *The Star*.

Ali estava outra campanha pública cuidadosamente coordenada para desafiar o *status quo*; e exatamente como havia acontecido quando o assunto era o comércio de escravos, foi Clapham quem prevaleceu sobre os interesses envolvidos. Em 1813, uma nova Lei das Índias Orientais não só abriu as portas para os missionários, como possibilitou a indicação de um bispo e de três arquidiáconos para a Índia. No início, esses representantes do *establishment* da Igreja relutaram em antagonizar a companhia aceitando missionários. Quando o missionário George Gogerly chegou à Índia em 1819, ficou surpreso ao descobrir que

> os missionários não podiam esperar nada em termos de encorajamento, nem do governo, nem dos habitantes europeus do lugar. A moralidade dos últimos era do mais questionável caráter, e a presença do missionário era um óbice à sua conduta que eles preferiam não tolerar; ao passo que os funcionários do governo olhavam para eles com desconfiança. As duas partes faziam tudo ao seu alcance para fazê-los parecer desprezíveis aos olhos dos nativos; descrevendo-os como pessoas de castas inferiores no seu próprio país e inadequadas para manter uma conversa com os eruditos brâmanes.

No entanto, o segundo bispo de Calcutá, Reginald Heber, ofereceu aos missionários mais encorajamento depois da sua indicação, em 1823. Nove anos depois, havia 58 pregadores da Sociedade Missionária da Igreja ativos na Índia. O choque de civilizações tinha começado.

Para muitos missionários, o subcontinente era um campo de batalha no qual eles, como soldados de Cristo, lutavam contra as forças da escuridão. "A religião deles é cruel", Wilberforce declarou de forma categórica. "Todas as práticas dessa religião têm que ser eliminadas." As reações dos indianos só serviram para endurecer atitudes desse tipo. Quando estava prestes a iniciar um culto em seu próprio bangalô, George Gogerly foi atacado por dois homens "com a aparência mais suja que é possível imaginar, com os olhos injetados de sangue e um ar demoníaco, evidentemente sob a influência de alguma poderosa droga estimulante".

> Falando alto de forma ameaçadora [eles] nos mandaram ficar em silêncio. Depois, voltaram-se para as pessoas e declararam que nós éramos agentes pagos do governo que não só havia roubado o seu país, como estava determinado a derrubar à força tanto o hinduísmo quanto o maometanismo e estabelecer o

cristianismo no país todo; que as suas casas seriam corrompidas pelos assassinos de vaca sagrada, e comedores de sua carne; que as suas crianças seriam ensinadas nas escolas a insultar os brâmanes sagrados e a cessar a adoração aos deuses. Apontando para nós, eles então exclamaram: "Esses homens vêm a vocês com palavras melífluas, mas há veneno nos corações deles; eles querem só enganar para poder destruir".

Gogerly ficou indignado com essa interrupção, particularmente quando a multidão partiu para cima dele e de seus colegas, bateu neles e os perseguiu pelas ruas (apesar de ter ficado contente por terem sido considerados dignos de sofrer humilhação em Seu nome). Mas os *boiragees** que o atacaram estavam certos. De fato, os missionários pretendiam muito mais do que simplesmente converter os indianos ao cristianismo. A ideia de que toda a cultura indiana precisava ser anglicizada era quase tão importante quanto o projeto evangélico.

Não eram só os missionários que tinham essa opinião. Cada vez mais influente na Índia de meados do século XIX era a doutrina mais secular do liberalismo. Os seus precursores do século XVIII, notadamente Adam Smith, tinham sido hostis ao imperialismo. Mas o maior pensador liberal vitoriano, John Stuart Mill, tinha uma visão muito diferente. Em "Algumas palavras sobre a não intervenção", Mill afirmou que a Inglaterra era "incomparavelmente a mais conscienciosa de todas as nações [...] a única que meros escrúpulos da consciência [...] poderiam deter" e "o poder, entre todos os que existem, que melhor entende a liberdade". Era então do interesse das colônias britânicas na África e na Ásia – argumentou ele em *Considerações sobre o governo representativo* (1861) – que elas usufruam dos benefícios de sua cultura singularmente avançada:

> primeiro, um governo melhor: segurança de propriedade mais completa; impostos moderados; direito de posse sobre a terra [...] mais permanente. Segundo, aprimoramento da inteligência pública; o declínio de práticas ou superstições que interferem na implementação efetiva da indústria; e o crescimento da atividade mental, tornando as pessoas alertas para novos objetos do desejo. Terceiro, a introdução de artes estrangeiras [...] e a introdução do capital estrangeiro, que faz o aumento da produção não depender mais exclusivamente

---

* *Boiragee*: ordem de religiosos mendicantes devotos de Vishnu. (N. E.)

da avareza ou da prudência dos próprios habitantes, enquanto põe diante deles um exemplo estimulante.

A frase crucial aqui é "o declínio de práticas ou superstições que interferem na implementação efetiva da indústria". Como Livingstone, Mill viu a transformação cultural do mundo não europeu ligada de forma inextricável à sua transformação econômica. Essas correntes interligadas do desejo evangélico de converter a Índia ao cristianismo e o desejo liberal de convertê-la ao capitalismo misturaram-se e fluíram para todo o Império Britânico.

Hoje em dia, os equivalentes modernos das sociedades missionárias fazem campanha sinceras contra "práticas" de países distantes que eles veem como bárbaras: o trabalho infantil e a circuncisão feminina. As organizações não governamentais vitorianas não eram tão diferentes. Em particular, três costumes tradicionais indianos despertavam a ira dos missionários britânicos e dos modernizadores em igual medida. Uma era o infanticídio de meninas, que era comum em algumas partes do noroeste da Índia. Outra era o *thagi* (na época normalmente escrevia-se *thugee*), o culto dos sacerdotes-assassinos, que, dizia-se, estrangulavam viajantes desavisados nas estradas indianas. O terceiro, aquele que os vitorianos mais abominavam, era o *sati* (ou *sutee*): o ato de autoimolação em que uma viúva hindu era queimada viva na pira funeral do seu marido.[8]

Os britânicos sabiam que certas comunidades indianas praticavam o infanticídio feminino desde o fim dos anos 1780; a principal razão parece ter sido o custo excessivo para as famílias de casta alta casar suas filhas. No entanto, foi somente em 1836 que James Thomason, então magistrado de Azamgarth e posteriormente governador em exercício das Províncias do Noroeste, deu os primeiros passos ativos para acabar com aquilo. Em 1839, o marajá de Marwar foi persuadido a promulgar uma lei proibindo a prática. Isso foi apenas o começo de uma campanha continuada. Um levantamento sistemático, em 1854, mostrou que a prática era endêmica em Gorakhpur, Ghazipur e Mirzapur. Depois de investigações adicionais – inclusive análises detalhadas de dados do recenseamento das aldeias –, uma nova lei foi aprovada em 1870, inicialmente válida apenas nas Províncias do Noroeste, mas depois estendida ao Punjab e a Oudh.[9]

A campanha contra o *thagi* foi feita com o mesmo zelo, apesar de que a extensão da prática era, de modo geral, mais duvidosa. Foi um homem da

Cornualha, chamado William Sleeman – um soldado que virou magistrado investigador –, que partiu para extirpar o que ele insistia ser uma sociedade secreta complexa e sinistra, dedicada ao assassinato ritual de viajantes indianos. Segundo um influente artigo sobre o assunto publicado na *Gazeta Literária de Madras*, em 1816, os supostos *thugs*,

> peritos nas artes do engano [...] começam a conversar e se insinuar, através de atenções obsequiosas, conquistando a confiança de viajantes de todos os tipos [...] Quando resolvem atacar um viajante, normalmente propõem a ele, sob o pretexto especioso de segurança mútua ou pela companhia, viajar juntos; chegando a um local conveniente e apresentando-se uma oportunidade adequada, alguém da gangue põe uma corda ou uma faixa em volta do pescoço das desafortunadas pessoas, enquanto outras ajudam a privá-lo da vida.

Acadêmicos modernos sugeriram que muito disso seria fruto da imaginação superexcitada dos expatriados, e que aquilo com que Sleeman estava realmente lidando era um aumento do roubo comum em estradas devido à desmobilização de centenas de milhares de soldados nativos conforme os britânicos foram estendendo seu poder para novos estados indianos. Não obstante, a dedicação dele a sua autoimposta tarefa ilustra bem como os britânicos levavam a sério sua missão de modernizar a cultura indiana. Em 1838, Sleeman capturara um total de 3.266 *thugs*; várias centenas de outros estavam na prisão aguardando julgamento. Ao todo, 1.400 foram enforcados ou degredados definitivamente para as ilhas Andaman. Um dos que ele interrogou afirmou ter matado 931 pessoas. Horrorizado, Sleeman perguntou-lhe se ele alguma vez "sentia remorso por matar a sangue-frio, e depois de fingir amizade, aqueles que você seduziu com uma falsa sensação de segurança". "É claro que não!", respondeu o acusado. "Você mesmo não é um *shikari* (caçador de grandes animais) e não aprecia a emoção de seguir, testar a sua astúcia contra a do animal, e não fica satisfeito ao vê-lo morto a seus pés? Assim é o *thug*, que encara a caça de homens como uma forma mais elevada de esporte." Um dos juízes que presidiu um julgamento importante de supostos *thugs* foi tocado a ponto de declarar:

> Em toda a minha experiência de vinte e tantos anos na atividade judicial nunca tinha visto tais atrocidades ou presidido a tais julgamentos, assassinatos tão a sangue-frio, essas cenas de partir o coração com o sofrimento e a miséria, uma

ingratidão tão abjeta, um abandono tão completo de todos os princípios que ligam um homem a outro, que suavizam o coração e elevam a humanidade acima da criação bruta.

Se eram necessárias provas da degeneração da cultura indiana tradicional, ali estavam elas.

Acima de tudo, havia o *sati*. Com certeza essa não era uma fabricação imaginária. Entre 1813 e 1825, um total de 7.941 mulheres morreu dessa forma só em Bengala. Mais chocantes do que as estatísticas eram os relatos lúgubres de casos particulares. No dia 27 de setembro de 1823, por exemplo, uma viúva chamada Radhabyee fugiu duas vezes da pira em chamas na qual jazia o corpo de seu marido. Segundo evidências fornecidas por um dos dois funcionários que foram testemunhas oculares, da primeira vez que ela fugiu da pira só as pernas estavam queimadas. Ela, na verdade, teria sobrevivido se não tivesse sido levada à força de volta para a pira por três homens, que atiraram lenha em cima dela para mantê-la lá. Quando ela escapou de novo e se atirou no rio, desta vez com "quase cada polegada da pele de seu corpo queimada", os homens a seguiram e mantiveram-na debaixo da água para afogá-la. Incidentes como esse eram, é claro, exceção, e o *sati* estava longe ser uma prática generalizada. Na verdade, algumas autoridades indianas – particularmente os eruditos Mrityunjay Vidyalankar e Rammohun Roy – denunciavam a prática como incoerente com a lei hindu. Mesmo assim, muitos indianos insistiam em ver a autoimolação de uma viúva como o ato supremo não só de fidelidade ao marido, mas de piedade feminina. Apesar de estar tradicionalmente associado a castas mais altas de hindus, o *sati* tinha cada vez mais apelo entre as castas mais baixas, especialmente porque era uma ótima solução para o problema de decidir qual dos membros da família deveria cuidar de uma viúva sem pecúnia.

Durante anos, as autoridades britânicas toleraram o *sati* na crença de que a repressão seria vista como uma interferência injustificada nos costumes religiosos indianos. De vez em quando, alguns funcionários individualmente, seguindo o exemplo do fundador de Calcutá, Job Charnock,[10] interferiam, quando parecia ser possível salvar a viúva; mas a política oficial continuava sendo estritamente a de *laissez-faire*. De fato, uma lei de 1812, que exigia a presença de um funcionário – para ter certeza de que a viúva não era menor de dezesseis anos, não estava grávida, não era mãe de crianças com menos de três anos ou de que não estava sob a influência de drogas – dava a impressão de sancionar o *sati* em todas as outras circunstâncias. Inevitavelmente, foi a seita de Clapham que liderou a campanha pela proibição, e ela seguiu o padrão agora familiar: discursos emotivos no Parlamento, relatos explícitos no *Missionary Register* e nos *Missionary Papers* e uma pilha de petições públicas. Em 1829, o governador-geral recém-indicado, William Bentinck, atendeu. Sob a Regulamentação XVII, o *sati* foi proibido.

De todos os governadores-gerais vitorianos, Bentinck talvez tenha sido o mais fortemente influenciado tanto pelo movimento evangélico como pelo liberal. Bentinck era um modernizador convicto. "A navegação a vapor é a maior engrenagem para obter o progresso moral [da Índia]", disse ele ao Parlamento em 1837. "Na proporção em que a comunicação entre os dois países for facilitada e encurtada, a Europa civilizada vai tornar-se mais próxima dessas regiões atrasadas; de nenhuma outra forma um grande fluxo de avanço poderia se infiltrar." Proprietário de terras próspero em Norfolk, ele se via como o "principal agente" de uma "grande propriedade", e mal podia esperar para drenar os mangues de Bengala – como se a província fosse um brejo gigante. Bentinck via a cultura indiana igualmente necessitada de uma drenagem. No acalorado debate entre orientalistas e anglicistas sobre política educacional na Índia, não hesitava em ficar do lado dos anglicistas, cujo objetivo era, nas palavras de Charles Trevelyan, "educar os asiáticos nas ciências do Ocidente", e não entupir os bons cérebros britânicos com sânscrito. Essa também seria uma forma de os britânicos contribuírem com "a regeneração moral e intelectual das pessoas na Índia": estabelecendo "a nossa língua, o nosso ensino, e finalmente a nossa religião na Índia". O objetivo, argumentava Trevelyan, era produzir indianos "mais ingleses do que hindus, assim como os provincianos romanos haviam se tornado mais romanos do que gauleses ou itálicos".

Bentinck tinha uma opinião formada sobre a questão do *sati* antes mesmo da sua indicação, em 1827. "Para o cristão e para o inglês", escreveu, "que, ao tolerar a sanção e ao sancionar incorre diante de Deus na responsabilidade desse sacrifício inumano e ímpio", não havia nenhuma desculpa para a continuação daquilo:

> A única justificativa é a necessidade do Estado – isto é, a segurança do Império Britânico, e mesmo essa justificativa, seria, no máximo, ainda muito incompleta, se, da continuação do domínio britânico, não dependesse inteiramente a felicidade e o progresso futuros da numerosa população desse mundo oriental [...]

Não acredito que entre os defensores mais acirrados dessa medida alguém possa sentir mais profundamente do que eu a terrível responsabilidade pairando sobre a minha felicidade neste mundo e no outro, se, como governador-geral da Índia, eu consentisse na continuidade dessa prática por um momento além, não do que a nossa segurança, mas do que o bem-estar permanente e a verdadeira felicidade da população indiana tornasse indispensável.

Só uns poucos veteranos da Índia se manifestaram contra a proibição. Escrevendo de Sitapur para o adido militar de Bentinck, o tenente-coronel William Playfaire deu um aviso sombrio:

> Qualquer ordem do governo proibindo a prática criaria uma sensação extremamente alarmante no exército nativo, eles considerariam isso uma interferência nos seus costumes e na sua religião que representaria um abandono daqueles princípios que até agora guiaram o governo na sua conduta em relação a eles. Tal sentimento, uma vez provocado, não é possível prever o que pode acontecer. Pode provocar em algumas partes do exército uma rebelião aberta [...]

Esses temores eram prematuros, e naquele momento podiam ser ignorados entre os milhares de cartas congratulatórias que Bentinck recebeu tanto de evangélicos britânicos como de indianos esclarecidos. De qualquer forma, outros militares consultados por Bentinck apoiaram a proibição.[11] No entanto, os temores de Playfairie estavam longe de ser infundados, e eram compartilhados por Horace H. Wilson, um dos mais eminentes especialistas em Oriente da época. Uma reação contra a imposição da cultura britânica sobre a Índia estava realmente fermentando. E Playfarie estava certo quanto a onde o problema iria surgir.

A rocha sobre a qual o domínio britânico estava apoiado era o exército indiano. Embora em 1848 a Companhia das Índias Orientais estivesse em posição de adicionar território ao Império simplesmente tomando posse quando um soberano morria sem deixar herdeiros (a chamada "doutrina da caducidade"), em última instância era a ameaça da força armada que permitia que ela fizesse isso. Quando tinha que lutar – na Birmânia, nos anos 1820, em Sind, em 1843, no Punjab, nos anos 1840 – o exército indiano raramente era vencido. Os seus únicos reveses significantes no século XIX foram no Afeganistão, onde, em

1839, sobrou apenas um homem de um exército de ocupação de 17 mil soldados que foi destruído. No entanto, oito em cada dez dos que serviam no exército indiano eram sipais, recrutados nas castas tradicionais de guerreiros do país. Os soldados britânicos – que na verdade muito frequentemente eram irlandeses – eram uma pequena minoria, embora, em geral, militarmente cruciais.

Ao contrário de seus companheiros de armas brancos, os sipais não eram recrutados entre a escória da sociedade, aceitando o xelim da rainha como último recurso. Fossem eles hindus, muçulmanos ou sikhs, os sipais consideravam que sua vocação de guerreiros era inseparável da sua fé religiosa. Às vésperas da batalha, os soldados hindus faziam sacrifícios ou ofertas ao ídolo de Kali, a deusa da destruição, para ganhar sua bênção. Kali, porém, era uma divindade perigosa e imprevisível. Segundo a lenda hindu, quando ela veio pela primeira vez para a Terra para limpá-la de malfeitores, foi possuída pela fúria, matando todos em seu caminho. Se os sipais sentissem que a sua religião estava sob ameaça, poderiam muito bem seguir o exemplo dela. Já haviam feito isso uma vez antes em Vellore, no verão de 1806, quando novas regras de vestuário que aboliam o direito de portar marcas de casta e usar barba e introduziam um novo estilo de turbante precipitaram um motim. Como viria a ser o caso em 1857, um detalhe aparentemente insignificante – o fato de que a roseta do novo turbante parecia feita de couro de porco ou vaca – escondia uma insatisfação muito mais ampla com pagamentos, condições e política.[12] A raiz do motim de Vellore, no entanto, foi a religião; as principais vítimas foram cristãos indianos. *Sir* George Barlow não hesitou em colocar a culpa nos "pregadores metodistas e missionários malucos" que andavam "perturbando as cerimônias religiosas dos nativos".

Nesse sentido, 1857 foi uma repetição de Vellore, mas em uma escala muito maior e mais terrível. Como todo aluno inglês sabe, começou com rumores de que os novos cartuchos que estavam para entrar em circulação eram lubrificados com gordura animal. Como era preciso arrancar a ponta deles com uma mordida antes de usá-los, tanto os hindus como os muçulmanos corriam o risco de ficar impuros – os primeiros se a gordura fosse de vaca, os segundos, se fosse de porco. E foi assim que um projétil começou o conflito antes mesmo de ser carregado, quanto mais disparado. Para muitos sipais, isso parecia provar que os britânicos realmente planejavam cristianizar a Índia – o que, como já vimos, muitos deles queriam. O fato de que os cartuchos não tinham nada a ver com esse plano não vinha ao caso.

O Motim Indiano foi, consequentemente, muito mais do que seu nome sugere. Foi uma guerra. E as causas foram mais profundas do que cartuchos revestidos de gordura. "Primeira Guerra de Independência" é como os livros escolares e os monumentos indianos a chamam. Os indianos, porém, lutaram nos dois lados e a independência não estava em questão. Ela teve, tanto quanto em Vellore, uma dimensão política, mas os objetivos dos amotinados não eram nacionais no sentido moderno. Também tinha os motivos enfadonhos de sempre: a frustração dos soldados indianos com a falta de perspectiva de promoção, por exemplo[13]. De muito maior significado, no entanto, foi a reação essencialmente conservadora contra uma sucessão de interferências britânicas em sua cultura, o que parecia – e muitas vezes era mesmo – um plano para cristianizar a Índia. "Posso detectar a proximidade da tempestade", escreveu um perspicaz e ansioso oficial britânico às vésperas da catástrofe. "Posso ouvir o gemido do furacão, mas não sei como, nem quando, nem onde ele vai irromper [...] eu não acho que eles mesmos saibam o que vão fazer, ou que tenham um plano de ação, exceto resistir à invasão da sua religião, e da sua fé."

Mais do que qualquer outra coisa, como o escasso testemunho indiano que sobreviveu deixa claro, essa foi realmente "uma guerra pela causa da religião" (a frase se repete várias vezes). Em Meerut, os amotinados gritavam: "Irmãos, hindus e muçulmanos, apressem-se e juntem-se a nós, estamos indo para uma guerra religiosa":

> Os *kafirs** haviam resolvido abolir a casta de todos os maometanos e hindus [...] e esses infiéis não deveriam ter permissão para continuar na Índia, ou não haveria diferença alguma entre maometanos e hindus, e o que quer que eles dissessem, nós seríamos obrigados a fazer.

Em Délhi, os amotinados reclamaram: "Os ingleses tentaram nos transformar em cristãos". Chamassem eles seus governantes de europeus, *feeringhee*,** *kafirs*, infiéis ou cristãos, essa era sua queixa principal.

---

* *Kafir* em árabe significa ingrato. É o termo usado pelos muçulmanos para designar os não muçulmanos. (N. T.)
** Termo hindi para estrangeiro. (N. T.)

Os primeiros amotinados foram os homens da 19ª Infantaria de Bengala, estacionada em Berhampur, que se recusaram a aceitar a distribuição dos novos cartuchos, em 26 de fevereiro. Eles e a 34ª Infantaria em Barrackpur – onde o primeiro tiro do motim foi realmente disparado – foram rapidamente dispersados. Mas em Meerut (Mirath), perto de Délhi, a faísca não se apagou tão facilmente. Quando 85 homens da Cavalaria Leve de Bengala foram presos por recusar os novos cartuchos, seus companheiros resolveram libertá-los. O soldado raso Joseph Bowater descreveu o que aconteceu em seguida, na fatídica noite do domingo, 9 de maio:

Houve um levante repentino [...] uma corrida para os cavalos, rapidamente selados, um galope para a prisão [...] o arrombamento dos portões, e a libertação, não só dos amotinados condenados pela corte marcial, mas também de mais de mil assassinos e criminosos de todos os tipos. Simultaneamente, a infantaria nativa atacou e massacrou seus oficiais britânicos, e fez uma carnificina entre as mulheres e crianças, de uma forma que não se pode descrever. Presos libertados, a ralé dos bazares e sipais – todos os nativos insatisfeitos de Meerut –, loucos por sangue, se lançaram ao trabalho com uma crueldade diabólica, e, para coroar sua tarefa, incendiaram todas as construções por que passavam.

A revolta se espalhou com velocidade impressionante por todo o noroeste: para Délhi, Benares, Allahabad e Cawnpore. Uma vez decididos a desafiar seus oficiais brancos, os amotinados pareciam ter sido tomados pela fúria, matando todos os europeus que podiam encontrar, muitas vezes ajudados e encorajados por gangues urbanas locais.

No dia 1º de junho de 1857, a sra. Emma Ewart, esposa de um oficial britânico, foi amontoada no alojamento sitiado de Cawnpore com o resto da comunidade branca. Ela descreveu seus temores em uma carta para uma amiga em Bombaim: "Noites de tamanha ansiedade, eu nunca teria acreditado serem possíveis. Esperamos que mais uma quinzena vá decidir nosso destino, e qualquer que ele possa ser, tenho confiança de que vamos ser capazes de suportá-lo". Seis semanas depois, com o socorro a apenas um dia de distância, ela e mais de duzentas mulheres e crianças britânicas estavam mortas, assassinadas durante o cerco ou esquartejadas na Bibighar, ou Casa das Senhoras – depois de lhes ter sido prometida passagem segura quando a guarnição se rendeu. Entre os mortos estavam amigas da sra. Ewart, a srta. Isabella White e a sra. George Lindsay e suas três filhas, Caroline, Fanny e Alice. Ela e as outras mulheres de Cawpore iriam fornecer ao relato britânico do motim suas heroínas trágicas.

Os heróis foram os homens de Lucknow. Lá, a guarnição britânica, sitiada na Residência Britânica, resistiu desafiadoramente no que viria a tornar-se o episódio mais celebrado do motim. O próprio residente foi um dos primeiros a morrer e está enterrado perto de onde caiu, sob o epitáfio classicamente circunspecto:

Aqui Jaz Henry Lawrence, Que Tentou Cumprir Seu Dever.

A residência destruída, cheia de balas, tornou-se um monumento por si só. A bandeira britânica que lá tremulava durante o cerco nunca mais foi baixada até a Independência, em 1947, ecoando o trêmulo poema de Tennyson sobre o tema: "E sempre no alto do telhado do palácio a velha bandeira da Inglaterra esvoaçava". O cerco foi, com certeza, um desses raros eventos genuinamente merecedores da alta dicção tennysoniana. Até os alunos mais velhos da vizinha Escola La Martinière juntaram-se à defesa, ganhando para a escola uma condecoração militar única (uma distinção que os alunos de hoje, todos indianos, não esqueceram). Sob a mira do fogo incessante de atiradores e ameaçados por minas embaixo, aqueles que ficaram dentro da Residência resistiram sem ajuda por quase três meses, e permaneceram cercados mesmo depois que o reforço abriu passagem, no fim de setembro, e retirou as mulheres e crianças. De fato, foi só em 21 de março de 1858, nove meses depois do início do cerco, que Lucknow foi retomada pelas forças britânicas. Àquela altura, quase dois terços da comunidade britânica que havia ficado presa na Residência estavam mortos.

Duas coisas precisam ser lembradas, porém, em relação a Lucknow. Em primeiro lugar, era a capital de uma província, Oudh, que os britânicos haviam anexado apenas um ano antes; nesse sentido, os sitiadores estavam simplesmente tentando libertar seu próprio país. Na verdade, a anexação pode ser vista como uma das causas políticas do motim, já que um grande número de sipais – não menos do que 75 mil no exército de Bengala – eram originários de Oudh e estavam visivelmente descontentes com a deposição de seu *nawab* e com a dissolução de seu exército.[14] Nas palavras de Mainodin Hassan Khan, um dos poucos amotinados que sobreviveu para escrever um relato da experiência: "Impôs-se aos sipais que eles deveriam se rebelar para recolocar os antigos reis em seus tronos e expulsar os intrusos. O bem-estar da casta de soldado exigia isso; a honra de seus chefes estava em jogo". Em segundo lugar, mais ou menos a metade das 7 mil pessoas que buscaram refúgio na Residência eram soldados indianos leais e dependentes do exército. Apesar do que foi escrito depois, o motim não foi um simples conflito entre negro e branco.

Mesmo em Délhi, as linhas da batalha não eram nítidas. Lá era a capital histórica do Império Mogol, certamente o campo de batalha crucial, se os amotinados realmente sonhassem em expulsar os britânicos de toda a Índia. E, de fato, muitos amotinados muçulmanos buscaram a liderança de Bahadur Shah Zafar, o último dos mogóis, agora meramente o rei de Délhi – para sua grande consternação. Ainda existe uma proclamação de cinco itens emitida em nome dele fazendo um apelo a um amplo espectro de grupos sociais indianos – zamindares (o misto local de proprietários de terra e coletores de impostos sobre os quais tanto o governo mogol quanto o britânico se baseavam), comerciantes, funcionários públicos, artesãos e sacerdotes – para se unirem contra o domínio britânico. É, talvez, a coisa mais próxima de um manifesto pela independência nacional produzida durante o motim. É verdade que o quinto parágrafo admite que "no momento está sendo travada uma guerra contra os ingleses por causa da religião", e faz um apelo aos "pânditas e aos faquires [...] para que se apresentem a mim, e assumam a sua parte na guerra santa". O resto do manifesto, porém, é de teor totalmente secular. Os britânicos são acusados de impor taxas excessivas aos zamindares, excluir comerciantes indianos do comércio, substituir produtos de artesãos indianos por produtos britânicos importados e monopolizar "todos os postos de distinção e emolumentos" tanto no serviço civil como no militar. No entanto, o memorial aos soldados que morreram lutando do lado dos ingleses, que ainda está em pé sobre uma colina com vista para Délhi, mostra quão pouco esse último apelo foi seguido. A inscrição mostra que um terço das baixas entre os oficiais e 82% das baixas entre as outras patentes foram classificadas como "nativas". Quando Délhi caiu diante das forças "britânicas", essas forças eram majoritariamente indianas.

Os britânicos em seu país, no entanto, insistiam em ver o motim como uma revolta de negros contra brancos. E nem era simplesmente a ideia de que os indianos estavam matando britânicos. Era o fato de que sipais supostamente leais estavam matando – e, havia rumores, estuprando – mulheres brancas. Testemunhas oculares forneciam uma profusão de alusões a essas atrocidades. Como escreveu o soldado raso Bowater em suas memórias:

Indiferentes ao sexo, apesar dos apelos por piedade, surdos para os gritos comoventes dos pequenos, os amotinados fizeram seu trabalho de monstros. O massacre em si já teria sido suficientemente terrível; mas eles não estavam satisfeitos com isso, pois ao assassinato eles acrescentaram ultraje e mutilação inominável [...] Eu vi o que restou da esposa de um ajudante que, antes de ser morta a tiros e esquartejada, teve suas roupas postas em chamas por homens que não mais eram humanos.

Lúgubres histórias de atrocidades proliferavam. Em Délhi, dizia-se, 48 mulheres haviam sido forçadas a desfilar pelas ruas, estupradas em público e depois mortas. A esposa de um capitão havia sido fervida viva em *ghee* (manteiga liquefeita). Essas histórias exageradas confirmaram na cabeça de pessoas crédulas na metrópole que o motim havia sido uma guerra entre o bem e o mal, branco e negro, cristão e pagão. E se fosse para interpretá-lo como uma manifestação da ira divina, então só poderia ser a demonstração de que a conversão da Índia havia começado muito tarde para o gosto de Deus.

O ano de 1857 foi o *annus horribilis* do movimento evangélico. Eles haviam oferecido à Índia a civilização cristã, e a oferta não havia sido meramente recusada, mas violentamente rejeitada. Então os vitorianos revelaram a outra face, mais cruel, do seu fervor missionário. Nas igrejas de todo o país, o tema do sermão de domingo passou de redenção para vingança. A rainha Vitória – cuja indiferença anterior ao Império foi transformada pelo motim em um interesse ardente – convocou o país para um dia de penitência e oração: "Um Dia de Humilhação", nada menos. No Palácio de Cristal, aquele monumento à autoconfiança vitoriana, uma enorme congregação de 25 mil pessoas ouviu o incandescente pregador batista Charles Spurgeon expressar algo que equivalia a uma convocação para a guerra santa:

> Meus amigos, que crimes eles cometeram! [...] O governo indiano não deveria jamais ter tolerado a religião dos hindus de maneira nenhuma. Se a minha religião consistisse em bestialidade, infanticídio e assassinato, eu não deveria ter nenhum direito a ela a não ser que estivesse preparado para ser enforcado. A religião dos hindus não é mais do que um amontoado da imundície mais fétida jamais concebida pela imaginação. Os deuses que eles adoram não têm direito ao menor átomo de respeito. A adoração deles necessita de tudo o que é mau

e a moralidade precisa pô-la abaixo. A espada precisa ser tirada da bainha, para cortar a eles, súditos como nós, aos milhares.

Essas palavras viriam a ser tomadas literalmente quando as seções do exército indiano que permaneceram leais, os gurkhas e os sikhs em particular, foram postas em ação. Em Cawnpore, o general-de-brigada Neill forçou os amotinados capturados a lamber o sangue das suas vítimas brancas antes de executá-los. Em Peshawar, quarenta foram atados aos canos dos canhões e explodidos, a velha punição mogol para motim. Em Délhi, onde a luta foi especialmente violenta, os soldados britânicos não deram trégua. A queda da cidade em setembro foi uma orgia de matança e saque. Mainodin Hassan Khan descreveu como "os ingleses irromperam como um rio represado pela cidade [...] A vida de ninguém estava a salvo. Todos os homens saudáveis que eles viam eram tomados por rebeldes e mortos a tiros". Em um momento de singular crueldade imperial, os três filhos do rei de Délhi foram presos, despidos e mortos a tiros por William Hodson – filho de um pastor. Ele explicou sua conduta ao irmão, também pastor:

> Eu me dirigi à multidão, dizendo que aqueles eram os carniceiros que haviam assassinado e usado brutalmente mulheres e crianças indefesas, e que o governo havia agora mandado sua punição: tomando a carabina de um dos meus homens, atirei deliberadamente neles, um após o outro [...] os corpos foram levados para a cidade e jogados no Chiboutra [monturo] [...] Eu pretendia enforcá-los, mas, quando virou uma questão de "eles" ou "nós", não tive tempo para deliberar.

Foi, como observou o filho de Macaulay, um paroxismo terrível de contemplar – o espírito vingativo dos evangélicos: "O relato daquela horrenda execução em Peshawar [...] foi lido com prazer por pessoas que há três semanas eram contra toda pena capital". O *Times* defendeu a ideia de que "todas as árvores do local deveriam ter sua carga na forma da carcaça de um amotinado". E de fato o caminho da retaliação britânica podia ser seguido pelas dezenas de cadáveres que eles deixavam pendurados nas árvores ao longo da linha da sua marcha. Nas palavras do tenente Kendal Coghill: "Nós queimamos todas as cidades e enforcamos todos os habitantes que trataram mal nossos fugitivos até cada árvore estar coberta de canalhas pendurados em todos os galhos". No auge das retaliações, uma imensa figueira – que continua firme em Cawnpore – foi decorada com 150 cadáveres. Os frutos do motim foram realmente amargos.

Ninguém pode ter certeza de quanta gente morreu nessa orgia de vingança. Aquilo de que podemos ter certeza é que a beatice engendrou uma crueldade peculiar. Na sequência da libertação de Lucknow, um menino aproximou-se do portão da cidade, dando apoio a um velho cambaleante

> e, atirando-se aos pés de um oficial, pediu proteção. Esse oficial [...] sacou seu revólver e tentou dar um tiro na cabeça do infeliz suplicante, mas a arma falhou [...] Outra vez ele puxou o gatilho – outra vez o cartucho falhou; ele atirou de novo, e mais uma vez a arma recusou sua tarefa. Na quarta vez – três vezes ele teve tempo para desistir –, o galante oficial conseguiu, e o sangue da vida do menino escorreu a seus pés.

Ler essa história faz lembrar o modo como os oficiais da SS se comportavam com os judeus durante a Segunda Guerra Mundial. Mas há uma diferença. Os soldados britânicos que presenciaram esse assassinato condenaram em voz alta a atitude do oficial, primeiro gritando "vergonha" e extravasando "indignação e protestos" quando a arma disparou. Raramente, se é que aconteceu, soldados alemães em situação similar criticaram abertamente um superior.

O projeto de modernizar e cristianizar a Índia tinha dado desastrosamente errado; tão errado que acabou embrutecendo os britânicos. Aqueles que realmente tinham de administrar a Índia estavam certos: interferir nos costumes nativos não tinha servido para nada a não ser causar problemas. Mesmo assim, os evangélicos se recusaram a aceitar isso. A seus olhos, o motim havia ocorrido porque a cristianização não tinha caminhado depressa o bastante. Já em novembro de 1857, um missionário em Benares escreveu que sentia "como se uma bênção estivesse descendo sobre nós em resposta às orações fervorosas dos nossos irmãos na Inglaterra":

> Em vez de dar lugar ao desânimo, convém a nós prepararmo-nos renovados para o trabalho do Mestre, na completa certeza de que nosso esforço não será em vão. Satã vai, de novo, ser vencido. Ele sem dúvida pretendia, com essa rebelião, mandar o Evangelho embora da Índia; mas ele apenas preparou o caminho, como muitas vezes antes na história da Igreja, para sua difusão mais ampla.

Os líderes da Sociedade Missionária de Londres ecoaram essa opinião no relatório de 1858:

> Pelos atos de perfídia e sangue que caracterizaram a rebelião dos sipais, a ilusão e a falsa segurança que há tempos se permitiram muitos, tanto na Grã-Bretanha como na Índia, foram destruídas para sempre, e a idolatria, em aliança com os princípios e o espírito de Maomé, exibiu seu verdadeiro caráter, um caráter que basta compreender para temer e abominar [...] Os esforços do Missionário Cristão, que até o momento foram tratados com desprezo e escárnio, são agora elogiados como o melhor e o único conservante da propriedade, da liberdade e da vida.

A Sociedade resolveu mandar mais vinte missionários para a Índia nos dois anos seguintes, destinando 5 mil libras para a "viagem e as vestimentas" e mais 6 mil para o sustento deles. No dia 2 de agosto de 1858, o fundo especial estabelecido para esse fim já havia atraído doações totalizando 12 mil libras.

Resumindo: em frente, soldados cristãos.

Nas Pegadas de Livingstone

Em 4 de dezembro de 1857, justamente quando Cawnpore estava sendo retomada dos amotinados indianos, David Livingstone fez uma palestra inflamada na Senate House da Universidade de Cambridge. O homem que havia partido para cristianizar a África deixou claro que também via o Motim Indiano como resultado de trabalho missionário de menos, não de mais:

> Considero que cometemos um grande erro quando levamos o comércio para a Índia, ao termos vergonha do nosso cristianismo [...] Esses dois pioneiros da civilização – o cristianismo e o comércio – deveriam ser sempre inseparáveis; e os ingleses deveriam estar atentos aos frutos da negligência desse princípio como exemplificado na administração dos negócios na Índia.

Nesse caso, porém, Livingstone deu um passo maior do que a perna. Nem os seus conselhos nem as fulminações das sociedades missionárias foram levados em consideração na reconstrução do domínio britânico na Índia que se seguiu ao motim. Em 1º de novembro de 1858, a rainha Vitória emitiu uma proclamação que renunciava explicitamente "ao direito e ao desejo de impor Nossas convicções a qualquer um do Nossos súditos". A Índia, dali em diante, não mais seria governada pela Companhia das Índias Orientais – ela seria extinta – mas pela Coroa, representada por um vice-rei. E o novo governo da Índia nunca mais daria apoio ao projeto evangélico de cristianização. Pelo contrário, o objetivo da política britânica na Índia seria, dali em diante, governar com, e não contra, a tradição local. A tentativa de transformar a cultura indiana podia ter tido "boa inspiração" e "princípios corretos"; mas, como o funcionário britânico Charles Raikes disse, o motim havia exposto o "erro fatal de tentar impor a política da Europa aos povos da Ásia". A partir de então, a "segurança política" seria o mais importante: a Índia seria administrada como uma sociedade que não estava mudando e que era imutável, e as organizações missionárias seriam toleradas pelo governo da Índia somente se aceitassem essa premissa básica. Nos anos 1880, a maioria dos funcionários britânicos havia retomado o hábito de seus antecessores nos anos 1820 de ver os missionários como, na melhor das hipóteses, absurdos, e, na pior, subversivos.

A África era uma outra questão, no entanto; e o futuro da África foi a parte crucial da palestra de Livingstone em Cambridge. Lá, argumentou ele, os britânicos poderiam evitar os erros que haviam cometido na Índia exatamente porque o desenvolvimento comercial da África podia *coincidir* com sua conversão religiosa. O objetivo dele era "abrir uma trilha" para as terras altas do platô de Batoka e da vizinha Barotselândia de modo que a "civilização, o comércio e o cristianismo pudessem achar seu caminho lá"; a partir dessa cabeça de ponte, toda a África poderia ser "aberta [...] para o comércio e para o Evangelho":

> Encorajando a propensão dos nativos para o comércio, as vantagens que podem ser obtidas de um ponto de vista comercial são incalculáveis; e não devemos perder de vista as inestimáveis bênçãos que estão em nosso poder conceder ao não ilustrado africano dando a ele a luz do cristianismo [...] Comerciando com a África, também, poderemos com o tempo não depender do trabalho escravo, e assim rechaçar práticas tão ofensivas a todo inglês.

Como ele concluiu, numa peroração cuidadosamente elaborada para incitar o ardor juvenil da sua audiência:

O tipo de homem que se quer para missionário é como os que vejo diante de mim. Peço-lhes que dirijam sua atenção à África; sei que em alguns anos vou acabar naquela terra, que agora está aberta, não deixem que ela seja fechada novamente! Eu volto para a África para tentar estabelecer uma trilha aberta para o comércio e o cristianismo; continuem o trabalho que eu comecei. EU O DEIXO COM VOCÊS!

No clima de crise nacional engendrado pelos acontecimentos na Índia, a conclamação de Livingstone para fazer as coisas direito na África encontrou uma recepção eufórica. Os que foram persuadidos pela sua visão da África cristã rapidamente juntaram-se a uma nova organização, a Missão das Universidades para a África Central. Entre eles estava um jovem pastor de Oxford chamado Henry de Wint Burrup. Dois dias antes de partir para a África, Burrup se casou. Seria uma união tragicamente curta.

Em fevereiro de 1861, a esposa de Henry Burrup voltou para casa sem ele. Seu marido, junto com seu recém-indicado bispo, Charles Frederick Mackenzie, haviam morrido em um pântano malauiano – Burrup de disenteria, Mackenzie de febre. E eles não foram as únicas vítimas. A Sociedade Missionária de Londres enviou o reverendo Holloway Helmore com um assistente chamado Roger Price para a Barotselândia, junto com suas mulheres e cinco crianças. Depois de apenas dois meses, só Price e duas das crianças continuavam vivos. A África central e a ocidental estão pontilhadas de sepulturas de dezenas de missionários – homens, mulheres e crianças que atenderam ao chamado de Livingstone e pagaram com suas vidas. O problema era bem simples. Acontece que, apesar das promessas de folheto de turismo de Livgstone sobre as "salubres terras altas da África central", o platô de Batoka era infestado de mosquitos da malária. Assim como o outro local sugerido por Livingstone como um possível centro missionário, o platô de Zomba, onde hoje é o Malauí. As tribos locais também se mostraram inesperadamente hostis. Esses lugares eram simplesmente inabitáveis para os europeus.

Ainda mais grave foi que calhou de haver uma falha fundamental na geografia de Livingstone. Seguindo o Zambezi a pé das cataratas Vitória em direção ao oceano Índico, ele havia passado ao largo de um trecho de cinquenta milhas, acreditando que fosse mais do mesmo rio largo. Livingstone não poderia estar mais errado.

Sob o impacto de suas palestras em Cambridge, com o prestígio no zênite, Livingstone conseguiu – pela primeira vez – apoio do governo para seus projetos. Com uma subvenção de 5 mil libras do governo e o título diplomático de cônsul, ele conseguiu embarcar em uma expedição para subir o Zambezi, com o objetivo principal de demonstrar sua navegabilidade e adequação para o tráfego comercial. A essa altura, as ambições de Livingstone não tinham limites. Confidencialmente, informou o duque de Argyll e o professor de geografia de Cambridge, Adam Sidgwick, que a expedição tinha um objetivo maior:

> Estou levando um técnico em geologia de mineração da Escola de Minas para nos informar sobre os recursos minerais do país [Richard Thornton], depois, um economista botânico [dr. John Kirk], para fazer um relatório completo sobre os produtos vegetais – substâncias fibrosas, viscosas e medicinais, junto com os corantes –, tudo o que pode ser útil no comércio. Um artista [Thomas Baines] para registrar a paisagem, um oficial naval [comandante Norman Bedingfeld] para falar da possibilidade de comunicação pelo rio e um agente moral para estabelecer as fundações por conhecer integralmente esse objetivo [provavelmente uma referência ao irmão de Livingstone, Charles, ministro congregacionista nos Estados Unidos]. Toda essa estrutura tem como objetivo declarado o desenvolvimento do comércio africano e a promoção da civilização, mas o que tenho a declarar a ninguém mais a não ser vocês, em quem tenho total confiança, é a esperança de que possa resultar em uma colônia inglesa nas terras altas salubres da África central.

Com essas altas expectativas, Livingstone chegou à foz do Zambezi no dia 14 de maio de 1858.

A realidade não demorou a se intrometer. Logo ficou evidente que o rio era muito raso para o navio a vapor emprestado à expedição pelo Ministério Colonial. A expedição foi transferida para um vapor com rodas de pás muito menor, mas ele também encalhava constantemente em bancos de areia. Demorou até novembro para alcançarem Kebrabasa, e a essa altura a doença e a discórdia estavam disseminadas no grupo. E lá encontraram a mais fatídica de todas as falhas do plano de Livingstone. Em Kebrabasa – o local de que sua expedição anterior a pé havia se desviado –, o Zambezi corre por um canal estreito cercado de muros de pedra que o transforma em uma correnteza furiosa e intransitável; em um ponto, ela mergulha em uma queda d'água de nove metros pela qual nenhum barco conseguiria passar. Resumindo, o Zambezi não era, e não é, navegável. E, com isso, o projeto de penetrar na África com o comércio, a civilização e o cristianismo afundou.

Livingstone andava para lá e para cá, tentando febrilmente salvar a situação. Teimava em insistir que um "vapor de pequeno calado poderia passar as corredeiras sem dificuldade quando o rio estivesse na cheia". Investiu rio Shire acima, só para encontrar mais correntezas e nativos ameaçadores. Lutou para passar do lago Shire para o lago Niassa. A essa altura, no entanto, a expedição estava se desintegrando: Bedingfeld fora forçado a se demitir; Thornton dispensado (embora tenha se recusado a partir); Baines afastado por causa de uma acusação falsa de surrupiar a despensa; o engenheiro, George Era, mandado para a Inglaterra para arranjar uma nova embarcação. Em março de 1862, chegou a notícia da morte do bispo Mackenzie e de Henry Burrup. Um mês depois, Mary Livingstone, que havia então se juntado ao marido, sucumbiu à hepatite, com seu organismo enfraquecido pelo alcoolismo crônico. A essa altura, Livingstone estava em um estado de perturbação mental grave, discutindo ferozmente com as pessoas que ainda estavam com ele. Kirk, cuja lealdade a Livingstone de certo modo nunca vacilou, a certa altura foi deixado para trás quando saiu para colher amostras no monte Morumbala e teve de correr atrás do barco reserva da expedição, o vapor *Lady Nyassa*, gritando desesperadamente para que parasse. "Isso vai ensiná-lo a não se atrasar vinte minutos", foi o único comentário de Livingstone quando Kirk subiu ao navio. Kirk concluiu com tristeza que "O Dr. L." estava "o que se chama de 'doido'".

Na Inglaterra, a opinião agora se voltara contra Livingstone. Ao receber cartas dele propondo que uma colônia poderia ser estabelecida nas terras altas de Shire, o primeiro-ministro, *Lord* Palmerston, retorquiu de forma direta que não estava "com nenhuma disposição para embarcar em novos planos de possessões britânicas". Livingstone não deve ser "autorizado a nos tentar a formar colônias que só podem ser alcançadas forçando navios a vapor a subir cataratas". Em 2 de julho de 1863, a expedição foi formalmente chamada de volta. O *Times* liderou a reação pública com um editorial amargo:

> Foram-nos prometidos algodão, açúcar e índigo, mercadorias que os selvagens nunca produziram, e, obviamente, não recebemos nada. Foi-nos dito comércio e não há comércio. Foram-nos prometidas conversões e nenhuma foi feita. Foi-

-nos dito que o clima era salubre, e alguns dos melhores missionários com suas esposas e filhos morreram nos pântanos infestados de malária do Zambezi.

Em Kuruman, Livingstone havia falhado como missionário. Agora, ao que parecia, falhara como explorador.

Ainda assim, esse homem de ferro vitoriano simplesmente não sabia desistir. Apesar do fiasco da expedição do Zambezi, ele ainda conseguia ver uma forma de extrair uma vitória dos destroços. Era só voltar às raízes do movimento evangélico: o antiescravismo. Enquanto via o tempo passar às margens do lago Niassa, a expedição do Zambezi havia encontrado uns tantos comboios de escravos. Mais uma vez, Livingstone foi galvanizado para agir pela contemplação do sofrimento humano. Tendo viajado 4 mil quilômetros no *Lady Nyassa*, atravessando o oceano Índico até Bombaim – o que já é um feito impressionante, dado que a embarcação de doze metros era um vapor fluvial de pequeno calado com o fundo chato –, Livingstone voltou para Londres e se preparou para juntar-se novamente à batalha contra "o comércio do inferno". No dia 19 de março de 1866, ele partiu de Zanzibar com uma nova expedição e um velho propósito: eliminar a escravidão de uma vez por todas.

Os anos restantes da vida de Livingstone foram passados em errâncias estranhas, quase místicas, pela África central. Algumas vezes, ele parecia estar conduzindo pesquisas sobre o comércio de escravos; outras, procurando obsessivamente a verdadeira nascente do Nilo, o Cálice Sagrado da exploração vitoriana; outras ainda, desbravando a selva só por fazê-lo. No dia 15 de julho de 1871, ele testemunhou um massacre horrendo em uma aldeia chamada Nyangwe, em que comerciantes de escravos árabes sacaram suas armas depois de uma discussão sobre o preço de uma galinha e atiraram indiscriminadamente em mais de quatrocentas pessoas. A experiência só aumentou a aversão de Livingstone aos escravistas; mas na prática ele era obrigado a recorrer a eles para obter suprimentos e carregadores quando as suas próprias fontes falhavam. E nem sua busca pela nascente do Nilo teve sucesso. Assim como sua nova Jerusalém no Zambezi, isso também o frustrou: as "nascentes" ancestrais que ele sonhou encontrar, as quais acreditava que Ptolomeu e Heródoto haviam descrito, no fim eram pântanos traiçoeiros que alimentavam o rio Congo.

A lápide de Livingstone – que parece meio incongruente na grandiosidade gótica da Abadia de Westminster – ostenta uma inscrição simples com suas próprias palavras: "Tudo o que posso acrescentar na minha solidão é: que a rica bênção do céu desça sobre todos [...] que ajudarem a curar essa ferida aberta do mundo". As palavras eram uma injunção cuidadosamente elaborada para a próxima geração. A "ferida aberta" era, é claro, o comércio de escravos, que, Livingstone se convencera, era a fonte de todos os problemas da África central.

Ele morreu em Ilala, nas margens do lago Bangweolo, na madrugada do dia 1º de maio de 1873. Era um homem desapontado; o comércio de escravos, no fim das contas, parecia ser inerradicável. No entanto, pouco mais de um mês mais tarde, a ferida aberta da escravidão começou realmente a fechar. No dia 5 de junho daquele mesmo ano, o sultão de Zanzibar assinou um tratado com os britânicos comprometendo-se a abolir o comércio de escravos na África Oriental.[15] O velho mercado de escravos foi vendido para a Missão das Universidades para a África Central, que ergueu sobre as velhas celas de escravos uma catedral esplêndida – um monumento adequado para o êxito póstumo de Livingstone como abolicionista. Simbolicamente, o altar foi construído no ponto exato onde os escravos haviam, um dia, sido açoitados.

O triunfo póstumo de Livingstone não parou por aí. Nas sombras do platô de Batoka, bem perto das cataratas Vitória, existe a cidade de Livingstone, em Zâmbia, batizada com o nome do bom doutor.[16] Por décadas depois da sua visita, nenhum cristão podia ir para lá esperando sobreviver, por causa da malária e da hostilidade dos nativos. Contudo, entre 1886 e 1895, o número de missões protestantes na África triplicou. Atualmente, Livingstone, com uma população de apenas 90 mil pessoas, tem nada menos do que 150 igrejas, o que certamente faz dela um dos locais mais intensivamente evangelizados do planeta. E essa é somente uma pequena cidade, em um continente onde milhões de pessoas hoje abraçaram o cristianismo. A África é, na verdade, um continente mais cristão do que a Europa. E há hoje, por exemplo, mais anglicanos na Nigéria do que na Inglaterra.

Como um projeto que parecera um fracasso total quando Livingstone era vivo produziu resultados de longo prazo tão impressionantes? Por que, afinal, foi possível conseguir em enormes áreas da África o que havia dado tão errado na Índia? Parte da explicação, obviamente, foi o desenvolvimento da profilaxia contra a malária baseada no quinino. Isso tornou ser missionário uma vocação muito menos suicida do que no início dos anos 1800; no fim do século, havia 12 mil missionários britânicos "em campo", representando nada menos de 360 diferentes sociedades e outras organizações.

Mas a outra metade da resposta é um dos encontros mais famosos da história do Império Britânico.

Henry Morton Stanley – nascido John Rowland, filho ilegítimo de uma empregada doméstica galesa – era um jornalista ambicioso, inescrupuloso e de pavio curto. Fora a constituição de ferro e uma vontade igualmente férrea, ele não tinha quase nada em comum com David Livingstone. Vira-casaca e desertor durante a Guerra Civil Americana, Stanley tinha construído sua reputação de ótimo repórter subornando um funcionário dos telégrafos para enviar sua matéria antes das de seus rivais durante a Guerra Anglo-Abissínia.[17] Quando o editor do *New York Herald* encarregou-o de encontrar Livingstone, de quem não se tinha ouvido falar por meses depois de ter embarcado em mais uma expedição que subiria o rio Rovuma em direção ao lago Tanganica, Stanley farejou o maior furo da sua carreira.

Depois de uma caçada de dez meses, interrompida quando ele se envolveu em uma guerra menor entre árabes e africanos, Stanley finalmente encontrou Livingstone em Ujiji, na margem norte do lago Tanganica, em 3 de novembro de 1871. O seu relato do encontro deixa claro que ele quase foi dominado por seu momento de glória:

> O que eu não daria por um pedacinho de selva amigável, em que, sem ser visto, pudesse dar vazão à minha felicidade com alguma esquisitice maluca, como morder minha mão como um idiota, dar saltos mortais ou talhar as árvores para acalmar aqueles sentimentos exaltados que eram quase incontroláveis. Meu coração bate rápido, mas não posso deixar a minha cara trair as minhas emoções, senão, ser visto em tão extraordinárias circunstâncias subtrairá a dignidade de um homem branco.
>
> Então fiz o que achei ser o mais respeitável. Afastei as multidões e, vindo de trás, fui andando por uma avenida viva de pessoas, até chegar a um semicírculo de árabes, em frente do qual estava em pé um homem branco com a barba grisalha. Conforme avançava lentamente em direção a ele, notei que estava pálido, parecia cansado, tinha a barba grisalha, usava uma boina azulada com uma fita dourada desbotada ao redor, vestia um paletó com mangas vermelhas e calça cinza de *tweed*. Eu teria corrido até ele, só que fui um covarde diante de uma tal multidão – eu o teria abraçado, só que, sendo ele inglês, eu não sabia como iria

me receber; então, fiz o que a covardia e o falso orgulho sugeriam ser a melhor coisa – andei deliberadamente até ele, tirei o chapéu e disse: "Dr. Livingstone, eu suponho".

Foi preciso um americano para levar a circunspecção britânica ao seu zênite histórico.

Quando a história de Stanley saiu, ela dominou as primeiras páginas do mundo de língua inglesa. Mas foi mais do que um simples furo. Foi também o encontro simbólico de duas gerações: a geração evangélica que havia sonhado com uma transfiguração moral da África e uma nova geração atrevida e com prioridades mais mundanas. Mesmo cínico como era, e rapidamente consciente dos defeitos intratáveis do velho rabugento, Stanley ficou tocado e inspirado pelo encontro. De fato, ele acabou se enxergando como sucessor de Livingstone, como se o encontro deles em Ujiji de alguma forma o tivesse ungido. "Se Deus quisesse", escreveu mais tarde, ele seria "o próximo mártir da ciência geográfica, ou, se minha vida for poupada, [...] esclareceria [...] os segredos do Grande Rio [o Nilo] ao longo de todo o seu curso". Na época do funeral de Livingstone (no qual que ele esteve entre os oito que ajudaram a carregar o caixão), Stanley escreveu em seu diário: "Que eu seja o escolhido para sucedê-lo na abertura da África para a luz brilhante do cristianismo". Mas acrescentou um adendo significativo: "Meus métodos, no entanto, não serão os de Livingstone. Cada um tem o seu jeito. O dele, eu acho, tinha os seus defeitos, apesar de o velho homem pessoalmente ter sido quase como Cristo em sua bondade, paciência [...] e autossacrifício".

Bondade, paciência e abnegação não foram as qualidades que Henry Stanley levou para a África. Quando liderou uma expedição rio Congo acima, foi equipado com rifles Winchester e armas para caçar elefantes que não hesitava em usar contra nativos não prestativos. Até a visão de lanças sendo agitadas contra seu barco faziam-no apanhar seu rifle de repetição: "Seis tiros e quatro mortes", registrou com satisfação inflexível depois de um encontro desse tipo, "foram o suficiente para acabar com a brincadeira". Em 1878, Stanley trabalhava em nome do rei Leopoldo II da Bélgica para criar uma colônia particular para a Associação Internacional Africana no Congo. Por uma ironia que teria horrorizado Livingstone, o Congo Belga logo se tornaria notório por seu sistema assassino de trabalho escravo.

Livingstone acreditara no poder do Evangelho; Stanley só acreditava na força bruta. Livingstone ficara horrorizado com a escravidão; Stanley seria conivente com sua restauração. Acima de tudo, Livingstone tinha sido indiferente a fronteiras políticas; Stanley queria ver a África repartida. E assim foi. No período entre a morte de Livingstone, em 1873, e a de Stanley, em 1904, aproximadamente um terço da África viria a ser anexado ao Império Britânico; praticamente todo o resto viria a ser tomado por um punhado de outras potências europeias. E é só contra esse pano de fundo de dominação política que a conversão da África subsaariana pode ser compreendida.

Comércio, Civilização e Cristianismo viriam a ser entregues à África, exatamente com Livingstone quisera. Mas chegariam conjugados a um quarto "C": Conquista.

---

1. Não só altruísta, mas também notavelmente bem-sucedida. Quando estive em Freetown em fevereiro de 2002, três meses antes de eleições livres se realizarem no país, um homem que conheci exclamou, ao saber a minha nacionalidade: "Obrigado, Deus, pela Grã-Bretanha!".
2. O rei Gezo, que despachava 9 mil escravos por ano, disse: "O comércio de escravos é o princípio dominante do meu povo. É a fonte da sua glória e da sua riqueza. Cantos celebram as vitórias e a mãe embala o filho com notas de triunfo sobre o inimigo reduzido à escravidão. Posso eu, assinando [...] um tratado, mudar os sentimentos de todo um povo?".
3. Nas suas próprias palavras, "um purgante violento combinado com quinino e um banho quente ou *ped chivium*. Sempre observei que, tão logo aconteça o menor movimento nos intestinos, a perspiração aflorava na pele e as dores de cabeça iam embora – três grãos de calomelano, três de quinino, dez grãos de ruibarbo, quatro grãos de resina de jalapa misturados com um pouco de bebida é uma boa combinação". Essa era a base do que depois veio a ser a "Pílula de Livingstone" ou "Estimulante de Zambezi".
4. No fim da vida, Livingstone admitiu: "Eu só me arrependo de uma coisa e é que não achei ser minha obrigação brincar com os meus filhos tanto quanto ensiná-los [...] Eu trabalhei muito duro nisso e estava exausto à noite. Agora não tenho nenhum com quem brincar".
5. Ainda hoje é possível ver as celas de escravos em Stonetown: escuras, úmidas, quentes e sufocantes, elas expressam da forma mais crua que eu já tenha visto a miséria infligida pela escravidão.

6. "Algumas outras coisas caíram bem em setores em que eu não estava esperando por isso", observou, "e tudo junto pode ter um laivo da 'sabedoria da serpente', embora não fosse essa a minha intenção".
7. A única ressalva de Smith é que ele achava a metade de baixo de uma mulher indiana típica "mal formada e mal calculada para harmonizar com uma superestrutura tão bonita". Ele claramente dedicou um bom tanto de atenção ao assunto.
8. A prática hindu do *anumarana* ("morrer depois") ou *sahamarana* ("morrer junto com") era incorretamente chamada *sutee* pelos britânicos. Na verdade, a palavra *sati* refere-se à viúva que se incinera, e poderia ser traduzida por "santa".
9. Hoje em dia se escreve "Awadh", mas para os vitorianos era "Oudh".
10. Que se casou com a mulher que ele resgatou da pira funeral do primeiro marido.
11. O capitão Robert Smith, o admirador da beleza feminina indiana mencionado acima, estava convencido de que a abolição do infanticídio feminino e do *sati* havia fortalecido, e não enfraquecido, o domínio britânico, já que "uma classe muito numerosa de hindus não é mais tão suscetível quanto à religião agora como era antes". Ele queria ver uma nova proibição: do depósito de cadáveres no rio Ganges. Tudo isso demonstraria "a determinação por parte do governo de livrar a [população hindu] da submissão a um sacerdócio dominador interessado só em si mesmo; ao mesmo tempo permitindo a prática imperturbada da sua religião quando não acompanhada por ritos que provocam arrepios na humanidade".
12. Os amotinados haviam recorrido à liderança dos filhos do Tipu Sultan, o "Tigre de Mysore".
13. O testemunho de Henry Lawrence sobre esse ponto é esclarecedor: "O sipai sente que nós não podemos ficar sem ele, e mesmo assim a maior recompensa que um sipai pode obter [...] é aproximadamente cem libras por ano sem perspectiva de uma carreira mais promissora para o seu filho. Certamente isso não é incentivo a ser oferecido a um soldado estrangeiro por sua fidelidade e longo serviço". Era razoável esperar "que os enérgicos e ambiciosos entre massas militares *imensas* gostassem da nossa [...] apropriação para nós mesmos [...] de *toda* a autoridade e emolumento"?
14. Foi típico da era evangélica Wajid Ali ter sido deposto sob a justificativa de ser excessivamente devasso.
15. Como sempre, foi preciso uma força naval para garantir a assinatura, na forma de uma ameaça de bloqueio à ilha.
16. Apesar de o chefe da vizinha Mukuni me garantir que o nome deriva da ideia de que o chefe de Mukuni é uma "pedra viva".
17. Ver capítulo 4.

4
Estirpe Celeste

> Um homem deve, o que quer que aconteça, manter-se na sua própria casta, raça e estirpe. Que os brancos vão com os brancos e os negros, com os negros.
>
> KIPLING

O Memorial a Vitória, no centro de Calcutá, era para ser a resposta dos britânicos ao Taj Mahal, uma expressão atemporal da grandiosidade imperial que assombraria aqueles que eles governavam. Hoje, no entanto, a estátua da rainha Vitória, olhando cansada por cima do Maidan, parece mais um símbolo da natureza transitória do domínio britânico. Por mais esplendoroso que pareça, o memorial é uma ilha branca solitária no mar de bengaleses que habitam todos os cantos disponíveis dessa metrópole miasmática. O surpreendente é que, durante boa parte de dois séculos, não só Bengala, mas toda a Índia tenha sido dominada por uns poucos milhares de britânicos. Como observou alguém, o governo da Índia era "uma máquina gigantesca para administrar todos os negócios públicos de um quinto dos habitantes da Terra sem autorização nem ajuda deles".

Os britânicos também foram capazes de usar a Índia para controlar um hemisfério inteiro, estendendo-se de Malta até Hong Kong. Era a fundação sobre a qual todo o Império de meados da era vitoriana se erguia.

Mas atrás da fachada de mármore, o Raj* era o enigma no coração do Império Britânico. Como novecentos funcionários públicos britânicos e 70 mil soldados britânicos conseguiram governar mais de 250 milhões de indianos?

Como os vitorianos fizeram isso?

---

* Nome dado ao domínio britânico na Índia. (N. T.)

A Aniquilação da Distância

No ápice do Império Vitoriano estava a própria rainha: industriosa, cheia de opiniões, tão impetuosa na privacidade quanto impassível em público, incansavelmente procriadora e espetacularmente longeva. Como uma Plantageneta dos últimos dias, ela era notavelmente peripatética. Não gostava do Palácio de Buckingham, preferia Windsor, e tinha uma queda pelo remoto e chuvoso Balmoral. A sua residência favorita, porém, provavelmente fosse Osborne, na ilha de Wight. Ela fora comprada e remodelada por sugestão do seu adorado marido (e primo) Albert e era um dos poucos lugares em que o casal podia desfrutar um grau daquela privacidade – e intimidade – que normalmente lhes era negada. Era, disse ela, "tão aconchegante e agradável ter um lugar próprio – silencioso e retirado [...] É impossível imaginar um lugar mais bonito, nós temos uma praia encantadora praticamente só para nós –, podemos caminhar em qualquer lugar sem ser seguidos ou cercados".

Osborne House foi construída no estilo renascentista, um exemplo típico do historicismo arquitetônico do século XIX. Fica, tanto literal quanto metaforicamente, a milhares de milhas do Império global sobre o qual Vitória reinava. Em outros aspectos, no entanto, estava longe de ter uma aparência retrógrada. O espalhafatoso afresco alegórico acima da escadaria principal à primeira vista parece ser só mais um pastiche italianizado. Mas um exame mais cuidadoso revela "Britannia" recebendo a coroa do mar de Netuno, assistida por "Indústria", "Comércio" e "Navegação". Como as três figuras à direita dela indicam, o casal real conhecia muito bem a conexão entre o poder econômico britânico e seu domínio global.

Desde o fim do século XVIII, os britânicos vinham à frente de seus rivais como pioneiros de novas tecnologias. Os engenheiros britânicos estavam na vanguarda de uma revolução – a Revolução Industrial – que domou o poder do vapor e a força do ferro para transformar a economia mundial e o equilíbrio internacional do poder. Nada ilustrava isso melhor do que a vista de Osborne House, que está voltada diretamente para o Solent.* Reconfortantemente visível do outro lado está a principal base naval britânica em Portsmouth, então a maior do mundo, e uma manifestação imponente do poderio

---

* O canal que separa a ilha de Wight da Grã-Bretanha. (N. T.)

marítimo britânico. Quando a neblina permitia, a rainha podia ver o vaivém da sua marinha enquanto ela e o marido passeavam pelos jardins elegantemente ornamentados de Osborne. Em 1860, ela teria sido capaz de discernir com facilidade a expressão suprema do poder na metade da era vitoriana: o HMS *Warrior*. Movido a vapor, "encouraçado" com chapas de ferro de cinco polegadas e equipado com os mais modernos canhões de carregamento pela culatra que disparavam projéteis explosivos, o *Warrior* era o navio de batalha mais poderoso do mundo, tão poderoso que nenhuma embarcação estrangeira jamais ousou trocar fogo com ele. E ele era só um de cerca de 240 navios, tripulados por 40 mil marinheiros – fazendo da Marinha Real a maior do mundo, de longe. E, graças à produtividade sem rival dos seus estaleiros, os britânicos possuíam aproximadamente um terço da tonelagem comercial do mundo. Em nenhuma outra época da história um poder dominou tão completamente os oceanos do mundo como os britânicos o fizeram na metade do século XIX. A rainha Vitória tinha bons motivos para se sentir segura perto do mar.

Se os britânicos queriam abolir o comércio de escravos, simplesmente mandavam a marinha. Em 1840, nada menos do que 425 navios negreiros já haviam sido interceptados pela Marinha Real ao largo da costa ocidental da África e escoltados até Serra Leoa, onde quase todos eles foram condenados. Um total de trinta navios de guerra estava engajado nessa operação internacional de policiamento. Se os britânicos queriam que os brasileiros seguissem o seu exemplo abolindo o comércio de escravos, simplesmente mandavam um navio. Foi o que *Lord* Palmerston fez em 1848; em setembro de 1850, o Brasil adotou uma lei abolindo o comércio. Se queriam forçar os chineses a abrir seus portos para o comércio britânico – especialmente para a exportação de ópio da Índia –, podiam novamente mandar a marinha. As Guerras do Ópio, em 1841 e 1856, foram obviamente por causa de muito mais do que ópio. O *Illustrated London News* retratou a guerra de 1841 como uma cruzada para introduzir os benefícios do livre comércio para mais um despotismo oriental atrasado; e o Tratado de Nanquim, que encerrou o conflito, não fazia nenhuma referência explícita ao ópio. Da mesma forma, a Segunda Guerra do Ópio – às vezes chamada de Guerra de Arrow, por causa do navio que foi o *casus belli* – foi travada em parte para preservar o prestígio britânico como um fim em si mesmo; exatamente como os portos da Grécia haviam sido bloqueados em 1850 porque um judeu nascido em Gibraltar afirmava que seus direitos como súdito britânico haviam sido infringidos pelas autoridades gregas. Mes-

Dívida e drogas: os pagamentos de juros e o rendimento do ópio da
Companhia das Índias Orientais, 1814-57 (milhões de libras)

mo assim, é difícil acreditar que as Guerras do Ópio tivessem sido travadas se as exportações de ópio, proibidas pelas autoridades chinesas depois de 1821, não fossem tão cruciais para as finanças do domínio britânico na Índia.[1] O único benefício real na aquisição de Hong Kong como resultado da guerra de 1841 foi que isso deu a firmas como Jardine Matheson uma base para suas operações de contrabando de ópio. É de fato uma das ironias mais finas do sistema de valores vitoriano que a mesma marinha empregada para abolir o tráfico de escravos era também ativa na expansão do tráfico de narcóticos.

O que esses eventos – a guerra contra a escravidão e as guerras pelo ópio – tinham em comum é que o domínio naval britânico os tornou possíveis. No início, é verdade, o Almirantado havia ficado horrorizado com o advento do vapor, acreditando que seria "um golpe fatal na supremacia naval do Império". Mas ficou claro rapidamente que a nova tecnologia tinha de ser adotada, ainda que só para acompanhar os franceses. (O navio de guerra *La Gloire*, lançado em 1858, foi um dos principais motivos para a construção do HMS *Warrior*.) Longe de enfraquecer o Império, a energia a vapor tendeu a estreitar os seus laços. Nos tempos da vela, levava-se de quatro a seis semanas para cruzar o Atlântico; o vapor reduziu esse tempo para duas semanas, na metade dos anos 1830, e para apenas dez dias, nos anos 1880. Entre os anos 1850 e 1890, a duração da viagem da Inglaterra para a Cidade do Cabo foi encurtada de 42 para 19 dias. Os navios a vapor foram ficando maiores assim como mais rápidos: no mesmo período, a tonelagem média bruta aproximadamente dobrou.[2]

E não foi essa a única forma pela qual os laços do Império ficaram mais estreitos.

Nos primeiros anos do seu reinado – de fato, até o Motim Indiano –, Vitória tinha prestado relativamente pouca atenção às relações exteriores fora da Europa. O motim, no entanto, despertou-a com um tranco para suas responsabilidades imperiais, e, conforme seu reinado foi avançando, elas foram ocupando cada vez mais a sua atenção. Em dezembro de 1879, a rainha registrou "uma longa conversa com *Lord* Beaconsfield, depois do chá, sobre a Índia e o Afeganistão, e a necessidade de nos tornarmos senhores do país e mantê-lo [...]" Em julho de 1880, ela estava "instando veementemente o governo a fazer tudo que pudesse pela manutenção da segurança e da honra do Império". "Proteger os pobres nativos e fazer avançar a civilização", disse ela a *Lord* Derby, em 1884, era em sua opinião "a missão da Grã-Bretanha". "É, penso, importante", declarou ela graciosamente, em 1898, "que o mundo em geral não deva ter a impressão de que nós não deixaremos nada para ninguém além de nós mesmos [...]" Em um dos cantos mais obscuros de Osborne House há uma pista sobre por que a rainha foi se sentindo mais próxima do seu Império à medida que envelhecia. Ele não foi considerado digno de ser preservado quando a residência foi dada ao país, em 1902, mas, na parte de baixo da Ala Doméstica, havia o posto de telégrafo da rainha. Na altura de 1870, as mensagens da Índia podiam chegar em questão de horas; e a rainha as lia atentamente. Isso ilustra perfeitamente o que aconteceu com o mundo durante o reinado de Vitória. Ele encolheu – e em grande medida por causa da tecnologia britânica.

O telégrafo foi mais uma invenção que o Almirantado tentou ignorar. Seu inventor original, Francis Ronalds, foi rejeitado quando ofereceu sua criação para a marinha, em 1816. Não foram os militares, mas o setor privado que desenvolveu a via expressa da informação no século XIX, inicialmente pegando carona na infraestrutura das primeiras estradas de ferro. No fim dos anos 1840, era evidente que o telégrafo revolucionaria as comunicações por terra; nos anos 1850, a construção na Índia estava suficientemente avançada para o telégrafo exercer um papel decisivo na supressão do motim.[3] No entanto, o avanço crucial do ponto de vista do domínio imperial foi a instalação de cabos submarinos duráveis. Significativamente, foi um produto imperial – uma substância parecida com a borracha, proveniente da Malásia, a guta-percha – que resolveu o problema, permitindo que o primeiro cabo atravessando o Canal fosse instalado em 1851, seguido pelo primeiro cabo transatlântico quinze anos depois. Quando o cabo da Companhia de Telégrafos Anglo-Americana finalmente alcançou a costa americana, no dia 27 de julho de 1866, depois de ser desenrolado e depositado no fundo do mar com sucesso pelo poderoso *Great Eastern* de Isambard Kingdom Brunel, aconteceu claramente o alvorecer de uma nova era. O fato de que o cabo corria da Irlanda à Terranova deixava claro qual a potência com maior probabilidade de dominar a era do telégrafo. Que a ligação do telégrafo da Índia para a Europa já tivesse sido construída pelo governo da Índia alguns anos antes deixava claro que os governantes daquela potência (apesar dos seus princípios de *laissez-faire*) estavam determinados a que fosse assim.[4] Em 1880, havia ao todo 156.303 quilômetros de cabos através dos oceanos do mundo, ligando a Grã-Bretanha à Índia, ao Canadá, à Austrália e à África. Assim, uma mensagem podia ser transmitida de Bombaim para Londres por quatro xelins a palavra com a expectativa racional de que seria vista no dia seguinte.[5] Nas palavras de Charles Bright, um dos apóstolos da nova tecnologia, o telégrafo era "o sistema nervoso elétrico do mundo".

O cabo de telégrafo e as linhas de navios a vapor eram duas das três redes metálicas que simultaneamente encolheram o mundo e tornaram mais fácil seu controle. A terceira foi a estrada de ferro. Aqui também os britânicos reconheceram tacitamente as limitações do livre mercado. A rede ferroviária britânica foi construída depois de 1826 com uma intervenção mínima do governo. Mas as estradas de ferro que os britânicos construíram por todo seu Império, apesar de também terem sido construídas por empresas do setor privado, dependiam de generosos subsídios do governo que efetivamente garantiam que elas pagariam dividendos. A primeira linha na Índia, ligando Bombaim a Thane, a 33 quilômetros de distância, foi aberta formalmente em 1853; em menos de cinquenta anos, trilhos cobrindo mais de 38 mil quilômetros haviam sido instalados. No espaço de uma geração, o "*te-rain*" transformou a vida econômica e social da Índia: pela primeira vez, graças à tarifa básica de terceira classe de sete *annas*, viagens de longa distância tornaram-se possíveis para milhões de indianos, "ligando amigos e unindo os aflitos". Alguns contemporâneos previram uma revolução cultural emergindo disso, na crença de que "cinquenta

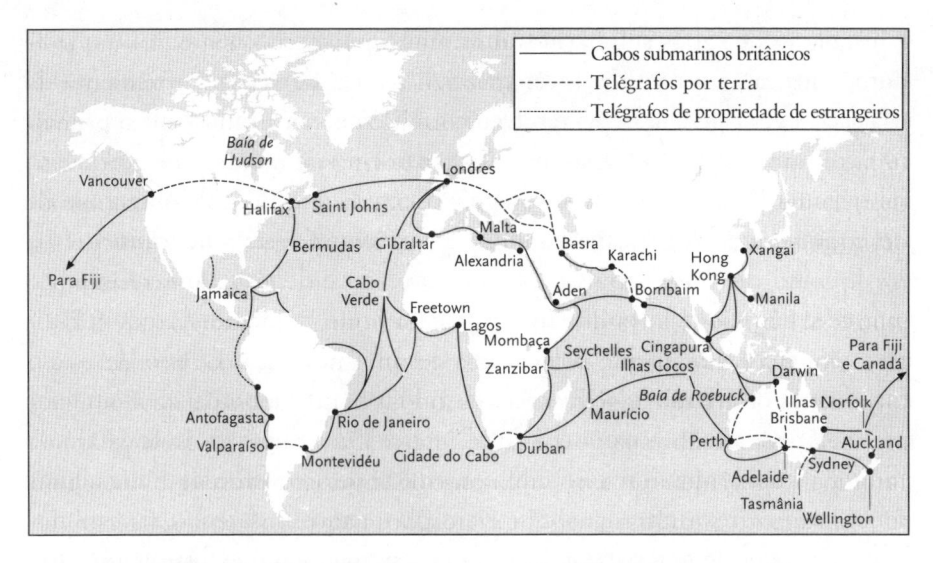

A rede telegráfica global, *c.* 1913: a estrada da informação imperial

quilômetros por hora é fatal para as lerdas divindades do paganismo". Certamente, as estradas de ferro indianas criaram um mercado enorme para os fabricantes de locomotivas britânicos, já que dezenas de milhares de máquinas postas em serviço na Índia foram feitas na Grã-Bretanha. Mas essa rede era, desde o início, tão estratégica quanto econômica em seus propósitos. Não foi por causa da munificência dos acionistas que a estação ferroviária principal de Lucknow foi construída para parecer uma grandiosa fortaleza gótica.

Como expressou um eminente comentador imperial, a revolução vitoriana das comunicações globais conseguiu a "aniquilação da distância". Mas também tornou possível a aniquilação à distância. Em tempos de guerra, a distância simplesmente tinha que ser superada – pelo simples motivo de que a principal fonte de poder militar britânico estava agora do outro lado do mundo.

Como já era o caso havia muito tempo, o exército regular na própria Grã-Bretanha era relativamente pequeno. Na Europa, era a Marinha Real que fazia o trabalho de defesa: mais de um terço da imensa frota do país ficava permanentemente estacionada nas águas territoriais da Grã-Bretanha ou no Mediterrâneo. Era na Índia que os britânicos mantinham o grosso da sua capacidade militar ofensiva. Nesse aspecto, pouca coisa havia sido mudada pelo motim. É verdade, o número de soldados nativos foi reduzido depois de 1857 e o número de soldados britânicos aumentou cerca de um terço. Mas havia um limite para o número de homens que os britânicos conseguiam manter estacionados na Índia. Uma Comissão Real relatou, em 1863, que a taxa de mortalidade de militares, exceto oficiais, na Índia, entre 1800 e 1856, era de 69 por mil, comparada a uma taxa para o grupo com idade equivalente na vida civil britânica de aproximadamente dez por mil. Os soldados na Índia também tinham uma incidência muito maior de doenças. Com a proverbial precisão vitoriana, a Comissão calculou que, de um exército de 70 mil soldados britânicos, morreriam 4.830 por ano e 5.880 camas de hospital seriam ocupadas pelos incapacitados por doença. Como custava cem libras recrutar um soldado e mantê-lo na Índia, os britânicos estavam então perdendo mais de um milhão de libras por ano. Dado que uma força similar poderia custar por volta de 200 mil libras estacionada na Europa, os 800 mil extras tinham de ser vistos como uma espécie de extra pelo serviço tropical. Isso era uma forma cheia de rodeios para dizer que soldados britânicos não deveriam mais ser enviados para adoecer e morrer na Índia. Consequentemente, os sipais precisavam ficar no exército indiano para manter a sua força.

O resultado foi que, em 1881, o exército indiano contava com 69.647 soldados britânicos e 125 mil nativos, comparado com as forças britânicas e irlandesas que, em casa, contavam com 65.809 e 25.353 respectivamente. Na proporção do número total de soldados de todas as guarnições britânicas no Império, o exército indiano somava, portanto, bem mais do que a metade (62%). Na descrição mordaz de *Lord* Salisbury, a Índia era um "quartel inglês nos Mares Orientais de onde podemos recrutar qualquer quantidade de soldados sem pagar por eles". E recrutar era o que ele e seus companheiros primeiros-ministros fizeram regularmente. Durante o meio século anterior a 1914, soldados indianos serviram em mais de uma dúzia de campanhas imperiais, da China a Uganda. O político liberal W. E. Foster reclamou em 1878 que o governo estava se fiando "não no patriotismo e no espírito do seu próprio povo", mas em pegar "gurcas, sikhs e muçulmanos para lutar por nós". Havia até uma paródia de teatro de revista sobre o assunto:

Nós não queremos lutar,
Mas, caramba, se nós quisermos,
Nós não vamos para o *front*,
Nós vamos mandar os gentis hindus.

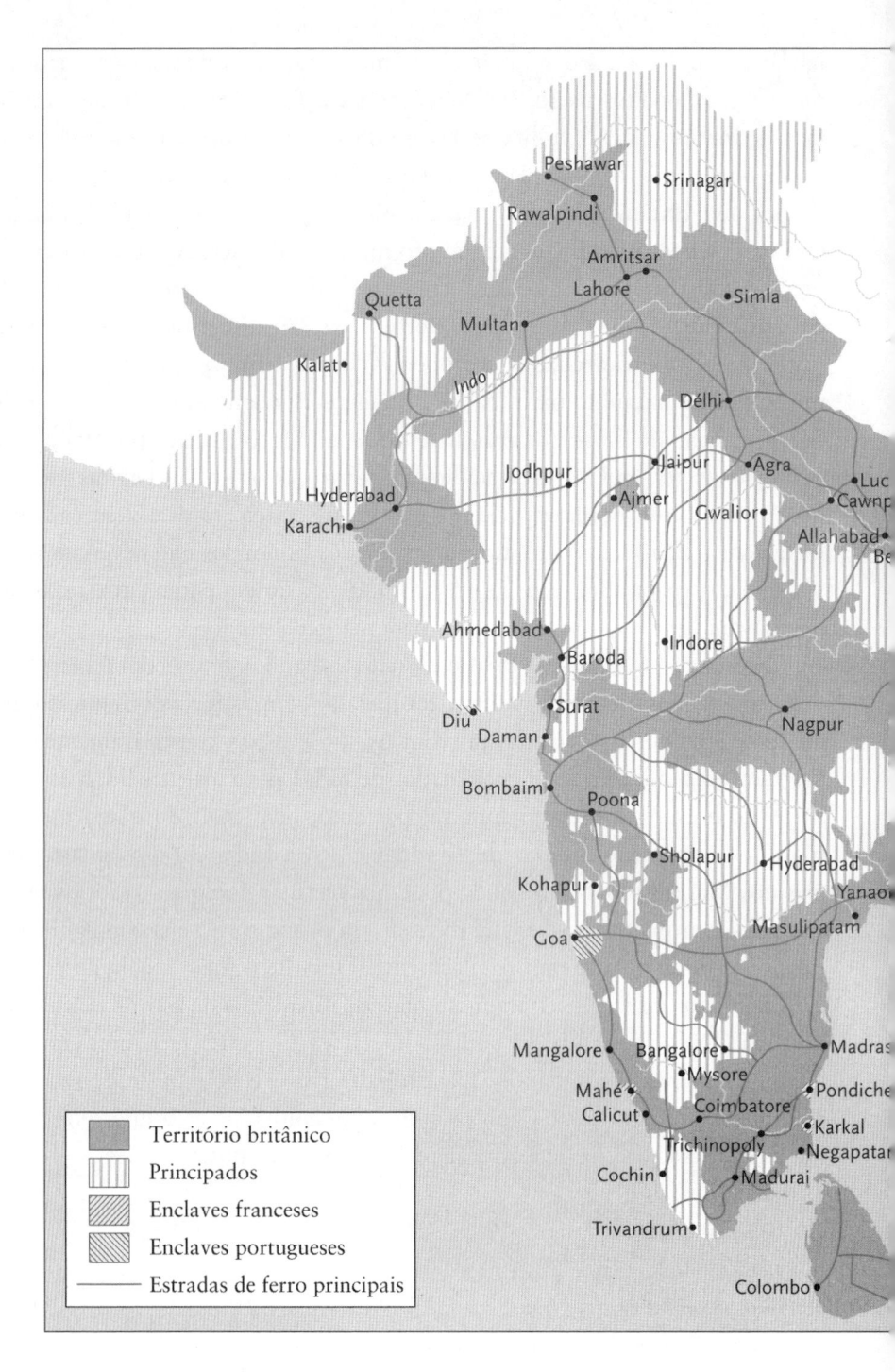

Índia britânica, 1931

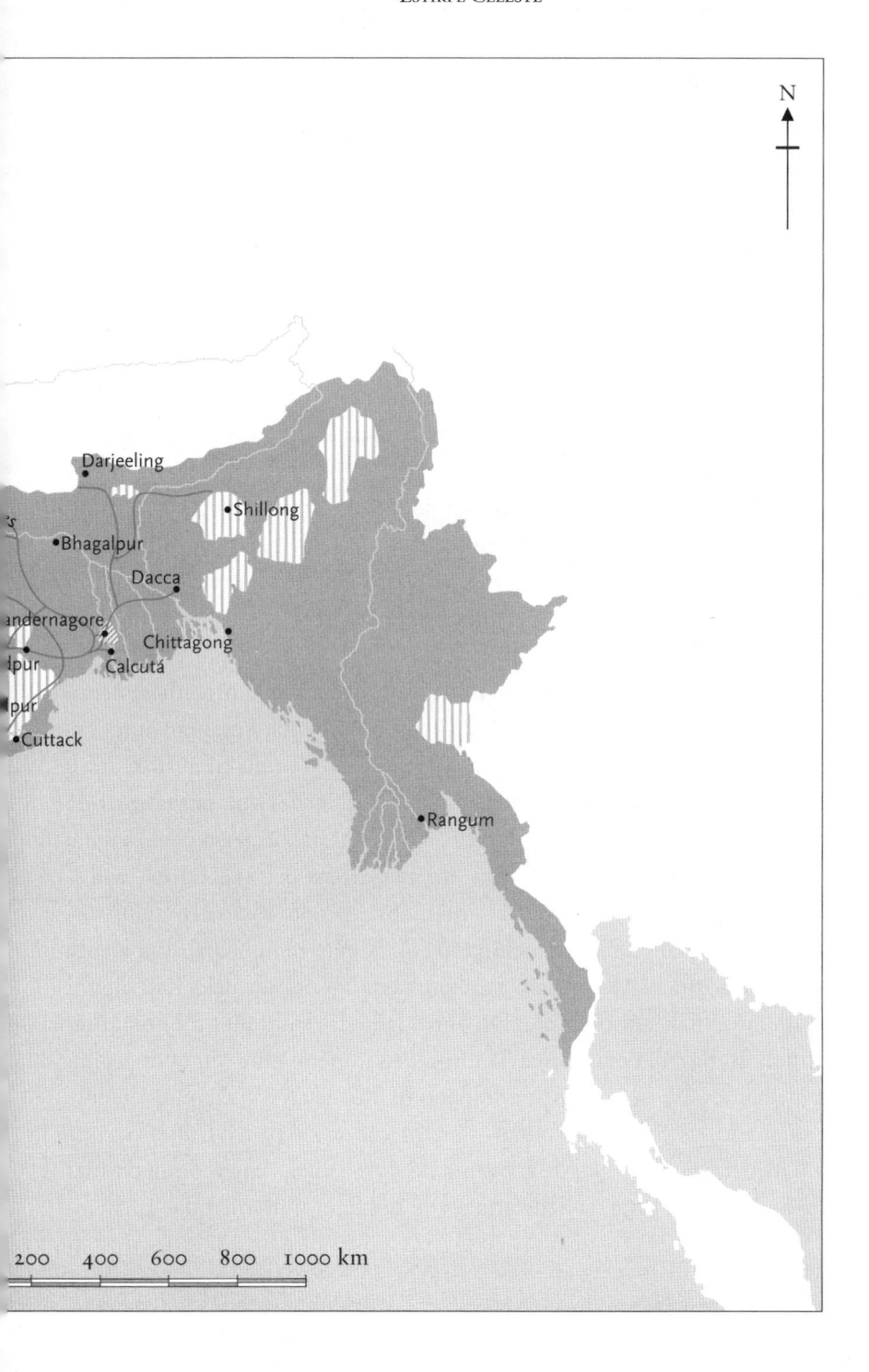

- Darjeeling
- Shillong
- Bhagalpur
- Dacca
- andernagore
- Chittagong
- Calcutá
- pur
- Cuttack
- Rangum

200 400 600 800 1000 km

Como quase todos os componentes do Império na metade da era vitoriana, o exército indiano também dependia de tecnologia: não só da tecnologia que produzia seus rifles, mas também da tecnologia que produzia seus mapas. Nunca se deve esquecer que, tão importante quanto o telégrafo na tecnologia da dominação, era o teodolito.

Já nos anos 1770, a Companhia das Índias Orientais havia percebido a importância estratégica da cartografia, pois nas guerras anglo-indianas do fim do século XVIII e do começo do XIX, o exército com os mapas mais precisos tinha uma vantagem crucial. As próprias Ilhas Britânicas tinham sido mapeadas – exatamente pela mesma razão – pela pioneira Ordnance Survey.* Em 1800, o Grande Levantamento Trigonométrico da Índia havia sido estabelecido sob a liderança de intrépidos cartógrafos como William Lambton e, a partir de 1818, George Everest. Trabalhando à noite para proteger as leituras do seu teodolito contra distorções provocadas pelo sol, eles começaram a criar o primeiro *Atlas da Índia* definitivo – um vasto compêndio de informações geográficas, geológicas e ecológicas impecavelmente mostrados em uma escala de uma polegada por quatro milhas.

Conhecimento é poder, e saber onde as coisas estão é o conhecimento mais básico de que um governo precisa. Quando o Grande Levantamento Trigonométrico, porém, se estendeu para o Himalaia – onde Everest deu seu nome à montanha mais alta do mundo –, as informações que estavam sendo reunidas ganharam um novo significado. Onde, afinal, acabava realmente a Índia Britânica? É fácil esquecer que, em sua extensão total, ela era consideravelmente maior do que a Índia atual, abrangendo os atuais Paquistão, Bangladesh e Birmânia, sem mencionar o sul da Pérsia e o Nepal. Por algum tempo, parecia que o Afeganistão também seria absorvido pelo Raj; alguns sonhavam até em anexar o Tibete. Do outro lado das fronteiras montanhosas do norte da Índia, no entanto, havia um outro império europeu com aspirações semelhantes. No século XIX, o império da Rússia crescia tão rapidamente por terra quanto o britânico pelo mar – em direção ao sul para o Cáucaso, através da Circássia, da Geórgia, de Erevan e do Azerbaijão; para o oeste do mar Cáspio, ao longo da Rota da Seda através de Bokhara, Samarkand e Tashkent

---

* Literalmente: Levantamento de Logística. Trata-se de um órgão do governo britânico responsável por fazer e editar mapas. (N. T.)

até lugares tão distantes quanto Khokand e Andijan, nos montes Pamir. Lá, separados por pouco menos de trinta quilômetros, o leão e o urso (como as caricaturas da *Punch* invariavelmente os retratavam) encaravam-se belicosamente através de um dos terrenos mais inóspitos do mundo.

De 1879, a data da segunda tentativa britânica de invadir e controlar o Afeganistão, até a terceira tentativa, em 1919, britânicos e russos travaram a primeira Guerra Fria, ao longo da fronteira noroeste. Os espiões dessa Guerra Fria, porém, eram os agrimensores, pois quem quer que mapeasse primeiro a fronteira teria mais chances de controlá-la. O Grande Levantamento da Índia, então, tornou-se inextricavelmente vinculado à espionagem: o que um dos primeiros homens da fronteira britânicos chamou de o "Grande Jogo". Às vezes, realmente parecia um jogo. Os agentes britânicos se aventuravam dentro do território não mapeado para além da Caxemira e do Passo de Khyber disfarçados de monges budistas, medindo as distâncias entre os lugares com a ajuda de um *komboloi** – uma conta para cada cem passos – e escondendo os mapas que desenhavam clandestinamente em suas rodas de oração.⁶ Esse, no entanto, era um jogo mortal, jogado em uma terra de ninguém em que a única regra era o impiedoso código de honra pakhtun ou "Pathan": hospitalidade para o estrangeiro, mas a garganta cortada e uma interminável vendeta contra toda os seus parentes se ele transgredisse.

Os britânicos nunca podiam baixar a guarda na fronteira noroeste. Mas essa não era a extremidade mais distante da Índia Britânica. Graças ao domínio vitoriano da tecnologia, o Raj pôde estender seu alcance através do oceano Índico.

Em 1866, o Império se viu confrontado por uma distante tomada de reféns que pôs à prova, até o limite, seu sistema de comunicação. Um grupo de súditos britânicos foi aprisionado pelo imperador Teodoro (Tewodros) da Abissínia, que achou os britânicos não suficientemente respeitosos para com o seu regime – a única monarquia cristã da África. Teodoro escrevera em busca de reconhecimento britânico. Quando o Departamento Colonial não respondeu, ele prendeu todos os europeus em que conseguiu pôr as mãos e os fez marchar até uma remota fortaleza nas montanhas, em Magdala. Uma missão diplomática foi enviada, mas seus membros também foram encarcerados.

---

* Cordão de contas semelhante a um rosário, de origem grega, que se usa para relaxar. (N. T.)

Era uma verdade quase, mas não totalmente, universalmente reconhecida: ninguém tratava os súditos da rainha Vitória desse jeito e saía impune. Mas libertar um grupo de reféns da Etiópia mais obscura não era uma empreitada pequena, já que seria necessário enviar o que hoje seria chamado de força de reação rápida. A coisa mais notável é que a força em questão não era, ela mesma, britânica. A Abissínia estava prestes a sentir o tamanho do poder militar da Índia Britânica.

Sem a vicejante rede global de telégrafos e as máquinas a vapor, a reação britânica teria sido impossível. A decisão de enviar uma força para libertar os reféns foi tomada pelo primeiro-ministro, *Lord* Derby, depois de consultar o gabinete e a soberana. Quando o apelo por escrito da rainha, de abril de 1867, pela liberação dos prisioneiros não foi atendido, o governo não viu outra alternativa senão libertá-los "à força". Naturalmente, uma decisão como essa teve implicações para todos os grandes departamentos de Estado: o Ministério das Relações Exteriores, o Ministério da Guerra, o Almirantado e o Tesouro – todos precisaram ser consultados. Para ser levada a cabo, porém, a ordem de invasão precisava atravessar o mundo, da Secretaria de Estado para a Índia, em Londres, para o governador da Presidência de Bombaim a 15 mil quilômetros de distância, porque era lá que estavam os soldados necessários. Antes, uma ordem como essa teria demorado meses para chegar. Agora ela podia ser enviada pelo telégrafo.

O homem encarregado de planejar a expedição foi o tenente-general *Sir* Robert Napier, um severo disciplinador da velha escola, mas também engenheiro militar brilhante. Para consumo público, "Quebre as correntes" foi a ordem inflamada que ele recebeu da rainha, e Napier depois adotou *Tu Vincula Frange* como seu lema. Privadamente, porém, Napier abordou sua tarefa com o realismo sombrio do soldado profissional. Seria melhor, escreveu ele para o duque de Cambridge, no dia 25 de julho de 1867,

> que os cativos pudessem ser libertados pelos diplomatas por qualquer preço pago em dinheiro, porque a expedição seria muito cara e complicada; e, se nenhum tiro hostil fosse disparado, as mortes por causa do clima e de acidentes vão chegar a dez vezes o número de cativos. Ainda assim, se essas pobres pessoas forem morrer, ou ficar detidas, suponho que devamos fazer alguma coisa.

Como ele provavelmente já esperava, coube-lhe – e, portanto, ao exército indiano – fazer algo. No dia 13 de agosto, Napier apresentou sua estimativa das forças necessárias: "Quatro regimentos da cavalaria nativa, um esquadrão de cavalaria britânica, dez regimentos de infantaria nativa [...] quatro baterias de artilharia de campo e a cavalo; um comboio de montanha; uma bateria de seis morteiros de 5½ polegadas [...] se possível, dois deles seriam de 8 polegadas e um corpo de carregadores de 3 mil homens, para os destacamentos de carga e de obras". Dois dias depois, foi-lhe oferecido o comando da expedição. Em novembro, o Parlamento – reconvocado mais cedo por Disraeli, que esperava colher algum benefício eleitoral com o caso – havia votado os fundos necessários. Dali em diante, como informou o secretário de Estado, *Sir* Stafford Northcote, ao vice-rei, "todos os demais procedimentos ligados à organização e aos equipamentos ou reforços, quando solicitados por *Sir* Robert Napier, ficam por conta do governo da Índia". Northcote também fez lembrar ao vice-rei que a "porção nativa" da força de Napier continuaria a ser "mantida" – em outras palavras, paga – como de costume, pelo governo da Índia.

Em poucos meses, a força de invasão partiu de Bombaim para Massowah, na costa do mar Vermelho. A bordo da flotilha havia 13 mil soldados britânicos e indianos, 26 mil acompanhantes e uma quantidade enorme de animais domésticos: 13 mil mulas e cavalos, um igual número de ovelhas, 7 mil camelos, 7 mil bois e mil jumentos – para não falar dos 44 elefantes. Napier levou até um ancoradouro pré-fabricado completo, com faróis e um sistema de trilhos. Foi um imenso feito logístico, unindo perfeitamente a musculatura indiana com a tecnologia britânica.

O imperador abissínio achava que nenhuma força invasora conseguiria atravessar os crestados 650 quilômetros montanhosos entre a costa e Magdala. Mas não contava com Napier. Devagar, mas inexoravelmente, este fez seus homens marchar até seu destino, deixando as carcaças de milhares de animais desidratados no seu rastro. Eles alcançaram o sopé da fortaleza depois de três longos meses, e, em um clima de alívio por terem acabado a estafante caminhada, prepararam-se para o ataque final. Enquanto uma violenta tempestade caía sobre eles, e com a banda tocando "Garry Owen", os regimentos de West Riding e a Guarda Negra lideraram a investida morro acima. Em apenas duas horas de luta acirrada a força de Napier matou mais de 700 homens de Teodoro e feriu mais 1.200. O próprio imperador preferiu cometer suicídio a ser capturado. Apenas vinte soldados britânicos ficaram feridos, nenhum morreu. Como relembrou satisfeito um membro da expedição: "Houve um tremular das cores em seda dos regimentos, um acenar com capacetes e o bramido dos gritos triunfantes. Os sons da vitória retumbavam morro abaixo e viajavam pela planície por uma distância de duas milhas [...] e as colinas reecoavam 'God Save the Queen'".

A vitória de Napier foi o ataque cirúrgico arquetípico da era vitoriana: o que ficou conhecido na época como uma operação "trucidar e sair". Vasta superioridade em logística, poder de fogo e disciplina tinham derrubado um imperador com um mínimo de baixas britânicas. O vencedor retornou em triunfo, trazendo consigo não só os reféns libertados como tanto espólio de guerra quanto ele e seus homens foram capazes de achar – especialmente mil antigos manuscritos cristãos abissínios e o colar do imperador, para o deleite de Disraeli. A sua deliciada soberana não hesitou em conferir um título de nobreza a Napier, sem contar a inevitável estátua equestre, que agora se encontra rigidamente ereta nos jardins da velha residência do vice-rei, em Barrackpore.

O fato de que soldados indianos podiam ser empregados em um local tão distante quanto a Etiópia com tamanho sucesso dizia muito sobre quanto a Índia mudara desde o motim de 1857. Só dez anos antes da expedição de Napier, o domínio britânico na Índia tinha sido abalado em sua base pelo motim. Os britânicos, porém, estavam decididos a aprender com aquela experiência amarga. Como resultado do motim, houve uma transformação na maneira como governavam a Índia. A Companhia das Índias Orientais foi finalmente encerrada, acabando com a anomalia através da qual uma empresa havia dominado um subcontinente. Algumas mudanças, admita-se, foram meramente uma questão de nome. O antigo governador-geral virou o novo vice-rei, e houve apenas pequenas mudanças na estrutura do Gabinete de seis membros que o assessorava. Em teoria, a autoridade final agora cabia ao secretário de Estado para a Índia em Londres, assessorado pelo seu Conselho da Índia (uma união dos antigos Colégio de Diretores e Conselho de Controle). Mas a suposição era que "o governo da Índia tem de ser, no geral, tocado na própria Índia". E, na sua proclamação de novembro de 1858, a rainha deu a seus súditos indianos duas garantias sobre como esse governo seria conduzido. A primeira nós já sabemos: não haveria mais interferência na cultura religiosa tradicional indiana, um reconhecimento implícito de uma das principais causas do motim. Mas a proclamação também se referia ao "princípio de que a perfeita igualdade deve existir, no que diz respeito a todas as nomeações, entre europeus e nativos". Posteriormente, essa acabaria sendo uma promessa perigosa.

É claro que a Índia continuava a ser um despotismo, sem nem uma migalha de representação para os milhões de súditos indianos da rainha. Como observou um vice-rei posterior, a Índia era "realmente governada pela correspondência confidencial entre o secretário de Estado e o vice-rei". Além disso, as afirmações conciliatórias na proclamação vieram acompanhadas de medidas práticas no terreno que eram no conjunto mais agressivas. O que aconteceu em Lucknow revela exatamente quão radicalmente o domínio britânico estava sendo reconstruído de baixo para cima. Antes mesmo de baixar a poeira depois do motim, ficou claro para pelo menos um homem, um brigadeiro dos Engenheiros de Bengala, que só mudanças profundas poderiam evitar a repetição dos acontecimentos de 1857. Como observou ele no seu "Memorando sobre a ocupação militar da cidade de Lucknow": "A cidade de Lucknow, por sua vasta extensão, e pela ausência de saliências significativas no terreno em que se localiza, sempre será difícil de controlar se não houver um grande corpo de soldados". O nome do engenheiro era Robert Napier, o mesmo homem que mais tarde levaria os britânicos à vitória em Magdala, e sua solução para o problema de Lucknow foi planejada com o mesmo espírito metódico:

> Essa dificuldade pode ser muito diminuída estabelecendo um número suficiente de postos militares [...] e abrindo ruas largas pela cidade [...] para que os soldados possam se mover rapidamente em qualquer direção [...] Todos os bairros e construções [...] que possam interromper a livre movimentação das tropas [...] devem ser eliminados [...] Quanto às ruas [novas] [...] elas são absolutamente necessárias [...] Dificuldades serão impostas, sem dúvida, aos indivíduos cujas propriedades serão destruídas, mas a comunidade em geral vai ser beneficiada, e pode-se fazer com que pague os prejudicados particulares.

Primeiro, então, a população foi expulsa da cidade; depois começaram as demolições. Quando Napier terminou, ele havia derrubado aproximadamente dois quintos da cidade velha e além de ter convertido a principal mesquita em quartel temporário. E tudo foi pago pelos habitantes, que não foram autorizados a voltar até que tivessem acertado as contas das taxas.

Como em toda cidade indiana importante, a guarnição principal foi colocada fora da área construída, em um "acantonamento" de onde seus soldados pudessem emergir rapidamente para suprimir qualquer desafio ao domínio britânico. Dentro do acantonamento, cada oficial foi instalado em seu próprio bangalô, que tinha um jardim – variando de tamanho conforme sua patente –, aposentos de empregados e um abrigo para carruagem. Os soldados britânicos tinham o seu quartel de tijolos nas proximidades, enquanto os soldados nativos moravam mais longe em cabanas com telhados de palha e esperava-se que eles mesmos as construíssem. Até a nova estação ferroviária de Lucknow foi projetada com a manutenção da ordem em mente, pois o próprio prédio foi estruturado como uma fortaleza e suas longas plataformas foram projetadas pensando no desembarque de reforços, no caso de serem necessários. Do lado de fora, os amplos bulevares de Napier garantiam que as tropas britânicas teriam um campo de tiro aberto. Muitas vezes se diz que a Grã-Bretanha vitoriana não fez nada comparável à reconstrução de Paris por Haussmann sob Napoleão III. Em Lucknow ela chegou perto.

A reengenharia de Napier para Lucknow ilustra um fato básico inescapável sobre o Raj britânico na Índia. Sua fundação era a força militar. O exército ali não era só uma reserva estratégica imperial. Era também o fiador da estabilidade interna do seu arsenal asiático.

A Índia, porém, não era governada só pela ameaça. Além dos caxias, como Napier, havia também os mandarins: a administração civil que governava a Índia de verdade, administrando justiça e lidando com uma infinidade de crises locais, indo de reclamações triviais sobre pontes quebradas a carestia severa. Embora fosse uma tarefa ingrata e, às vezes, infernal, a elite que a executava se deleitava com seu apelido: "os nascidos no céu".

A Vista dos Morros

Todo ano, com a aproximação do fim de março, as planícies indianas tornam-se insuportavelmente quentes e ficam assim durante as chuvas das monções até o final de setembro.

> Todas as portas e janelas estavam fechadas, pois o ar do lado de fora era como o de um forno. A atmosfera interna era de 40°C, como testemunhava o termômetro, e pesada com o cheiro ruim das lâmpadas de querosene malconservadas; e esse fedor, combinado com o do tabaco nativo, tijolo cozido e terra seca, manda

o coração de muitos homens fortes para as suas botas, pois esse é o cheiro do Grande Império Indiano quando ele se transforma em uma casa de tormento.

Antes do advento do ar-condicionado, a Índia no verão era realmente uma "casa de tormento" para os europeus, um tormento escassamente aliviado pelo ineficaz abano dos *punkah wallas*.* Enquanto suavam e praguejavam, os britânicos ansiavam por escapar do calor enervante das planícies. Como eles poderiam governar um subcontinente sem sucumbir todo ano à exaustão pelo calor? A solução foi encontrada no sopé do Himalaia, onde o tempo no meio do verão oferecia uma imitação passável do clima doméstico do "velho país".

Havia alguns refúgios elevados para os britânicos cronicamente torrados pelo sol – Darjeeling ao leste, Ootacamund no sul –, mas uma estação montanhosa em particular era inigualável. Tomando em Délhi o trem que vai para o norte e sobe serpenteando pelas montanhas de onde hoje é Himachal Pradesh, segue-se o caminho percorrido por gerações de soldados e administradores britânicos, para não falar de suas mulheres e namoradas. Alguns deles iam para lá de licença, para passear, divertir-se e namorar. Mas a maioria ia porque todo ano, por sete meses, lá era a sede do governo da Índia.

Simla fica pouco mais de 2.100 metros acima do nível do mar e a mais de 1.500 quilômetros de Calcutá. Até a estrada de ferro partindo de Kalka ser construída, em 1903, o único jeito de chegar lá em cima era a cavalo ou carregado em um *dooly* ou um *dandy*.** Quando os rios transbordavam, elefantes eram necessários. Para um visitante moderno, Simla parece ser ainda mais distante do que isso sugere. Com suas vistas das montanhas de tirar o fôlego, os pinheiros altíssimos e o ar primorosamente fresco – para não falar da ocasional nuvem de chuva –, ela é mais parecida com as Highlands da Escócia do que com o Himalaia. Há até uma igreja gótica e um Gaiety Theatre. Não é de se espantar que tenha sido um escocês quem a fundou, um certo Charles Pratt Kennedy, que construiu para si mesmo a primeira casa no alto de um morro, em 1822. Para os vitorianos, ensinados pelo romantismo a idealizar as montanhas da Caledônia, Simla parecia um paraíso: o ar montanhoso, um dos primeiros visitantes, entu-

---

* Serviçais que moviam os grandes ventiladores feitos de folhas de palmeira ou de pano, chamados *punkah*. (N. T.)
** Tipos de liteira usados na Índia. (N. T.)

siasmado, disse: "Parecia instilar éter nas minhas veias, pois eu me sentia como se pudesse me jogar de cabeça nos vales mais profundos ou subir saltitando suas laterais íngremes com uma facilidade ousada [...]". Os homens que mandavam na Índia logo sentiram o aroma desse ar rejuvenescedor. *Lord* Amherst visitou Simla como governador-geral já em 1827, e em 1864 ela se tornou a residência de verão oficial do vice-rei. Dali em diante, o Chalé do vice-rei, no topo da Colina do Observatório, tornou-se a sede do poder no verão.

Empoleirada no alto do morro, Simla era um pequeno mundo híbrido e estranho – parte Highlands, parte Himalaia; parte casa das máquinas, parte parque de diversão.⁷ Era um mundo que ninguém compreendeu melhor do que Rudyard Kipling. Nascido em Bombaim, em 1865, Kipling passou mais dos seus primeiros cinco anos de vida com a sua *ayah* do que com os seus pais, aprendeu a falar hindustâni antes de falar inglês e detestou a Inglaterra quando foi mandado para ser educado lá, aos cinco anos. Voltou onze anos depois para assumir o posto de editor-assistente da *Civil and Military Gazette*, sediada em Lahore, que logo avivou com uma série de poemas e histórias animadas retratando a vida anglo-indiana sem (nas suas próprias palavras) "meias-tintas". Como um entusiasmado repórter iniciante, Kipling adorava perambular atrás de uma boa história pelos bazares de Lahore ("aquele maravilhoso, sujo, misterioso formigueiro") gracejando e barganhado com os donos de lojas hindus e os comerciantes de cavalos muçulmanos. Essa era a verdadeira Índia, e ele achava os ataques dela a seus sentidos intoxicantes: "[O] calor e os cheiros de óleo e de especiarias, e baforadas de incenso do templo, e suor, e escuridão, e sujeira e luxúria e crueldade, e, acima de tudo, coisas maravilhosas e fascinantes sem conta". À noite, ele até visitava antros de ópio. Um homem contido que ansiava ser abusado, Kipling achava a droga "uma coisa excelente em si".

Em contraste, Kipling era ambivalente quanto a Simla. Como todo mundo que ia para lá, apreciou o "ar champagne" das montanhas e ficou encantado com os "gramados ondulantes como os seios de uma mulher [...] o vento na relva, e a chuva entre os cedros-do-himalaia diz[endo] 'Sh-sh-sh'". Achou a vida social um divertido redemoinho de "festas no jardim, festas para jogar tênis, piqueniques, almoços no Annandale, torneios de tiro, jantares e bailes; além de cavalgadas e caminhadas". Por vezes, a vida em Simla parecia ser "a única existência que vale a pena viver nesta terra desolada". Mais ou menos a sério, Kipling reconheceu no seu "Conto das duas cidades" (Calcutá e Simla):

Que o comerciante arrisca os perigos da Planície
Pelo lucro.
Os governantes não podem governar uma casa em que os homens enriquecem,
Da sua cozinha.

Ele compreendia perfeitamente bem por que

os governantes naquela cidade perto do mar
resolveram fugir –
Fugiram, a cada retorno da cheia de primavera, das suas doenças
para as colinas.

Além do clima agradável, havia a diversão do flerte com as mulheres de outros homens despachadas para as colinas pelo bem da sua saúde por maridos confiantes que ficavam se esvaindo em suor nas planícies.

Ainda assim, Kipling não podia deixar de se perguntar se era totalmente prudente que o vice-rei e seus conselheiros preferissem passar metade do ano "do lado errado de um rio irresponsável", tão afastados daqueles que governam quanto estariam "separados por um mês de viagem marítima". Por mais que gostasse das viúvas de verão de Simla, as simpatias de Kipling sempre estiveram com seus conterrâneos que aguentavam firme nas planícies: Kim, o órfão filho de um soldado britânico, "bancando o nativo" ao longo da estrada principal; o milico estóico, o cabo Terence Mulvaney, falando o seu estranho patoá, metade irlandês, metade hindustâni; e, acima e tudo, os oficiais distritais do Serviço Civil Indiano, derretendo nos seus postos avançados assados ao sol. Eles podiam ser, como Kipling disse uma vez, "cínicos, desleixados e rudes". Podiam, como o pobre Jack Barrett, ser traídos por suas mulheres malvadas no alto das colinas.[8] Mas os "civis" eram os homens que mantinham o Raj unido.

Talvez a mais desconcertante estatística sobre a Índia Britânica seja o tamanho do Serviço Civil Indiano. Entre 1858 e 1947, raramente houve mais do que mil membros do serviço público pactuado,[9] para uma população que, no fim do domínio britânico, passava de 400 milhões. Como observou Kipling: "Uma das poucas vantagens da Índia sobre a Inglaterra é a possibilidade de conhecer todo mundo [...] Ao cabo de vinte [anos, um homem] conhece todos, ou sabe alguma coisa sobre todos, os ingleses do Império". Foi essa, então, a burocracia mais eficiente da história? Um funcionário público britânico era realmente capaz de administrar a vida de até 3 milhões de indianos, espalhados por 44 mil quilômetros quadrados, como se esperava que alguns funcionários fizessem? Só, concluiu Kipling, se os próprios senhores trabalhassem como escravos:

> Ano após ano, a Inglaterra envia novas levas para a primeira linha da batalha, que oficialmente é chamada de Serviço Civil Indiano. Esses morrem, ou se matam por excesso de trabalho, ou morrem de preocupação ou ficam com a saúde e a esperança acabadas para que a terra possa ser protegida contra a morte e a doença, fome e guerra, e possa um dia tornar-se capaz de parar em pé sozinha. Ela nunca vai parar em pé sozinha, mas é uma ideia bonita e homens estão dispostos a morrer por ela, e anualmente o trabalho de empurrar e adular e ralhar e mimar o país rumo a uma vida melhor segue em frente. Quando há um avanço, todo o crédito é dado ao nativo enquanto os ingleses ficam atrás e secam a fronte. Se uma falha ocorre, os ingleses dão um passo à frente e assumem a culpa.

"Até que o vapor substitua a força manual no funcionamento do Império", escreveu Kipling em "Educação de Otis Yeere", sempre haveria "homens que estão acabados, gastos, na mera rotina mecânica". Esses homens eram "simplesmente a arraia-miúda – o alimento da atividade febril – compartilhando com o *ryot* [camponês] e com o boi da charrua a honra de ser o plinto sobre o qual o Estado repousa". Otis Yeery era o arquetípico "homem com os olhos fundos que, por ironia oficial, dizia-se estar 'no comando' de [uma] fervilhante, choramingueta, fraca colmeia, incapaz de se virar, mas forte no seu poder de mutilar, contrariar e incomodar".

Na forma como Kipling o descreve, o SCI dificilmente soa como uma opção atraente de carreira. Ainda assim, a competição pelos postos era acirrada, tão acirrada que a seleção precisava ser baseada nos exames mais difíceis, talvez, da história. Considere algumas das perguntas feitas aos candidatos em 1859. Para os padrões modernos, é verdade, a prova de história é um pouco a delícia dos CDFs. Eis duas questões que não eram atípicas:

> 14. Enumere as principais colônias da Inglaterra, e exponha como e quando cada uma delas foi adquirida.

15. Nomeie os sucessivos governadores-gerais da Índia até 1830, dando as datas de seus governos, e um breve resumo das principais transações indianas de cada um.

Por comparação, a prova de lógica e filosofia mental é mais exigente – e escrita com mais elegância:

3. Que métodos experimentais são aplicáveis para a determinação do verdadeiro antecedente dos fenômenos em que pode haver uma pluralidade de causas?
5. Classifique as falácias.

Mas é a prova de filosofia mental e moral a parte mais desafiadora, e reveladora, do exame para o SCI:

1. Descreva as várias circunstâncias de situações que fazem nascer o prazeroso sentimento de poder.

Se existe uma pergunta capciosa, é essa (é de se presumir que qualquer candidato que reconhecesse que o poder *realmente* induz um sentimento prazeroso seria reprovado). E a questão seguinte não é muito mais fácil:

2. Especifique, até onde você for capaz, as obrigações particulares que vêm sob o título geral de justiça.

Finalmente, só para separar a nata de Balliol[10] do resto, vem isso:

7. Exponha os argumentos a favor e contra a utilidade, considerada como a base (1) efetiva, e (2) apropriada da moral.

As coisas certamente haviam mudado desde os dias de Thomas Pitt e Warren Hastings. Naquele tempo, os empregos na Companhia das Índias Orientais eram comprados e vendidos como parte de um elaborado sistema de patronato aristocrático. Mesmo depois da criação do Haileybury College como uma escola para futuros funcionários públicos indianos, em 1805, e da introdução do primeiro exame classificatório, em 1827, os diretores da companhia ainda achavam que os postos no SCI estavam a seu dispor. Somente em 1853 o patronato foi substituído pela meritocracia. A Lei de Governo da

Índia daquele ano acabou com o monopólio efetivo de Haileybury sobre os postos do SCI e pôs em seu lugar o princípio da competição aberta por meio de provas. Os vitorianos queriam que a Índia fosse governada pelo melhor da elite acadêmica: imparcial, incorruptível, onisciente.

A ideia era atrair bons universitários para a administração imperial diretamente depois que completassem sua primeira graduação, idealmente em Oxford ou Cambridge, e depois fazê-los passar por um ou dois anos de treinamento em direito, línguas, história indiana e montaria. Na prática, o SCI tendia a não atrair o *crème de la crème* de Oxbridge – os acadêmicos, os *double firsts* e os ganhadores de prêmios universitários. Os homens que optavam pelos rigores do subcontinente costumavam ser aqueles cujas perspectivas na Grã-Bretanha eram modestas: jovens filhos brilhantes de profissionais provinciais que estavam dispostos a se matar de estudar por um emprego ultramarino de prestígio – homens como Evan Machonochie, nascido em Devon. Seu tio-avô e seu irmão mais velho tinham ambos sido funcionários civis na Índia e as cartas deles para casa tinham-no convencido de que "o caminho da felicidade está no Oriente". Em 1887, depois de dois anos rachando, ele passou no exame de admissão para o SCI e partiu para Bengala depois de mais dois anos em Oxford estudando e se submetendo a exames sobre história, direito e línguas da Índia. E isso ainda não era o fim do processo de seleção, já que os primeiros meses na Índia ele passou preparando-se para mais exames. Depois de um teste preliminar de hindustâni, Machonochie foi formalmente nomeado magistrado de terceira classe. Para o seu constrangimento, conseguiu "tomar pau" nos seus primeiros exames departamentais em gujarati, lei indiana, procedimentos do Tesouro e contabilidade de proventos (porque sua cabeça estava "cheia de assuntos muito mais interessantes, meus primeiros cavalos, meu filhote de *fox terrier* [e] o melhor lugar para abater uma codorna"); mas passou raspando na segunda tentativa.

Machonochie achou a vida de magistrado (agora de segunda classe) e depois de coletor distrital surpreendentemente agradável:

> O início da manhã era passado, na ausência de algum trabalho especial, exercitando os cavalos, no jardim ou com uma câmera. O dia de trabalho ocupava as horas entre onze da manhã e cinco da tarde, e, depois disso, um jogo de tênis e uma conversa na varanda do coletor nos levavam até a hora do jantar [...] Imagine, então, o jovem assistente saindo a cavalo em uma manhã fresca de

novembro, depois de uma boa monção [...] ele tem poucas preocupações, seu coração está leve e só uma alma sem graça não reagiria à vista. No caminho haverá vilas para inspecionar, talvez, se o tempo permitir, uma tranquila sessão de fotos [...] Muitas pistas sobre o que o aldeão está pensando são obtidas durante uma conversa entre os distritos ou enquanto se observa o flutuar de alguém num lago calmo [...]

Mas a vida de um mandarim expatriado tinha um outro lado. Havia o tédio de ouvir apelações contra cobranças de impostos, quando "em uma tarde quente, depois de uma longa ronda matinal (nos campos) e um café da manhã substancioso, o esforço para manter-se acordado durante o registro de evidências ou leitura em voz alta dos documentos vernaculares equivale quase à dor física [...]". Depois, havia a solidão de ser o único homem branco em centenas de milhas:

> Quando comecei, ninguém do pessoal do meu escritório, a não ser uns poucos *mamlatdars*, e ninguém mais nos *talukas*, falava inglês, e eu raramente encontrava outro oficial distrital. Durante sete meses eu mal falei inglês e estava basicamente por minha conta.

O pior de tudo era a responsabilidade de governar literalmente milhões de pessoas, especialmente durante crises como a praga que assolou Bombaim em 1896 ou a fome de 1900. Como Machonochie recordou mais tarde, "aquele tempo marcou o fim de dias felizes e irresponsáveis. Os anos que se seguiram raramente eram livres da assustadora ansiedade com a pestilência e a fome".[11] Finalmente, em 1897, veio uma pausa: um posto em Simla, como subsecretário do Departamento de Receita e Agricultura. Foi lá que ele conseguiu perceber que "você não é meramente um indivíduo sem nenhuma importância [...] mas parte de uma grande máquina com cuja eficiência tem um compromisso de honra de contribuir".

Machonochie não tinha nenhuma dúvida quanto à importância do solitário oficial distrital aos olhos das pessoas sob os seus cuidados. "Para o *raiyat* [camponês] a visita de um *saheb* ou o encontro casual com um tem algumas das qualidades da excitação [...] Vai ser comentado por dias junto à fogueira da cidade e lembrado por anos. O homem branco vai ser medido astuta e francamente. Então, cuidado com seus modos e seus hábitos!"

Nas entrelinhas das suas memórias, porém, pode-se discernir uma realidade crucial, embora tácita. Tudo o que ele e os outros oficiais distritais faziam dependia de uma outra camada muito maior de burocracia abaixo deles. Era o serviço público não pactuado, composto de indianos, e eram eles que se responsabilizavam pela administração no dia a dia de cada um dos *talukas* e *tahsils* locais do distrito. Havia 4 mil indianos no serviço não pactuado em 1868, e abaixo deles um verdadeiro exército de funcionários públicos inferiores: os funcionários do telégrafo e os coletores de bilhetes, muitos dos quais eram eurasianos ou indianos. Em 1867, havia cerca de 13 mil empregos no setor público pagando 75 rúpias ou mais por mês, dos quais cerca da metade era de indianos. Sem essa força auxiliar de funcionários públicos nativos, o "nascido no céu" teria sido impotente. Essa era a verdade não dita sobre a Índia Britânica; e era por isso que, como o próprio Machonochie observou, não dava a sensação de ser "um país conquistado". Apenas os governantes indianos tinham sido suplantados ou subjugados pelos britânicos; a maioria dos indianos continuava em grande medida como antes – na verdade, para uma classe importante deles, o domínio britânico era uma oportunidade para o seu próprio progresso.

A chave para o surgimento de uma elite indiana pró-britânica foi a educação. Apesar de, no início, os próprios britânicos terem dúvidas quanto a oferecer educação ocidental aos nativos, muitos indianos – especialmente bengalis de castas altas – foram rápidos em perceber os benefícios de falar a língua e entender a cultura de seus novos senhores. Já em 1817, uma Faculdade Hindu havia sido fundada em Calcutá por bengalis prósperos ávidos por educação ocidental; oferecendo cursos de história europeia, literatura e ciências naturais, foi a primeira de muitas instituições semelhantes. Como já vimos, os que propunham a modernização assim como a evangelização da Índia aproveitaram a ideia de dar aos indianos acesso à educação ocidental. Em 1835, o grande historiador *whig* e administrador na Índia Thomas Babington Macaulay – filho do abolicionista Zachary – enumerou explicitamente o que poderia ser alcançado dessa forma na sua famosa Minuta sobre a Educação:

> É impossível para nós, com nossos meios limitados, tentar educar a maior parte das pessoas. Precisamos, no momento, fazer o melhor para formar uma classe

que possa ser intérprete entre nós e os milhões que governamos; uma classe de pessoas indianas de sangue e cor, mas inglesas no gosto, nas opiniões, na moral e no intelecto.

Em 1838, havia quarenta seminários que utilizavam o inglês sob o controle do Comitê Geral de Instrução Pública. Nos anos 1870, a visão de Macaulay havia em grande medida se realizado. Seis mil estudantes indianos estavam inscritos na educação superior, e nada menos do que 200 mil nas escolas secundárias anglófilas "da melhor qualidade". Calcutá havia adquirido uma indústria de publicação em língua inglesa substancial, capaz de editar mais de mil obras de literatura e ciência por ano.

Entre os beneficiários da expansão da educação anglicizada, estava um jovem bengali ambicioso chamado Janakinath Bose. Educado em Calcutá, Bose qualificou-se para advogar na corte superior na cidade de Cuttack em 1885 e depois passou a servir como presidente da municipalidade de Cuttack. Em 1905, tornou-se procurador do governo e promotor chefe, e sete anos depois coroou sua carreira sendo indicado para o Conselho Legislativo de Bengala. O sucesso de Bose como advogado permitiu-lhe comprar uma espaçosa mansão no distrito chique de Calcutá. Também deu a ele o título de Rai Bahadur, o equivalente indiano da denominação de cavaleiro, concedido pelos britânicos. E ele não estava sozinho: dois de seus três irmãos entraram para o serviço do governo, um deles no Secretariado Imperial em Simla.

Essa elite penetrou até nas fileiras do próprio SCI pactuado. Em 1863, Satyendernath Tagore tornou-se o primeiro indiano a passar no exame – que sempre esteve aberto aos candidatos independentemente da cor da pele, exatamente como a rainha Vitória havia prometido – e em 1871 outros três nativos foram admitidos para as fileiras dos "nascidos no céu".

Bose e aqueles como ele eram as pessoas de quem o Império realmente dependia na Índia. Sem a sua capacidade de transformar as ordens do SCI em realidade, o domínio britânico na Índia simplesmente não teria funcionado. De fato, a verdade era que o governo em todo o Império só foi realmente possível com a colaboração de setores-chave dos governados. Isso foi relativamente fácil de conseguir em lugares como o Canadá, a Austrália e a Nova Zelândia, onde as populações nativas haviam sido reduzidas a minorias insignificantes. O problema fundamental era como manter a lealdade tanto dos colonos como das

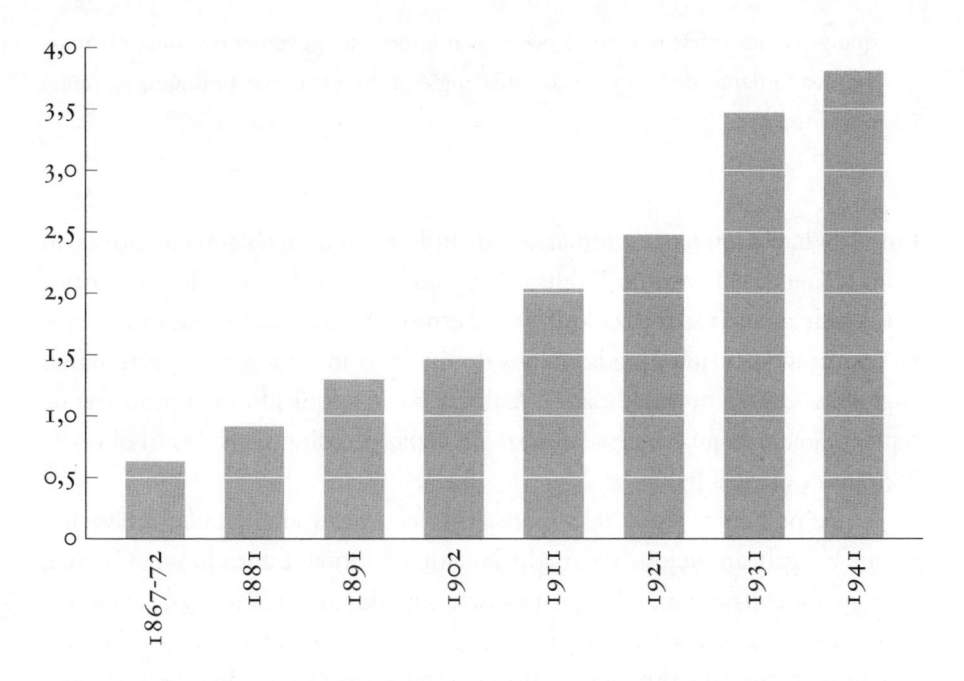

Sob o comando britânico, a porcentagem da população indiana na educação primária e secundária aumentou fortemente, apesar de continuar baixa para os padrões europeus. Em 1911, a porcentagem da população europeia na escola ficava entre 8% e 18%.

elites nativas onde a comunidade branca era quem estava em minoria, como na Índia, onde a população britânica somava no máximo menos 0,05% do total.[12]

Nas condições indianas, os administradores enviados de Londres não viam outra alternativa senão cooptar uma elite de nativos. Mas foi precisamente isso que os britânicos que realmente moravam na Índia rejeitaram. Os homens no local preferiam manter os nativos abaixo: coagi-los se necessário, mas nunca cooptá-los. Esse era o grande dilema imperial da era vitoriana – e por ele não só a Índia, mas todo o Império Britânico haveria de ser atacado.*

---

* Ferguson usa uma imagem mais forte, mas de difícil tradução. Em inglês, um dilema é formado por dois *horns*, chifres. Ferguson diz então que, neles, "não só a Índia, mas todo o Império Britânico haveria de ser empalado. (N. T.)

Raças Separadas

Em junho de 1865, apareceu um cartaz no portão de um cais em Lucea, no distrito jamaicano de Hanover, contendo uma misteriosa profecia:

> Eu ouvi uma voz falando comigo no ano de 1864, dizendo, "Diga aos filhos e filhas da África que uma grande libertação vai acontecer para eles vinda da mão da opressão", pois, disse a voz, "Eles são oprimidos pelo governo, por magistrados, por proprietários e por comerciantes", e a voz também disse, "Diga a eles para convocar uma assembleia solene e para se santificarem para o dia da libertação que certamente vai acontecer; mas, se as pessoas não quiserem ouvir, eu vou trazer a espada para esta terra para puni-los por sua desobediência e pelas iniquidades que eles cometeram" [...] A calamidade que vejo se abatendo sobre esta terra vai ser tão penosa e cheia de aflição que muitos desejarão morrer. Mas grande vai ser a libertação dos filhos e filhas da África, se eles se humilharem em roupas de pano de saco e cinzas para mostrar que estão arrependidos pelo que fizeram, como os filhos de Nínive diante do Senhor nosso Deus; mas, se rezarmos verdadeiramente dos nossos corações, e nos humilharmos, não precisamos temer; senão o inimigo vai ser cruel e haverá Gog e Magog para batalhar. Acreditem em mim.

O cartaz estava assinado simplesmente "Um filho da África".

A Jamaica havia um dia sido o centro da forma mais extrema de coerção colonial: a escravidão. Mas a abolição não havia melhorado muito o quinhão do negro jamaicano médio. Os ex-escravos receberam lotes miseravelmente pequenos para cultivarem sozinhos. Um período de seca havia elevado o preço dos alimentos. Enquanto isso, sem o subsídio fornecido pelo trabalho não livre, a velha economia de *plantation* estagnou. Os preços do açúcar estavam caindo e o desenvolvimento do café como produto principal era apenas um substituto parcial. Onde antes homens haviam literalmente morrido de trabalhar, agora eles estava à toa com o aumento do desemprego. Ainda assim, o poder – político e acima de tudo legal – permanecia concentrado nas mãos da minoria branca, que dominava a Assembleia da ilha e a sua magistratura. Um número minúsculo de negros jamaicanos conseguiu terra e educação suficientes para formar um embrião de classe média, mas eles eram vistos com enorme suspeita pela "plantocracia" dominante. Só em suas igrejas a maioria negra jamaicana podia se expressar livremente.

Foi contra esse pano de fundo que um renascimento religioso varreu a ilha nos anos 1860, um renascimento que combinava a confissão batista com a religião africana myal para produzir uma intoxicante mistura milenarista. O sentimento da aproximação de "uma grande libertação", expressado de forma tão vívida no cartaz de Lucea, só aumentou com a publicação de uma carta de Edward Underhill, o secretário da Sociedade Missionária Batista, que pedia uma investigação sobre o estado da Jamaica. Circulavam rumores de que a rainha Vitória quisera que os ex-escravos recebessem terra assim como a sua liberdade, em vez de ter de arrendá-la de seus ex-senhores. Encontros foram realizados para debater o conteúdo da carta de Underhill. Uma revolução clássica de elevação das expectativas estava em formação.

Ela começou na cidade de Morant Bay, no distrito de Saint Thomas, no leste, no sábado, dia 7 de outubro de 1865, a data estabelecida para a apelação de um certo Lewis Miller contra uma acusação sem importância de invasão de propriedade feita por um plantador vizinho. Miller era primo de Paul Bogle, proprietário de uma pequena fazenda em Stony Gut e membro ativo da igreja batista negra local, que havia sido galvanizado para a ação política direta pela carta de Underhill. Anteriormente, Bogle havia defendido a criação de "tribunais" negros alternativos; agora, havia formado sua própria milícia armada. À frente de cerca de 150 homens, marchou para o tribunal em que haveria a audiência do caso do seu primo. As escaramuças subsequentes com a polícia do lado de fora do tribunal deram às autoridades uma boa razão para prender Bogle e seus homens, mas a polícia foi rechaçada sob ameaças de morte quando tentou cumprir a ordem em Stony Gut na terça-feira seguinte. No dia seguinte, algumas centenas de simpatizantes de Bogle marcharam para Morant Bay "soprando conchas ou chifres, e rufando tambores" e entraram em confronto com a milícia voluntária que havia sido mandada para proteger uma reunião do conselho do distrito. Na violência que se seguiu, a multidão matou, a facadas ou por espancamento, dezoito pessoas, entre as quais membros do conselho; sete de seus próprios integrantes foram mortos pela milícia. Nos dias que se seguiram, dois plantadores foram assassinados conforme a violência foi se espalhando pelo distrito e além dele. No dia 17 de outubro, Bogle mandou uma circular para seus vizinhos que era nada menos do que uma convocação para a guerra:

> Todos vocês precisam deixar suas casas, pegar suas armas, quem não tiver armas pegue seus facões imediatamente [...] Soprem suas conchas, rujam seus tambo-

res, de casa em casa, peguem todos os homens [...] a guerra está diante de nós, minha pele negra, a guerra está ao alcance de hoje para amanhã.

Como sugerem essas palavras, agora era um conflito abertamente racial. Uma mulher branca afirmou ter ouvido os rebeldes cantando uma canção apavorante:

O sangue dos *buckras* [brancos] nós queremos,
O sangue dos *buckras* nós vamos ter,
Estamos indo atrás do sangue dos *buckras*,
Até não haver mais nada.

Um plantador recebeu uma ameaça de morte assinada por "Thomas Matamuitos, e pretende matar muitos mais".

Já houvera revoltas contra o domínio branco na Jamaica antes. A última, em 1831, havia sido ferozmente reprimida. Para o recém-nomeado governador, Edward Eyre, um homem cozido até endurecer pelo sol do interior da Austrália,[13] só havia uma resposta. Em sua opinião, as únicas causas da pobreza dos negros eram "a preguiça, a imprevidência e o vício das pessoas". No dia 13 de outubro, ele decretou lei marcial em todo o condado de Surrey e enviou soldados regulares. Ao longo de um mês de retaliação desenfreada, cerca de duzentas pessoas foram executadas, outras duzentas açoitadas e mil casas destruídas. A tática que Eyre autorizou lembrava muito a adotada para reprimir o Motim Indiano só oito anos antes. Para dizer o mínimo, houve uma perfunctória atenção ao devido processo legal; de fato, os soldados – muitos dos quais eram, na verdade, eles mesmos negros, como o 1º Regimento das Índias Ocidentais que foi enviado, com os *maroons* no apoio – receberam efetivamente licença para barbarizar. Alguns prisioneiros foram mortos a tiro sem julgamento. Um jovem inválido foi morto com um tiro na frente da sua mãe. Uma mulher foi estuprada em sua própria casa. Houve inúmeros açoitamentos.

Além do próprio Bogle, entre os executados estava George William Gordon. Proprietário de terras, ex-magistrado e membro da Assembleia eleita da ilha, Gordon era um pilar da comunidade negra e um revolucionário improvável; a única foto dele que sobreviveu mostra a encarnação da respeitabilidade de óculos e bigode. Quase com certeza, ele não participou da revolta.

Na verdade, não estava nem perto de Morant Bay quando ela estourou. Saint Thomas do Leste era o seu distrito e ele havia recentemente sido expulso do conselho de lá. No entanto, como "meia-casta" – filho de um plantador e de uma moça escrava – que tinha defendido publicamente a causa dos ex--escravos, Gordon ficara marcado como encrenqueiro para Eyre; de fato, fora Eyre quem o destituíra da magistratura três anos antes. Agora, para garantir que finalmente se livraria dele, Eyre prendeu-o e levou-o de Kingston para a área onde a lei marcial estava em vigor. Depois de um julgamento apressado, ele foi condenado – em parte com base em depoimentos escritos altamente duvidosos – por incitar a rebelião. Em 23 de outubro, foi enforcado.

O levante de Morant Bay havia sido enfática e cruelmente esmagado; mas os plantadores brancos que aplaudiram o manejo da crise por Eyre estavam para ter uma surpresa chocante – assim como o próprio Eyre. Tendo sido inicialmente elogiado pelo secretário colonial por seu "espírito, energia e discernimento", ele ficou espantado ao saber que uma comissão real havia sido estabelecida para averiguar sua conduta e que ele próprio ia ser temporariamente substituído como governador. Essa reação contra suas táticas brutais originou-se entre os membros da Sociedade Britânica e Estrangeira Antiescravatura, que ainda mantinha a velha chama do abolicionismo acesa e viu o uso da lei marcial por Eyre como uma volta aos dias de escravidão. Na distante África, até David Livingstone ficou sabendo do ocorrido e fulminou:

> A Inglaterra está na retaguarda. Assustada nos primeiros anos por suas mães com o "bicho-papão negro", ela ficou apavorada e fora de si com uma revolta, e os escritores sensacionalistas, que fazem o papel dos "meninos terríveis" que assustam as tias, gritaram que a emancipação foi um erro. "Os negros da Jamaica eram tão selvagens como quando deixaram a África." Eles poderiam ter posto isso com muito mais força dizendo, como a ralé [...] que se reúne a cada execução em Newgate.

A campanha contra Eyre logo se expandiu para além do que um de seus defensores chamou de "as velhinhas de Clapham", e abrangeu alguns dos grandes intelectuais liberais da era vitoriana, incluindo Charles Darwin e John Stuart Mill. Não satisfeitos com a destituição do governador, o comitê que formaram moveu quatro processos diferentes contra ele, começando com uma acusação de cúmplice de homicídio. O governador deposto, no entanto, também tinha apoio de gente influente como Thomas Carlyle, John Ruskin,

Charles Dickens e o poeta laureado Alfred Lord Tennyson. Nenhum dos processos foi bem-sucedido, e Eyre pôde se aposentar em Devon com a pensão de governador, que recebeu até morrer aos 86 anos em 1901.

Não obstante, do momento em que Eyre deixou a Jamaica, o velho regime de domínio dos plantadores estava encerrado. Dali em diante, a ilha seria governada diretamente de Londres por meio do governador; um Conselho Legislativo dominado por indicados dele substituiria a antiga Assembleia. Foi um passo para trás, em direção aos velhos dias anteriores ao "governo responsável" ter concedido poder político aos colonos britânicos; mas foi um passo tomado mais com um espírito progressista do que reacionário, com a intenção de limitar o poder da plantocracia e proteger os direitos dos negros jamaicanos.[14] Essa viria a ser uma característica fundamental do Império Britânico tardio. Em Whitehall e Westminster, as ideias liberais estavam em ascensão, e isso significava que a lei tinha que ter precedência, independentemente da cor da pele. Se isso não parecia estar acontecendo, então a vontade das assembleias coloniais teria que ser simplesmente desconsiderada. Só que os colonos britânicos – os homens e as mulheres no local – cada vez mais se achavam não só legalmente, mas biologicamente superiores às outras raças. No que lhes dizia respeito, as pessoas que atacaram Eyre eram *bien pensants* ingênuos que não tinham nenhuma experiência ou compreensão das condições coloniais. Cedo ou tarde, essas duas visões – o liberalismo do centro e o racismo da periferia – estavam destinados a colidir novamente.

Nos anos 1860, a raça estava se tornando um problema em todas as colônias britânicas, tanto na Índia quanto na Jamaica; e ninguém levava o assunto mais a sério do que a comunidade empresarial anglo-indiana.[15] A Jamaica era uma economia em declínio. A Índia vitoriana, ao contrário, estava crescendo rapidamente. Imensas quantias de capital britânico estavam sendo investidas em uma gama de novas indústrias: fiação de algodão e juta, mineração de carvão e produção de aço. Em nenhum lugar isso era mais evidente do que em Cawnpore, nas margens do rio Ganges: antes local de algumas das batalhas mais amargas do Motim Indiano, transformou-se, em poucos anos, na "Manchester do Oriente", um próspero centro industrial. Essa transformação deveu-se em grande medida a cascas-grossas, como Hugh Maxwell. Sua família – natural de Aberdeenshire – havia se estabelecido no distrito em 1806, onde haviam sido pioneiros do cultivo de índigo e algodão cru. Depois de 1857, foram Maxwell e homens de seu quilate que levaram a revolução industrial para a Índia importando maquinário britânico para fiação e tecelagem e construindo tecelagens nos moldes britânicos. Na era anterior à energia a vapor, a Índia havia liderado o mundo na fiação, tecelagem e tintura manuais. Os britânicos primeiro aumentaram as tarifas contra os produtos deles; depois pediram o livre comércio quando o modo de produção industrial alternativo deles foi aperfeiçoado. Agora estavam determinados a reconstruir a Índia como economia manufatureira usando a tecnologia britânica e o trabalho indiano barato.

Nossa visão da Índia Britânica tende a ser a das classes oficiais, os soldados e funcionários públicos descritos com tanta vivacidade por Kipling, E. M. Forster e Paul Scott. O resultado é que é fácil esquecer quão poucos eles realmente eram. Na verdade, os comerciantes, plantadores e profissionais eram várias vezes mais numerosos. E havia uma profunda diferença de atitude entre os que estavam a serviço do governo e a comunidade empresarial. Homens como Hugh Maxwell sentiam-se ameaçados pelo crescimento de uma elite indiana educada, especialmente porque isso significava que eles poderiam ser dispensáveis. Afinal, por que um indiano adequadamente educado não poderia ser tão bom administrando uma fábrica de tecidos como um membro da família de Maxwell?

Quando as pessoas se sentem ameaçadas por outro grupo étnico, a sua reação geralmente é fazer pouco dele, a fim de afirmar a sua própria superioridade. Foi assim que os anglo-indianos se comportaram depois de 1857. Mesmo antes do motim, já havia uma segregação se infiltrando entre os brancos e as populações nativas, uma espécie de *apartheid* informal que dividia cidades como Cawnpore em duas: a cidade branca atrás das "Linhas Civis" e a "Cidade Negra" do outro lado. Entre as duas passava o que Kipling chamou de "o Limite, onde acaba a última gota de sangue branco e começa o mar de negros". Enquanto os liberais mais progressistas em Londres tinham esperança de, num futuro distante, ver a participação dos indianos no governo, os anglo-indianos cada vez mais usavam a linguagem do Sul dos Estados Unidos para fazer pouco dos *niggers** nativos. E esperavam que a lei reafirmasse sua superioridade.

Essa expectativa viria a ser estilhaçada em 1880, quando o recém-formado governo de Gladstone indicou George Samuel Robinson, conde de Grey e

---

* *Nigger*, corruptela de negro, tem, em inglês, conotação altamente pejorativa. (N. T.)

marquês de Ripon, como vice-rei. Até a rainha Vitória ficou "muito surpresa" ao tomar conhecimento da indicação dessa figura notavelmente progressista, que ainda por cima havia se convertido ao catolicismo (uma mancha, aos olhos dela). Ela escreveu para alertar o primeiro-ministro que "achava a indicação muito duvidosa, já que, apesar de ser um homem muito bom, ele era fraco". Não demorou muito para Ripon justificar essas dúvidas. Mal chegou a Calcutá, começou a interferir em questões que velhos habitantes da Índia como Hugh Maxwell levavam realmente muito a sério.

Entre 1872 e 1883, existia uma diferença crucial entre os poderes dos magistrados distritais britânicos e dos juízes seccionais no interior da Índia – o *Mofussil* – e os dos seus pares nativos.[16] Apesar de ambos serem membros do serviço civil pactuado, os indianos não tinham autoridade para presidir julgamentos de réus brancos em casos criminais. Aos olhos do novo vice-rei, isso era uma anomalia indefensável; então requisitou uma lei para acabar com isso. A tarefa coube ao encarregado pela Justiça em seu Conselho, Courtenay Peregrine Ilbert. Um liberal tão convicto quanto seu chefe, Ilbert era em muitos aspectos a antítese de Hugh Maxwell. A família de Maxwell vinha nascendo e sendo criada na Índia havia gerações; Ilbert tinha acabado de chegar, um advogadinho bastante tímido que pouco tinha visto do mundo para além de suas salas de aula em Balliol e as câmaras da Corte de Justiça. Não obstante, ele e Ripon não hesitaram em colocar o princípio na frente da experiência. Sob a legislação esboçada por Ilbert, indianos adequadamente qualificados seriam autorizados a julgar acusados, independentemente da cor da pele destes. A justiça, dali para a frente, seria cega para cores, como a estátua de olhos vendados que a representa nos jardins da Alta Corte de Calcutá.

Na prática, a decisão afetou a posição de não mais do que vinte magistrados indianos. Para a comunidade anglo-indiana, porém, o que Ilbert propôs era um ataque intolerável ao seu *status* privilegiado. De fato, a reação à Lei Ilbert foi tão violenta que alguns a chamaram de "Motim Branco". No dia 28 de fevereiro de 1883, poucas semanas depois da publicação da lei, e depois de um bombardeio preliminar de cartas furiosas para a imprensa, uma multidão de alguns milhares se reuniu dentro da imponente Câmara Municipal neoclássica de Calcutá, para ouvir uma série de discursos inflamados dirigidos contra o funcionário público indiano educado, o desprezado "Babu de Bengala". A acusação foi liderada pelo imponente J. J. J. "King" Keswick, sócio importante da companhia de chá e comércio Jardine Skinner & Co. "Vocês acham",

Keswick perguntou a sua audiência, "que juízes nativos vão, com três ou quatro anos de residência na Inglaterra, tornar-se tão europeizados em natureza e caráter que serão capazes de julgar tão bem falsas acusações contra europeus como se tivessem nascido e sido criados lá? Pode o etíope mudar sua pele, ou o leopardo suas manchas?". Educar os indianos não havia feito nenhum bem:

> A educação que o governo deu a eles [...] eles usam principalmente para insultá-lo com um espírito insatisfeito [...] E esses homens [...] agora clamam por poder para julgar e condenar a raça de coração leonino cuja bravura e cujo sangue fizeram do país deles o que ele é e os elevou ao que eles são[!]

Para Keswick, treinar indianos para ser juízes era simplesmente inútil, já que um indiano era incapaz tanto pelo seu nascimento como pela sua criação de julgar um europeu. "Sob essas circunstâncias", concluiu diante de aclamação entusiasmada, "é de se espantar que protestemos – que digamos que esses homens não estão aptos a ter poder sobre nós, que não podem nos julgar, e que nós não vamos ser julgados por eles?" Foi uma peroração só superada em sua crueza pelo segundo orador principal da noite, James Branson:

> Verdadeiramente o asno chuta o leão (*Ribombar de aplausos*). Mostre a ele que você valoriza as suas liberdades; mostre a ele que o leão não está morto; ele dorme, e, em nome de Deus, que o asno tema o despertar. (*Aclamações e gritos por todos os lados*).

Do outro lado da rua, na sede do governo, Ripon ficou chocado com a audível reação hostil à Lei Ilbert. "Admito", confessou ele ao secretário colonial, *Lord* Kimberley, "que eu não fazia a menor ideia que um grande número de ingleses na Índia era imbuído de tais sentimentos".

> Mereço a culpa que pode me ser impingida por não ter descoberto depois de dois anos e meio de residência na Índia o verdadeiro sentimento do anglo-indiano médio com relação aos nativos entre os quais vive. Eu os conheço agora, e esse conhecimento me causa um sentimento próximo do desespero quanto ao futuro deste país.

Ripon, não obstante, resolveu insistir, na crença de que, "já que nós levantamos a questão, é melhor enfrentá-la e tirá-la do caminho dos nossos sucessores". Até onde podia ver, a questão era clara: deveria a Índia ser governada "em benefício dos indianos de todas as raças, classes e credos" ou "no interesse de um pequeno corpo de europeus"?

É dever da Inglaterra tentar erguer o povo indiano, elevá-lo socialmente, treiná-lo politicamente, promover o seu avanço em prosperidade material, em educação, e em moral; ou deve ser o fim e o cerne de seu governo manter um poder precário sobre o que o sr. Branson chama de "uma raça subjugada com ódio profundo por aqueles que a subjugaram"?

Ripon estava certo, é claro. A oposição da comunidade comerciante de Calcutá não se baseava só em preconceito racial visceral, mas em mesquinho interesse próprio: falando claramente, homens como Keswick e Branson estavam acostumadas a ter o direito do jeito deles no Mofussil, onde as plantações de juta, seda, índigo e chá de suas companhias se localizavam. Mas, agora que a sua oposição à Lei Ilbert estava à luz do dia, o vice-rei precisava pensar em providências práticas tanto quanto em princípios. Infelizmente, ele deixou o precedente decidir sua tática. Tendo jogado sua bomba na comunidade branca, Ripon deixou Calcutá quase imediatamente. Afinal, o verão estava chegando, e nada poderia alterar a sacrossanta rotina do vice-rei. Estava na hora de ele fazer a viagem anual para Simla, e, assim, para Simla ele foi. Esse retirada para as colinas nunca foi uma opção para os homens de negócio nos escritórios de Calcutá; os negócios continuaram como sempre nas planícies, qualquer que fosse a temperatura. A visão de Ripon indo se refestelar em Simla não foi bem calculada para aplacar tipos como "King" Keswick.

Também rumo às montanhas – para Chapslee, sua elegante residência em Simla – estava o autor da controversa lei em pessoa. A estratégia de Ilbert era passar o verão fora na esperança de que o rebuliço sossegasse. "Quanto ao tipo e o tamanho do sentimento que a lei podia despertar", escreveu ele ansiosamente para o seu mentor em Oxford, Benjamin Jowett, "eu não tinha nenhum conhecimento próprio [...] e [...] certamente não antecipei tamanha tempestade." "Sinto muitíssimo", contou a outro amigo, "que a medida tenha revelado e intensificado animosidades raciais". Da Câmara de Comércio, seu amigo *Sir* Thomas Farrer escreveu para assegurar a Ilbert que a opinião liberal estava do lado dele:

A luta entre a sede de poder, o orgulho racial [e] a avareza mercantil [...] de um lado, e o respeito genuíno por si mesmo, a humanidade, a justiça para com os inferiores e a simpatia (Sermão do Montanhismo – que palavra abominável) pelo outro, continua, como a luta entre o anjo e o demônio [...] pela alma do homem.

Como isso sugere, a Lei Ilbert estava polarizando as opiniões não só na Índia, mas na Inglaterra também. Para liberais como Farrer, era uma luta moral. Os ilustrados devotos do Sermão da Montanha eram, porém, menos numerosos em Calcutá do que em Clapham. De fato, o agravamento da crise da Lei Ilbert estava prestes a ilustrar com perfeição os perigos de governar um continente *de* uma montanha.

Por todo o país, no calor escaldante do verão indiano, a agitação se espalhava. Comitês foram formados e dinheiro foi levantado conforme a Anglo-Índia não oficial se mobilizava. Kipling entrou com seu peso, acusando Ripon de "esboçar uma utopia morena, nutrir o orgulho dos Babus/ Nos contos de fadas da justiça – com uma tendência para o seu lado". Essa, reclamou ele, era a política do vice-rei: "tumulto, vozerio e conflito infindável". De Cawnpore, Hugh Maxwell também se juntou ao coro do dissenso. Tinha sido "insensato", declarou ele duramente, o governo "provocar tanta animosidade racial". Por que Ripon e Ilbert não conseguiam ver "quão pouco adaptada é a mente nativa para apreciar e simpatizar com as ideias europeias sobre administrar o governo de um país e um povo?".

Esse "Motim Branco" estava intimamente ligado às lembranças do Motim Indiano original, ocorrido apenas 25 anos antes. Naquele tempo, todas as mulheres brancas de Cawnpore tinham sido mortas – e, como vimos, logo se espalhou uma lenda sobre estupro tanto quanto assassinato, como se todo homem indiano só estivesse esperando a oportunidade para raptar a primeira *memsahib*. Numa veia estranhamente similar, um tema recorrente da campanha anti-Ilbert era a ameaça representada pelos magistrados indianos às mulheres inglesas. Nas palavras de uma carta anônima para o *Englishman*: "A mulher de alguém pode ser levada por uma acusação imaginária e [...] o que daria mais prazer aos nossos companheiros súditos [...] do que intimidar e desgraçar uma pobre mulher europeia? [...] Quanto mais alta a posição de seu marido e quanto maior a respeitabilidade, maior o prazer do seu torturador". Escrevendo com a mesma veia para o *Madras Mai*, um correspondente quis saber: "Nossas mulheres vão ser arrancadas de casa sob falsas acusações [para] ser julgadas por homens que não respeitam mulheres e não nos compreendem e, em muitos casos, nos odeiam? [...] Imaginem-na, eu peço a vocês britânicos, sendo levada diante de um nativo seminu, para ser julgada e talvez condenada...". Esse tipo de linguagem deixava a nu um do complexos mais estranhos do Império Vitoriano: a insegurança sexual. Não é uma coincidência que as tramas dos romances mais conhecidos do Raj – *Passagem para a Índia*, de Forster, e *A Joia da Coroa*, de Scott – comecem com um suposto ataque sexual de um homem indiano a uma mulher inglesa, seguido por um julgamento presidido por um juiz indiano. Casos assim realmente ocorriam. Quando a campanha anti-Ilbert estava chegando a seu clímax, uma inglesa chamada Hume acusou seu varredor de estuprá-la, e apesar de, mais tarde, a acusação se revelar falsa (eles na verdade tinham sido amantes), na atmosfera febril do momento isso parecia de alguma maneira provar a tese.

A questão é: por que a ameaça de juízes indianos julgando mulheres inglesas era tantas vezes ligada ao perigo de contato sexual entre homens indianos e mulheres britânicas? Afinal, não havia falta de contato dessa natureza na outra direção entre homens britânicos e mulheres indianas; até 1888, havia até bordéis legalizados para soldados britânicos. Ainda assim, de alguma forma a Lei Ilbert parecia ameaçar derrubar não só as paredes do acantonamento como também do quarto no bangalô. Noventa mil brancos que reivindicavam governar 350 milhões de nativos viam a igualdade perante a lei como uma via direta para o estupro inter-racial.[17]

Quando Ripon finalmente voltou de Simla para Calcutá, em dezembro, foi uma recepção ambígua – ou, antes, racialmente dividida. Quando ele atravessou a ponte saindo da estação de trem, as ruas estavam apinhadas de indianos aplaudindo, saudando seu "amigo e salvador". Mas, na sede do governo ele recebeu vaias, assobios e escárnio de uma multidão de seus próprios conterrâneos, um dos quais sentiu-se impelido a chamá-lo de "maldita bicha velha". Em jantares públicos, somente funcionários estavam dispostos a beber à saúde do vice-rei. Havia até rumores de um plano para sequestrá-lo e despachá-lo para a Inglaterra. Uma efígie de Ilbert foi queimada em público.

Fraco como a rainha havia previsto que ele seria – e não ajudado pela visita inoportuna do filho dela, o duque de Connaught, que desprezava Ripon como "o maior tolo da Ásia" –, o vice-rei cedeu. A Lei Ilbert foi emasculada, dando aos acusados brancos em qualquer caso criminal que pudesse ser presidido por um magistrado indiano o direito de pedir um júri, e não menos que metade dos seus membros deveria ser de ingleses ou americanos. Essa pode parecer a concessão mais obscura que se poderia imaginar. Ainda assim, foi um recuo, e um recuo carregado de consequências perigosas para o futuro do Raj. Para os magistrados indianos educados e seus amigos, o desprezo com que eles eram vistos pela maioria dos anglo-indianos estava agora a céu aberto. Como observou, incomodado, um dos colegas de Ilbert, o tom da campanha na imprensa contra a lei havia sido temerariamente destemperado. As cartas "transbordavam invectivas selvagens e ataques insultantes e intimidadores contra os nativos, os quais todo guarda ferroviário ou capataz do plantador de índigo quer pisotear, como um senhor a seu servo, com impunidade". O "véu político que o governo sempre lançou sobre as relações delicadas ente as duas raças" havia sido "rudemente rasgado em dois" por uma "turba brandindo os punhos diante de toda a população nativa". E agora, exatamente como ele temia, a consequência realmente importante da Lei Ilbert tornou-se aparente: não o "Motim Branco", mas a reação que ele provocou entre os indianos. Totalmente sem intenção, Ripon havia provocado o aparecimento de uma consciência nacional indiana genuína. Como escreveu o *Indian Mirror*:

> Pela primeira vez na história moderna, hindus, maometanos, sikhs, rajputs, bengalis, madrasis, bombaimitas, punjabis e purbiahs se uniram para se integrar numa unidade constitucional. Raças e classes inteiras, que nunca antes tiveram interesse algum pelos assuntos de seu país, agora o têm com um entusiasmo e sinceridade que mais do que reparam a apatia prévia.

Apenas dois anos depois do Motim Branco, a primeira reunião do Congresso Nacional Indiano foi realizada. Apesar de inicialmente projetado por seu fundador britânico para canalizar e, assim, neutralizar a insatisfação indiana, o congresso rapidamente se tornaria o crisol do nacionalismo indiano moderno.[18] Desde o início, ele foi frequentado por baluartes da classe educada que serviam o Raj britânico, homens como Janakinath Bose e um advogado de Allahabad chamado Motilal Nehru.

O filho deste último, Jawaharlal seria o primeiro a ocupar o cargo de primeiro-ministro da Índia independente. O filho de Bose, Subhas Chandra, lideraria um exército contra os britânicos na Segunda Guerra Mundial. Não é exagero ver o Motim Branco como a fonte e a origem do afastamento de suas famílias em relação ao governo britânico.

A Índia era o núcleo estratégico do Império Britânico. Se os britânicos alijassem a elite anglicizada, essa fundação começaria a desmoronar. Mas poderia ser encontrado um outro setor da sociedade indiana para escorar o Raj britânico? De forma um tanto improvável, a alternativa para o *apartheid* asiático foi procurada por alguns no sistema de classes inglês.

Toryentalismo

Para muitos funcionários britânicos na Índia, exaurindo-se por anos a fio em uma terra distante, pensar em "casa" – não a simulada, em Simla, mas a verdadeira, para onde o homem poderia um dia ir quando se aposentasse – dava algum consolo no calor das planícies. Conforme a era vitoriana se aproximava do fim, no entanto, as lembranças de casa dos expatriados foram ficando cada vez mais em choque com a realidade. A visão deles era nostálgica, romântica, de uma Inglaterra rural imutável, com nobres proprietários de terras e párocos, chalés com telhado de palha e aldeões bem penteados. Era uma visão essencialmente *tory* de uma sociedade hierárquica tradicional, governada por aristocratas proprietários de terras num espírito de paternalismo benigno. O fato de que a Inglaterra agora era um gigante industrial – onde já em 1870 a maioria das pessoas vivia em cidades com mais de 10 mil habitantes – por algum motivo ficava esquecido.

Um processo similar aconteceu na outra direção, porém, conforme as pessoas na Grã-Bretanha imaginavam a Índia. "Quem pode conhecer a Inglaterra, se conhece só a Inglaterra?", perguntou certa vez Kipling, repreendendo seus conterrâneos que governavam um Império global sem botar o pé para fora das Ilhas Britânicas. Ele poderia ter feito essa pergunta para a própria rainha Vitória. Ela adorou quando o Parlamento concedeu-lhe o título de imperatriz da Índia (por sugestão dela mesma), em 1877. Mas nunca chegou nem perto de lá de verdade. O que Vitória preferia era que a Índia viesse até ela. Nos anos 1880, seu empregado favorito era um indiano chamado Abdul Karim, também conhecido como o "Munshi" ou professor. Ele foi com ela para Osborne em 1887 e era a personificação da Índia que a rainha gostava de imaginar: cortês, reverente, obediente, fiel. Não muito tempo depois, a rainha-imperatriz adicionou uma ala a Osborne House, cuja parte principal era o espetacular Salão Durbar. O trabalho foi supervisionado por Lockwood Kipling, pai de Rudyard, e era claramente inspirado nos interiores esculpidos dos palácios mogóis: de fato, partes dele pareciam uma versão branca do Forte Vermelho de Délhi. O Salão Durbar oferece uma outra visão claramente voltada para o passado, não dando nenhuma pista da nova Índia das estradas de ferro, minas de carvão e tecelagens que os britânicos estavam tornando realidade. Nesse ponto, era típico da maneira como os britânicos gostavam de ver a Índia nos anos 1890. Era uma fantasia.

Então, em 1898, o governo conservador do marquês de Salisbury nomeou um vice-rei cuja carreira inteira na Índia foi uma tentativa de transformar aquela fantasia em realidade.

Para muitos de seus contemporâneos, George Nathaniel Curzon era uma pessoa completamente insuportável. Nascido em uma família aristocrática de Derbyshire que gostava de rastrear sua linhagem até a conquista normanda, ele havia subido como uma flecha por Eton, Oxford, a Câmara dos Comuns e o Departamento da Índia. Na verdade, não havia nada sem esforço na sua famosa superioridade.[19] Confiado ainda criança a uma governanta desequilibrada, ele era periodicamente forçado a desfilar pela cidade usando um chapeláo cônico ostentando as palavras "mentiroso", "dedo-duro" e "covarde". ("Suponho", ponderou ele mais tarde, "que nenhuma criança bem-nascida e bem posicionada chorou tanto ou tão justamente".) Na escola, Curzon estava "determinado a ser o primeiro em tudo o que empreendia e [...] eu tinha a intenção de fazê-lo do meu jeito, não do deles". Em Oxford – "aquele breve intervalo que precisa existir entre Eton e o Gabinete", como brincou alguém –, ele não era menos compulsivo. Não tendo tido um *First** pelos examinadores, resolveu "mostrar a eles que haviam cometido um erro", e foi ganhando o Prêmio Lothian, o Prêmio Arnold e o acesso a *All Souls*** em rápida

---

* *First* é a nota máxima com que se pode obter a graduação em universidades inglesas. (N. T.)

** *All Sous* é uma exclusiva faculdade só para graduados com excelente carreira acadêmica de Oxford. (N. T.)

sucessão. Margot Asquith não pôde deixar de ficar impressionada com sua "autoconfiança esmaltada". Outros eram menos gentis na sátira. Uma caricatura dele dirigindo-se ao Parlamento da tribuna era intitulada "Uma divindade dirigindo-se a besouros pretos".

Quando Curzon foi nomeado vice-rei, ainda não tinha quarenta anos. Era um trabalho para o qual se sentia predestinado. Afinal, a magnífica residência do vice-rei em Calcutá não era uma réplica exata da sede de sua família no campo, em Kedleston? O vice-reinado, admitia ele abertamente, era "o sonho da minha infância, a ambição realizada da minha vida adulta, e a minha mais elevada concepção sobre o dever para com o Estado". Em particular, Curzon se sentia chamado a restaurar o domínio britânico na Índia, que liberais como Ripon vinham minando. Os liberais acreditavam que todos os homens deveriam ter direitos iguais, independentemente da cor da pele; os anglo-indianos, como vimos, preferiam uma espécie de *apartheid*, de forma que uma minúscula minoria branca poderia ser senhora da massa de "negros". Mas, para um aristocrata *tory* como Curzon, a sociedade indiana não poderia nunca ser tão simples como implicavam essas duas visões opostas. Criado para ver-se muito perto do pico de uma pirâmide de *status* que se estendia para baixo a partir do monarca, Curzon tinha sede, acima de tudo, de hierarquia. Ele e outros buscavam reproduzir no Império o que admiravam no passado feudal britânico. Uma geração anterior de governantes britânicos na Índia havia mergulhado na cultura indiana para se tornarem verdadeiros orientalistas. Curzon era o se pode chamar de "toryentalista".

Não era preciso procurar os contornos feudais da Índia muito longe. Os chamados "estados principescos" somavam aproximadamente um terço da área da Índia. Ali, os marajás tradicionais continuavam nominalmente no comando, embora sempre sob os olhinhos cobiçosos de um secretário particular britânico (um papel desempenhado em outros impérios orientais sob o título de "grão-vizir"). Mesmo nas áreas diretamente governadas pelos britânicos, a maioria dos distritos rurais era dominada por aristocráticos proprietários de terra indianos. Para Curzon, eram essas pessoas os líderes naturais da Índia. Como disse em um discurso para os alunos da Universidade de Calcutá, em 1905:

> Sempre fui um crente devoto da existência contínua dos Estados nativos na Índia, e desejo ardentemente o bem dos príncipes nativos. Entretanto, acredito neles não como relíquias, mas como governantes, não como bonecos, mas como

fatores vivos do governo. Quero que compartilhem as responsabilidades assim como as glórias do domínio britânico.

O tipo de gente que Curzon tinha em mente eram homens como o marajá de Mysore, que recebeu um novo secretário particular em 1902, na pessoa de Evan Machonochie. O marajá era, pelo menos em teoria, o herdeiro do trono de Tipu Sultan, que um dia fora um dos mais perigosos inimigos da Companhia das Índias Orientais. Aqueles dias, porém, iam longe. Esse marajá havia sido educado por um homem importante do SCI, *Sir* Stuart Fraser; e acreditava-se, como Machonochie recordou: "que um secretário particular vindo do mesmo serviço e equipado com a experiência necessária, seria capaz de aliviar Sua Majestade do trabalho maçante, mostrar-lhe um pouco dos nossos métodos de ordenar o trabalho e, suprimindo sua própria personalidade, exercer alguma influência na direção desejada". O relato de Machonochie dos sete anos que passou na corte de Mysore exemplifica nitidamente o papel de boneco que se esperava que tais príncipes desempenhassem:

Sua Majestade [...] sobre ombros jovens, carregava uma cabeça de extraordinária maturidade, que não era, contudo, empecilho para um entusiasmo juvenil por esportes masculinos [...] Ele [também] tinha bom gosto e conhecimento para apreciar a música ocidental assim como a dele [...]
Nós [enquanto isso] trabalhamos, livramo-nos das favelas, endireitamos e ampliamos as ruas, instalamos um sistema de drenagem de superfície que corre para os canos de esgoto principais e descarregam em tanques sépticos, providenciamos novas moradias para a população desalojada, e demos uma arrumada geral.

O marajá *playboy* – rico, ocidentalizado e enfraquecido até a impotência política – viria a se tornar uma figura familiar em toda a Índia.

Em troca de administrar seus reinos por eles e conceder-lhes uma generosa mesada, os britânicos esperavam só uma coisa: a suprema lealdade. Geralmente conseguiam. Quando Curzon fez uma visita como vice-rei a Nashipur, foi presenteado com um poema especialmente composto para marcar a ocasião:

Seja bem-vindo, ó Vice-Rei, Poderoso Governante da Índia,
Ó! Milhares de olhos aguardam ansiosos para vê-lo!

Da Escócia para Saskatchewan: Agnes Brown, nascida Ferguson, com sua família em Glenrock, *c.* 1911-21

Lutas pelo domínio do mercado global: navios portugueses e franceses se enfrentam na costa do Brasil, *c.* 1562; Thomas "Diamante" Pitt, *c.* 1710-20; a Casa Mastro em Blackwall, 1803

Confrontos anglo-indianos: *Robert Clive com sua família e uma criada indiana*, por *Sir* Joshua Reynolds, *c.* 1765-6; Coronel James Todd viajando de elefante com a cavalaria e sipaios; Oito gurcas, encomendado por William Fraser, *c.* 1815

Escravidão e liberdade no Novo Mundo: escravos abaixo do convés, esboço de aquarela sem data do tenente Francis Meynell

Uma *plantation* de açúcar ao sul de Trinidad, *c.* 1850;
A batalha de Bunker Hill, junho de 1775

Vida em Marte: flagelação do condenado Charles Maher na ilha Norfolk, 1823;
Uma gangue da prisão do governo, Sydney, 1830

O *éthos* evangélico: escravos acorrentados, Zanzibar;
David Livingstone, *c.* 1864-5

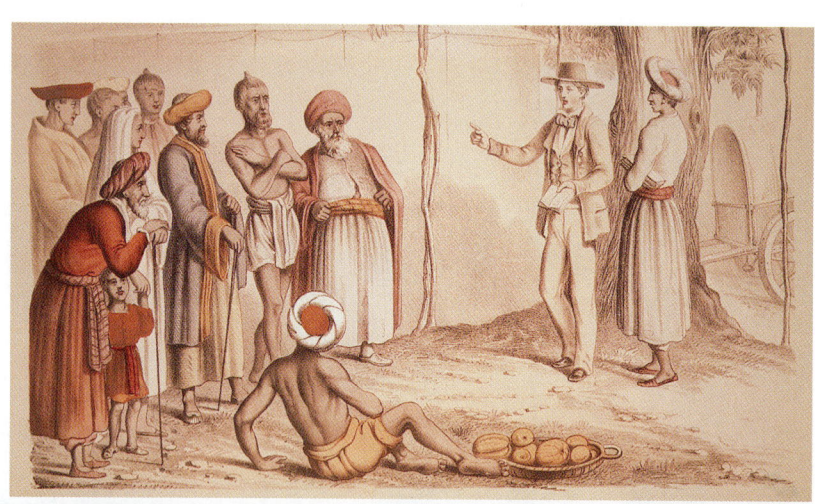

As origens religiosas do Motim Indiano: um pregador itinerante na Índia "espalha entre os habitantes [...] a luz e as influências benignas da Verdade"; *Rendição de Lucknow 1857: o sonho de Jessie*, por Frederick Goodal

O sustentáculo do poder vitoriano: *Passando o Cabo a bordo do Grande Oriental*, 1866; Soldados indianos com elefantes, soldados britânicos com uma arma, 1897; Navios a vapor no rio Hugli, 1900

Toryentalismo e terrorismo: Curzon e companheiros aristocratas em Aina-Khana, palácio do Marajá Peshkai, *c.* 1900; A Corte de Délhi, 1903; Aurobindo Ghose – Escola St. Paul's; King's College, Cambridge; Tribunal de Alipore

Hybris imperial: tropas escocesas ao redor da Esfinge de Gizé, 1882;
Hiram Maxim com sua metralhadora, 1880;
Dervixes mortos após Omdurman, 1898

Nêmesis imperial: Winston Churchill rumo à Inglaterra, 1899;
Caricatura francesa criticando os campos de concentração britânicos
na África do Sul, 1901; Spion Kop, 1900

Guerra de impérios I: França, Inglaterra, Rússia, Japão e Alemanha põem suas garras na China, caricatura alemã, 1900; Cartão-postal francês de soldados britânicos e indianos, Nantes, *c.* 1916; T. E. Lawrence, 1917

Guerra de impérios II: esboço da escavação Konyu-Hintok, Tailândia, por Jack Chalker, 1942; Charge japonesa incitando indianos a jogar fora o comando britânico, c. 1942; *Trabalho em equipe aliado ganha o jogo*, caricatura de Conrado Massaguer

ज के सब उपनिवेश खड़े हो गये हैं॥ हम भारतवासीओं को और
जों के पांव के नीचे दबे रहने की जरूरत नहीं। आओ, हम भी
हो जाऐं और इस सुयोग को हाथ से जाने न दें॥
সকল উপনিবেশ জাগিয়া উঠিয়াছে। ইংরেজের দাসত্বে ভারতবাসীদের
জীবন কাটাইবার কি প্রয়োজন। জাগো, উঠিয়া দাড়াও এই সুযোগ আর
হারাইও না।
INDIA
INDIA

O Império afundado: egípcios aclamam o coronel Gamal Abdel-Nasser,
29 de março de 1954; O bloqueio do Porto Said durante a Crise de Suez,
19 de novembro de 1956

Transbordantes estão nossos corações com alegria transcendente,
Santificados estamos nós e nossos desejos realizados;
E Nashipur é consagrada com o toque de Seus Pés.

Glorioso e poderoso é o governo da Inglaterra na Índia,
Abençoadas as pessoas que têm um Governante tão benevolente.
Constante é o Teu objetivo de promover o bem-estar dos Teus súditos;
Amando-os e protegendo-os como um pai de coração gentil;
Ó! Onde podemos conseguir um Governante Nobre como és!

Realmente, onde?

Na verdade a preocupação de Curzon com hierarquia não era nenhuma novidade. Como vice-rei, *Lord* Lytton, romântico como Disraeli, tinha sido até mais extravagante em suas esperanças numa "nobreza feudal" indiana, sob o princípio de que, "quanto mais para o leste se vai, maior a importância de um pouco de bandeirolas". Lytton havia tentado até criar um novo setor do Serviço Civil Indiano visando os filhos dessa aristocracia oriental. O objetivo, como um oficial punjabi disse em 1860, era "ligar ao Estado através de concessões oportunas [...] um corpo espalhado pelo país todo, considerável por suas propriedades e posição". O toryentalismo também não estava limitado à Índia. Em Tanganica, *Sir* Donald Cameron esforçou-se para reforçar os elos do "camponês [...] até o capataz, do capataz para o subchefe, do subchefe para o chefe, e do chefe para o oficial distrital". Na África Ocidental, *Lord* Kimberley achava melhor "não ter nada a ver com os 'nativos educados' como um corpo. Eu só tratava com os chefes hereditários". *Lady* Hamilton, esposa do governador de Fiji, até olhava para os chefes fijianos como iguais socialmente (ao contrário da babá inglesa de seus filhos). "Todos os orientais têm um *Lord* em muito alta conta", insistia George Lloyd, antes de assumir suas responsabilidades como alto comissário no Egito, recém-erguido à nobreza. Todo o propósito do Império, argumentava Frederick Lugard, o arquiteto do Império Britânico na África Ocidental, era "manter os poderes tradicionais como uma fortaleza de segurança social em um mundo em mutação [...] A categoria realmente importante era *status*". Lugard inventou uma teoria completa de "governo indireto" – a antítese do governo direto que tinha sido imposto aos plantadores da Jamaica em 1865 –, segundo a qual o domínio britânico poderia ser mantido a um custo mínimo, delegando todo o poder local a elites existentes, conservando apenas as partes essenciais da autoridade central (especialmente a chave do cofre) nas mãos dos britânicos.

Complementar à restauração, preservação ou (onde necessário) invenção de hierarquias tradicionais havia a elaboração da hierarquia administrativa do próprio Império. O protocolo na Índia era estritamente regido pela "ordem de precedência", que, em 1881, era constituída de nada menos que 77 diferentes graduações. Em todo o Império, havia oficiais sedentos por se tornar membros da Mais Distinta Ordem de São Miguel e São Jorge, tanto como CMG ("Call Me God" [Chame-me de Deus]), KCMG ("Kindly Call Me God" [Chame-me Cordialmente de Deus]) ou, reservado para o terço superior dos governadores, GCMG ("God Calls Me God" [Deus Me Chama de Deus]). Havia, declarou *Lord* Curzon, "um apetite insaciável [entre] a comunidade falante de inglês em todo o mundo por títulos e precedência".

Havia também, ele tinha certeza, um apetite por arquitetura grandiosa. Sob Curzon, o Taj Mahal e Fatehpur Sikri foram restaurados e o Memorial Vitória foi construído em Calcutá. Significativamente, o lugar da Índia que mais desagradava a Curzon era o lugar que os próprios vitorianos haviam construído do nada: Simla. Era, queixava-se ele, "nada mais do que um subúrbio de classe média no alto de um morro", onde ele precisava almoçar com "um grupo de jovens interessados só em polo e dança". O Chalé do vice-rei era odiosamente vulgar para os Curzon. ("Tento não ficar desanimada", confessou Lady Curzon. "Um milionário de Minneapolis ficaria encantado com ele.") A companhia para o jantar os fazia se sentir como se estivessem jantando "todo dia na sala da governanta com o mordomo e a criada da senhora". A coisa ficou tão ruim que começaram a acampar em uma área perto do campo de golfe de Simla. A triste verdade era que os britânicos da Índia eram apenas insuportavelmente comuns.

O zênite do toryentalismo de Curzon foi o Durbar de Délhi, em 1903, uma demonstração espetacular de pompa e cerimônia que ele encenou pessoalmente para comemorar a ascensão de Eduardo VII. O Durbar – ou "Curzonização", como foi apelidado – foi a perfeita expressão da visão pseudofeudal da Índia do vice-rei. O ponto alto foi uma procissão de elefantes ricamente simbólica em que os príncipes representaram papel proeminente. Foi, como disse um observador,

> uma visão magnífica, e qualquer descrição vai ser insuficiente para dar uma ideia adequada do seu caráter, seu brilho de cores e suas atrações que mudavam a toda

hora, a variedade dos *howdahs** e dos ornamentos e a suntuosidade das roupas que adornavam as pessoas dos chefes que seguiam atrás do vice-rei [...] Um murmúrio de admiração, irrompendo em rápidas aclamações, emanavam da multidão.

Lá estavam todos eles, da Begum de Bhopal ao marajá de Kapurtala, balançando em cima dos seus elefantes atrás do Grande Panjandrum em pessoa. Um jornalista que cobria o Durbar "guardou a impressão causada pelos reis com a barba preta que balançavam para frente e para trás a cada movimento de suas montarias gigantes [...] A visão não era crível no nosso século XIX". Em meio a essa extravagância, chegou uma mensagem para o rei-imperador ausente, que expressava tão nitidamente a visão do próprio vice-rei que só pode ter sido escrita por Curzon:

> Seu Império é forte [...] porque ele observa as liberdades e respeita as dignidades e os direitos de todos os seus feudatários e súditos. A ideia central da política britânica na Índia é conservar todas as melhores características do tecido da sociedade nativa. Por essa política, atingimos a maravilhosa medida do sucesso: nela reconhecemos um instrumento seguro para maiores triunfos no futuro.

Havia, entretanto, um falha fatal em tudo isso.[20] O Durbar foi esplêndido teatro, sem dúvida; mas era uma fachada de poder, não poder de verdade. Depois do exército indiano, a verdadeira fundação do poder britânico não eram os marajás nos seus elefantes, mas a elite de advogados anglicizados e funcionários públicos que Macaulay criara. Só que essas eram exatamente as pessoas que Curzon via como uma ameaça. De fato, ele evitava abertamente os chamados "Babus de Bengala". Quando lhe perguntavam por que tão poucos nativos eram promovidos no Serviço Civil pactuado na sua administração, respondeu com desdém: "O nativo em cargos altos está apto a não estar a altura [da tarefa], não atrai o respeito dos seus subordinados, europeus ou mesmo nativos, e está mais inclinado a abdicar ou a fugir".

Apenas dois anos depois do Dubar, Curzon lançou um ataque premeditado aos "Babus". Anunciou – ostensivamente em nome da eficiência administrativa – que a sua terra natal, Bengala, seria dividida em duas. Como capital tan-

---

* Armação para cavalgar elefantes. (N. T.)

to de Bengala como da Índia, Calcutá era a usina de força do Congresso Nacional Indiano, que a essa altura tinha deixado de ser (se é que algum dia foi) uma mera válvula de escape para o descontentamento nativo. Curzon sabia muito bem que seu plano de divisão iria inflamar o movimento nacionalista emergente. A capital era, como ele mesmo disse, "o centro a partir do qual o partido do Congresso é manipulado [...] Em consequência, qualquer medida que divida a população que fala bengali [...] ou que enfraqueça a influência da classe dos advogados, que têm toda a organização em suas mãos, causa ressentimento intenso e ardente". A proposta foi tão impopular que desencadeou a pior violência política contra o domínio britânico desde o motim.

Os nacionalistas começaram organizando, pela primeira vez, um boicote a produtos ingleses, invocando o ideal do *swadeshi*, a autossuficiência econômica indiana. Essa era a estratégia apoiada por moderados como o escritor Rabindranath Tagore.[21] Houve também greves e demonstrações generalizadas. Mas alguns manifestantes foram mais longe. Em toda Bengala, houve uma erupção de ataques violentos contra administradores britânicos, incluindo alguns atentados contra a vida do próprio governador de Bengala. No início, as autoridades supuseram que a violência era obra de indianos pobres e sem educação formal. Mas, no dia 30 de abril de 1908, quando duas mulheres britânicas foram mortas por uma bomba que visava o juiz distrital de Mazafferpur, J. D. Kingsford, batidas policiais revelaram uma verdade mais perturbadora: essa era uma ameaça totalmente diferente da representada pelos sipais amotinados de 1857. Estes eram simples soldados, defendendo a sua cultura religiosa tradicional contra a interferência britânica. Isto, em contraste, era terrorismo moderno: nacionalismo extremista mais nitroglicerina. E os líderes podiam ser tudo, menos *coolies*. Uma das organizações terroristas, conhecida como Anushilan Samiti, era liderada por Pramathanath Mitra P. Mitra, um advogado da Alta Corte de Calcutá. Quando a Divisão Especial fez batidas em cinco endereços eminentemente respeitáveis de Calcutá, encontrou-os lotados de equipamentos para fazer bombas. Vinte e seis jovens – não os *coolies* de quem se suspeitava, mas membros da elite brâmane de Bengala – foram presos.

Os que foram julgados logo depois em Alipor não poderiam vir de origens mais respeitáveis. Um dos acusados, Aurobindo Ghose, era de fato um ex-representante de alunos da Saint Paul's School, em Londres, e bolsista no King's College, em Cambridge. Calhou até de ele ser contemporâneo de um dos magistrados que o julgaram; de fato, Ghose havia se saído melhor do que ele em grego no exame do SCI, e não havia conseguido a vaga no SCI só porque perdeu a prova de equitação. Como observou um dos outros advogados britânicos envolvidos no julgamento, era

> algo a ser lamentado que um homem do calibre mental de Arabindo [*sic*] tivesse sido excluído do Serviço Civil pelo fato de que não podia, ou não queria, montar um cavalo [...] Tivesse sido encontrado lugar para ele no Serviço Educacional para a Índia acredito que ele teria ido longe não somente em avanço pessoal, mas em consolidar mais firmemente os laços que unem seus compatriotas aos nossos.

Agora, porém, era muito tarde para lamentar. Os britânicos tinham começado a criar indianos à sua própria imagem. Agora, ao alijar a elite anglicizada, haviam criado um monstro de Frankenstein. Aurobindo Ghose personalizava o nacionalismo que logo se manifestaria em todo o Império precisamente por ser o produto do melhor da educação britânica.

Além disso, o caso de Alipor foi reveladoramente diferente dos julgamentos de Morant Bay, apenas quarenta anos antes. Em vez da justiça sumária impingida então, esse julgamento durou quase sete meses, e no final Aurobindo Ghose foi absolvido. Mesmo a pena de morte aplicada ao cabeça do grupo – o irmão dele, Barendra Kumar Ghose – foi posteriormente comutada, apesar do fato de ele ter admitido durante o julgamento ter autorizado o assassinato do promotor-chefe. O humilhante recuo veio em 1911, quando a decisão de dividir Bengala foi revogada. Isso teria de esperar – ironicamente, até a independência indiana. Essa mostra de fraqueza não foi suficientemente bem calculada para pôr um ponto-final no terrorismo. Ela não pôs.

Enquanto isso, porém, os britânicos imaginaram um jeito melhor de castigar a capital insubordinada de Bengala. Decidiram transferir a sede do governo para Délhi, a capital anterior dos imperadores mogóis. Um dia, antes do advento do incômodo Babu, Calcutá havia sido a sede natural para um Império baseado na busca do lucro. Délhi seria uma sede muito mais adequada para a era toryental; e Nova Délhi seria a expressão máxima do indizível esnobismo daquela era.

Foi o infortúnio de Curzon não ter sobrevivido no cargo tempo suficiente para ver a grande cidade de lona que ele havia construído para o Durbar transformada em uma cidade real de pedra cor-de-rosa brilhante. Os arquitetos de Nova Délhi, Herbert Baker e Edwin Lutyens, não tinham nenhuma dúvida de que seu objetivo era construir um símbolo do poder britânico que se equiparasse às realizações dos mogóis. Isso, entenderam eles de imediato, seria o legado inerradicável do Império Toryental: como o próprio Lutyens confessou, simplesmente estar na Índia fazia-o se sentir "muito *tory* e feudal pré-*tory*" (ele até se casou com a filha de *Lord* Lytton). Baker reconheceu de imediato "o ponto de vista político em uma capital política"; o objetivo, pensou, era "dar a eles sentimento indiano onde ele não entra em conflito com os grandes princípios, como o governo deveria fazer". O que os dois homens criaram foi e é uma realização assombrosa: a obra-prima arquitetônica do Império Britânico. Nova Délhi é grandiosa, certamente. Só o palácio do vice-rei cobriu quatro acres e meio, e precisava de uma equipe de 6 mil empregados e quatrocentos jardineiros, cinquenta deles eram empregados apenas para espantar os pássaros. Mas ela é inegavelmente bonita. É preciso ser um anti-imperialista muito sem coração para não se emocionar com a visão da mudança da guarda onde agora é o Palácio do Presidente, quando as grandes torres e domos brilham entre os raios enevoados do amanhecer. Todavia, a mensagem política de Nova Délhi é clara; tão clara que não precisa ser inferida a partir do simbolismo da arquitetura. Baker e Lutyens coroaram sua criação com uma inscrição nas paredes do Secretariado que deve ser a mais condescendente de toda a história do Império:

A LIBERDADE NÃO DESCE ATÉ UM POVO. UM POVO PRECISA SE ERGUER PARA A LIBERDADE. ELA É UMA BÊNÇÃO QUE DEVE SER MERECIDA ANTES DE SER USUFRUÍDA.

Não são palavras de Curzon, com certeza – mas, em seu tom complacente, definitivamente curzonescas.

A suprema ironia é que essa extravagância arquitetônica foi paga por ninguém menos do que o contribuinte indiano. Claramente, antes de merecerem sua liberdade, os indianos precisavam continuar pagando pelo privilégio de ser governados pelos britânicos.

Era um privilégio pelo qual valia a pena pagar? Os britânicos achavam óbvio que valia. Mas até o próprio Curzon uma vez admitiu que o domínio britânico "pode ser bom para nós; mas não é igualmente, nem de modo geral, bom para eles". Os nacionalistas indianos concordavam totalmente, reclamando que a riqueza da Índia estava sendo drenada para os bolsos dos estrangeiros. De fato, agora sabemos que essa drenagem – o ônus colonial medido pelo *superavit* comercial da colônia – somou pouco mais de 1% do produto interno líquido por ano entre 1868 e 1930. Isso era muito menos do que os holandeses "drenavam" do seu império nas Índias Orientais, que somava entre 7 e 10% do produto interno líquido da Indonésia no mesmo período.

E, do outro lado do balanço, estavam os imensos investimentos britânicos na infraestrutura, na irrigação e na indústria indianas. Na altura dos anos 1880, os britânicos tinham investido 270 milhões de libras na Índia, não muito menos do que um quinto de todo seu investimento ultramarino. Em 1914, a quantia chegou a 400 milhões. Os britânicos multiplicaram a área de terra irrigada por oito, de modo que, no fim do Raj, um quarto de toda a terra era irrigada, comparado a apenas 5% sob os mogóis. Eles criaram uma indústria de carvão indiana do nada, a qual em 1914 produzia quase 16 milhões de toneladas por ano. Multiplicaram por dez o número de fusos de juta. Houve também melhorias marcantes na saúde pública, que aumentou a média da expectativa de vida indiana onze anos.[22] Foram os britânicos que introduziram o quinino como método profilático contra a malária, levaram a cabo programas públicos de vacinação contra a varíola – muitas vezes, diante de resistência local – e se esforçaram para melhorar o fornecimento urbano da água que tantas vezes era portadora de cólera e outras doenças. E, apesar de ser impossível quantificar, é difícil acreditar que não houvesse algumas vantagens em ser governado por uma burocracia tão incorruptível quanto o Serviço Civil Indiano. Depois da independência, aquele idiossincrático anglófilo Chauduri foi demitido da rádio All India por dedicar sua *Autobiografia de um indiano desconhecido* à "memória do Império Britânico na Índia [...] porque tudo o que era bom e vivo em nós foi feito, modelado e ativado pelo mesmo Império Britânico". Foi um exagero deliberado. Mas tinha um grão de verdade, que foi, é claro, o que ultrajou os críticos nacionalistas de Chauduri.

É verdade que o indiano médio não ficou muito mais rico durante o domínio britânico. Entre 1757 e 1947, o PIB *per capita* doméstico britânico aumentou em termos reais 347%, o indiano meros 14%. Uma parte substancial dos lucros acumulados, conforme a economia indiana foi se industrializando, foi para as agências administrativas, os bancos e os acionistas britânicos; isso apesar do fato de que não havia falta de investidores e empreendedores indianos capazes. O livre comércio imposto à Índia no século XIX expôs os produtores indianos à letal competição europeia em uma época em que os independentes Estados Unidos da América protegiam suas indústrias incipientes atrás dos altos muros das tarifas. Em 1896, as tecelagens indianas forneciam só 8% do consumo indiano de tecidos.[23] É preciso também lembrar que os servos por contrato indianos forneciam boa parte da mão de obra barata da qual a economia imperial britânica mais atrasada dependia. Entre os anos 1820 e os 1920, perto de 1,6 milhão de indianos abandonaram a Índia para trabalhar em várias colônias no Caribe, na África e nos oceanos Índico e Pacífico, desde as *plantations* de borracha malaias até as usinas de açúcar de Fiji. As condições em que eles viajavam e trabalhavam eram frequentemente pouco melhores dos que as que haviam sido impostas aos escravos africanos no século anterior. E nem os melhores esforços de funcionários públicos como Machonochie puderam evitar as terríveis fomes de 1876-8 e 1899-1900. De fato, na primeira, a predileção britânica pela economia do *laissez-faire* na verdade piorou as coisas.[24] Mas os indianos teriam estado melhor sob os mogóis? Ou sob os holandeses – ou os russos?

Pode parecer óbvio que estariam melhor sob governantes indianos. Isso certamente era verdade do ponto de vista das elites que os britânicos depuseram e cuja parcela da renda nacional, algo em torno de 5%, tomavam para consumo próprio. Mas, para a maioria dos indianos, era muito menos evidente que a sua sorte teria sido melhor com a independência. Sob o domínio britânico, a participação das aldeias na receita bruta depois dos impostos na realidade subiu de 45% para 54%. Como esse setor representava aproximadamente três quartos de toda a população, não pode haver muita dúvida de que o domínio britânico reduziu a desigualdade na Índia. E mesmo que os britânicos não tenham aumentado muito a renda dos indianos, pode-se imaginar que as coisas teriam sido muito piores sob o regime mogol restaurado, se o motim tivesse sido bem-sucedido. A China não prosperou sob governantes chineses.

A verdade, então, é que o nacionalismo indiano era alimentado não pelo empobrecimento dos muitos, mas pela rejeição dos poucos privilegiados. Na era de Macaulay, os britânicos haviam dado nascimento a uma elite de indianos falantes de inglês e com educação inglesa, uma classe de funcionários auxiliares dos quais seu sistema de administração tinha se tornado dependente. Com o tempo, essas pessoas, naturalmente, quiseram maior participação no governo do país, bem como Macaulay havia previsto.[25] Mas, na era de Curzon, eles foram rejeitados em favor de marajás decorativos.

O resultado foi que nos anos do crepúsculo da rainha-imperatriz, o domínio britânico na Índia foi igual a um daqueles palácios que Curzon tanto adorava. Eram simplesmente esplêndidos do lado de fora. Mas, nos andares de baixo, os criados estavam ocupados transformando as tábuas do piso em lenha.

> Chamados para longe, nossos navios foram desaparecendo;
> Nas dunas e nos promontórios o fogo se extingue:
> Ó, toda a nossa pompa de ontem
> É uma com Nínive e Tiro!
> Juiz das nações, poupe-nos ainda,
> que não esqueçamos, que não esqueçamos!

Kipling escreveu seu pesaroso "Recessional" em 1897, causando um calafrio de apreensão coluna abaixo de seus conterrâneos quando celebravam o Jubileu de Diamante da rainha Vitória. Como era de se esperar, como as orgulhosas cidadelas de Nínive e Tiro, a maior parte das obras de Curzon não durou. Como vice-rei, ele se esforçou com todo o seu zelo confiante para tornar o governo britânico na Índia mais eficiente. Acreditava apaixonadamente que, sem a Índia, os britânicos desceriam de "maior potência do mundo" para a "terceira categoria". Mas era o domínio britânico que ele queria modernizar, não a Índia. Como antigos monumentos, quis empurrar uma ordem de tombamento dos príncipes indianos; para encher os prédios tombados com uma aristocracia confiável de pessoas "tombadas". Isso nunca foi um empreendimento realista.

O próprio Curzon depois tornou-se ministro sem pasta, em 1915, e secretário do Exterior, em 1919. Todavia, ele nunca obteve o mais alto cargo que tanto desejava. Foi relegado para a liderança *tory* depois que um memorando confidencial rejeitou-o por "representar aquele setor do conservadorismo privilegiado" que não tinha mais lugar "nesta era democrática". Isso também deve bastar como epitáfio de todo o projeto toryentalista.

O membro do Parlamento Arthur Lee uma vez encontrou *Lord* Curzon no Madame Tussaud "fitando com atenção concentrada, mas com um traço de desapontamento sua própria efígie em cera". Quanto ele teria ficado mais desapontado se tivesse visto as estátuas da rainha-imperatriz e de vários procônsules que estão hoje no malcuidado pátio no fundo do zoológico de Lucknow, onde foram despejadas depois da independência indiana. Há poucos emblemas mais vívidos da transitoriedade da conquista imperial do que a imensa Vitória de mármore que domina esse pequeno local dilapidado. Simplesmente transportar um pedaço tão grande de pedra esculpida de Londres para Lucknow foi um feito notável, possível somente com os guindastes, embarcações a vapor e trens que foram os verdadeiras motores do poder vitoriano. Hoje, a ideia de que essa senhora de aparência lúgubre um dia dominou a Índia parece quase absurda. Removida de seu pedestal em qualquer que tenha sido o local público que um dia ocupou, a grande rainha-imperatriz branca perdeu o seu poder totêmico.[26]

Contudo, na virada de século, era possível afirmar – *pace* Curzon – que a Índia tinha deixado de ser a joia indispensável que fora nos anos 1860, o cerne e o fim do poder imperial britânico. Em outros lugares do mundo, uma nova geração de imperialistas estava chegando à maioridade, homens que acreditavam que, se fosse para o Império sobreviver – se fosse para se adaptar aos desafios de um novo século –, ele teria que se expandir em novas direções.

Na visão deles, o Império tinha que deixar a pompa e voltar às raízes pré-vitorianas: penetrar novos mercados, estabelecer novas colônias e – se necessário – travar novas guerras.

---

1. É um fato notável que, durante a primeira metade do século XIX, a quantia que a Companhia das Índias Orientais ganhou com o seu monopólio da exportação de ópio foi aproximadamente igual à quantia que precisava enviar para Londres para pagar os juros da sua imensa dívida (ver tabela da p. 185). O comércio de ópio também era crucial para a balança de pagamentos indiana.
2. Portanto, não apenas demorava muito menos para atravessar os oceanos da metrópole para o Império; também custava muito menos. O preço do transporte de uma tonelada de trigo de Nova York para Liverpool caiu pela metade entre 1830 e 1880 e caiu pela metade de novo entre 1880 e 1914. Em 1830, os custos do transporte de barras de ferro não eram muito menores do que os custos da produção; em 1910, eram menos de um quinto.
3. Um amotinado, a caminho de sua execução, identificou o telégrafo como "a corda amaldiçoada que me estrangula".
4. Apesar de a rede doméstica britânica ser nacionalizada, a maior parte da rede ultramarina foi construída e era operada pela iniciativa privada.
5. Mensagens para os ministérios das Relações Exteriores ou Colonial precisavam atravessar Londres, a partir dos escritórios da Companhia de Telégrafos, na City; então, tinham de passar pelo mesmo processo de registro dos despachos escritos convencionais.

6. Entre os heróis desse jogo romântico estavam "pandits" como Kishen Singh e Sarat Chandra Das, o modelo de Hurry Chunder Mokerjee em *Kim*, de Kipling.
7. Abaixo da elevação dominante do Chalé do vice-rei e da residência do comandante-chefe, o Peterhof, as ladeiras logo ficavam um tanto apinhadas com imitações de casas de veraneio no estilo Tudor. Lutyens disse de Simla: "Se contassem a alguém que os macacos haviam construído tudo aquilo, tudo o que poderia dizer [seria]: 'Que macacos maravilhosos – atire neles se fizerem isso de novo'".
8. "Jack Barrett foi para Quetta/ Porque o mandaram ir/ Deixou a mulher em Simla/ com três quartos do seu salarinho mensal;/ Jack Barrett foi para Quetta,/ E lá entregou o espírito/ Tentando cumprir a obrigação de dois homens/ Naquele posto muito saudável;/ E a sra. Barrett ficou de luto por ele/ Por, no máximo, cinco animados meses."
9. O Serviço Civil pactuado era assim conhecido porque os seus membros faziam um pacto com o secretário de Estado para a Índia. Durante a maior parte do século XIX, foram por volta de novecentos membros. Somente no século XX o número de funcionários do SCI passou significativamente de mil. Em 1939, havia 1.384. Essa minguada equipe não era exclusividade da Índia. A elite administrativa inteira do serviço na África – espalhada por mais de uma dúzia de colônias com uma população de cerca de 43 milhões – somava pouco mais de 1.200. O funcionalismo público malaio tinha 220 administradores para 3,2 milhões de pessoas, o que para os padrões indianos era um excesso crônico de pessoal.
10. Principalmente sob o comando de Benjamin Jowett, Balliol tornou-se a faculdade preferida para candidatos a procônsul. Entre 1874 e 1914, nada menos do que 27% dos alunos de Balliol foram empregados no Império.
11. Está na moda afirmar que as autoridades britânicas não fizeram nada para aliviar a fome provocada pelas secas nesse período. Mas não foi assim. Em 1874, H. M. Kisch, um magistrado de segunda classe do SCI, foi enviado para organizar a assistência em uma área de Behar que compreendia 512 quilômetros quadrados e uma população de cerca de 100 mil pessoas. "Desde que cheguei aqui", escreveu ele orgulhosamente para casa, "construí 15 armazéns de grãos do governo e abri cerca de 22 frentes de trabalhos, dou emprego a uns 15 mil homens e mulheres por dia, e estou alimentando gratuitamente mais umas 3 mil. Tenho autoridade total para fazer o que quiser, e faço". A calamidade de 1877 deveu-se a não se adotar os mesmos métodos.
12. Havia apenas 31 mil britânicos na Índia em 1805 (dos quais, 22 mil eram do exército, 2 mil do governo civil e 7 mil do setor privado). Em 1881, os britânicos na Índia somavam 89.778. Em 1931, havia ao todo 168 mil: 60 mil no exército e na polícia, 4 mil no governo civil e 60 mil empregados no setor privado.
13. Terceiro filho de um cura de Whipsnade, Eyre havia sido o primeiro homem branco a atravessar andando o deserto australiano, de Adelaide a Moorundie. Ironicamente, à luz dos eventos subsequentes em Morant Bay, sua recompensa por esse feito de

exploração e resistência foi ser nomeado magistrado e protetor dos aborígenes da região. Hoje, um lago, um península e uma estrada entre Adelaide e Perth levam o seu nome.

14. Ninguém pensou, nem por um momento, que isso poderia ser obtido permitindo-lhes ser adequadamente representados na Assembleia e na magistratura.
15. O termo anglo-indiano às vezes é usado, confusamente, para se referir a filhos de casamentos mistos entre indianos e britânicos. Eu preferi seguir a prática vitoriana de usar "anglo-indiano" para se referir aos britânicos que moravam há muito tempo na Índia e "eurasiano" para fazer referência ao fruto de uniões etnicamente mistas.
16. Esse não era o caso nas cidades de Bombaim, Calcutá e Madras.
17. Uma possível fonte da ansiedade sexual era a percepção de que a linha supostamente clara entre "branco e negro" era na verdade bem borrada. Depois de duzentos anos de contato com europeus, havia uma população mista considerável, a que se referiam usualmente como os "eurasianos", que eram frequentemente empregados no serviço público de baixo escalão (particularmente nas estradas de ferro e nos telégrafos). A repulsa contra a "miscigenação" era uma característica importante do final do período vitoriano: Kipling dedica pelo menos dois contos ao "fato" de que a tonalidade da unhas de uma mulher era o melhor guia para a pureza do seu sangue (uma parte mais escura nos semicírculos ao longo da base da unha significava ostracismo). Um soldado nascido na Índia que ganhou notoriedade depois da Primeira Guerra Mundial ouviu sua mãe exclamar quando seu pai acendeu o cigarro no charuto de uma moça birmanesa. "Que aquele tipo de imoralidade é o que povoou Simla com trinta mil eurasianos!" O fato de que a maioria dessas ligações era entre homens brancos e mulheres indianas não impedia que as pessoas continuassem fantasiando sobre sexo inter-racial com os gêneros invertidos.
18. O congresso foi fundado por Allan Octavian Hume, um liberal do SCI que tinha ficado enojado com a campanha contra Ilbert.
19. Ele foi satirizado da forma mais concisa em verso: "Meu nome é George Nathaniel Curzon,/ Sou uma pessoa muito superior,/ Minha bochecha é cor de rosa, meu cabelo é sedoso,/ Eu janto em Blenheim uma vez por semana".
20. E não foi só o fato de que (como Machonochie observou) muitos príncipes indianos privadamente se ressentirem da forma "professoral" com que Curzon costumava tratá-los. Curzon conseguiu aborrecê-los até no momento da apoteose deles no Durbar, deixando de retribuir suas visitas.
21. Foi um sério golpe na autoestima da elite literária britânica quando Tagore ganhou o Prêmio Nobel de Literatura em 1913. George Bernard Shaw zombou do "Estupendranath Begorr" – uma provocação barata que ilustra quão disseminada a aversão aos bengalis educados se tornara.
22. De 21 anos para 32. Entretanto, no mesmo período (entre 1820 e 1950), a expectativa de vida britânica subiu de 40 para 69 anos.

23. Isso, porém, mudou nos anos do entreguerras. Em 1945, as tecelagens indianas forneciam três quartos do consumo doméstico.
24. É um tanto injustificado, no entanto, comparar a confiança britânica no livre mercado durante a fome de 1877 com a política nazista de genocídio contra os judeus. O vice-rei, *Lord* Lytton, certamente estava errado ao imaginar que as forças do mercado seriam suficientes para alimentar os famintos depois da seca catastrófica de 1876. Mas a *intenção* dele não era assassina. A de Hitler era.
25. "Ter encontrado um grande povo mergulhado nas profundezas da escravidão e da superstição, tê-lo governado de forma a torná-lo desejoso e capaz de todos os privilégios de cidadãos, seria realmente um título todo nosso para nos glorificar."
26. Mesmo assim, o fato de que alguém arrancou o seu nariz ainda parece estranhamente sacrílego.

5
Força Maxim

Há duas auriflamas; qual devemos fincar na mais distante ilha – a que flutua num fogo celestial ou a que pende pesada com o tecido ruim do ouro terrestre? Há de fato um caminho de glória beneficente aberto para nós, como nunca foi oferecido antes a qualquer grupo de almas mortais. Mas deve ser – é para nós agora, "Reinar ou Morrer" [...] E isto é o que [a Inglaterra] deve ou fazer ou perecer: ela deve fundar colônias o mais rápido e o mais longe de que seja capaz, formadas por seus mais enérgicos e dignos homens; tomando todo pedaço de chão desocupado e fértil sobre o qual possa pôr o pé.
JOHN RUSKIN, palestra inaugural como professor em Oxford, 1870

[T]ome a Constituição Jesuíta, se possível, e insira Império Inglês em vez de Religião Católica Romana.
CECIL RHODES, esboçando o conceito original da bolsa de estudos Rhodes para *Lord* Rothschild, 1888

Não se pode fazer omelete sem quebrar os ovos; não se pode destruir as práticas do barbarismo, da escravidão, da superstição [...] sem o uso da força.
JOSEPH CHAMBERLAIN

No espaço de apenas uns poucos anos, conforme o século XIX deu lugar ao XX, as atitudes britânicas em relação a seu Império saltaram da arrogância para a ansiedade. Os últimos anos da rainha Vitória foram o tempo da *hybris* imperial: parecia simplesmente não haver limite para o que se podia alcançar com o poder de fogo e as finanças britânicos. Como, ao mesmo tempo, policial e banqueiro do mundo, o Império Britânico atingiu uma extensão sem rival na história. Mesmo seus mais próximos competidores, França e Rússia, eram anões perto do

Titã Britânico – a primeira verdadeira superpotência. Mas, antes mesmo de a rainha-imperatriz morrer em seu quarto em Osborne House em 1901, a nêmesis atacou. A África, que parecera ser britânica por direito, desferiu no Império um inesperado e doloroso golpe. Enquanto alguns reagiram retrocedendo para um nacionalismo provocador, outros foram tomados de dúvidas. Até os mais condecorados generais e procônsules exibiam sintomas do que pode ser mais bem descrito como decadência. E o mais ambicioso rival imperial dos britânicos não foi lento em farejar a oportunidade que essas dúvidas apresentavam.

Do Cabo ao Cairo

Na metade do século XIX, fora uns poucos postos avançados costeiros, a África era a última página em branco do atlas imperial do mundo. Ao norte do Cabo, possessões britânicas, faziam divisa com a África Ocidental: Serra Leoa, Gâmbia, Costa do Ouro e Lagos, a maioria das quais restos das batalhas pela e depois contra a escravidão. Nos curtos vinte anos depois de 1880, no entanto, 10 mil reinos tribais africanos foram transformados em apenas 40 Estados, 36 dos quais estavam sob controle europeu direto. Nunca na história da humanidade houvera um redesenho tão drástico do mapa de um continente. Na altura de 1914, fora a Abissínia e a Libéria (a última uma *quasi-colonia* americana), o continente inteiro estava sob alguma forma de governo europeu. Aproximadamente um terço dele era britânico. Isso era o que veio a ser conhecido como "o atropelo pela África" – embora atropelo *da* África fosse mais preciso.

A chave para a fenomenal expansão do Império no período vitoriano tardio foi a combinação de poder financeiro com poder de fogo. Era uma combinação personificada de modo eminente por Cecil Rhodes. Filho de um clérigo de Bishop's Storford, Rhodes emigrou para a África do Sul com a idade de 17 anos porque – como diria mais tarde – "não aguentava mais carne de carneiro fria". Era ao mesmo tempo gênio dos negócios e visionário imperial; um tubarão, mas também um místico. Diferente dos outros "*Lords* do Rand",[*] especialmente de seu sócio Barney Barnato, não era suficiente para

---

[*] Pioneiros britânicos da exploração mineral na África do Sul na região de Witwatersrand, ou simplesmente Rand, daí o nome. (N. T.)

Rhodes ficar rico com as vastas minas de diamante De Beers em Kimberley. Ele aspirava ser mais do que um ganhador de dinheiro. Sonhava ser um construtor de império.

Embora sua imagem pública fosse a de um colosso solitário com os pés sobre a África, Rhodes não poderia ter ganhado seu quase monopólio da produção de diamante sul-africana sem a ajuda de seus amigos na City de Londres; em particular o Banco Rothschild, naquele momento a maior concentração de capital financeiro do mundo. Quando Rhodes chegou aos campos de diamante de Kimberley, já houvera mais de uma centena de pequenas companhias operando os quatro "tubos" principais, inundando o mercado com diamantes e empurrando-se uns aos outros para fora dos negócios. Em 1882, um agente de Rothschild visitou Kimberley e recomendou fusão em larga escala; em quatro anos, o número de companhias tinha caído para três. Um ano depois, o banco financiou a fusão da Companhia De Beers, de Rhodes, com a Compagnie Française, seguida pela fusão final crucial com a Companhia Central Kimberley, que era maior.

Agora havia apenas uma companhia: De Beers. Supõe-se usualmente que Rhodes era dono da De Beers, mas não era esse o caso. Nathaniel de Rothschild era um acionista maior do que Rhodes; na verdade, em 1899, a parcela de Rothschild era o dobro da de Rhodes. Em 1888, Rhodes escreveu para *Lord* Rothschild:[1] "Eu sei que, com você me dando apoio, posso fazer tudo o que disse. Se, no entanto, você pensa de forma diferente, não tenho nada a dizer". Assim, quando Rhodes precisou de apoio financeiro para um novo projeto africano em outubro de 1888, não hesitou quanto a quem procurar.

A proposta que Rhodes queria que Rothschild considerasse era a concessão, que tinha acabado de conseguir do chefe matabele, Lobengula, para explorar os "simplesmente infindáveis" campos de ouro que Rhodes acreditava existir além do rio Limpopo. Os termos de sua carta para Rothschild deixam claro que suas intenções em relação a Lobengula eram tudo menos amigáveis. O rei matabele, escreveu ele, era "o único obstáculo para a África central, porque, uma vez que temos seu território, tudo torna-se fácil, porque o resto é um simples sistema de aldeias com chefes separados, todos independentes uns dos outros [...] A chave é a terra matabele, com seu ouro, sobre o qual os relatos não se baseiam unicamente em ouvir dizer. Imagine, esse campo de ouro que podia ser comprado por cerca de 150 mil libras dois anos atrás, agora está à venda por mais de dez milhões". Rothschild reagiu positivamente. Quando

Rhodes uniu forças com a já existente Companhia Bechuanalândia para criar uma nova Associação de Prospecção Central para Matabelelândia, o banqueiro era o maior acionista e aumentou sua participação quando a empresa se tornou a Companhia de Concessões Unida em 1890. Também estava entre os acionistas fundadores quando Rhodes estabeleceu a Companhia Britânica da África do Sul em 1889; de fato, atuou como assessor financeiro não remunerado da companhia.

A Companhia De Beers tinha travado suas batalhas nas salas de diretoria de Kimberley. A Companhia Britânica da África do Sul, em contraste, travou batalhas reais. Quando Lobengula percebeu ter sido enganado para assinar a concessão de muito mais do que direitos de exploração mineral, resolveu enfrentar Rhodes. Decidido a cuidar de Lobengula de uma vez por todas, Rhodes reagiu enviando uma força de invasão – um total de setecentos homens. Os matabeles tinham, para os padrões africanos, um exército poderoso e bem organizado; os *inpis* de Lobengula somavam 3 mil homens na região. Mas os de Rhodes levaram uma arma secreta devastadora. Operada por uma equipe de quatro, a metralhadora Maxim de 0,45 polegadas podia atirar quinhentos projéteis por minuto, cinquenta vezes mais rápido do que o rifle mais rápido existente. A força equipada com apenas cinco dessas armas letais podia, quase literalmente, varrer os inimigos do campo de batalha.

A batalha do rio Shangani em 1893 esteve entre as primeiras utilizações da Maxim em campo de batalha. Uma testemunha registrou o que aconteceu:

> Os matabeles nunca chegaram a menos de noventa metros, liderados pelo regimento Nuburu, os guarda-costas do rei que vieram gritando como demônios e correndo para a morte certa, pois as Maxims excederam as expectativas por muito e literalmente podavam-nos como grama. Nunca vi nada como essas metralhadoras Maxim, nem sonhava que essas coisas pudessem existir: pois os cintos de cartuchos correm por elas tão rápido quanto um homem pode carregar e atirar. Todos os homens no *laager** devem suas vidas, depois da Providência, à metralhadora Maxim. Os nativos disseram ao rei que não tinham medo de nós ou de nossos rifles, mas não podiam matar a fera que fazia pu! pu! com o que eles queriam dizer a Maxim.

---

* Termo africâner que significa *campo, lugar, posição*. (N. T.)

Para os matabeles, parecia que "o homem branco veio [...] com armas que cospem balas como o céu às vezes cospe granizo, e quem eram o matabeles para enfrentar nus essas armas?". Cerca de 1.500 guerreiros matabeles foram eliminados. Só quatro dos setecentos invasores morreram. O *Times* relatou com gosto que os matabeles "atribuíram nossa vitória à feitiçaria, pensando que a Maxim era puramente obra de um espírito maligno. Eles a chamaram 'S'cockacocka', por causa do ruído peculiar que ela faz quando em ação".

Para que ninguém tivesse dúvida de quem havia planejado a operação, o território conquistado foi renomeado Rodésia. Por trás de Rhodes, porém, estava o poderio financeiro de Rothschild. De modo significativo, um membro do ramo francês da família notou com satisfação a conexão entre as notícias de "uma dura batalha que teve lugar com os matabeles" e "um pequeno salto nas ações da Companhia Britânica da África do Sul de Rhodes". A única preocupação dos Rothschild – e ela era largamente justificada – era que Rhodes estava canalizando dinheiro da lucrativa Companhia De Beers para a totalmente especulativa Companhia Britânica da África do Sul. Quando o independente político conservador *Lord* Randolph Churchill voltou de uma visita à África do Sul em 1891 declarando que "não há mais insensata e insegura especulação do que o investimento de dinheiro nos consórcios de exploração de minas" e acusando Rhodes de ser "um impostor que não conseguiria levantar 51 mil libras na City para abrir uma mina", Rothschild se enfureceu. Havia poucos crimes mais graves aos olhos de um financista *fin de siècle* do que desmerecer um investimento. O suvenir oficial da campanha matabele, publicado no quadragésimo aniversário desse pequeno conflito de um lado só, abre com o "tributo" de Rhodes aos homens que venceram os "selvagens" matabeles. O ponto alto, no entanto, é um hino grotesco dedicado à arma favorita do conquistador. O hino, na verdade, surgiu como uma sátira da expedição, mas os homens de Rhodes descaradamente o adotaram como hino oficial:

> Avante soldados contratados, para as terras pagãs,
> Livros de oração nos bolsos, rifles em suas mãos.
> Levem a boa nova para onde o comércio pode ser feito,
> Propaguem o pacífico evangelho – com a metralhadora Maxim.
>
> Digam aos miseráveis nativos, pecadores no coração,
> Tornem os templos pagãos em uma feira do espírito.

E se eles não sucumbirem aos seus ensinamentos,
Dê-lhes outro sermão com a metralhadora Maxim.
[...]
Quando os dez mandamentos eles entenderem bem,
Vocês devem sumir com o chefe deles e anexar a terra;
e se eles equivocados exigirem satisfação,
Dê-lhes um outro sermão – com uma Maxim da Montanha.

A metralhadora Maxim era na verdade uma invenção americana. Mas seu inventor, Hiram Maxim, sempre teve os olhos fixos no mercado britânico. Assim que teve um protótipo que funcionava em sua oficina subterrânea em Hatton Garden, Londres, começou a distribuir convites aos que importavam para experimentar a arma. Entre os que aceitaram estava o duque de Cambridge, então comandante-em-chefe, o príncipe de Gales, o duque de Edimburgo, o duque de Devonshire, o duque de Sutherland e o duque de Kent. O duque de Cambridge respondeu com aquele entusiasmo tão característico de sua classe. Ele estava, declarou, "grandemente impressionado com o valor das metralhadoras"; de fato, sentia-se "confiante de que logo elas seriam de uso generalizado em todos os exércitos". No entanto, ele "não achava aconselhável comprar alguma já", acrescentando: "Quando precisarmos delas, poderemos comprar o modelo mais recente, e seu manejo pode ser aprendido por um homem inteligente em algumas horas". Outros foram mais rápidos em avaliar o grande potencial da invenção de Maxim. Quando a Companhia de Armas Maxim se estabeleceu, em novembro de 1844, *Lord* Rothschild estava em seu conselho. Em 1888, seu banco financiou a fusão de 1,9 milhão de libras da Companhia Maxim com a Companhia de Armas e Munições Nordenfelt.

Tão próximo era o relacionamento de Rhodes com os Rothschild que ele até confiou a *Lord* Rothschild a execução de seu testamento, especificando que seu patrimônio deveria ser usado para financiar um equivalente imperialista da Ordem Jesuíta – a intenção original das bolsas de estudo Rhodes. Seria "uma sociedade dos eleitos para o bem do Império". "Considerando a questão sugerida tome a Constituição Jesuíta se possível", rabiscou Rhodes, "e insira Império Inglês no lugar de Igreja Católica Romana". Rothschild, por sua vez, assegurou a Rhodes: "Nosso primeiro e maior desejo em relação aos assuntos da África do Sul é que você continue à frente dos negócios nessa colônia e que seja capaz de conduzir essa grande política imperial que tem sido o sonho da sua vida".

A criação de seu próprio país e sua própria ordem sagrada imperialista eram, de fato, meros componentes de uma "política imperial" rodhesiana muito maior. Num enorme mapa da África do tamanho de uma mesa (que ainda hoje pode ser visto em Kimberley), Rhodes desenhou uma linha a lápis indo da Cidade do Cabo ao Cairo. Essa deveria ser a ferrovia imperial suprema. Do Cabo, ela correria para o norte como uma enorme espinha de metal para Bechuanalândia, de Bechuanalândia para a Rodésia, da Rodésia para Niassalândia, daí seguiria, passando os Grandes Lagos, para Cartum e, finalmente, Nilo acima até seu destino final no Egito.

Por meio dela, Rhodes tencionava trazer o continente africano inteiro para o domínio britânico. Sua justificativa era simples: "Nós somos a primeira raça no mundo, e, quanto mais do mundo habitarmos, melhor para a raça humana". Literalmente não havia limites para a ambição de Rhodes. Ele conseguia falar com toda a seriedade da "recuperação definitiva dos Estados Unidos da América como uma parte do Império Britânico".

Num nível, guerras como a que Rhodes travou contra os matabeles eram batalhas privadas planejadas em clubes privados como o Clube Kimberley, aquele empoado bastião da sociabilidade capitalista do qual o próprio Rhodes era um dos fundadores. Matabelelândia tinha se tornado parte do Império sem custo algum para o pagador de imposto britânico, já que a campanha toda fora lutada por mercenários empregados por Rhodes e pagos pelos acionistas das Companhia Britânica da África do Sul e da De Beers.

Se acontecesse de Matabelelândia não ter ouro, então eles seriam os perdedores. O processo de colonização tinha sido, de fato, privatizado, num retorno aos primeiros tempos, quando as companhias monopolistas tinham sido pioneiras do domínio britânico do Canadá a Calcutá. Rhodes estava, de fato, conscientemente aprendendo com a história. O governo britânico na Índia tinha começado com a Companhia das Índias Orientais; agora o domínio britânico na África seria baseado em seus interesses empresariais. Numa carta para *Lord* Rothschild ele até se refere à De Beers como "uma outra Companhia das Índias Orientais".

E não estava sozinho nessa maneira de pensar. George Goldie, o filho da família de contrabandistas de Manx que passou sua juventude como dissoluto mercenário, também sonhava, desde garoto, "pintar o mapa de vermelho"; seu grande projeto era anexar cada quilômetro quadrado do Níger ao Nilo. Em 1875, tinha ido para a África Ocidental tentar salvar uma pequena casa de comércio que pertencia à família de sua cunhada. Em 1879, ele a havia fundido com algumas outras companhias de óleo de palma para formar a Companhia Nacional Africana. Goldie, porém, logo se convenceu de que era "inútil tentar fazer negócios onde eles não conseguem impor lei e ordem de verdade". Em 1883, Goldie propôs que a Companhia Nacional Africana adquirisse toda a região do baixo e médio Níger por meio de uma carta patente. Três anos depois, conseguiu o que queria: uma carta patente foi concedida para uma renascida Companhia Real do Níger. Novamente era o modelo do século XVII de colonização subcontratada, com os acionistas, mais do que os pagadores de impostos, assumindo os riscos. Goldie se orgulhava ao ver que "os acionistas, com cujo dinheiro a companhia foi construída, foram tratados com justiça":

> A frase era que "o pioneiro sempre fica arruinado" e eu disse que, neste caso, o pioneiro não ficaria arruinado, e ele não ficou. Saí à rua e induzi pessoas a me dar um milhão para começar. Eu estava obrigado a cuidar para que eles tivessem um retorno razoável de seu dinheiro. Se não tivesse feito isso, eu estaria cometendo uma quebra de confiança. Meu trabalho foi uma luta internacional para obter a possessão britânica desse território, e posso lembrá-los de que o trabalho foi levado a cabo com sucesso antes que a carta patente do Níger expirasse. Acho que vocês concordam comigo que eu estava absolutamente obrigado a proteger os interesses dos acionistas em primeiro lugar [...]

O governo estava muito satisfeito de proceder nessa base. Como disse Goldie em 1892, a Grã-Bretanha tinha "adotado a política de avançar por empreendimento comercial [...] Não se deve esperar a sanção do Parlamento para o emprego dos recursos imperiais" para levar à frente suas ambições.

Para Goldie, assim como para Rhodes, o que era bom para sua companhia era autoevidentemente bom para o Império Britânico. E, assim como seu colega sul-africano, Goldie via a metralhadora Maxim como a chave para a expansão de ambas as coisas. No final da década de 1880, ele tinha conquistado vários dos emirados fulani e iniciado uma guerra contra os assentamentos de Bida e Ilorin. Embora tivesse pouco mais de quinhentos homens a sua disposição, as Maxims permitiam que derrotassem exércitos trinta vezes maiores. Foi a mesma história na África Oriental, onde Frederick Lugard tinha estabelecido a primazia britânica em Buganda quando a serviço da Companhia da África Oriental.² Tão impressionado estava Goldie com o desempenho de Lugard que o contratou para trabalhar para sua Companhia do Níger. Quando a Nigéria do Norte se tornou um protetorado britânico em 1900, Lugard foi nomeado seu primeiro alto comissário; doze anos depois, ele se tornou governador-geral de uma Nigéria unificada. Essa transformação de monopólio comercial para protetorado era típica da maneira como a corrida pela África procedeu. Os políticos deixaram os homens de negócio tocar as coisas, mas bem cedo entravam em cena para criar alguma forma de governo colonial formal. Embora as novas companhias africanas se assemelhassem à Companhia das Índias Orientais, em seu desenho original, elas governaram a África por períodos muito mais curtos do que sua precursora indiana governou a Índia. Por outro lado, mesmo quando o governo britânico se tornava "oficial", ele permanecia esquemático em sua estrutura. Em seu livro *O duplo mandato na África tropical britânica* (1922), Lugard iria mais tarde definir governo indireto como "o uso sistemático das instituições costumeiras do povo como agências de governo local". Isso era uma forma bastante elaborada de dizer que a África seria governada do jeito que os estados principescos da Índia foram governados: com os governantes existentes como marionetes e uma presença britânica mínima.

Essa, no entanto, era só metade da história da corrida pela África. Porque, enquanto Rhodes estava trabalhando rumo ao norte a partir do Cabo, e enquanto Goldie estava trabalhando rumo ao leste a partir do Níger, políticos britânicos estavam trabalhando rumo ao sul, a partir do Cairo. E estavam fazendo isso, em larga medida, porque tinham medo de que, se não o fizessem, alguém mais o faria.

Eram os franceses que tocavam as coisas no norte da África, tirando lascas das bordas do império otomano muito mais prontamente do que os britânicos. Sua primeira tentativa de supremacia no Egito foi feita sob Napoleão, e só serviu para ser decisivamente afundada pela Marinha Real britânica na batalha de Aboukir, em 1798. Mas os franceses não esperaram muito depois da queda de Napoleão para retomar as atividades na região. Já em 1830, um exército francês tinha invadido a Argélia; sete anos depois, os franceses controlavam a maior parte do país. Também foram rápidos em dar seu apoio a Mehmet Ali, o líder modernizador egípcio que tentou ignorar, se não derrubar, a autoridade do sultão otomano. Acima de tudo, foram investidores franceses que tomaram a dianteira no desenvolvimento econômico da Turquia e do Egito. O homem que desenhou e construiu o canal de Suez era um francês, Ferdinand de Lesseps, e a maior parte do capital investido no vasto e estrategicamente portentoso empreendimento – aberto em 1869 – era francês. Várias vezes, porém, os britânicos estiveram aptos a dizer que o futuro do império otomano era uma matéria a ser decidida entre as cinco grandes potências: não só a Inglaterra e a França, mas também a Rússia, a Áustria e a Prússia.

De fato, é impossível entender a corrida pela África, sem ver que ela teve seus antecedentes na perene disputa entre as grandes potências para manter – ou derrubar – o equilíbrio de poder entre elas na Europa e no Oriente Médio. Em 1829-30, elas tinham chegado a um consenso sobre o futuro da Grécia e da Bélgica. Em consequência da Guerra da Crimeia, chegaram a um consenso mais frágil sobre o futuro das possessões turcas remanescentes na Europa, em particular o estreito do mar Negro. O que aconteceu na África nos anos 1880 foi, em muitos sentidos, simplesmente a continuação da diplomacia europeia em outros lugares. Com a importante ressalva de que nem a Áustria nem a Rússia tinham ambições ao sul do Mediterrâneo. Assim, no Congresso de Berlim de 1878, a oferta de Túnis à França era apenas uma subcláusula de acordos muito mais complexos a que se tinha chegado sobre o futuro dos Bálcãs.

Quando ficou claro em 1874 que os governos tanto do Egito quanto da Turquia estavam na bancarrota, pareceu, inicialmente, que os problemas iriam se resolver pela confabulação habitual entre as grandes potências. No entanto, primeiro Disraeli e, depois, seu arquirrival Gladstone não conseguiram resistir à tentação de tomar iniciativas unilaterais para dar vantagem à Grã-Bretanha na região. Quando o quediva do Egito ofereceu vender suas ações da Companhia do Canal de Suez por 4 milhões de libras, Disraeli aproveitou a oportunidade, recorrendo a seus amigos, os Rothschild – quem mais – para a colossal quantia necessária para fechar o negócio. É verdade que a propriedade de 44% das ações iniciais da Companhia do Canal não deram aos britânicos o controle sobre o canal em si, especialmente porque as ações não davam direito a voto até 1895 e tinham apenas dez votos daí em diante. Por outro lado, a promessa do quediva de pagar 5% do valor das ações todo ano no lugar de dividendos despertou no governo britânico um novo interesse direto nas finanças egípcias. Disraeli estava de fato errado ao sugerir que a Companhia do Canal estava em posição de fechar o canal para o crescente volume de navegação britânica que então o usava. Por outro lado, não havia garantias de que a lei que obrigava a companhia a manter o canal aberto seria sempre respeitada. Como disse corretamente Disraeli, a propriedade das ações dava à Grã-Bretanha uma "alavancagem" adicional. Também acabou sendo um investimento de dinheiro público excepcionalmente bom.³

As mágoas francesas foram, em certa medida, acalmadas pela reorganização subsequente das finanças egípcias, que (por sugestão do governo francês) estabeleceu uma comissão multinacional na qual Inglaterra, França e Itália estavam igualmente representadas. Em 1876, um internacional Banco para a Dívida Pública Egípcia (*Caisse de la Dette Publique*) foi estabelecido e, dois anos depois, por sugestão dele, o Egito adquiriu um governo internacional com um inglês como ministro das Finanças e um francês como ministro das Obras Públicas. Simultaneamente, os Rothschild, ingleses e franceses concordaram em levantar um empréstimo de 8,5 milhões de libras. O *Journal de Débats* chegou a descrever esse aconchegante arranjo como "quase o equivalente à celebração de uma aliança entre a França e a Inglaterra". Um estadista britânico resumiu o raciocínio por trás do acordo: "Você poderia renunciar – ou monopolizar – ou partilhar. Renunciar teria sido pôr os franceses entre nós e nosso caminho para a Índia. Monopolizar teria sido muito próximo do risco de uma guerra. Então, resolvemos partilhar". Mas essa política de partilhar não duraria muito. Em 1879, o quediva demitiu o governo internacional. As potências responderam derrubando-o em favor de seu indolente filho Tewfiq. Quando Tewfiq foi derrubado pelas forças armadas egípcias, lideradas pelo antieuropeu Arabi Pasha, ficou logo evidente que um movimento estava em curso para livrar completamente o Egito da dominação econômica estrangeira. Alexandria foi fortificada e uma barragem construída no canal. Um calote completo na dívida externa do país tornou-se uma possibilidade séria. A própria vida de 37 mil europeus residentes no Cairo parecia ameaçada.

Como líder da oposição, Gladstone tinha criticado violentamente a política externa de Disraeli no Oriente Médio. Ele instintivamente não tinha gostado da compra das ações do canal de Suez; também acusou Disraeli de fazer vista grossa para atrocidades turcas contra comunidades cristãs na Bulgária. Agora, porém, que estava no poder, Gladstone executou uma das grandes viradas da política externa vitoriana. É verdade que seus instintos eram de se manter atrelado ao sistema de controle duplo anglo-francês no Egito. Mas a crise coincidiu com um desses *bouleversements* políticos domésticos tão comuns na história da Terceira República. Enquanto os franceses discutiam entre si, o risco de um calote egípcio crescia ameaçadoramente. Agora havia violentas manifestações antieuropeias em Alexandria. Incitado por seus colegas de gabinete mais belicosos, e assegurado pelos Rothschild de que os franceses não fariam objeção, Gladstone concordou em 31 de julho de 1882 em "derrubar Arabi". Navios britânicos já tinham bombardeado os fortes de Alexandria, e, em 13 de setembro, a tropa de invasão do general *Sir* Garnet Wolseley – que consistia de três esquadrões da Household Cavalry, dois canhões e cerca de mil soldados de infantaria – surpreendeu e destruiu o exército muito mais numeroso de Arabi no espaço de meia hora em Tel-el-Kebir. No dia seguinte, ocuparam o Cairo; Arabi foi feito prisioneiro e mandado para o Ceilão. Nas palavras de *Lord* Rothschild, estava agora "claro que a Inglaterra deve manter a futura predominância" no Egito. Essa predominância nunca seria formalizada em colonização aberta. Assim que ocuparam o Egito, os britânicos começaram a assegurar as outras potências de que sua presença lá era um expediente temporário: uma garantia reafirmada não menos do que 66 vezes entre 1882 e 1922. Formalmente o Egito continuava a ser uma entidade independente. Na prática, porém, era administrado como um "protetorado velado" pelos britânicos, com o quediva como novo boneco principesco e o poder real na mão do agente britânico e cônsul-geral.

A ocupação do Egito abriu um novo capítulo na história imperial. De fato, em muitos sentidos, foi o verdadeiro gatilho da corrida pela África. Do ponto de vista das outras potências europeias – e a aquiescência francesa não durou muito –, agora era claramente imperativo agir, e agir depressa, antes que os britânicos tomassem posse do continente inteiro. Os britânicos, por seu lado, estavam dispostos a dividir o espólio, desde que retivessem o controle dos polos estratégicos no Cabo e no Cairo. O maior jogo de Banco Imobiliário da história estava para começar. A África era o tabuleiro.

Essas partilhas não eram nada de novo na história do imperialismo, como vimos. Até então, porém, o futuro da África tinha sido uma preocupação apenas para a Grã-Bretanha, a França e – como primeiro país europeu a estabelecer colônias lá – Portugal. Agora, porém, havia três novos jogadores na mesa: o Reino da Bélgica (fundado em 1831), o Reino da Itália (fundado em 1861) e o império alemão (fundado em 1871). O rei belga, Leopoldo II, estabelecera sua Associação Internacional em 1876, patrocinando a exploração do Congo com vistas à sua conquista e exploração econômica. Os italianos fantasiavam sobre um novo Império Romano estendendo-se através do Mediterrâneo, identificando Trípoli (na moderna Líbia) como alvo de sua primeira aquisição; mais tarde, invadiram a Abissínia, perdida ignominiosamente em 1896 e tiveram que se contentar com parte da Somália. Os alemães jogaram um jogo mais sutil – no começo.

O chanceler alemão Otto von Bismarck era um dos poucos gênios autênticos entre os estadistas do século XIX. Quando Bismarck disse que seu mapa da África era o mapa da Europa,[4] quis dizer que via a África como uma oportunidade de semear a discórdia entre britânicos e franceses – e afastar os eleitores de seus oponentes liberais e socialistas em casa. Em abril de 1884, Bismarck anunciou um protetorado sobre a baía de Angra Pequena, onde hoje é a Namíbia. Então, estendeu as possessões alemãs até incluir todo o território entre a fronteira norte da colônia britânica do Cabo e a fronteira sul da Angola portuguesa, acrescentando, para uma medida bem sacudida, Camarões e Togo, mais acima na costa ocidental da África, e, finalmente, Tanganica, do outro lado do continente. Tendo, com isso, estabelecido a credibilidade da Alemanha como um jogador na África, Bismarck convocou, então, uma importante conferência internacional sobre o continente, que se reuniu em Berlim entre 15 de novembro de 1884 e 26 de fevereiro de 1885.[5] Declaradamente, a conferência de Berlim tinha o objetivo de assegurar o livre comércio e, particularmente, a liberdade de navegação nos rios Congo e Níger. Esses eram os assuntos que ocuparam a maioria das cláusulas da "Ata Geral" final da conferência. Ela também apoiou da boca para fora os ideais emancipacionistas da era Livingstone, comprometendo todos os signatários a

> vigiar pela preservação das tribos nativas, e cuidar para a melhoria das condições de seu bem-estar moral e material, e ajudar a suprimir a escravidão, e especialmente o tráfico de escravos. Eles devem, sem distinção de credo ou nação, proteger e favorecer todas as instituições e empreendimentos religiosos, científicos ou caritativos criados e organizados para os fins acima, ou que almejem instruir os nativos e levar a seu lar as bênçãos da civilização. Missionários cristãos, cientistas e exploradores, com seus acompanhantes, propriedade e coleções, devem,

da mesma forma, ser objeto de especial proteção. Liberdade de consciência e tolerância religiosa são expressamente garantidas aos nativos, não menos do que aos súditos e estrangeiros.

O verdadeiro propósito da conferência, porém (como seu programa inicial deixava claro), era "definir as condições sob as quais futuras anexações na África poderão ser reconhecidas". O cerne do problema era o artigo 34, que dizia:

> Qualquer potência que, daqui em diante, tomar posse de um pedaço de terra na costa do continente africano fora de suas possessões atuais, ou que, estando até então sem possessões, adquira-as e assuma um protetorado [...] deve acompanhar ambos os atos de uma notificação sobre eles, endereçada às outras potências signatárias do presente documento, a fim de permitir a elas protestar, se houver alguma razão para fazê-lo.

Refinando um pouco, o artigo 35 vagamente afirmava a "obrigação" dos signatários "de garantir o estabelecimento, em regiões ocupadas por eles na costa do continente africano, de autoridade suficiente para proteger os direitos existentes". Os "direitos existentes" dos governantes nativos e de seus povos claramente não era o que os autores do documento tinham em mente.

Tratava-se de um verdadeiro acerto entre ladrões: um estatuto para repartir a África em "esferas de influência" baseadas em nada mais legítimo do que a "ocupação efetiva". E a divisão do espólio começou imediatamente. Foi durante a conferência que a posse alemã de Camarões foi reconhecida; foi assim também com a soberania de Leopoldo II sobre o Congo. O significado da conferência, porém, foi mais profundo do que isso. Além de fatiar um continente como um bolo, Bismarck conseguiu brilhantemente seu objetivo central de jogar a França e a Inglaterra uma contra a outra. Na década seguinte, as duas potências se enfrentaram repetidas vezes por causa do Egito, da Nigéria, de Uganda, do Sudão. Para políticos ingleses, exploradores franceses como Mizon e Marchand estavam entre os principais incômodos da década de 1890, demandando exibições de força como o incidente de Fashoda, em 1898, uma disputa surreal na terra de ninguém do Sudão. De fato, os britânicos foram duplamente enganados pelo chanceler alemão; porque a reação inicial ao triunfo dele em Berlim foi dar-lhe tudo o que ele queria (ou parecia querer) na África, e até mais.

Pouco depois da Conferência de Berlim, o cônsul britânico em Zanzibar recebeu um telegrama do Ministério do Exterior em Londres. Ele anunciava que o imperador alemão tinha declarado um protetorado sobre o território delimitado pelos lagos Vitória, Tanganica e Niassa, que tinha sido ocupado no ano anterior pela Sociedade Alemã de Colonização do explorador Carl Peter. O telegrama secamente dava instruções ao cônsul para "cooperar com a Alemanha em tudo". Ele deveria "agir com grande cautela"; não deveria "permitir que nenhuma comunicação em tom hostil fosse dirigida aos agentes alemães pelas autoridades de Zanzibar". O cônsul britânico em Zanzibar era John Kirk, o botânico da malfadada expedição de Livingstone ao Zambezi que, depois da morte de Livingstone, prometeu continuar seu trabalho para acabar com o comércio de escravos africano. A ordem de cooperar com os alemães deixou-o atônito. Durante anos, ele se esforçara para ganhar a confiança do governante de Zanzibar, o sultão Bargash, na base de uma troca direta: se o sultão eliminasse o tráfico de escravos, Kirk o ajudaria a estender seu domínio no leste da África e a enriquecê-lo com comércio legítimo. O sultão, de fato, proibiu o tráfico de escravos em 1873 e, em troca, Kirk fez como prometera. Em 1885, o império do sultão no continente estendia-se por mil milhas na costa leste da África e, no interior, até os Grandes Lagos. Agora o sultão estava para ser simplesmente descartado por um governo britânico ansioso por adular Bismarck.

Kirk não teve alternativa senão obedecer às ordens de Londres. "Eu aconselhei o sultão", respondeu ele conscienciosamente, "a retirar sua oposição ao protetorado alemão e aceitar as reivindicações deles". Porém, não fez nenhum esforço para esconder sua frustração. "Minha posição foi, durante todo o tempo, delicada e difícil, e, num determinado momento, eu não esperava ser capaz de induzir o sultão a aceitar se submeter, sem, daí em diante, perder toda a influência sobre ele". Como escreveu, irritado, para um amigo na Inglaterra:

> Na minha opinião, não pode haver dúvida de que a Alemanha quer absorver o Zanzibar inteiro, e, se é assim, por que ela não diz? Vejo [...] uma fatídica referência a um acordo sobre o qual não sei nada entre a Alemanha e a Inglaterra, de que não devemos ir contra os planos alemães nesta região. Com certeza, quando esse acordo foi feito, os planos alemães estavam definidos, e, se é assim, por que eu não fui avisado – ? Esses planos são planos de governo ou são planos privados alemães? Faz-se referência a minhas instruções, mas nenhuma instrução chegou a mim, a

não ser muito recentemente, com relação à Alemanha e à política alemã. Fui deixado na minha velha e aprovada linha de ação [...] consolidada na Declaração de Tratado que [...] obtive do sultão, de que ele não deveria ceder nenhum de seus direitos ou território ou dar protetorado de seu reino ou qualquer parte dele a nenhuma pessoa sem o consentimento da Inglaterra [...] Nunca tive ordens para sair do caminho da Alemanha, mas logo vi como estava a situação e agi cautelosamente e, espero, discretamente [...] Mas por que a conferência das potências não convidou também Sua Alteza [o sultão a Berlim] [...]? Eles o ignoraram ostensivamente quando se reuniram e até agora, pelo que ouvi, não disseram a ele o que fizeram.

Kirk sentia que estavam pedindo a ele "para comprometer, não por causa de nenhuma falha minha, um bom nome adquirido por serviços anteriores". Se fizesse pressão para que o sultão cedesse às exigências alemãs, como Londres claramente esperava que fizesse, o sultão iria "simplesmente descartá-lo", "e eu levaria a culpa pelo que não tenho poder para evitar".

Estou relutante em chutar para longe o último apoio, enquanto tivermos a chance de recuperar, mesmo em pequena extensão, o terreno perdido, ou preservar, ainda que em parte, algo que possa ser útil um dia nas muitas mudanças que ocorrerão aqui até que o domínio esteja finalmente assentado, porque esse plano de colonização alemão é uma farsa e não vai durar. Ou o país vai ficar pior do que nunca ou a Alemanha vai ter que gastar sangue e dinheiro e fazer disso o que nós fizemos da Índia, um Império. Valerá a pena para ela, mas não há sinal de que ela contemple essa possibilidade, até agora. E, assim, consideramos bom negócio perder o protetorado razoavelmente bom e a liberdade que temos sob o sultão, em troca de um longo período de confusão durante o qual todo o meu trabalho será desfeito.

Era exatamente a ideia de que o sultão deveria ter sido convidado para a Conferência de Berlim, no entanto, que marcava Kirk como um homem do passado. Banco Imobiliário Imperial era um jogo praticado segundo as regras da *Realpolitik* amoral, e o primeiro-ministro *Lord* Salisbury estava tão disposto a jogar segundo essas regras quanto Bismarck. O sultão era um governante africano. Não havia lugar em volta do tabuleiro para ele.

Corpulento, desalinhado, reacionário e astuto, Salisbury era quase completamente cínico em relação ao imperialismo. Sua definição do valor do império era simples: "vitórias divididas por impostos". "O Búfalo" não tinha nenhuma paciência com a "filantropia superficial" e com a "patifaria" dos "fanáticos", que defendiam uma expansão na África como um valor em si. Assim como para Bismarck, as colônias só interessavam Salisbury como propriedades no tabuleiro da política das grandes potências. Ele rejeitava abertamente o projeto de Rhodes de estender o poder britânico por toda a extensão do continente africano. Como disse a seus pares em julho de 1890, achava

> uma ideia muito curiosa [...] que haja alguma vantagem especial em ter uma faixa de território se estendendo ao longo de todo o caminho da Cidade do Cabo às nascentes do Nilo. Ora, essa faixa de território ao norte do lago Tanganica teria que ser muito estreita [...] eu não consigo imaginar nenhum comércio nessa direção [...] Fica sobre uma terra impraticável, e leva apenas às possessões portuguesas, para as quais, pelo que sei, não houve, nos últimos trezentos anos, uma torrente de comércio muito impetuosa ou animada. Acho que o estudo constante dos mapas é capaz de perturbar as faculdades pensantes dos homens [...] Mas, se olharmos, além das considerações meramente comerciais, para as de caráter estratégico, não consigo imaginar posição menos confortável do que a possessão de uma estreita faixa de território em pleno coração da África, a três meses de distância da costa, que estaria separando as forças de um poderoso império como a Alemanha e [...] de uma outra potência europeia. Sem nenhuma vantagem de posição, nós teríamos todos os perigos inseparáveis de sua defesa.

Em outras palavras, só valia a pena adquirir novos territórios se fortalecessem a posição econômica e estratégica da Grã-Bretanha. O elo perdido que completaria a "rota vermelha" de Rhodes do Cabo ao Cairo podia ficar bem no mapa, mas não passava no teste. Quanto a quem morava na África, seu destino não era do menor interesse para Salisbury. "Se nossos antepassados se importassem com os direitos de outros povos", lembrou ele a seus colegas de gabinete em 1878, "o Império Britânico não teria sido feito". O sultão Bargash não demoraria para descobrir as consequências desse preceito.

Em agosto de 1885, Bismark enviou quatro navios de guerra para Zanzibar e exigiu que o sultão entregasse seu império para a Alemanha. Quando foram embora, um mês depois, os territórios tinham sido cuidadosamente divididos entre a Alemanha e a Grã-Bretanha, deixando o sultão apenas com uma faixa no litoral. E o sultão não foi o único perdedor. O trabalho de John Kirk na

África estava acabado, pois os alemães pediram, e conseguiram, sua demissão. E não é que os alemães dessem a mínima para Zanzibar. Poucos anos depois, em julho de 1890, o sucessor de Bismarck reconheceu o protetorado britânico sobre ele em troca da ilha de Heligolândia, ao largo da costa alemã do mar do Norte. Isso era realmente Banco Imobiliário em escala global.

Em toda a África, a história se repetiu: chefes enganados, tribos espoliadas, heranças entregues com uma impressão digital ou um "X" trêmulo e qualquer resistência ceifada pela metralhadora Maxim. Uma a uma, as nações da África foram subjugadas – os zulus, os matabeles, os mashonas, os reinos do Níger, o principado islâmico de Kano, os dincas e os massai, os muçulmanos sudaneses, o Benim e Bechuana. No início do novo século, a divisão estava feita. Os britânicos tinham praticamente realizado o plano de Rhodes sobre uma possessão contínua do Cabo ao Cairo: seu império africano estendia-se rumo ao norte da Colônia do Cabo através de Natal, Bechuanalândia (Botswana), Rodésia do Sul (atual Zimbábue), Rodésia do Norte (Zâmbia) e Niassalândia (Malaui); e, para o sul, do Egito através do Sudão, Uganda e África Oriental (Quênia). A África Oriental Alemã era o único elo que faltava na corrente imaginada por Rhodes; além disso, como vimos, os alemães tinham o sudoeste da África (Namíbia), Camarões e Togo. É verdade que os britânicos tinham adquirido Gâmbia, Serra Leoa, a Costa do Ouro (Gana) e a Nigéria, na África Ocidental. Mas as colônias da África Ocidental eram ilhas num mar francês. De Túnis e Argélia, no norte, em direção ao sul pela Mauritânia, Senegal, Sudão Francês, Guiné, Costa do Marfim, Alto Volta, Daomé, Níger, Chade, o Congo Francês e o Gabão, a maior parte da África Ocidental estava nas mãos dos franceses; sua única possessão oriental era a ilha de Madagascar. Além de Moçambique e Angola, Portugal conservou um encrave na Guiné, a Itália adquiriu a Líbia, a Eritreia e a maior parte da Somália. A Bélgica – ou, para ser preciso, o rei da Bélgica – possuía o vasto território do Congo. E a Espanha tinha o Rio de Oro (sul do Marrocos de hoje). A África estava quase inteiramente em mãos europeias e a parte do leão pertencia aos britânicos.

*Grande Bretanha**

Em 1897, o ano de seu Jubileu de Diamante, a rainha Vitória reinava no ápice do mais extenso império da história do mundo. Os números eram impressionantes. Em 1860, a extensão territorial do Império Britânico fora de 24,6 milhões de quilômetros quadrados; em 1909, o total tinha subido para 32,5 milhões. O Império Britânico agora cobria cerca de 25% das terras emersas do mundo – três vezes o tamanho do império francês, e dez vezes o do alemão – e controlava aproximadamente a mesma proporção da população mundial: uns 440 milhões de pessoas no total viviam sob alguma forma de governo britânico. Não apenas os britânicos lideraram a corrida pela África. Haviam sido os precursores de uma corrida no Extremo Oriente, engolindo o norte de Bornéu, a Malásia e uma fatia da Nova Guiné, para não falar de uma cadeia de ilhas no Pacífico: Fiji (1874), as ilhas Cook (1880), as Novas Hébridas (1887), as ilhas Fênix (1889), as ilhas Gilbert e Ellice (1892) e as Salomão (1893).[6] Segundo a *St James's Gazette*, a rainha-imperatriz tinha poder sobre "um continente, mil penínsulas, quinhentos promontórios, mil lagos, dois mil rios, dez mil ilhas". Um selo de correio foi produzido mostrando um mapa do mundo e a legenda: "Controlamos um Império mais vasto do que jamais houve". Mapas mostrando seu território pintado em um atraente vermelho pendiam na parede das escolas do país inteiro. Não admira que os britânicos tenham começado a supor que tinham o direito dado por Deus de governar o mundo. Era, como disse o jornalista J. L. Garvin em 1905, "uma extensão e uma magnificência de domínio além do natural".

A extensão do Império Britânico podia ser vista não só nos atlas e censos. Os britânicos também eram os banqueiros do mundo, investindo imensas somas no mundo inteiro. Em 1914, o valor bruto nominal do estoque de capital britânico investido no exterior era de 3,8 bilhões de libras, entre dois quintos e metade de todos os recursos pertencentes a estrangeiros. Era mais do que o dobro do investimento estrangeiro francês e mais de três vezes os números alemães. Nenhuma outra economia importante antes ou depois teve uma propor-

---

* No original há um jogo de palavras de difícil tradução entre *Great Britain*, Grã-Bretanha, e a construção com o comparativo *Greater Britain*. Essa última expressão será traduzida como Grande Bretanha. (N. T.)

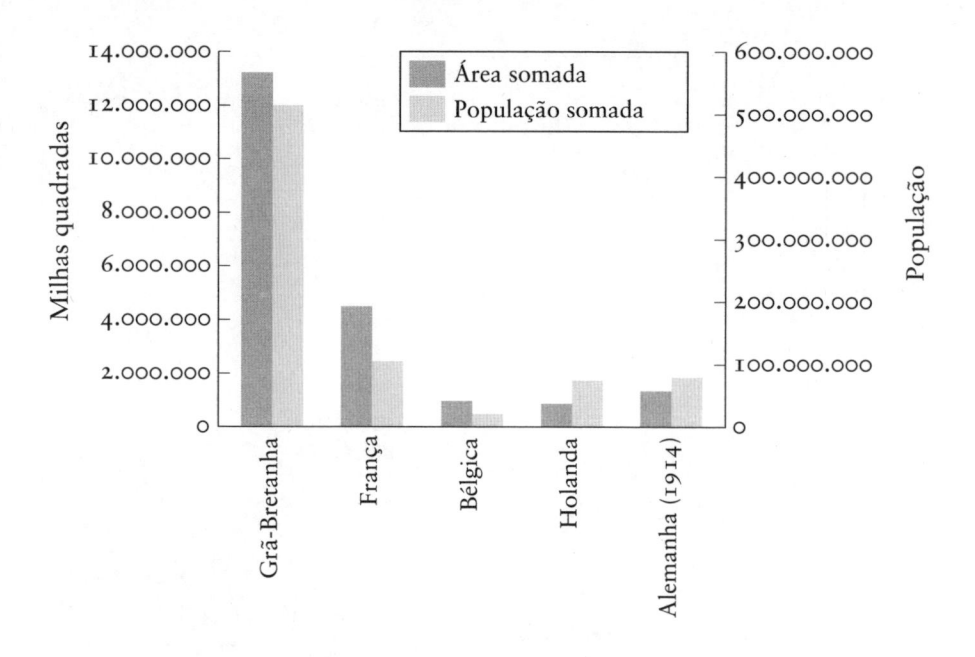

Os impérios europeus: área e população, c. 1939

ção tão grande de seus recursos no exterior. Entre 1870 e 1913, os fluxos de capital foram, em média, 4,5% do produto interno bruto, subindo a mais de 7% nos picos cíclicos de 1872, 1890 e 1913. Mais capital britânico levantado na bolsa de valores foi investido nas Américas do que na própria Grã-Bretanha. Além disso, esses fluxos foram muito mais dispersos geograficamente do que os de outras economias europeias. Só cerca de 6% dos investimentos estrangeiros britânicos estavam na Europa ocidental. Cerca de 45% estavam nos Estados Unidos e nas colônias de assentamentos brancos. Um quinto estava na América Latina, 16% na Ásia e 13% na África. É verdade que 1,8 bilhão de libras estava investido em colônias britânicas, e quase todo esse dinheiro era investido nas velhas colônias; praticamente nada era investido nas novas aquisições da corrida africana. Mas a importância do Império estava crescendo. Em média, ele atraíra cera de 38% da carteira de investimentos entre 1865 e 1914, mas, na altura dos anos 1890, a fatia tinha crescido para 44%. Da mesma forma, a parcela do Império no total das importações britânicas estava em crescimento, subindo de entre um quarto e um terço para quase dois quintos em 1902.

De qualquer forma, nem todo o Império Britânico estava formalmente sob governo britânico; os mapas subestimavam a extensão do alcance

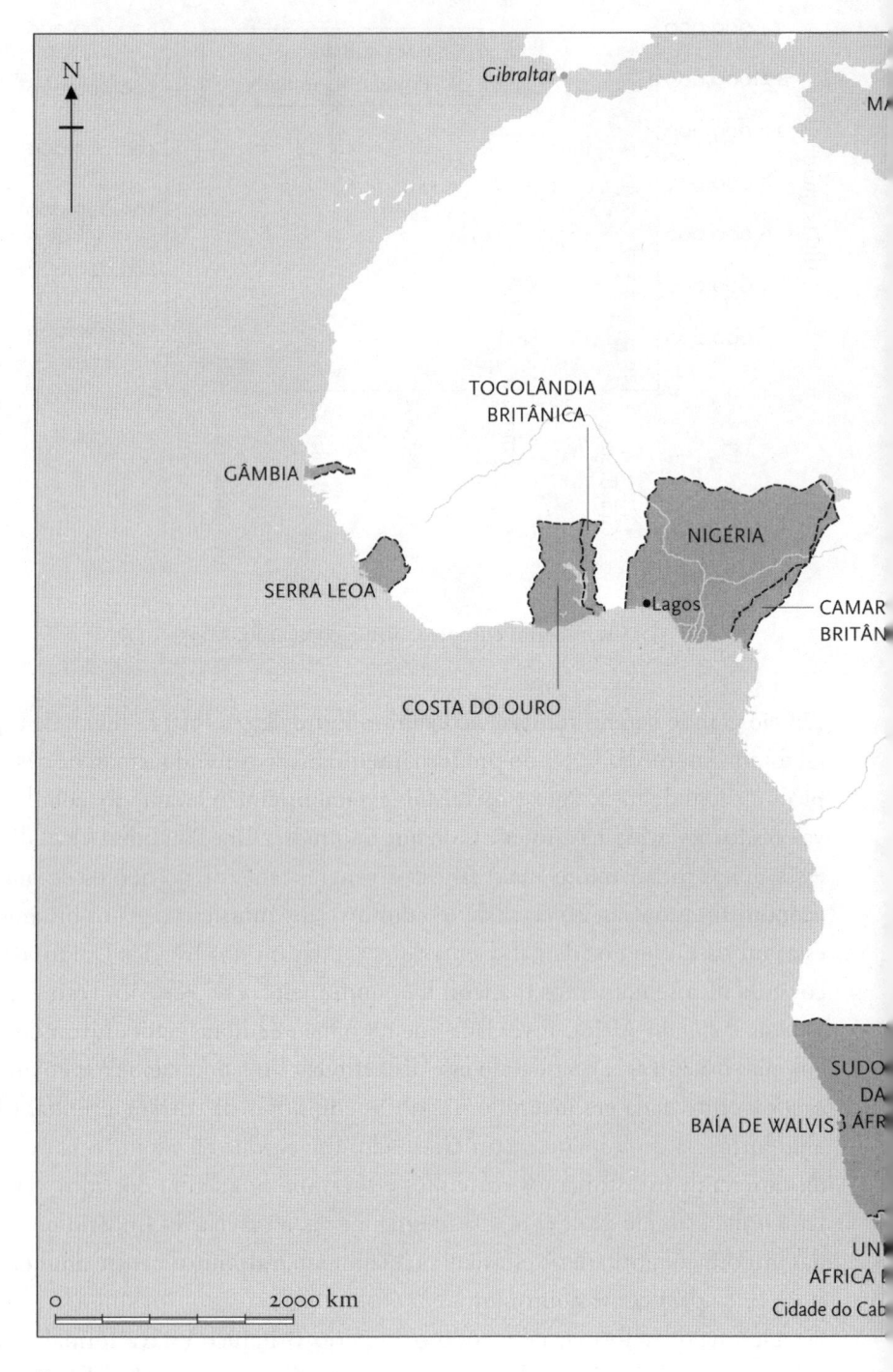

África britânica e Oriente Médio, *c.* 1939

Força Maxim

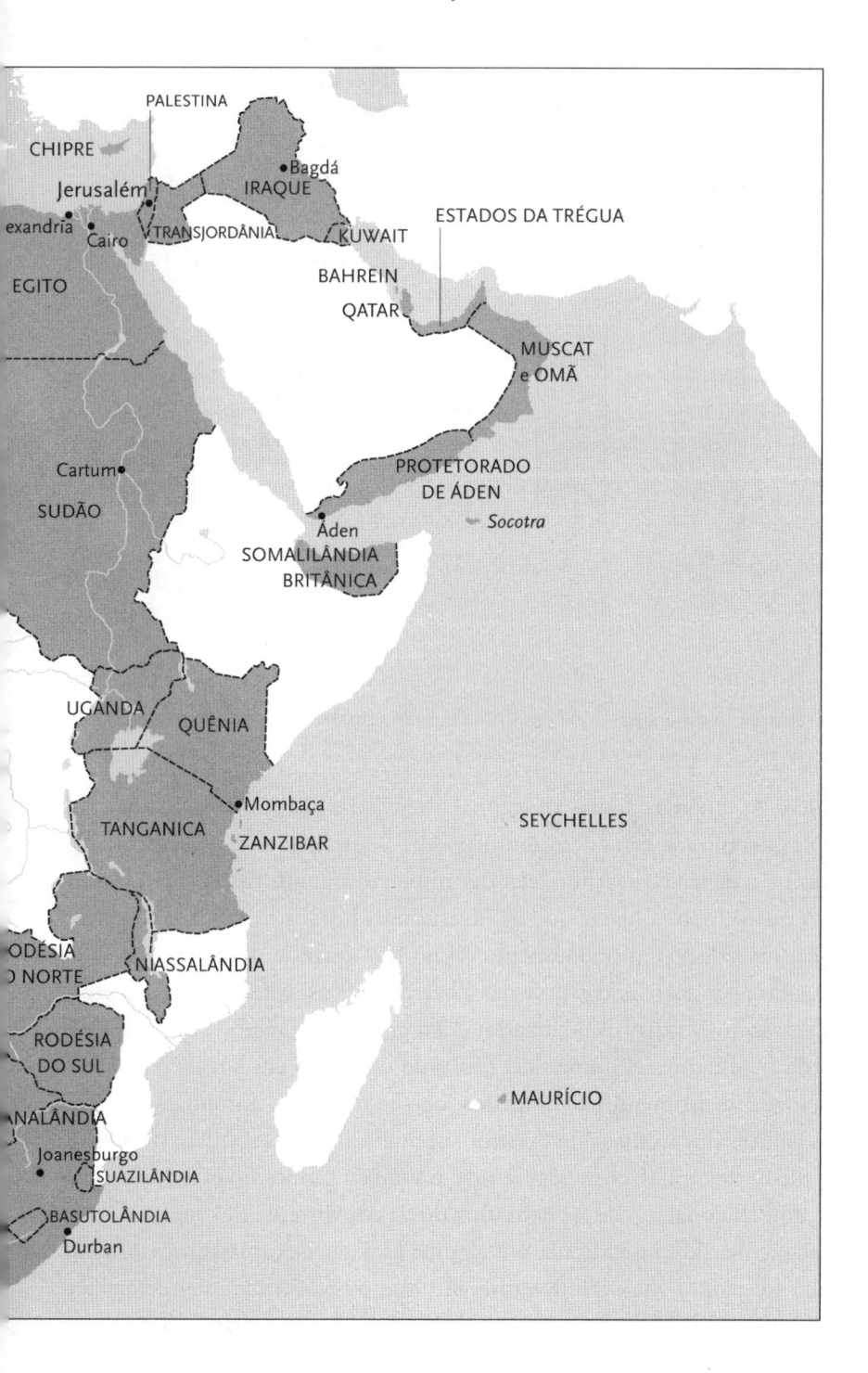

- CHIPRE
- PALESTINA
- Jerusalém
- exandria
- Cairo
- EGITO
- Bagdá
- IRAQUE
- TRANSJORDÂNIA
- KUWAIT
- ESTADOS DA TRÉGUA
- BAHREIN
- QATAR
- MUSCAT e OMÃ
- Cartum
- SUDÃO
- PROTETORADO DE ÁDEN
- Socotra
- Áden
- SOMALILÂNDIA BRITÂNICA
- UGANDA
- QUÊNIA
- Mombaça
- TANGANICA
- ZANZIBAR
- SEYCHELLES
- ODÉSIA) NORTE
- NIASSALÂNDIA
- RODÉSIA DO SUL
- MAURÍCIO
- NALÂNDIA
- Joanesburgo
- SUAZILÂNDIA
- BASUTOLÂNDIA
- Durban

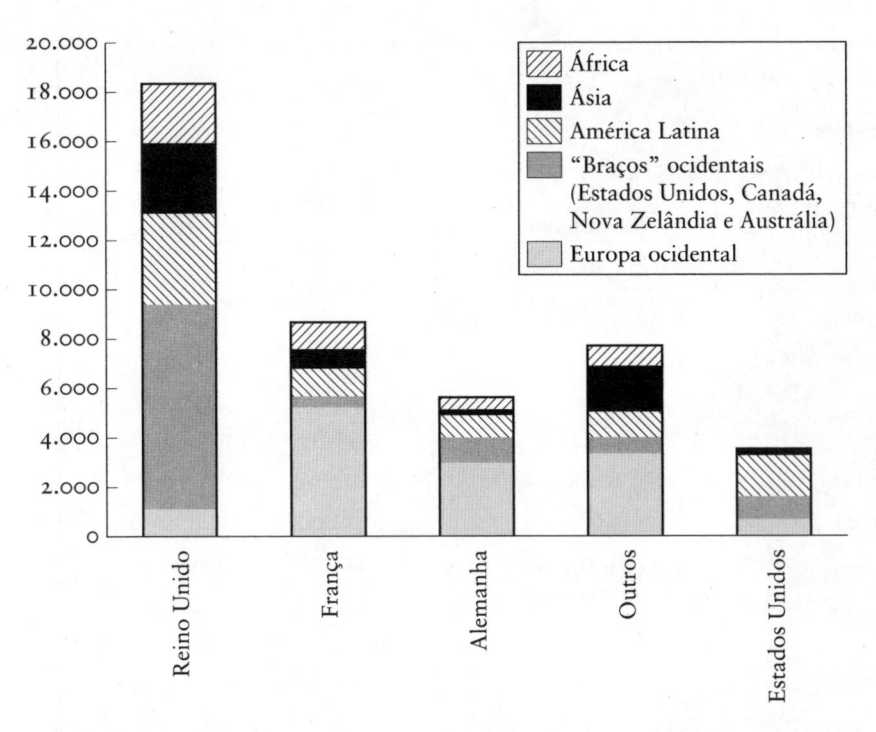

Investimento estrangeiro total em 1914: de onde veio, para onde foi ($ milhões)

britânico. As imensas somas de capital despejadas na América Latina, por exemplo, deram aos britânicos tanto poder – especialmente na Argentina e no Brasil – que parece legítimo falar de "imperialismo informal" nesses países. É claro que se pode objetar que os investidores britânicos não tinham nada que ficar investindo em Buenos Aires ou no Rio, quando deveriam estar modernizando as indústrias das próprias Ilhas Britânicas. Mas os retornos esperados desses investimentos no exterior eram geralmente maiores do que os da indústria manufatureira doméstica. Em todo caso, não era um jogo de soma zero. Novos investimentos estrangeiros logo se tornaram autofinanciados, já que os ganhos dos recursos no exterior sistematicamente excediam o valor de novos fluxos de capital: entre 1870 e 1913, o total de ganhos no exterior chegou a 5,3% do PIB anual. E não há nenhuma prova convincente de que a indústria britânica tenha sido prejudicada por alguma escassez de capital antes de 1914.

Não foi só por meio de investimento que os britânicos estenderam seu Império informal. Negociações comerciais também pressionaram amplos setores da economia mundial a aceitar o livre comércio; exemplos disso são os tratados de comércio com países da América Latina, com a Turquia, o Marrocos, o Sião, o Japão e as ilhas dos Mares do Sul. No final do século XIX, cerca de 60% do comércio britânico era com parceiros extraeuropeus. Comércio livre com o mundo em desenvolvimento era bom para a Grã-Bretanha. Com seus enormes ganhos sobre os investimentos no exterior, sem esquecer outros "invisíveis", como seguros e navegação, ela podia se dar ao luxo de importar muito mais do que exportava. Em todo caso, os termos de troca – a diferença entre os preços de importação e exportação – mudaram cerca de 10% a favor dos britânicos entre 1870 e 1914.

A Grã-Bretanha também estabeleceu o padrão para o sistema monetário internacional. Em 1868, só a Grã-Bretanha e algumas de suas dependências econômicas – Portugal, Egito, Canadá, Chile e Austrália – estavam no padrão ouro (que fixava o valor do papel-moeda de um país em relação ao ouro e obrigava seu banco central a converter notas em ouro sempre que pedido). A França e os outros membros da União Monetária latina, assim como a Rússia, a Pérsia e alguns países latino-americanos estavam no sistema bimetálico (ouro e prata), enquanto a maior parte do resto do mundo estava no padrão prata. Em 1908, no entanto, só a China, a Pérsia e um punhado de países centro-americanos ainda estava na prata. O padrão ouro tinha se tornado, efetivamente, o sistema monetário global. Em tudo, menos no nome, era um padrão libra.

Talvez a coisa mais notável acerca de tudo isso seja como era barato se defender. Em 1898, havia 99 mil soldados regulares estacionados na Grã-Bretanha, 75 mil na Índia e 41 mil em outros lugares do Império. A marinha demandava outros 100 mil homens, e o efetivo do exército nativo da Índia era de 148 mil. Havia quartéis e estações navais de carvão, 33 delas ao todo, espalhadas por todo o mundo. Ainda assim, o orçamento de defesa para aquele ano foi pouco acima de 40 milhões de libras: meros 2,5% do produto líquido nacional. Não é muito mais alto do que o orçamento de defesa do Reino Unido hoje, e muito menos do que a porcentagem equivalente gasta com as forças armadas durante a Guerra Fria. E o peso não aumentou de maneira significativa quando a Grã-Bretanha ousadamente modernizou toda a sua frota, construindo o primeiro Dreadnought, um navio tão avançado – com seus canhões de 12 polegadas e suas revolucionárias turbinas – que tornou todos os navios de guerra existentes obsoletos no momento em que foi lançado. Entre 1906 e 1913, a Grã-Bretanha foi capaz de construir 27 dessas fortalezas flutuantes a um custo de 49 milhões de libras, menos do que

IMPÉRIO

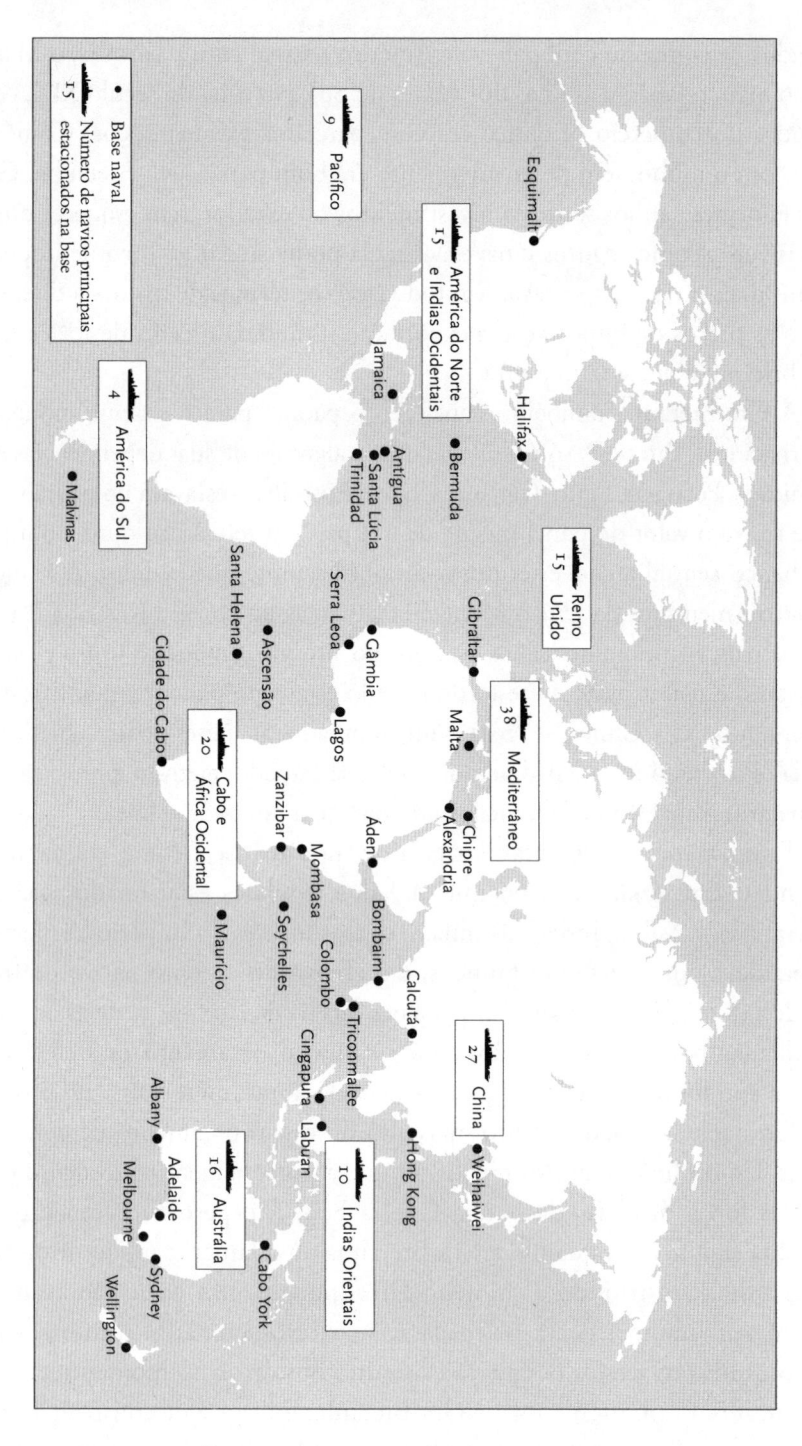

- Base naval
- Número de navios principais estacionados na base

9 Pacífico
15 América do Norte e Índias Ocidentais
4 América do Sul
15 Reino Unido
38 Mediterrâneo
20 Cabo e África Ocidental
27 China
10 Índias Orientais
16 Austrália

Esquimalt
Halifax
Jamaica
Antígua
Santa Lúcia
Trinidad
Bermuda
Malvinas
Santa Helena
Ascensão
Gâmbia
Serra Leoa
Lagos
Cidade do Cabo
Gibraltar
Malta
Chipre
Alexandria
Zanzibar
Mombasa
Aden
Seychelles
Maurício
Bombaim
Colombo
Calcutá
Trincomalee
Cingapura
Labuan
Hong Kong
Weihaiwei
Cabo York
Albany
Adelaide
Melbourne
Sydney
Wellington

Bases navais imperiais britânicas, c. 1898

o peso anual dos juros sobre a dívida nacional. Era um domínio do mundo que custava pouco.

Os britânicos, no entanto, sabiam muita história antiga para serem complacentes em relação à sua posição hegemônica. Mesmo no zênite de seu poder eles achavam, ou eram lembrados por Kipling, do destino de Nínive e Tiro. Já havia muitos que antecipavam, intranquilos, o declínio e queda de seu próprio império, como todos os outros impérios antes dele. Matthew Arnold já pintara a Grã-Bretanha como "O Titã exausto, com ouvidos surdos/ e olhos baços do trabalho [...] cambaleando para sua meta;/ Carregando nos ombros imensa, atlantiana, a carga,/ quase não suportável/ da orbe vasta demais de seu fado". Podia o titã de alguma forma ser reanimado? Podia o ocaso inevitável de seu poder ser interrompido e revertido antes que ele tropeçasse e caísse? Um homem achava que podia.

John Robert Seeley era filho de um editor evangélico em cujo escritório a Sociedade Missionária da Igreja fazia suas reuniões. Um acadêmico clássico de sucesso moderado, Seeley se consagrou em 1865 com *Ecce Homo,* que contava a história da vida de Cristo com uma escrupulosa desatenção para o sobrenatural. Quatro anos depois, ele foi eleito para a cadeira de História Moderna em Cambridge, onde dedicou seu tempo à história diplomática moderna e a uma biografia do reformador prussiano do século XIX Stein. Então, em 1883, para surpresa de todos, Seeley lançou um *best-seller, A expansão da Inglaterra.* Em apenas dois anos vendeu mais de 80 mil cópias e permaneceu em catálogo até 1956.

A expansão de Seeley se propõe a ser uma história do Império Britânico de 1688 a 1815. Ele é lembrado até hoje pela memorável caracterização da natureza não planejada do Império do século XVIII: "Parece [...] que conquistamos e povoamos metade do mundo em um lapso de distração". Mas foi a mensagem política contemporânea do livro que arrebatou a imaginação do público. Seeley admitiu a enorme extensão do Império, mas previu o declínio iminente se a Grã-Bretanha seguisse em sua distração em relação ao imperialismo:

> Se os Estados Unidos e a Rússia se mantiverem unidos por mais meio século, eles, no final, serão gigantes perto dessas velhas nações europeias como a França e a Alemanha e vão rebaixá-las à segunda classe. Farão o mesmo com a Inglaterra

se, ao final desse tempo, a Inglaterra pensar em si mesma simplesmente como um Estado europeu.

Seeley insistia na ideia de que era tempo de ir além do Império ao acaso, improvisado do passado. A Grã-Bretanha devia tirar vantagem de dois fatos incontornáveis: primeiro, os súditos britânicos nas colônias logo seriam mais numerosos do que os da metrópole; segundo, a tecnologia do telégrafo e do navio a vapor tornava possível uni-los como nunca. Só apertando os laços dessa "Grande Bretanha" o Império poderia ter esperança de competir com as superpotências do futuro.

Seeley não era, ele próprio, um construtor de impérios. Nunca se aventurou fora da Europa; na verdade, a ideia do livro ocorreu-lhe durante suas férias na Suíça. Atormentado pela insônia e por uma mulher resmungona, ele era sinônimo, em Cambridge, de pomposidade professoral, "uma quase excessiva gravidade no comportamento", como disse um contemporâneo. Mas sua convocação a um estreitamento dos laços entre a Grã-Bretanha e as colônias brancas falantes de inglês era música para os ouvidos de uma nova geração de imperialistas. Esse tipo de ideia estava no ar. Em 1886, depois de uma visita à Austrália, o historiador J. A. Froude publicou *Oceana, ou a Inglaterra e suas colônias*. Quatro anos depois, o político liberal caído em desgraça *Sir* Charles Dilke – cuja carreira havia sido arruinada por um caso feio de divórcio – saiu-se com *Problemas da Grande Bretanha*. "Grande Bretanha" era talvez a mais sucinta expressão daquilo que todos esses escritores tinham em mente. Como disse Dilke, o objetivo era que "o Canadá e a Austrália fossem para nós como Kent e a Cornualha". Quando esse tipo de ideia encontrou um defensor nas altas esferas, o resultado foi uma mudança profunda na política do governo em relação ao Império.

Joseph Chamberlain foi o primeiro político imperialista genuinamente autoconsciente. Originalmente um industrial que ficou rico fabricando tornos de madeira, Chamberlain subiu os escalões do Partido Liberal através da Liga Nacional de Educação e do governo local até brigar com Gladstone por causa da questão do Governo Local Irlandês* e gravitar – como um "unio-

---

* Londres discutia a possibilidade de conceder autonomia à Irlanda, hoje República da Irlanda, que, à época, não era independente. Os unionistas se opunham a isso. (N. T.)

nista liberal" – em direção aos conservadores. Os *tories* nunca o entenderam realmente. O que fazer com um homem que jogava tênis na grama usando "uma casaca justa abotoada e cartola"? Mas eles tinham poucas armas melhores contra os liberais, particularmente porque o Unionismo Liberal de Chamberlain logo evoluiu para Imperialismo Liberal. Chamberlain leu avidamente *A expansão da Inglaterra,* de Seeley. De fato, mais tarde declarou que o livro foi a razão de enviar seu filho Austen para Cambridge. Quando ouviu dizer que Froude estava visitando a Cidade do Cabo, escreveu: "Diga a eles em meu nome que vão achar o Partido Radical mais sinceramente imperial do que o mais fanatizado *tory*".

Em agosto de 1887, para testar o exuberante desertor, Salisbury convidou Chamberlain a cruzar o Atlântico e tentar intermediar um acordo entre os Estados Unidos e o Canadá, que estavam se cutucando por causa de direitos de pesca no golfo de São Lourenço. A viagem abriu os olhos de Chamberlain. Os canadenses, descobriu ele, consumiam, *per capita*, cinco vezes mais produtos exportados da Grã-Bretanha do que os americanos; mesmo assim, muitos canadenses influentes consideravam abertamente um acordo comercial com os Estados Unidos. Antes mesmo de chegar ao Canadá, Chamberlain disparou contra essa ideia. "União comercial com os Estados Unidos", declarou ele, "significa livre comércio entre a América e o Domínio,[7] e uma tarifa de proteção contra a pátria-mãe. Se o Canadá deseja isso, o Canadá pode ter; mas o Canadá só pode ter isso sabendo perfeitamente bem que significa sua separação política da Grã-Bretanha". Falando em Toronto, Chamberlain buscou se opor à tendência com um apelo apaixonado à "grandeza e importância da distinção reservada à raça anglo-saxã, a orgulhosa, persistente afirmativa ascendência que nenhuma mudança de clima ou condição pode alterar".

A questão, perguntou Chamberlain, era se "o interesse da verdadeira democracia" está na "desintegração do Império" ou em "unir as raças irmãs com objetivos semelhantes". A chave, sugeria ele, estava em "resolver o grande problema do governo federal" – algo que os canadenses tinham conseguido em seu próprio país, mas que devia, agora, ser feito para o Império como um todo. Se a federação imperial era um sonho, concluiu ele, era, não obstante, "uma grande ideia. Uma ideia que estimula o patriotismo e os dotes de estadista de todo homem que ama seu país; e, esteja ela destinada à perfeita realização ou não, ao menos façamos [...] tudo em nosso poder para promovê-la". Em sua volta para casa, proclamou ardentemente sua nova fé nos "laços entre os diferentes ramos da raça anglo-saxã que formam o Império Britânico".

Chamberlain almejou por algum tempo ser "ministro colonial". Em junho de 1895, surpreendeu Salisbury ao recusar tanto o Ministério do Interior quanto o da Economia em favor do Ministério Colonial. Como secretário colonial, ele afirmou reiteradamente sua "crença" no "patriotismo mais amplo [...] que engloba toda a Grã-Bretanha". Só se o Império ficasse parado ele seria ultrapassado; a federação imperial era o caminho para a frente, mesmo que implicasse concessões por parte tanto da metrópole quanto das colônias. "O Império Britânico", declarou Chamberlain em 1902, "baseia-se numa comunidade de sacrifício. Quando se perder isso de vista, então, de fato, creio que podemos esperar afundar no esquecimento como os impérios do passado, que [...] depois de ter mostrado ao mundo provas de seu poder e de sua força, pereceram sem ser lamentados por ninguém, e deixando atrás de si apenas uma história de egoísmo".

Chamberlain não era, de modo algum, o único político da época que abraçava a ideia da Grande Bretanha. Um crente quase tão dedicado era Alfred Milner, cujo Jardim da Infância de jovens devotos na África do Sul – mais tarde reconstituído em Londres como a "Távola Redonda" – chegaria perto de realizar o sonho de Rhodes de uma ordem jesuíta imperial. "Se também sou um imperialista", declarou Milner, "é porque o destino da raça inglesa, devido a sua posição insular e sua longa supremacia no mar, tem sido deitar novas raízes em partes distantes do mundo. Meu patriotismo não conhece limites geográficos, mas apenas raciais. Sou um imperialista e não um partidário da Pequena Inglaterra* porque sou um patriota da raça britânica. Não é o solo da Inglaterra a coisa essencial para despertar meu patriotismo, mas a língua, as tradições, a herança espiritual, os princípios, as aspirações da raça britânica...". Esse tipo de retórica era contagioso – especialmente, deve-se acrescentar, para quem vinha de fora, como Chamberlain e Milner, que nem sempre achavam fácil dividir os bancos do governo com complacentes rebentos da aristocracia.[8]

---

* *Little Englander*, no original em inglês, era o termo usado para designar os políticos que se opunham à continuidade do Império depois da Guerra do Bôeres. (N. T.)

Claro que isso pressupunha uma disposição da parte dos domínios de redefinir seu relacionamento com a metrópole – um relacionamento que a maioria deles, depois de alguma reflexão, preferia deixar na base bastante vaga e autônoma que havia se desenvolvido a partir do Relatório Durham. As colônias brancas não eram carentes de entusiasmo pela ideia da Grande Bretanha. De fato, foram mais rápidas do que os britânicos na Inglaterra em adotar a sugestão do duque de Meath de um "Dia do Império" anual no aniversário da rainha (24 de maio), que se tornou oficialmente feriado no Canadá em 1901, na Austrália em 1905, na Nova Zelândia e na África do Sul em 1910, mas só com atraso, em 1916, na pátria-mãe. Havia, porém, uma diferença entre simbolismo e a redução de autonomia que a ideia de federação imperial implicava. Decisivamente, do jeito que as coisas estavam, o Canadá tinha direito de impor – e desde 1879 impunha – tarifas protecionistas sobre produtos britânicos, exemplo logo seguido pela Austrália e pela Nova Zelândia; era altamente improvável que isso pudesse ocorrer numa federação imperial. Outro furo óbvio na argumentação federalista era a Índia, cujo papel numa Grande Bretanha predominantemente branca estava longe de ser claro.[9] Mas o maior furo era a Irlanda.

Irlanda, a primeira de todas as colônias de assentamento, foi a última a receber o que as outras colônias brancas achavam fora de discussão, "governo responsável". Havia três razões para isso. A primeira era que a maioria dos irlandeses, embora impecavelmente de pele clara, eram católicos e, aos olhos de muitos ingleses, tão inferiores racialmente como se fossem cor de carvão. A segunda era que uma minoria – particularmente os descendentes daqueles que tinham se instalado na ilha no século XVII – prefeririam o arranjo estabelecido pelo Ato de União de 1800, pelo qual a Irlanda era governada de Westminster como parte integrante do Reino Unido. A terceira e absolutamente decisiva razão, no entanto, era o fato de que homens como Chamberlain estavam convencidos de que permitir que a Irlanda tivesse seu próprio Parlamento – como ela tivera antes de 1800, e como as outras colônias já tinham – de alguma forma solaparia a integridade do Império como um todo. Isso, acima de todas as outras razões, foi o motivo pelo qual as tentativas de Gladstone de conceder governo autônomo à Irlanda falharam.

Havia, é claro, nacionalistas radicais irlandeses que jamais ficariam satisfeitos com a muito modesta transferência de poder que Gladstone tinha em mente em seus dois projetos de lei de governo local de 1885 e 1893. A Irmandade Feniana tinha tentado um levante em 1867; embora tivesse fracassado, ainda foi capaz de realizar uma campanha de bombas logo em seguida. Em 1882, uma facção dissidente dos fenianos conhecida como os Invencíveis assassinou *Lord* Frederick Cavendish, secretário de Estado para a Irlanda, e Thomas Henry Burke, seu subsecretário, no Parque Fênix. Que os irlandeses recorressem à violência contra o domínio britânico não era surpresa. O governo direto de Westminster tinha, sem dúvida, exacerbado a fome de meados da década de 1840, na qual mais de um milhão de pessoas morreram de fome ou doença. Pode ter sido a *Phytophtora infestans* que destruiu as batatas, mas foram as políticas *laissez-faire* dogmáticas dos governantes ingleses que transformaram uma quebra de safra numa carestia completa. Ainda assim, os homens da violência sempre foram uma pequena minoria. A maioria dos defensores do governo local – homens como o fundador da Associação do Governo Local, Isaac Butt – não aspirava a nada mais radical do que a transferência de poder de que gozavam então canadenses e australianos.[10]

Ele e o líder mais carismático do movimento, Charles Stewart Parnell, não eram anglicizados só em sua língua e cultura; também eram bons protestantes. Não tivese Parnell sido destruído pelo escândalo de seu caso com Kitty O'Shea, teria sido um premiê colonial perfeitamente bom: tão defensor dos interesses da Irlanda quanto os premiês canadenses eram dos deles, sem dúvida, mas dificilmente um quebra-gelo para um "Governo Romano".[11]

A derrota de ambos os projetos de lei de governo local marcaram um retorno tanto dos unionistas liberais quanto dos conservadores à obtusa política dos anos 1770, quando seus equivalentes recusaram obstinadamente transferir poder para os colonos americanos. A questão que a posição deles evitava era clara. Como poderia a Grande Bretanha se tornar uma realidade se a Irlanda, a primeira de todas as colônias de assentamento, não podia ser contemplada nem sequer com seu próprio Parlamento? Essa era a contradição entre o unionismo e o novo imperialismo "construtivo" para a qual Chamberlain e seus associados pareciam cegos. É verdade que Chamberlain flertou com a ideia de dar às Ilhas Britânicas uma Constituição federal de estilo americano, concedendo à Irlanda, à Escócia e ao País de Gales seus próprios legislativos separados e deixando os assuntos imperiais para Westminster; mas é difícil acreditar que ele tenha levado esses projetos a sério. De fato, dada a relativa ignorância de Chamberlain sobre a Irlanda, é tentador pensar que seu desejo de bloquear o governo local fosse alimentado principalmente pela defesa da ideia por Gladstone. A crença central dos unionistas tornou-se, nas palavras do *tory* independente *Lord* Randolph Churchill, que governo local iria "enfiar a faca no coração do Império Britânico". Na verdade, foi o adiamento do governo local até 1914 que enfiou uma faca no coração da Irlanda, uma vez que a oposição unionista em Ulster havia endurecido ao ponto da resistência armada.

Mesmo assim, nada diminuiu o apelo da "Grande Bretanha" dentro da própria Grã-Bretanha. Era, em parte, uma questão de mirar no estreito interesse econômico dos eleitores. Para Chamberlain, o ex-industrial, Império significava, sobretudo, mercado de exportação e empregos. Nisso, ele foi antecipado, em certa medida, por Salisbury, que pedira a uma audiência em Limehouse em 1889 para "imaginar o que seria Londres sem o Império [...] uma coleção de turbas, sem emprego, sem vida industrial, afundando na miséria e na decadência". Chamberlain, no entanto, levou essa justificativa econômica muito mais longe. Como disse à Câmara de Comércio de Birmingham em 1896:

> O Ministério das Relações Exteriores e o Ministério Colonial estão principalmente envolvidos em descobrir novos mercados e em defender antigos. O Ministério da Guerra e o Almirantado estão ocupados, mais do que tudo, com a preparação para a defesa desses mercados, e para a proteção de nosso comércio [...] Por isso, não é demais dizer que o comércio é o maior de todos os interesses políticos, e que o governo que mais merece a aprovação popular é o que mais faz para aumentar nosso comércio e para estabelecê-lo sobre uma base firme.

Era evidente para Chamberlain que "uma grande parte da nossa população é dependente [...] do intercâmbio de mercadorias com nossos companheiros súditos das colônias". *Ergo*, eles devem todos ser imperialistas.

Era realmente o Império economicamente benéfico para a massa de eleitores britânicos? Isso não é imediatamente óbvio. Os benefícios dos investimentos ultramarinos não eram aproveitados pela maioria da população, cujas economias (se tinha alguma) eram geralmente investidas em papéis do governo através de bancos de poupança e outros intermediários financeiros. Ao mesmo tempo, os custos da defesa imperial, embora não excessivamente altos, eram sustentados primariamente pelos pagadores de impostos britânicos, não pelos pagadores de impostos das colônias de assentamento brancas. De fato, pode-se argumentar que os principais beneficiários do Império nesse tempo eram os súditos britânicos que tinham emigrado para os domínios – dos quais, como vimos, havia muitos. Cerca de 2,5 milhões de naturais da Grã-Bretanha migraram para o Império entre 1900 e 1914, três quartos dos quais para o Canadá, para a Austrália e para a Nova Zelândia. Na maioria dos casos, a emigração aumentou a renda e reduziu a carga de impostos deles.

O imperialismo, porém, não precisava pagar para ser popular. Para muita gente, era suficiente que ele fosse *excitante*.

No total, houve 27 campanhas militares diferentes durante o reinado da rainha Vitória – mais de uma para cada ano da assim chamada *Pax Britannica*. Ao contrário das guerras do século XX, esses conflitos envolveram relativamente pouca gente. Na média, as forças armadas britânicas durante o reinado de Vitória somaram 0,8% da população; e os efetivos eram recrutados desproporcionalmente da periferia celta e das classes baixas urbanas. Mesmo assim, os que viviam longe das linhas de frente do Império, nunca tendo ouvido um tiro disparado com raiva, a não ser contra aves de caça, tinham um apetite insaciável por histórias de bravura militar. Como fonte de entretenimento – de pura satisfação psicológica –, é impossível exagerar a importância do Império.

Nenhum meio estava a salvo. Da pena de G. A. Henty – um produto de Westminster, Gonville and Caius, Crimeia e Magdala* – derramaram-se incontáveis romances com títulos como *Por pura bravura* e *Pelo nome ou pela fama*. Antes de tudo um escritor comercial de ficção histórica, Henty escreveu suas obras mais abertamente imperialistas inspirado por campanhas militares relativamente recentes: *Com Clive na Índia* (1884), *Com Buller em Natal* (1901) e *Com Kitchener no Sudão* (1903). Elas foram imensamente populares; somando tudo, as vendas de romances de Henty estavam em 25 milhões nos anos 1950. Quase tão volumosa era a torrente de versos inspirada pelo Império. Do talento de Tennyson às obviedades de Alfred Austin e W. E. Henley, essa era a idade da "alta dicção": uma era em que um em cada dois homens

---

* Westminster School é um colégio, Gonville and Caius é uma das faculdades de Cambridge, Crimeia refere-se à Guerra da Crimeia, e Magdala, à expedição à Etiópia. (N. T.)

era um poetastro procurando alguma coisa que rimasse com "Vitória" e que não fosse "Glória".

A iconografia do Império também não era menos onipresente, das cenas de batalha romantizadas postas na tela por *Lady* Butler e exibidas em grandiosos novos museus, ao *kitsch* imperial que anunciava artigos de consumo diário. Os fabricantes do sabonete Pears' eram especialmente apegados ao *leitmotif* imperial:

O primeiro passo rumo a aliviar
O Fardo do Homem Branco
é ensinando as virtudes da limpeza
Sabonete Pears
é um potente fator em abrilhantar os cantos escuros da Terra
conforme a civilização avança em meio às culturas de todas as nações
ele tem o mais alto lugar – é o sabonete ideal para a toalete.

Esse produto admirável também era, garantia-se ao público, "a fórmula da conquista britânica"; sua chegada aos trópicos havia marcado "o nascimento da civilização". Outros pegaram o mesmo tema. As Pílulas de Açúcar Revestidas Parkinson eram "Uma Grande Possessão Britânica". A rota usada por *Lord* Roberts de Kimberley a Bloemfontein durante a Guerra dos Bôeres supostamente soletrava "Bovril". "Vamos Usar 'Chlorinol' [água sanitária]", dizia uma campanha pré-1914, "E Ficar Como o Negro Branco".*

O Império fornecia material também para o teatro de variedades, frequentemente visto como a mais importante instituição para a promoção do jingoísmo vitoriano popular. De fato, a própria palavra foi cunhada pelo letrista G. W. Hunt, cuja canção "Por Jingo" foi apresentada durante a Crise Oriental de 1877-8 pelo artista de variedades G. H. Macdermott. Há inúme-

---

* Trata-se de dois cartazes publicitários. O primeiro mostra *Lord* Roberts, herói da Guerra dos Bôeres, marchando pela África do Sul. A trilha desenhada forma a palavra Bovril, marca de um extrato de carne muito popular na Inglaterra. O segundo mostrava três meninos negros tomando banho. A frase era dita por dois deles. O terceiro, supostamente depois de usar Chlorinol, tem os traços de um negro, mas é reluzentemente branco, no desenho. (N. T.)

ras variações sobre o tema do heróico "Tommy", uma de cujas estrofes exemplares provavelmente bastará:

> E quer ele esteja na praia de coral da Índia,
> Ou derramando seu sangue no Sudão,
> Para manter nossa bandeira drapejante, ele está fazendo e morrendo,
> Cada polegada dele é a de um soldado e um homem.

A ligação entre esse tipo de entretenimento e aquele oferecido pelas grandes exposições imperiais do período era estreita. O que uma vez fora pensado para ser educativo e internacional (o protótipo foi a Grande Exposição Príncipe Albert de 1851) estava se tornando, na altura dos anos 1880, mais imperial e para diversão. Em particular as *extravaganzas* do empresário Imre Kiralfy – "Império da Índia" (1895), "Grande Bretanha" (1899) e "A Internacional Imperial" (1909) – foram projetadas para render dinheiro oferecendo ao público a emoção do exótico; guerreiros zulus em carne e osso foram um sucesso particular da sua exposição de 1899. Era o Império como circo.

Mas era acima de tudo por meio da imprensa popular que o Império atingia uma audiência de massa na metrópole. Provavelmente ninguém entendeu melhor do que Alfred Harmsworth, mais tarde *Lord* Northcliffe, como satisfazer o apetite do público por novelas de aventura. Dublinense de nascimento, Harmsworth aprendeu seu ofício na pioneira *Illustrated London News* e ficou rico importando o modelo das revistas ilustradas para o mercado de jornais. Figuras, manchetes em bandeiras, brindes e histórias em série tornaram primeiro o *Evening News* e depois o *Daily Mail* e o *Daily Mirror* irresistivelmente atraentes para uma nova classe de leitores: a classe média baixa, tanto feminina quanto masculina. Northcliffe também foi rápido ao descobrir a elasticidade da demanda por jornais, cortando o preço do *Times* depois de tê-lo adquirido em 1908. Mas era acima de tudo a escolha de conteúdo que fazia seus títulos vender. Não foi coincidência que o *Mail* vendeu mais de um milhão de cópias pela primeira vez em 1899 durante a Guerra dos Bôeres. Como respondeu um de seus editores à pergunta sobre o que vende jornal,

> a primeira resposta é "guerra". A guerra não só cria uma oferta de notícias, como uma demanda por elas. É tão profundamente enraizado o fascínio pela guerra e

todas as coisas relativas a ela [...] que um jornal só precisa ser capaz de pôr em seus cartazes "Uma grande batalha" para que suas vendas cresçam.

Um outro empregado de Northcliffe enxergava "a profundidade e o volume do interesse público em questões imperiais" como "uma das grandes forças, quase não canalizada, à disposição da imprensa". "Se Kipling foi chamado a Voz do Império na literatura inglesa", acrescentou, "nós [o *Daily Mail*] podemos com justiça reivindicar [ser] a Voz do Império no jornalismo de Londres". A receita do próprio Northcliffe era simples: "O povo britânico adora um bom herói e um bom vilão".

Desde seus primeiros dias, os jornais de Northcliffe tenderam para a direita política; mas era possível promover igualmente o Império a partir da esquerda. William Thomas Stead, que herdou o *Pall Mall Gazette* do ardente admirador de Gladstone John Morley e depois fundou a *Review of Reviews*, descrevia-se como um "imperialista com os dez mandamentos e bom senso". Stead era um homem de muitas paixões. A Conferência de Paz de Haia ganhou seu apoio, assim como a ideia de uma moeda comum europeia e a luta contra "o tráfico de escravas brancas" (prostituição em vitorianês), mas sua suposição-guia era que "O Progresso do Mundo" dependia da condução do Império Britânico. Aos olhos de homens como Stead, o Império era algo que transcendia a política partidária.

Também transcendia idade, já que entre os mais devotos leitores de literatura imperialista estavam meninos de escola, gerações dos quais cresceram com o *Boy's Own Paper*, fundado em 1879 pela Sociedade de Panfleto Religioso. Junto com seu título irmão *Girl's Own Paper*, o *BOP* atingiu uma circulação de mais de meio milhão, oferecendo a seus jovens leitores um fluxo contínuo de novelas de aventuras ambientadas em exóticas fronteiras coloniais. Para alguns, no entanto, essas revistas não eram suficientemente declaradas em seus propósitos: daí a aparição de *Boys of the Empire* em outubro de 1900, que buscava doutrinar seus leitores mais sistematicamente com artigos como "Como ser forte", "Heróis do Império" e "Onde os filhotes do leão são treinados: a Austrália e suas escolas". Esse último pode ser considerado um bom exemplo, no tom e na premissa central:

O problema nativo nunca foi agudo na [...] Austrália [...] Os aborígenes foram empurrados para o interior e estão morrendo rapidamente [...] As escolas australianas não são metade brancas, metade negras; nem o termo tabuleiro de xadrez pode ser atirado contra qualquer refeitório de escola australiana, como foi o caso em pelo menos uma faculdade das antigas universidades de Cambridge e Oxford.

A mesma edição da revista anunciava uma competição patrocinada pela Liga Imperial dos Meninos[12] que prometia:

> Um Começo Grátis numa Fazenda no Oeste... para os DOIS rapazes que, a cada ano, obtiverem as melhores notas num Exame.
> Os Prêmios incluem EQUIPAMENTO GRÁTIS, PASSAGEM GRÁTIS e ALOJAMENTO GRÁTIS com um fazendeiro selecionado no noroeste do Canadá.

Os arquétipos heróicos desse imperialismo popular – e muitos de seus consumidores – não eram eles mesmos homens do povo; antes, eram membros de uma elite educada nas exclusivas *public schools** da Grã-Bretanha. No máximo, essas escolas podiam acomodar uns 20 mil alunos – pouco mais de 1% dos meninos com idades entre 15 e 19 anos em 1901. Mesmo assim, rapazes que estavam fora do sistema de *public schools* parecem ter tido pouca dificuldade em se identificar com as aventuras deles na ficção. Isso pode muito bem ter sido porque, como incontáveis autores de literatura barata deixaram claro, o que tornou os produtos das *public schools* capazes de heroísmo em nome do Império não foi o que aprenderam na sala de aula, mas o que aprenderam nos campos de jogo.

Visto desse ângulo, o Império Britânico dos anos 1890 não se parecia com nada mais do que com um enorme complexo esportivo. A caça continuava sendo a recreação favorita das classes mais altas, mas agora era praticada como uma guerra de aniquilação contra os animais, com a quantidade de caça abatida crescendo exponencialmente dos prados escoceses para as florestas indianas.[13] Para dar só um exemplo, os animais abatidos pelo vice-rei (*Lord* Minto) e seus companheiros em 1906 incluíram 3.999 rolinhas, 2.827 patos e gansos, 50 ursos, 14 porcos do mato, 2 tigres, 1 pantera e 1 hiena. Caçar também se comercializou, evoluindo em algumas colônias para uma forma de turismo armado. Atrair

---

* O termo *public school*, no Reino Unido, designa as escolas particulares, portanto abertas a qualquer um do público, desde que possa pagar. (N. T.)

turistas ricos para a África Oriental pareceu a *Lord* Delamere a única forma de ganhar dinheiro com a ferrovia Mombaça-Uganda, famosa por não dar lucro.

Foram os jogos coletivos, no entanto, que mais fizeram para tornar realidade o ideal de uma Grande Bretanha. O futebol, o jogo de cavalheiros praticado por rufiões, é obviamente a mais bem-sucedida exportação recreativa do país. O futebol, porém, sempre foi um esporte promíscuo, atraindo todo mundo, da politicamente suspeita classe trabalhadora aos ainda mais suspeitos alemães; todo mundo, na verdade, exceto os americanos.[14]

Se algum esporte resumia verdadeiramente o novo espírito da "Grande Bretanha" era o rúgbi, o jogo de rufiões praticado por cavalheiros. Um esporte de equipe intensamente físico, o rúgbi foi rapidamente adotado em todo o Império branco, da Cidade do Cabo a Canberra. Já em 1905, os All Blacks* da Nova Zelândia excursionaram pelo Império pela primeira vez, vencendo todos os times locais exceto o País de Gales (que ganhou deles com um único *try*).** Eles provavelmente ganhariam de todas as outras colônias brancas se não fosse a proibição imposta pela África do Sul de escalar jogadores maoris.

Mas foi o críquete – com seus ritmos sutis e prolongados, seu espírito de equipe no *fielding**** e heroísmo solo no *crease***** – que transcendeu essas divisões raciais espalhando-se não só nas colônias de assentamento brancas, mas em todo o subcontinente indiano e no Caribe Britânico. O críquete vem sendo jogado dentro do Império desde o começo do século XVIII, mas foi no final do século XIX que se tornou institucionalizado como a quintessência do jogo imperial. Em 1873-4 o titã do críquete inglês, W. G. Grace, liderou um time misto de amadores e profissionais numa excursão à Austrália, vencendo facilmente os quinze jogos de três dias. Mas, quando um time profissional voltou para jogar o que usualmente é visto como a primeira

---

* Nome dado à seleção da Nova Zelândia até hoje por causa do uniforme inteiramente preto com que joga. (N. T.)

** *Try* é o objetivo principal do jogo e consiste em atravessar a linha de fundo do campo com a bola nas mãos e colocá-la, não arremessá-la, na grama. (N. T.)

*** *Fielding* é a situação de jogo em que os 11 jogadores de um time podem pegar a bola rebatida. (N. T.)

**** *Crease* é a região em que o batedor, sozinho, deve rebater a bola arremessada pelo adversário. (N. T.)

partida internacional oficial, em Melbourne, em março de 1877, os australianos ganharam por 45 *runs*.* O pior estava para vir quando os australianos foram ao Oval** em 1882, obtendo a vitória que inspirou a célebre nota fúnebre no *Sporting Times*: "Em Afetuosa Lembrança do críquete inglês que morreu no Oval em 29 de agosto de 1882, profundamente lamentado por um largo círculo de pesarosos amigos e conhecidos. R. I. P. O corpo será cremado e as cinzas levadas para a Austrália".

Por anos a fio, o hábito inglês de perder para times coloniais ajudou a estreitar os laços da Grande Bretanha. Instituições como a Conferência Imperial de Críquete, que se reuniu pela primeira vez para harmonizar as regras do jogo, foram tão cruciais na formação de um sentimento de identidade coletiva imperial quanto qualquer coisa que Seeley tenha escrito ou Chamberlain dito.

Talvez o produto arquetípico do imperialismo do campo de jogo tenha sido Robert Stephenson Smyth Baden-Powell – "Stephe" para os amigos. Baden-Powell avançou inexoravelmente do sucesso esportivo no colégio Charterhouse, onde era capitão do time principal de futebol, para uma carreira no exército na Índia, Afeganistão e África. Foi ele, como veremos, que comparou o mais famoso cerco da era a uma partida de críquete. E foi ele que mais perfeitamente codificou o *éthos* imperial tardio nos preceitos do movimento escoteiro que fundou, outra exportação recreativa altamente bem-sucedida que almejava generalizar o espírito de equipe dos esportes de campo num modo de vida completo:

> Somos todos britânicos, e é nosso dever cada um jogar em seu lugar e ajudar seus vizinhos. Então devemos nos manter fortes e unidos e então não haverá medo de que todo o edifício – nomeadamente o Império Britânico – venha a ruir por causa de tijolos podres na parede [...] "Pátria primeiro, você mesmo em segundo", deve ser seu lema.

O que isso significava na prática fica claro pelo quadro de honra da escola do próprio Baden-Powell. As paredes do claustro de Charterhouse estão api-

---

* *Run* é, no jogo de críquete, o nome do ponto, que se marca correndo depois de rebater a bola para longe. (N. T.)

** Oval é o mais tradicional estádio de críquete da Inglaterra, e fica em Londres. (N. T.)

nhadas de monumentos de guerra de campanhas quase esquecidas, do Afeganistão a Omdurman, listando os nomes de centenas de jovens cartusianos que "Jogaram, jogaram e jogaram o jogo"[15] e pagaram com suas vidas por fazer isso.

E o outro lado nesse grande jogo imperial? Se os britânicos eram, como acreditavam Chamberlain e Milner, a raça senhorial, com um direito dado por Deus de governar o mundo, parecia seguir-se que aqueles contra quem eles lutavam eram naturalmente inferiores por nascimento. Não era essa a conclusão tirada pela própria ciência – cada vez mais vista como autoridade suprema nessas questões?

Em 1863, o doutor James Hunt tinha assombrado sua plateia, numa reunião da Associação para o Progresso da Ciência em Newcastle, afirmando que o "Negro"* era uma espécie separada de ser humano, a meio caminho entre o macaco e o "homem europeu". Na visão de Hunt, o "Negro" se torna "mais humanizado quando em sua natural subordinação ao europeu", mas ele concluiu que, lamentavelmente, "a civilização europeia não está adaptada para as necessidades ou o caráter do Negro". Segundo uma testemunha, o viajante africano Winwood Reade, a palestra de Hunt acabou mal, provocando vaias de alguns membros da plateia. Mesmo assim, em uma geração essas opiniões haviam se tornado lugar-comum. Influenciados pela obra de Darwin, mas distorcendo-a a ponto de deixá-la irreconhecível, pseudocientistas do século XIX dividiam a humanidade em "raças" com base nas características físicas externas, ordenando-as segundo diferenças hereditárias não só físicas, mas também de caráter. Anglo-saxões estavam obviamente no topo, africanos no último lugar. A obra de George Combe, autor de *Um sistema de frenologia* (1825), era típica em dois aspectos – a maneira depreciativa de retratar as diferenças raciais e a via fraudulenta pela qual ele buscava explicá-las:

> Quando olhamos as diferentes partes do globo [escreveu Combe], ficamos impressionados com a extrema dessemelhança nas realizações das variedades de

---

* A palavra no original é *Negro*, mesmo. Adotada do português ou do espanhol, era usada assim ou em sua corruptela *nigger* até começar a ser considerada pejorativa na segunda metade do século XX. (N. T.)

homens que as habitam [...] A história da África, até o ponto em que se pode dizer que a África tem uma história [...] exibe uma cena contínua de desolação moral e intelectual [...] O negro, facilmente excitável, é, no mais alto grau, suscetível a todas as paixões [...] Para o negro, elimine apenas a dor e a fome, e é naturalmente um estado de desfrute. Assim que sua labuta é suspensa, ele canta, ele pega um violino, dança.

A explicação para esse atraso, segundo Combe, era o formato peculiar "do crânio do negro": "Os órgãos da Veneração, da Admiração e da Esperança [...] são de tamanho considerável. As maiores deficiências estão em Consciência, Cautela, Idealidade e Reflexão". Ideias desse tipo eram influentes. A ideia de um "instinto de raça" inerradicável tornou-se básica no final do século XIX e no começo do XX – como no conto de Cornelia Sorabji sobre uma médica indiana educada que voluntariamente (e fatalmente) submete-se a um ordálio pelo fogo durante um ritual pagão; ou o relato de *Lady* Mary Ann Baker sobre como sua babá zulu retrocedeu à selvageria quando voltou para casa em sua aldeia; ou *A piscina*, de W. Sommerset Maugham, no qual um infeliz homem de negócios aberdoniano tenta em vão ocidentalizar sua noiva meio samoana.

A frenologia era apenas uma de uma série de falsas disciplinas que tendiam a legitimar as suposições sobre diferenças raciais que, havia muito tempo, eram correntes entre colonizadores brancos. Mais insidioso ainda, porque intelectualmente mais rigoroso, era o elixir da juventude científico conhecido como "eugenia". Foi o matemático Francis Galton que, em seu livro *Genialidade hereditária* (1869), lançou as ideias de que "as capacidades naturais do homem são transmitidas por herança"; de que, "de duas variedades de qualquer raça de animal igualmente dotadas em outros aspectos, a variedade mais inteligente com certeza vai prevalecer na batalha pela vida"; e de que, numa escala de 16 pontos de inteligência racial, um "negro" está dois pontos abaixo de um inglês.[16] Galton procurou validar suas teorias usando montagens fotográficas para distinguir criminosos e outros tipos degenerados. Uma evolução mais sistemática, no entanto, foi realizada por Karl Pearson, outro matemático formado em Cambridge, que, em 1911, tornou-se o primeiro Professor Galton de Eugenia no University College de Londres. Matemático brilhante, Pearson convenceu-se de que suas técnicas estatísticas (que ele chamava de "biometria") poderiam ser usadas para demonstrar o perigo para o Império representado pela degeneração racial. O problema era que melhores condições de bem-estar social e assistência médica na Grã-Bretanha estavam interferindo com o processo de seleção natural, permitindo que indivíduos geneticamente inferiores sobrevivessem – e "propagassem sua inadaptabilidade". "O direito à vida não conota o direito de cada indivíduo reproduzir seu tipo", argumentou ele em *Darwinismo, progresso médico e paternidade* (1912). "Conforme relaxamos o rigor da seleção natural, e mais e mais fracos e inadaptados sobrevivem, devemos aumentar o padrão, mental e físico, da paternidade."

Havia, no entanto, uma alternativa à intervenção estatal nas decisões reprodutivas: guerra. Para Pearson, assim como para muitos outros darwinistas sociais, a vida era um combate, e a guerra era mais do que só um jogo – era uma forma de seleção natural. Como ele disse, "o progresso nacional depende da aptidão das raças, e o teste supremo dessa aptidão é a guerra. Quando as guerras cessarem, a humanidade não progredirá mais porque não haverá nada para se interpor à fertilidade da linhagem inferior".

Desnecessário dizer, isso fazia do pacifismo uma crença particularmente nefasta. Afortunadamente, porém, com um império sempre em expansão, não havia carência de alegres guerrinhas a ser travadas contra oponentes racialmente inferiores. Era gratificante pensar que, massacrando-os com suas metralhadoras Maxim, os britânicos estavam contribuindo para o progresso da humanidade.

Uma última excentricidade precisa ser registrada. Se os darwinistas sociais se preocupavam porque as classes baixas racialmente inferiores estavam se reproduzindo depressa demais, eles falavam muito menos sobre os esforços procriativos dos homens que se supunha estar no topo da escala evolutiva. Na ausência de sobreviventes da Antiga Atenas, a escolha da espécie humana era obviamente encontrada na classe dos oficiais britânicos, que combinavam excelente *pedigree* com a regular exposição à forma marcial da seleção natural. A ficção desse período está recheada do tipo: Leo Vincey em *Ela*, de Henry Ride Haggard, bonito, corajoso e não excessivamente brilhante, que, "aos vinte e um poderia ter posado para uma estátua do jovem Apolo"; ou *Lord John Roxton* de *O mundo perdido,* de Arthur Conan Doyle, com seus "olhos estranhos, brilhantes, inquietos – olhos de um azul claro e frio, da cor de um lago glacial", para não falar do

> nariz fortemente curvado, a face cavada, curtida, o cabelo escuro, ruivo, rareando no topo, o bigode enrolado e viril, o pequeno e agressivo tufo sobre seu

queixo saliente [...] Ele era a essência do cavalheiro inglês do campo, o sagaz e alerta homem do ar livre amante de cachorros e cavalos. Sua pele era de um vermelho de flores de vaso por causa do sol e do vento. Suas sobrancelhas eram grossas e arqueadas, o que dava a seus olhos naturalmente frios um aspecto quase feroz, uma impressão fortalecida por seu cenho forte e franzido. De porte, era pequeno, mas de constituição muito forte – de fato, ele tinha provado várias vezes que havia poucos homens na Inglaterra capazes de suportar esforços tão constantes.

Homens como esses certamente existiram. Só que uma notavelmente grande proporção deles fez apenas uma contribuição muito pouco convicta, se é que fez alguma, para a reprodução da raça que eles exemplificavam – pela simples razão de que eram homossexuais.

Uma distinção deve ser cuidadosamente traçada entre homens cuja criação e vida quase exclusivamente em instituições masculinas fizeram tender a uma cultura de homoerotismo e condenaram-nos a ter dificuldades com garotas e aqueles que eram pederastas praticantes. À primeira categoria pertenceram provavelmente Rhodes, Baden-Powell e Kitchener (sobre quem se falará mais, a seguir). À segunda categoria, certamente pertenceu Hector Macdonald.

Assim como o relacionamento de Rhodes com seu secretário particular Neville Pickering, a forte ligação de Baden-Powell com Kenneth "O Garoto" McLaren (um colega oficial do 13º de hussardos) quase com certeza não se consumou fisicamente. A mesma coisa, sem dúvida, vale para a amizade de Kitchener com seu ajudante Oswald Fitzgerald, seu constante companheiro por nove anos. Cada um desses homens, tão másculos em público, podia ser extraordinariamente afeminado em particular. Kitchener, por exemplo, partilhava com sua irmã Millie um amor por tecidos finos, arranjos florais e porcelana fina, e usava seu tempo livre em campanhas no deserto para trocar correspondência com ela sobre decoração de interiores. Isso, porém, junto com um pouco de fofoca maldosa de salão de bar, dificilmente bastaria para rotulá-lo como *gay*. Todos os três exibiam sintomas muito mais claros de uma repressão quase sobre-humana – um fenômeno aparentemente incompreensível para a mentalidade do início do século XXI, mas um elemento indispensável da super-realização vitoriana. A babá de Kitchener, sem dúvida não uma grande freudiana, notou logo que assumiu o cargo: "Temo que Herbert vá sofrer bastante de repressão", observou ela, depois que ele escondeu um machucado de sua mãe. Ned Cecil também acertou o alvo quando observou que Kitchener "detestava qualquer forma de nudez física ou moral".

Macdonald era um caso bem diferente. Filho de um pequeno proprietário rural de Ross-shire, ele era incomum por ter subido por todas as patentes, tendo começado sua carreira como soldado nos Gordon Highlanders e terminado como general e cavalheiro. Destacado desde o início por sua bravura inquieta, Macdonald tinha uma vida privada irrequieta em outro sentido. Embora tenha se casado e tido um filho, fez isso secretamente e viu sua mulher não mais do que quatro vezes depois do casamento; quando estava no ultramar, era notoriamente propenso a aventuras homossexuais e foi finalmente pego *in flagrante* com quatro rapazes num vagão de um trem no Ceilão. Conforme a Grã-Bretanha do final do período vitoriano foi se tornando mais e mais pudica – e leis contra a sodomia eram aplicadas com cada vez maior rigor –, o Império oferecia a homossexuais como "Mac Lutador" oportunidades eróticas ilimitadas. Kenneth Searight era outro; antes de deixar a Inglaterra, com a idade de 26 anos, tinha conhecido apenas três parceiros sexuais, mas, uma vez na Índia, encontrou amplas oportunidades, detalhando suas numerosas proezas sexuais em verso.

Força Excessiva

O que ocorreu no Sudão no dia 2 de setembro de 1898 foi o zênite do imperialismo vitoriano tardio, o apogeu da geração que via a dominação mundial como uma prerrogativa racial. A batalha de Omdurman jogou um exército tribal do deserto contra a força militar completa do maior império da história mundial – pois, ao contrário das guerras anteriores travadas com financiamento privado no sul e no oeste da África, esta foi oficial. Em uma única batalha, pelo menos 10 mil inimigos do Império foram aniquilados, a despeito de uma enorme superioridade numérica a seu favor. Como no "Vitai Lampada" de Newbolt, a areia do deserto ficou encharcada de sangue. Omdurman foi o máximo de uso excessivo da força imperial.

Mais uma vez, os britânicos tinham sido levados a estender o alcance de seu Império por uma combinação de cálculo estratégico e econômico. O avanço no Sudão foi parcialmente uma reação às ambições de outras potências imperiais, em particular da França, que tinham posto os olhos nas águas do alto Nilo. Também atraía os banqueiros da City, como Rothschild, que, nessa época, tinha investimentos substanciais no vizinho Egito. Não foi assim, porém, que o público inglês viu a coisa. Para os leitores da *Pall Mall Gazette*, que cobriu o assunto com gosto, a subjugação do Sudão era uma questão de pura e simples vingança.

Desde o início dos anos 1880, o Sudão tinha sido o cenário de uma revolução religiosa completamente deflagrada. Um homem carismático e venerado que reivindicava ser o Mádi (o "guia esperado", o último na sucessão dos doze grandes imãs) tinha reunido um grande exército de dervixes de cabeça raspada vestidos apenas com uma simples *jibbeh* (túnica), todos prontos para lutar por seu rigoroso ramo wahabita do islã. Atraindo o apoio das tribos do deserto, o Mádi desafiou abertamente o poder do Egito ocupado pelos britânicos. Em 1883, suas forças cometeram a temeridade de aniquilar, até o último homem, um exército de 10 mil liderado pelo coronel William Hicks, um oficial britânico reformado. Depois de uma indignada campanha na imprensa liderada por W. T. Stead, decidiu-se enviar o general Charles George Gordon, que passara seis anos em Cartum como governador da "Equatoria" em nome do quediva egípcio durante a década de 1870. Embora fosse um veterano condecorado da Guerra da Crimeia e tivesse comandado o exército chinês que esmagou a rebelião Taiping em 1863-4, Gordon sempre fora visto pelo *establishment* político britânico como meio louco, e com alguma razão.[17] Ascético até o masoquismo, devoto até o fanatismo, Gordon se via como um instrumento de Deus, como explicou a sua amada irmã:

> a cada um é reservado um trabalho diferente, a cada um uma meta é destinada; a alguns, sentar à esquerda ou à direita do Salvador [...] É difícil para a carne aceitar "estais mortos, não tendes parte com o mundo". Como é difícil para cada um ser circuncidado para o mundo, ser tão indiferente a seus prazeres, seus sofrimentos e seus confortos quanto um cadáver é! Isso é conhecer a ressurreição.

"Eu morri há muito tempo", disse-lhe ele em outra ocasião; "estou preparado para seguir o desenrolar do pergaminho". Encarregado de retirar as tropas egípcias estacionadas em Cartum, ele partiu sozinho, decidido a fazer exatamente o oposto e conservar a cidade. Chegou no dia 18 de fevereiro de

1884, já determinado a "esmagar o Mádi", mas só conseguiu ser cercado, sitiado e – quase um ano depois de sua chegada – esquartejado.

Enquanto esteve encalhado em Cartum, Gordon confiou a seu diário a suspeita crescente de que o governo em Londres o tinha abandonado na dificuldade. Ele imaginou o secretário do Exterior, *Lord* Granville, reclamando enquanto o cerco se estendia:

> Bem, ELE *disse distintamente* que podia aguentar *apenas* seis meses, e isso foi em março (conta os meses). Agosto! Por que ele tinha que entrar? O que se vai fazer? Eles vão ficar uivando por uma expedição [...] Não é brincadeira; *aquele Mádi abominável*! Por que cargas d'água ele não vigia melhor suas estradas? *O que É para fazer?*... O que esse Mádi quer eu não consigo imaginar. Por que ele não joga todos os seus canhões no rio e interrompe a rota? Ahn, o quê? "Vamos ter que ir até Cartum!" Bem, vai custar milhões, que negócio desgraçado!

Ainda mais xingado foi o agente britânico e cônsul-geral no Egito, *Sir* Evelyn Baring, que se opusera à missão de Gordon desde o início. Havia um grão de realismo na paranoia de Gordon. Gladstone, ainda inquieto por ter dado a ordem para a ocupação do Egito, não tinha intenção de ser arrastado para a ocupação do Sudão. Ele repetidamente fugiu de sugestões de que Gordon deveria ser resgatado e só autorizou o envio da expedição de socorro de *Sir* Garnet Wolseley depois de meses de delongas. Ela chegou três dias atrasada. A essa altura, os leitores da *Pall Mall Gazette* começaram a partilhar as suspeitas de Gordon. Quando a notícia de sua morte chegou a Londres, houve uma gritaria. A própria rainha escreveu para a irmã de Gordon:

> Pensar que seu querido, nobre e heróico irmão, que serviu seu país e sua rainha tão verdadeiramente, tão heroicamente, com um autossacrifício tão edificante para o mundo, não foi resgatado. Que as promessas de apoio não tenham sido cumpridas – algo pelo que eu frequente e constantemente pressionei aqueles que pediram para ele ir – é, para mim, pesar inexprimível. Na verdade, deixou-me doente [...] Exprima a suas outras irmãs e seu irmão mais velho minha simpatia verdadeira, e o que eu tão agudamente sinto, a mancha deixada na Inglaterra pelo tão cruel, embora heroico, destino de seu querido irmão!

Gladstone foi xingado – não era mais o "Grande Velho Homem", agora era o "Único Assassino de Gordon".* Ainda assim, levou treze longos anos antes que Gordon pudesse ser vingado.

O exército anglo-egípcio que invadiu o Sudão em 1898 foi liderado pelo general Herbert Horatio Kitchener. Atrás de uma pátina de crueldade militar prussiana, como vimos, Kitchener era um personagem complexo, até afeminado. Ele não era privado de senso de humor: amaldiçoado por toda sua vida com uma péssima visão, ele atirava tão mal que deu a seus cachorros de caça os nomes de Bang, Miss e Damn.** Mas, como jovem e consciente soldado cristão, tinha ficado muito atraído pelo ascetismo de Gordon quando os dois se encontraram brevemente no Egito. A ideia de vingar Gordon trouxe à tona o homem duro que havia em Kitchener. Tendo sido um jovem oficial de baixa patente na primeira força de invasão de Wolseley, o homem que agora era *sirdar* (comandante-em-chefe) do exército egípcio conhecia bem o terreno. Conforme ia levando sua força expedicionária para o sul, rumo à vastidão do deserto, só tinha um pensamento: pagar sua dívida com Gordon com juros compostos, ou melhor, fazer os que mataram Gordon pagar por isso. O Mádi em pessoa podia estar morto, mas os pecados do pai seriam expiados pelo filho, o califa.

Foi em Omdurman, às margens do Nilo, que as duas civilizações entraram em choque: de um lado, uma horda de fundamentalistas islâmicos do deserto; do outro, os bem treinados soldados cristãos da Grande Bretanha, com seus auxiliares egípcios e sudaneses. Até o modo como os dois lados se alinharam expressava a diferença entre eles. Os dervixes, que somavam 52 mil, estavam espalhados ao longo da planície sob suas belas bandeiras pretas, brancas e verdes, formando uma linha de oito quilômetros de extensão. Os homens de Kitchener – havia só 20 mil – estavam ombro a ombro em seu familiar quadrado, com as costas para o Nilo. Observando das linhas britânicas estava Winston Churchill, então com 23 anos, ex-aluno de Harrow, oficial do exército que deveria estar na Índia, mas tinha dado um jeito de entrar na expedição de Kitchener como correspondente de guerra do *Morning Post*,

---

* Gladstone era conhecido como *Grand Old Man*, ou pelas iniciais dessa expressão, GOM, as mesmas inicias de *Gordon's Only Murderer*. (N. T.)

** Bang, Errei e Droga, em português. (N. T.)

um posto então visto como equivalente, em *status*, ao de capitão de cavalaria. Quando raiou o dia, ele teve sua primeira visão do inimigo:

> De repente eu percebi que todas as massas estavam em movimento e avançando depressa. Os emires deles galopavam para lá e para cá à frente de suas fileiras. Batedores e patrulhas se espalhavam por toda a frente de batalha. Então começaram a gritar. Estavam a uma milha da colina, e estavam ocultos, pelas elevações do solo, da vista do exército do *sirdar*. O barulho da gritaria era ouvido, ainda que fraco, pelos soldados à margem do rio. Mas, para nós, observando da colina, um tremendo rugir vinha em ondas de som intenso, como o tumulto do vento e do mar se levantando antes de uma tempestade [...] Uma rocha, uma duna de areia depois da outra era submergida por aquela inundação humana. Era hora de ir.

A coragem dos dervixes impressionou Churchill profundamente. Ela se baseava num zelo religioso ardente: a gritaria que ele ouvira era o bordão "La llaha illa llah wa Muhammad rasul Allah" – "Só há um Deus e Maomé é seu profeta". E a batalha não era inteiramente sem riscos para seus oponentes. De fato, houve um momento, já com o dia avançado, em que só a pronta ação de Hector Macdonald – desafiando as ordens do *sirdar* – evitaram baixas britânicas muito mais pesadas. No fim das contas, no entanto, os dervixes não tiveram chance contra o que Churchill chamou, com mais do que um toque de ironia, de "essa distribuição mecânica de morte que as nações polidas da terra levaram a tão monstruosa perfeição". Os britânicos tinham metralhadoras Maxim, rifles Martini-Henry, heliógrafos e, atracadas às margens do rio, canhoneiras. Os dervixes tinham, é verdade, umas poucas Maxims; mas, na maioria, contavam com mosquetes antiquados, lanças e espadas. Churchill descreveu vividamente o resultado:

> As Maxims exauriram toda a água de seus reservatórios, e várias tiveram que esperar ser resfriadas com as garrafas de água dos Cameron Highlanders antes de poder continuar seu trabalho mortal. Os cartuchos vazios, tilintando no chão, formaram pequenos, porém crescentes, montinhos ao lado de cada homem. E, durante todo o tempo, do outro lado, balas estavam rasgando a carne, esmagando e estilhaçando ossos; o sangue jorrava de feridas terríveis; homens valentes continuavam lutando em meio a um inferno de metal zunindo, bombas explodindo, e poeira atirada para cima – sofrendo, perdendo a esperança,

morrendo [...] Os dervixes que avançaram afundaram em montes emaranhados. As massas na retaguarda pararam, irresolutas.

Estava tudo terminado no espaço de cinco horas.

Segundo uma estimativa, o exército dervixe sofreu perto de 95% de baixas; no mínimo dos mínimos, um quinto deles foi morto na hora. Em comparação, houve menos de 400 baixas no lado anglo-egípcio, e só 48 soldados britânicos perderam a vida. Inspecionando o campo mais tarde, Kitchener observou laconicamente que o inimigo tinha "comido poeira". E isso não o satisfez, pois ele ordenou a destruição da tumba do Mádi e, nas palavras de Churchill, "levou embora a cabeça do Mádi em uma lata de querosene como troféu". Depois, ele derramou lágrimas melosas quando a banda militar apresentou o que acabou sendo um concerto ao ar livre, cujo programa percorreu toda a comprimida gama de emoções vitorianas:

Deus salve a rainha
O hino do quediva
A marcha dos mortos, do oratório *Saul*
A marcha de Händel de *Scipio* ("Dobrem os sinos pelos bravos") (todas tocadas pela banda dos guardas granadeiros)
Coronach Lament (tocada pela banda de gaitas de fole dos Cameron e Seaforth Highlanders)
Abide with me (tocada pela banda do 11º Sudanês)

Privadamente, Churchill deplorou não só a profanação dos restos do Mádi, mas também "a desumana matança dos feridos" (também por isso ele responsabilizou Kitchener). Ficou profundamente chocado com a maneira como o poder de fogo britânico transformara os vibrantes guerreiros dervixes em meros "pedaços sujos de papel-jornal" atirados pela planície. Mesmo assim, para consumo público, ele obedientemente declarou Omdurman "o mais destacado triunfo jamais obtido pelas armas da ciência sobre bárbaros". Cinquenta anos mais tarde, depois de aniquilar a frota aérea militar japonesa nas ilhas Marianas, os americanos chamariam isso de "caçar perus".

A lição de Omdurman parecia ser aquela velha e clara: ninguém desafiava o poder britânico impunemente. Havia, porém, outra lição que poderia ser aprendida. Observando atentamente a batalha naquele dia estava o major

Von Tiedemann, o adido militar alemão, que notou devidamente o impacto devastador das metralhadoras Maxim britânicas, as quais um observador calculou serem responsáveis por três quartos das baixas dos dervixes. Para Tiedemann, a lição verdadeira era óbvia: o único meio de vencer os britânicos era igualando seu poder de fogo.

Os alemães não demoraram para perceber o potencial de decidir guerras da Maxim. Guilherme II assistira uma demonstração da arma já em 1888 e comentara simplesmente: "Essa é a arma – não há outra". Em 1892, através da mediação de *Lord* Rothschild, uma licença foi concedida ao fabricante de ferramentas e armas berlinense Ludwig Lowe para produzir metralhadoras Maxim voltadas ao mercado alemão. Ainda sob o impacto imediato da batalha de Omdurman foi tomada a decisão de equipar cada batalhão Jägger do exército alemão com uma bateria de quatro metralhadoras Maxim. Em 1908, a Maxim era equipamento padrão para todos os regimentos de infantaria alemães.

Ao final de 1898, só havia uma tribo no sul da África que ainda desafiava o poderio do Império Britânico. Ela já havia caminhado centenas de quilômetros para o norte para escapar da influência britânica no Cabo; já havia combatido os britânicos uma vez para manter sua independência, infligindo a eles uma pesada derrota na colina Majuba em 1881. Essa era a única tribo branca da África: os bôeres – fazendeiros descendentes dos primeiros assentamentos de holandeses no Cabo.

Para Rhodes, Chamberlain e Milner o espírito independente dos bôeres era intolerável. Como sempre, os cálculos britânicos eram tanto econômicos quanto estratégicos. Apesar da crescente importância do canal de Suez para o comércio britânico com a Ásia, o Cabo continuava sendo uma base militar de "imensa importância para a Inglaterra" (Chamberlain) pelo simples motivo de que o canal podia ser vulnerável a bloqueio em uma guerra europeia importante. Ele continuava sendo "a pedra angular de todo o sistema colonial britânico". Ao mesmo tempo, não é insignificante que tenha calhado de uma das repúblicas bôeres estar sentada em cima do maior veio de ouro do mundo. Em 1900, o Rand estava produzindo um quarto da oferta mundial de ouro e tinha absorvido 114 milhões de libras de capital principalmente britânico. Tendo sido uma região pobre e atrasada, o Transvaal de repente parecia pronto para se tornar o centro de gravidade econômico do sul da África. Os bôeres, porém, não viam nenhuma razão pela qual devessem dividir o poder com as dezenas de milhares de imigrantes britânicos, os *uitlanders*, que tinham enxameado seu país em busca de ouro. E eles não aprovavam o modo (um pouco) mais liberal de os britânicos tratarem a população negra da Colônia do Cabo. Aos olhos de seu presidente, Paul Kruger, o modo de vida estritamente calvinista dos bôeres era simplesmente incompatível com o domínio britânico. O problema para os britânicos é que essa tribo africana era diferente de todas as outras – embora a diferença tenha se revelado residir menos no fato de que eles eram brancos do que no fato de que estavam bem armados.

É difícil negar que Chamberlain e Milner provocaram a Guerra dos Bôeres acreditando que os bôeres poderiam ser rapidamente intimidados a abrir mão de sua independência. A demanda de que os *uitlanders* tivessem direito de voto no Transvaal depois de cinco anos de residência – "Governo local para o Rand", na frase hipócrita de Chamberlain – era meramente um pretexto. O impulso real da política britânica revelara-se no esforço feito para impedir que os bôeres conseguissem uma ligação ferroviária com o mar através da baía Delagoa, controlada pelos portugueses, o que os teria livrado da dependência da ferrovia britânica para o Cabo. A qualquer custo, mesmo de uma guerra, os bôeres tinham que perder sua independência.

Chamberlain estava confiante na vitória: já não tinha ele ofertas de assistência militar de Vitória, Nova Gales do Sul, Queensland, Canadá, África Ocidental e Estados Malaios?[18] Como observou causticamente o irlandês membro do Parlamento John Dillon, era "o Império Britânico contra 30 mil fazendeiros". Os bôeres, no entanto, tinham tido tempo de sobra para se preparar para a guerra. Desde 1895, quando o protegido de Rhodes dr. Leander Starr Jameson liderara sua abortada "incursão" ao Transvaal, ficara claro que um confronto era iminente. Dois anos depois, a nomeação de Milner como alto comissário para a África do Sul foi outro sinal claro: sua opinião declarada era que não havia lugar, na África do Sul, para "dois sistemas políticos e sociais absolutamente conflitantes". Os bôeres se abasteceram devidamente das mais modernas armas: metralhadoras Maxim, é claro, mas também tudo o que puderam comprar da mais moderna artilharia da companhia Krupp, de Essen, assim como caixas dos últimos modelos de rifle Mauser, precisos a mais de 1.800 metros. O modo de vida deles transformou-os em grandes atiradores; agora também estavam bem armados. E, obviamente, conheciam o terreno muito melhor do que os *rooinecke* (pescoço vermelho, em africâner, por causa da típica pele queimada de sol do Tommy). No Natal de 1899, os bôeres penetraram profundamente no território inglês e atacaram. Dessa vez, parecia, os perus estavam respondendo aos tiros. E nada demonstrava melhor sua pontaria do que o que aconteceu em Spion Kop.

O general *Sir* Redvers Buller – logo apelidado de *Sir* Reverso – foi mandado para resgatar os 12 mil soldados britânicos sitiados pelos bôeres em Ladysmith, na província britânica de Natal. Por sua vez, Buller deu ao tenente-general *Sir* Charles Warren a tarefa de romper as defesas dos bôeres em volta da colina conhecida como Spion Kop. Em 24 de janeiro de 1900, Warren ordenou que uma companhia mista de Lancasters e *uitlanders* escalasse a íngreme e pedregosa face da colina protegida pela noite e pela neblina. Eles encontraram um único sentinela inimigo, que fugiu; os bôeres, ao que parecia, tinham abandonado a colina sem resistência. Na densa neblina, os britânicos cavaram uma trincheira perfunctória, certos de que tinham conseguido uma vitória fácil. Mas Warren tinha lido mal a disposição do terreno. A posição britânica estava completamente exposta aos rifles e à artilharia bôer nas colinas circundantes; na verdade eles nem tinha chegado ao topo da Spion Kop. Quando a neblina se dissipou, começou a matança. Dessa vez, os britânicos estavam no polo passivo.

Mais uma vez a batalha foi observada por Churchill na sua função de correspondente de guerra. O contraste entre essa debacle e as cenas que tinha testemunhado em Omdurman, só dezessete meses antes, não poderia ser mais acentuado. Com as granadas bôeres caindo "à frequência de sete a oito por minuto", ele só conseguia olhar com horror conforme a "densa e contínua torrente de feridos fluía para a retaguarda. Uma aldeia de ambulâncias se formou ao pé da montanha. Os mortos e feridos, esmagados e quebrados pelas granadas, se amontoavam no topo até transformá-lo num caos sangrento e pútrido". "As cenas em Spion Kop", confessou ele em uma carta a um amigo, "estavam entre as mais estranhas e terríveis que já testemunhei". E Churchill não estava no meio da tempestade de aço. Um sobrevivente descreveu ter visto seus companheiros ser incinerados, explodidos ao meio e decapitados; ele mesmo perdeu a perna esquerda. Para os leitores de jornal na Grã-Bretanha, que eram poupados desses detalhes repugnantes, as notícias ainda eram quase inacreditáveis. A Grande Bretanha estava levando uma surra – de 30 mil fazendeiros holandeses.[19]

Mafeking

O que o Vietnã foi para os Estados Unidos, a Guerra dos Bôeres quase foi para o Império Britânico, em dois aspectos: seu enorme custo em vidas e dinheiro – 45 mil mortos[20] e um quarto de bilhão de libras gasto – e as divisões que criou na Grã-Bretanha. É claro que os britânicos já tinham sofrido derrotas na África antes, não só contra os bôeres, mas também contra os ímpis zulus em Isandhlwana em 1879. Isto agora, no entanto, era em uma escala muito maior em todos os sentidos. E, no final, estava longe de ser claro se os britânicos tinham atingido seu objetivo. O desafio para a imprensa jingoísta era fazer com que algo que parecia tanto ser uma derrota, causasse o sentimento de mais uma vitória imperial.

Mafikeng – como se soletra hoje – era um vilarejo poeirento e desarrumado; quase dá para sentir o cheiro do deserto de Kalahari, a noroeste. Havia ainda menos o que olhar, cem anos atrás: só uma estação de trem, um hospital, uma loja maçônica, uma cadeia, uma biblioteca, um tribunal, uns poucos quarteirões de casas e uma agência do Banco Standard – em resumo, o típico posto avançado imperial sem graça. O único prédio com mais de um andar era o claramente não britânico Convento do Sagrado Coração. Hoje quase não parece valer a pena lutar pelo vilarejo. Mas, em 1899, Mafeking importava. Era uma cidade de fronteira, praticamente a última da Colônia do Cabo antes do Transvaal. Dali partira a Incursão Jameson. E, mesmo antes de a guerra começar, era ali que um regimento de irregulares ficou estacionado, com a ideia de montar uma outra incursão, maior, em território bôer. Ela nunca aconteceu. Em vez disso, os soldados se viram sitiados. Começou a crescer o temor de que, se Mafeking caísse, os muitos bôeres vivendo no Cabo poderiam tentar a sorte junto com seus primos do Transvaal e do Estado Livre de Orange.

O cerco de Mafeking foi retratado na Grã-Bretanha como o episódio mais glorioso da guerra, o momento em que o espírito dos campos esportivos das *public schools* prevaleceu. De fato, a imprensa britânica tratou o cerco como uma espécie de jogo imperial, uma partida internacional de sete meses entre Inglaterra e Transvaal. Por sorte, nessa ocasião, os ingleses conseguiram escalar o capitão ideal: o velho cartusiano "Stephe" Baden-Powell, agora o coronel no comando do Primeiro Regimento de Bechuanalândia. Para Baden-Powell, o cerco foi de fato o máximo em clássicos de críquete. Ele chegou a dizer isso numa carta tipicamente bem-humorada para um dos comandantes bôer: "Neste momento estamos jogando nossos *innings* e conseguimos, até agora, marcar duzentos dias, sem eliminação, contra os arremessos de Cronje, Snijman, Botha [...] e estamos tendo um jogo muito divertido". Ali estava o herói de que a guerra – ou ao menos os correspondentes de guerra – precisavam tão desesperadamente, um homem que, instintivamente, sabia como "jogar o jogo". Não era tanto a resistência de Baden-Powell à adversidade que impressionava os que estavam com ele, mas sua incansável jovialidade, sua "garra" (uma das palavras favoritas de B.-P.). Todo domingo, ele organizava partidas de críquete de verdade seguidas de bailes. Geoge Toghe, um civil que se alistara na guarda municipal de Mafeking, nunca duvidou de que Baden-Powell fosse capaz de "derrotar completamente os bôeres no 'joguinho' deles". Mímico talentoso, Baden-Powell subia ao palco com números cômicos para erguer o moral. Selos humorísticos da "república independente de Mafeking" foram produzidos, com a efígie de Baden-Powell neles no lugar da rainha.

Por 217 dias, Mafeking resistiu contra uma força bôer substancialmente maior, que dispunha de artilharia mortalmente superior. A força de defesa tinha dois canhões de 7 libras* carregados pelo cano e um velho canhão que disparava um projétil "exatamente como uma bola de críquete" (o que mais poderia ser?) contra as nove peças de campanha e o Creusot Long Tom de 94 libras, apelidado, de maneira bem escolar, Velha Creechy, de Cronjie. Reportagens de correspondentes de jornal dentro da cidade, particularmente as de *Lady* Sarah Wilson para o *Daily Mail*, mantinham os leitores num estado de suspense agoniado. B.-P. aguentaria? Os arremessadores bôeres acabariam sendo demais até mesmo para ele? Quando Mafeking foi finalmente liberada em 17 de maio de 1900, houve cenas de comemoração histórica ("maffikinguização") nas ruas de Londres – como se, nas palavras do anti-imperialista Wilfrid Scawen Blunt, "eles tivessem vencido Napoleão". Baden-Powell foi premiado com o comando de uma nova força, a Polícia Militar Sul-Africana, cujo uniforme ele se pôs a desenhar entusiasticamente.

Mas qual foi o preço de manter essa cidadezinha? É verdade que 7 mil soldados bôeres foram desviados para um episódio marginal na fase inicial da guerra, quando poderiam estar obtendo mais em outro lugar. Em termos de

---

* Os militares britânicos classificam suas peças de artilharia de acordo com o peso dos projéteis que podem disparar e não com diâmetro do cano. (N. T.)

vidas humanas, porém, tinha sido tudo, menos um jogo de críquete. Quase metade dos homens da força de defesa original foram mortos, feridos ou presos. E o que os jornais não relatavam era que a verdadeira carga da defesa de Mafeking foi suportada pela população negra, apesar do fato de que essa era para ser a "guerra do homem branco". Baden-Powell não só recrutou setecentos negros (embora, mais tarde, ele tenha baixado esse número para menos da metade); também os excluiu das trincheiras e abrigos protetores na parte branca da cidade. E, sistematicamente, reduziu a ração deles para alimentar a minoria branca. Baixas civis de ambas as cores somaram mais de 350. Mas o número de habitantes negros que morreram de fome foi duas vezes maior do que isso. Como observou cinicamente Milner: "Só é preciso sacrificar completamente o negro, e o jogo fica fácil". O público britânico recebeu sua vitória simbólica; os poetastros puderam correr para as impressoras:

> O quê? Arranca o cetro das mãos dela,
> E manda-a dobrar o joelho!
> Não enquanto seu soldado guardar a terra,
> E seu encouraçado o mar!
> (Austin, *Às armas*)

> Assim lindeiem o reino, tua ponta abaixada;
> assim os marquem abrasão e espuma;
> E se eles desafiarem, então, por Deus,
> Ataca, Inglaterra, e faz-te entender!
> (Henley, *Pela Inglaterra*)

Mas era um triunfo só para os jornais. Como observou astutamente Kitchener, Baden-Powell era mais "demonstração externa do que valor interno". Ele poderia ter dito a mesma coisa da liberação de Mafeking.

No verão de 1900, a maré da guerra parecia estar mudando. O exército britânico, agora sob a liderança mais efetiva do veterano do exército indiano *Lord* Roberts, tinha liberado Ladysmith e penetrado em território bôer, capturando Bloemfontein, capital do Estado Livre de Orange, e Pretória, capital do Transvaal. Convencido de que estava vencendo a guerra, Roberts percorreu em triunfo as ruas de Bloemfontein e se instalou na Residência. No espaçoso salão de baile do térreo, seus oficiais foram dançar.

Era para ser um baile da vitória. Apesar da perda de suas principais cidades, porém, os bôeres obstinadamente se recusavam a se render. Em vez disso, passaram a adotar táticas de guerrilha. "Os bôeres", reclamou Kitchener, "não são como os sudaneses, que ficam para uma luta justa, eles estão sempre fugindo em seus cavalinhos". Se ao menos eles atacassem as Maxims com lanças como bons esportistas! Frustrado, Roberts adotou, por causa disso, uma nova estratégia cruel planejada para atingir os bôeres em seu ponto mais vulnerável.

A destruição esporádica de suas fazendas já vinha ocorrendo havia certo tempo, usualmente sob a justificativa de que determinadas casas de fazenda estavam abrigando atiradores ou abastecendo os guerrilheiros com víveres e informação. Agora, porém, os soldados britânicos estavam autorizados a queimar as casas dos bôeres sistematicamente. No total, 30 mil foram arrasadas. A única questão que isso levantou foi o que fazer com as mulheres e crianças que os guerrilheiros tinham deixado para trás quando se juntaram aos comandos no *veld*,* e que agora estavam ficando sem teto aos milhares. Em teoria, a tática da terra arrasada logo forçaria os bôeres a se render, ainda que só para proteger seus entes queridos. Mas, até que isso acontecesse, esses entes queridos eram responsabilidade dos britânicos. Deveriam eles ser tratados como prisioneiros de guerra ou refugiados? A opinião inicial de Roberts era que "alimentar gente cujos parentes estão em armas contra nós vai encorajar esses últimos a prolongar a resistência, além de ser um fardo pesado para nós". Sua ideia de que eles deviam ser "forçados a se juntar a seus parentes além das nossas linhas a menos que aqueles se rendessem" não era realista. Depois de alguma indecisão, os generais chegaram a uma resposta. Confinaram os bôeres em campos – campos de concentração, para ser exato.

Não foram os primeiros campos de concentração da história – tropas espanholas usaram as mesmas táticas em Cuba em 1896 –, mas foram os primeiros a cair em infâmia.[21] Ao todo, 27.927 bôeres (a maioria deles, crianças) morreram em campos britânicos. Isso era 14,5% da população bôer inteira, e eles morreram principalmente por desnutrição e más condições sanitárias.

---

* Designação africâner para savana sul-africana. (N. T.)

Mais bôeres adultos morreram assim do que da ação militar direta. Outros 14 mil de 115,7 mil detidos negros – 80% dos quais, crianças – morreram em campos separados.

Enquanto isso, na Residência de Bloemfontein, a orquestra continuava tocando. Finalmente, depois de vários meses de *Gay Gordons* e *Strip the Willow*, o assoalho do salão de baile começou a ficar gasto. Para evitar que qualquer incidente ocorresse com as esposas dos oficiais, as velhas tábuas do assoalho tinham obviamente que ser trocadas. Felizmente para as contas da intendência dos oficiais, achou-se um uso para as tábuas velhas. Elas foram vendidas para mulheres bôeres por 1 xelim a tábua para fazer caixões para os filhos delas.

A combinação de terra arrasada com campos de concentração certamente minou a determinação de lutar dos bôeres. Mas só depois de Kitchener, que substituiu Roberts em novembro de 1900, cobrir o país de arame farpado e casamatas é que eles foram forçados a negociar. Mesmo assim, o resultado final ficou longe da rendição incondicional. É verdade que, pelo Tratado de Vereening (31 de maio de 1902), as duas repúblicas bôeres perderam sua independência e foram absorvidas pelo Império. Isso significou, porém, que os britânicos tiveram que pagar pela reconstrução do que tinham destruído. Ao mesmo tempo, o tratado deixou em aberto a questão dos direitos de voto dos negros e mestiços[*] para ser decidida depois da introdução do governo autônomo, tirando, assim, os direitos da grande maioria da população da África do Sul por três gerações. Acima de tudo, a paz não pôde fazer nada para impedir os bôeres de capitalizar a restrição de direitos. Em 1910, exatamente oito anos depois do tratado, a União da África do Sul autônoma foi criada, com o comandante-geral bôer Louis Botha como seu primeiro-ministro e vários outros heróis de guerra em seu gabinete. Em três anos, uma Lei de Terra do Nativo foi aprovada e efetivamente confinou a propriedade de terra para os negros sul-africanos ao décimo menos fértil do país.[22] Na verdade, os bôeres passaram a governar não apenas seus estados originais, mas também os territórios britânicos de Natal e do Cabo, e tomaram as primeiras medidas para impor o *apartheid* em toda a África do Sul. Milner tivera esperança de que o

---

[*] *Colored*, no original, era o termo que designava vários mestiços na legislação do *apartheid* sul-africano. (N. T.)

futuro seria "⅖ bôeres e ⅗ britânicos – Paz, Progresso e Fusão". Na verdade, não houve um número suficiente de emigrantes britânicos para chegar a isso.

Em muitos sentidos, as consequências da Guerra dos Bôeres foram mais profundas na Grã-Bretanha do que na África do Sul, porque foi uma aversão à condução da guerra que fez pender decisivamente para a esquerda a política britânica na década de 1900, uma mudança que viria a ter implicações incalculáveis para o futuro do Império.

Nos arredores de Bloemfontein há um monumento sombrio e imponente às mulheres e crianças bôeres que morreram nos campos de concentração. Lá estão enterrados, ao lado do presidente do Estado Livre de Orange durante a guerra, os restos mortais da filha de um clérigo da Cornualha chamada Emily Hobhouse, umas das primeiras ativistas contra a guerra do século XX. Em 1900, Hobhouse ouviu falar de "pobres mulheres [bôeres] que estavam sendo levadas de um lugar para o outro" e resolveu ir para a África do Sul ajudá-las. Ela estabeleceu uma Fundação de Amparo às Mulheres e às Crianças Sul-Africanas para "alimentar, vestir, abrigar e salvar mulheres e crianças – bôeres ou não – que tiverem sido deixadas na miséria como resultado da destruição de posses, expulsão de famílias e outros incidentes resultantes de [...] operações militares". Pouco depois de sua chegada à Cidade do Cabo em dezembro de 1900, ela conseguiu permissão de Milner para visitar os campos de concentração, embora Kitchener tenha tentado restringir seu acesso ao campo de Bloemfontein, então lar de 1.800 pessoas. As acomodações e a higiene totalmente inadequadas, com o sabonete sendo considerado pelos militares um "artigo de luxo", chocaram-na profundamente. Apesar dos esforços de Kitchener para impedi-la, ela continuou visitando outros campos em Norvalspont, Aliwal do Norte, Springfontein, Kimberley, Rio Orange e Mafeking. Era a mesma história em todos eles. E, quando ela voltou a Bloemfontein, as condições tinham piorado.

Num esforço para parar a política de confinamento, Hobhouse voltou à Inglaterra, mas encontrou o Ministério da Guerra mais ou menos indiferente. Só com relutância o governo concordou em apontar um comitê de mulheres sob a direção de Millicent Fawcett para investigar as alegações de Hobhouse, e esta foi deliberadamente excluída dele. Irritada, ela tentou voltar à África do Sul, mas não foi autorizada nem a desembarcar. Agora, sua única arma era a publicidade.

As condições dos campos foram de más a piores durante o ano de 1901. Em outubro, um total de 3 mil presos tinham morrido, uma taxa de mortalidade de mais de um terço. Não era uma política deliberadamente genocida; antes, era o resultado de uma desastrosa falta de precaução e incompetência grosseira da parte das autoridades militares. E a Comissão Fawcett não era tão inofensiva quanto Hobhouse temia; ela produziu um relatório notavelmente duro e obteve rápida melhoria da assistência médica nos campos. Embora Chamberlain tenha se negado a criticar o Ministério da Guerra publicamente, também ficou chocado com o que Hobhouse tinha revelado e se apressou em transferir os campos para as autoridades civis da África do Sul. Com velocidade impressionante, as condições melhoraram: a taxa de mortalidade caiu de 34% em outubro de 1901 para 7% em fevereiro de 1902 e apenas 2% em maio.²³

Milner ao menos tinha remorso. Os campos, admitiu ele, eram "um mau negócio, a única coisa, no que me diz respeito, em que sinto que as críticas que foram tão livremente atiradas sobre nós por tudo que fizemos ou deixamos de fazer, não são desprovidas de algum fundamento". Mas remorso, não importava quão sincero, não podia desfazer o estrago. As revelações de Hobhouse sobre os campos desencadearam uma implacável reação pública contra o governo. No Parlamento, os liberais aproveitaram a chance. Aí estava, finalmente, a oportunidade perfeita para varar a coalizão entre *tories* e chamberlainistas que tinha dominado a política britânica por quase duas décadas. Logo em junho de 1901, *Sir* Henry Campbell-Bannerman, o líder do partido, denunciou o que ele chamou de "métodos de barbarismo" usados contra os bôeres. Falando na Câmara dos Comuns, David Lloyd George, o queridinho da ala radical do partido, declarou:

> Uma guerra de anexação [...] contra um povo orgulhoso tem que ser uma guerra de extermínio, e é infelizmente a isso, parece, que estamos nos dedicando – queimando fazendas e tirando mulheres e crianças de suas casas [...] A selvageria que necessariamente deve se seguir vai manchar o nome deste país.

Manchou.

O imperialismo não era só imoral, argumentavam os críticos. Segundo os radicais, ele também era uma espoliação: financiado pelo pagador de imposto britânico, defendido por soldados britânicos, mas benéfico só para uma minúscula elite de milionários influentes, tipos como Rhodes e Rothschild. Esse era o golpe desferido pelo profundamente influente *Imperialismo: um estudo*, de J. A. Hobson, publicado em 1902. "Todo grande ato político", argumentava Hobson, "tem que receber a sanção e a colaboração prática desse pequeno grupo de reis financeiros":

> Como especuladores e agentes financeiros, eles constituem [...] o mais pesado fator individual na economia do imperialismo [...] Cada condição [...] de seus negócios lucrativos [...] empurra-os para o lado do imperialismo [...] Não há uma guerra [...] ou qualquer outro abalo público que não seja rentável para esses homens; eles são harpias que sugam seus ganhos de qualquer distúrbio repentino de crédito público [...] A riqueza dessas casas, a escala de suas operações e sua organização cosmopolita faz deles os mais importantes determinadores da política econômica. Têm o maior interesse no negócio do imperialismo, e os mais amplos meios de impor sua vontade à política das nações [...] Finança é [...] o regulador do motor do imperialismo, dirigindo a energia e determinando o trabalho.

Henry Noel Brailsford levou a argumentação de Hobson adiante em seu *A guerra de aço e ouro: um estudo sobre a paz armada* (escrito em 1910, mas inédito até 1914). "Na idade heroica", escreveu Brailsford, "o rosto de Helena foi o que lançou mil navios. Em nossa idade do ouro, a face ostenta mais frequentemente as feições espertas de um financista hebreu. Para defender os interesses de *Lord* Rothschild e seus colegas acionistas, o Egito foi primeiro ocupado, e, depois, praticamente anexado pela Grã-Bretanha [...] O caso mais radical de todos é, talvez, nossa própria guerra sul-africana". Não era óbvio que a Guerra dos Bôeres tinha sido travada para garantir que as minas de ouro do Transvaal permanecessem seguras nas mãos de seus proprietários capitalistas? Não era Rhodes meramente, nas palavras do membro do Parlamento radical Henry Labouchere, um "pedreiro de impérios que sempre foi um mero empresário posando de patriota, e o chefe de uma quadrilha de astutos financistas hebreus com quem ele divide os lucros"?

Como essas teorias da conspiração modernas que explicam todas as guerras em termos de controle das reservas de petróleo, a crítica radical do imperialismo era uma simplificação exagerada. (Mal sabiam Hobson e Brailsford o problema que Rhodes tinha sido durante o cerco de Kimberley.) E, como essas outras teorias modernas que atribuem um poder sinistro a certas instituições financeiras, alguns anti-imperialistas traíam mais do que um traço de antissemitismo. Não obstante, quando Brailsford chamou de "perversão dos motivos pelos quais o Estado existe, o fato de que o poder e o prestígio pelo qual todos nós pagamos deva ser usado com o fim de dar lucros para aventureiros privados", ele não estava totalmente longe do alvo. "Estamos envolvidos no comércio imperial", escreveu ele, "com a bandeira como um de seus recursos indispensáveis, mas os lucros vão exclusivamente para bolsos privados". Isso era basicamente verdade.

A maior parte dos enormes fluxos de dinheiro do vasto estoque de investimento no exterior fluía para uma minúscula elite de, no máximo, poucas centenas de milhares de pessoas. No ápice dessa elite estava, de fato, o Banco Rothschild, cujo capital em Londres, Paris e Viena, combinado, chegava a estonteantes 41 milhões de libras, fazendo dele, de longe, a maior instituição financeira do mundo. A maior parte dos recursos do banco estava investida em bônus do governo, e uma grande proporção destes era de economias coloniais como Egito e África do Sul. E não havia dúvida de que a expansão do poder britânico nessas economias gerou uma profusão de novos negócios para os Rothschild. Entre 1885 e 1893, para dar só um exemplo, as filiais de Londres, Paris e Frankfurt foram conjuntamente responsáveis por quatro grandes emissões de bônus egípcios no valor de 50 milhões de libras. O que é ainda mais evidente é a proximidade do relacionamento de que os Rothschild gozavam com os principais políticos da época. Disraeli, Randolph Churchill e o conde de Rosebery eram todos, de várias formas, ligados a eles tanto social quanto financeiramente. O caso de Rosebery, que foi ministro do Exterior sob Gladstone e sucedeu-o como primeiro-ministro em 1894, chama particularmente a atenção, já que, desde 1878, ele era casado com Hannah, uma prima de *Lord* Rothschild.

Ao longo de toda sua carreira política, Rosebery manteve comunicação regular com os homens da família Rothschild, uma correspondência que revela a intimidade das ligações entre o poder e o dinheiro no Império Vitoriano tardio. Em novembro de 1878, por exemplo, Ferdinand de Rothschild sugeriu a Rosebery: "Se você puder reservar uns poucos milhares de libras (entre 9 e 10), pode investi-las no novo empréstimo egípcio que a Casa vai levantar na semana que vem." Quando Rosebery entrou para o governo, logo depois da notícia da morte de Gordon em Cartum, *Lord* Rothschild escreveu para ele em termos reveladores: "Seu claro discernimento e devoção patriótica ajudarão o governo e salvarão o país. Espero que você cuide para que grandes reforços sejam enviados Nilo acima. A campanha do Sudão tem que ser um grande sucesso e sem erros". Nos primeiros quinze dias depois de entrar para o governo, Rosebery encontrou membros da família em, pelo menos, quatro ocasiões, inclusive dois jantares. E em agosto de 1885, apenas dois meses depois que a renúncia de Gladstone tirou Rosebery temporariamente do governo mais uma vez, ele recebeu 50 mil libras do novo empréstimo egípcio emitido pela casa de Londres. Quando Rosebery se tornou ministro do Exterior, Albert, irmão de *Lord* Rothschild, assegurou a ele que "de toda parte e até de climas distantes não ouvimos nada além de grande satisfação com a nomeação do novo ministro das Relações Exteriores".

Embora seja difícil achar provas de que os Rothschild tenham se beneficiado materialmente da política de Rosebery enquanto este esteve no cargo, houve pelo menos uma ocasião em que ele, sem dúvida, avisou-os de antemão sobre uma importante decisão diplomática. Em janeiro de 1893, ele usou Reginald Brett para comunicar a New Court* a intenção do governo de reforçar a guarnição do Egito. "Visitei Natty [*Lord* Rothschild] e Alfred", relatou Brett,

> e disse-lhes que você se sentia muito devedor a eles por terem dado toda a informação de que dispunham e, por isso, desejava que eles soubessem [do reforço] antes de ler nos jornais [...] É claro que ficaram muito contentes e agradecidos. Natty pediu-me para dizer que toda a informação e assistência que ele puder dar a você estará sempre à disposição.

E Rosebery não foi o único político que falhou na separação completa de seus interesses políticos e particulares. Um dos principais beneficiários da ocupação do Egito foi ninguém menos do que o próprio Gladstone. No final de 1875 – possivelmente logo antes da compra por seu rival Disraeli das ações do canal de Suez –, ele investiu 45 mil libras no empréstimo do Tributo Otomano Egípcio de 1871, ao preço de apenas 38^{24}. Adicionou outras 5 mil libras em 1878 e, um ano depois, investiu mais 15 mil libras no empréstimo otomano de 1854, que também foi garantido pelo Tributo Egípcio. Em 1882, esses papéis respondiam por mais de um terço de sua carteira. Mesmo antes da

---

* Sede, em Londres, do Banco Rothschild. (N. T.)

ocupação militar do Egito, esses investimentos mostraram ser bons: o preço dos bônus de 1871 subiu de 38 para 57 no verão de 1882. A ocupação britânica trouxe ao primeiro-ministro lucros ainda maiores: em dezembro de 1882, o preço do bônus de 1871 tinha subido para 82. Em 1891, bateram em 97 – um ganho de capital de mais de 130% só sobre o investimento feito em 1875. Não admira que Gladstone tenha descrito, certa vez, a bancarrota do governo turco como "o maior de todos os crimes *políticos*". E seria inteiramente insignificante que o agente britânico e cônsul-geral no Egito por quase um quarto de século depois de 1883 fosse um membro da família Baring – que só perdia para os Rothschild entre as dinastias da City?

Repulsa aos métodos do governo de conduzir a guerra combinou-se com crescente ansiedade com o custo galopante do conflito e suspeitas obscuras sobre quem poderiam ser os beneficiários. O resultado foi uma reviravolta política. O governo, agora liderado pelo sobrinho de Salisbury, o brilhante, mas fundamentalmente frívolo, Arthur Balfour, estava profundamente dividido quanto a como seria melhor financiar a guerra. Desgraçadamente, como se iria ver, Chamberlain aproveitou o momento para defender a restauração de tarifas protecionistas. A ideia era transformar o Império em uma União Aduaneira, com tarifas comuns em todas as importações de fora do território britânico: o *slogan* de Chamberlain para o esquema era "Preferência Imperial". A política até tinha sido tentada durante a Guerra dos Bôeres, quando o Canadá ficou isento de uma tarifa pequena e temporária sobre trigo e milho importado. Era uma nova tentativa de transformar a teoria da Grande Bretanha em prática política. Para a maioria dos eleitores britânicos, porém, parecia mais ser uma experiência de restauração das Leis do Milho e elevar o preço dos alimentos. A campanha dos liberais contra o imperialismo – agora tido de maneira generalizada como um termo ofensivo – culminou em janeiro de 1906 com uma das maiores vitórias eleitorais da história britânica, quando eles varreram os adversários e tomaram o poder com uma maioria de 243 cadeiras no Parlamento. A ideia de Chamberlain de um Império do povo parecia ter se desmanchado diante dos velhos e insulares fundamentos da política doméstica britânica: pão barato e indignação moral.

Agora, se os liberais esperavam ser capazes de pagar aos eleitores um dividendo de paz anti-imperial, ficaram desapontados rapidamente, pois uma nova ameaça à segurança do Império estava inequivocamente se armando. Não era uma ameaça representada por súditos descontentes – embora a tempestade em formação na Irlanda parecesse, por algum tempo, muito mais ameaçadora –, mas de um império rival logo ali, do outro lado do mar do Norte. Era uma ameaça que nem os liberais amantes da paz podiam se dar ao luxo de ignorar. E, por uma singular ironia, era uma ameaça feita por um povo que tanto Cecil Rhodes quanto Joseph Chamberlain (para não falar de Karl Pearson) enxergavam como os iguais da raça falante de inglês.

Em 1907, o mandarim do serviço diplomático Eyre Crown, ele mesmo nascido em Leipzig, rascunhou um "Memorando sobre o presente estado das relações com a França e a Alemanha". Sua mensagem enfática era que o desejo da Alemanha de desempenhar "na cena mundial um papel muito maior e mais importante do que encontra atribuído a ela sob a atual distribuição de poder material" poderia levá-la a "diminuir o poder de quaisquer rivais, aumentar seu próprio poder estendendo seus domínios, minar a cooperação entre outros estados, e, sobretudo, esfacelar e suplantar o Império Britânico".

Em 1880, quando a França e a Rússia ainda pareciam ser os principais rivais imperiais da Grã-Bretanha, a política britânica era de apaziguar a Alemanha. No início dos 1900, no entanto, era a Alemanha que parecia representar a maior ameaça ao Império. A tese de Crowe não era difícil de defender. A economia alemã já tinha ultrapassado a britânica. Em 1870, a população alemã era de 39 milhões para os 31 milhões de britânicos. Em 1913, os números eram 65 a 45 milhões. Em 1870, o PIB da Grã-Bretanha era 40% maior do que o da Alemanha. Em 1913, o da Alemanha era 6% maior do que o da Grã-Bretanha, indicando que a taxa de crescimento anual do PIB *per capita* da Alemanha tinha sido mais de meio ponto maior do que a da Grã-Bretanha. Em 1880, a fatia da Grã-Bretanha da produção industrial do mundo era de 23%, a da Alemanha, 8%. Em 1913, os números eram, respectivamente, 14% e 15%. Enquanto isso, como resultado do plano do almirante Tirpitz de construir uma frota de guerra no mar do Norte, a marinha alemã estava se tornando rapidamente a mais perigosa rival da Marinha Real. Em 1880, a relação de tonelagem de navios de guerra da Grã-Bretanha e da Alemanha era de sete para um. Em 1914, era de menos de dois para um.[25] Acima de tudo, o exército alemão era um gigante com 124 divisões para 10 britânicas, cada um dos regimentos de infantaria armados com metralhadoras Maxim MG08. Mesmo adicionar as sete divisões britânicas estacionadas na Índia pouco faria para diminuir essa enorme defasagem. Em relação à quantidade de homens, a Grã-Bretanha podia ter uma expectativa de mobilizar 735 mil homens na eventualidade de uma guerra; os alemães teriam 4,5 milhões.

Os conservadores e unionistas diziam ter respostas para a questão alemã: serviço militar obrigatório para se equiparar ao exército alemão, e tarifas nos moldes alemães para pagar por ele. O novo governo liberal, porém, rejeitou ambas as coisas por princípio. Manteve apenas duas das políticas de seus antecessores: o compromisso de equiparar e, se possível, superar a construção naval alemã e a política de *rapprochement* com a França.

Em 1904, uma "Entente Cordiale" havia sido acertada com os franceses numa ampla gama de questões coloniais. Depois de muito tempo, os franceses admitiram a supremacia britânica no Egito, enquanto, em troca, os britânicos ofereceram aos franceses liberdade de ação no Marrocos. Uns poucos territórios britânicos pouco importantes na África Ocidental foram cedidos em troca da renúncia a direitos de pesca franceses remanescentes na costa da Terra Nova. Embora, em retrospectiva, pudesse fazer mais sentido ter feito esses acordos com a Alemanha – e, de fato, o próprio Chamberlain flertou com a ideia em 1899[26] –, na época a Entente anglo-francesa fazia bastante sentido. É verdade que parecia haver uma série de potenciais áreas de cooperação anglo-germânica, não só na África Oriental como na China e no Pacífico, assim como na América Latina. Financeiramente, havia uma colaboração próxima entre bancos britânicos e alemães em projetos ferroviários, do vale do Yangtsé, na China, à baía Delagoa, em Moçambique. Como Churchill disse mais tarde, "nós não éramos inimigos da expansão colonial alemã". O próprio chanceler alemão disse, em janeiro de 1913, que "questões coloniais do futuro apontam para uma cooperação com a Inglaterra".

Estrategicamente, porém, ainda eram a França e sua aliada, a Rússia, os principais rivais da Grã-Bretanha além-mar; e resolver velhas disputas na periferia era um meio de liberar recursos britânicos para fazer frente ao crescente desafio continental da Alemanha. Como disse, em novembro de 1901, o subsecretário assistente do Ministério das Relações Exteriores, Francis Bertie, o melhor argumento contra uma aliança anglo-germânica era que, se algum fosse firmado, "nós nunca estaríamos em bons termos com a França, nossa vizinha na Europa e em muitas partes do mundo, ou com a Rússia, cujas fronteiras são comuns com as nossas ou quase isso em grande parte da Ásia". Essa foi a razão por que a Grã-Bretanha apoiou a França contra a Alemanha no Marrocos em 1905 e, de novo, em 1911, apesar do fato de que, formalmente, os alemães estavam com a razão.

Não obstante, a francofilia dos liberais, que rapidamente traduziu aquilo que tinha sido um entendimento colonial em uma aliança militar implícita, foi profundamente arriscada, tomada isoladamente. Sem preparação militar adequada para a eventualidade de uma guerra europeia, o "compromisso continental" com a França, assumido pelo ministro do Exterior, *Sir* Edward Grey, era indefensavelmente perigoso. Podia-se pensar que o acordo seria capaz de dissuadir a Alemanha de ir à guerra, mas, se não fosse, e a Grã-Bretanha se visse obrigada a honrar os compromissos de Grey com a França, o que, exatamente, aconteceria? A Grã-Bretanha mantinha sua superioridade naval sobre a Alemanha; nessa corrida armamentista, os liberais não demonstraram fraqueza. Depois de sua mudança para o Almirantado em outubro de 1911, Churchill até subiu a aposta ao estabelecer como meta um novo "patamar de 60% [...] em relação não só à Alemanha, mas ao resto do mundo". "A Tríplice Aliança está sendo substituída pela Tríplice Entente", bradou ele para Grey em outubro de 1913. "Por que", perguntou ele claramente no mês seguinte, "deveria se pressupor que não somos capazes de derrotar a Alemanha? Um estudo comparativo da força da frota na linha de batalha revelar-se ia reconfortante". Superficialmente era. Às vésperas da guerra, a Grã-Bretanha tinha 47 navios principais (encouraçados e cruzadores) para os 29 da Alemanha e gozava de vantagem numérica semelhante em praticamente todas as outras categorias de navios. Além disso, o cálculo do poder de fogo das marinhas rivais fazia a diferença entre elas ainda maior. Tirpitz, porém, nunca almejara construir uma frota maior do que a britânica; apenas uma suficientemente grande para garantir "que, mesmo para o adversário com o maior poder naval, uma guerra contra ela envolveria riscos tais que poriam em perigo sua posição no mundo". Uma marinha com dois terços ou três quartos do tamanho da britânica seria suficiente, explicou Tirpitz ao *Kaiser* em 1899, para fazer a Grã-Bretanha "conceder a Vossa Majestade um grau de influência marítima que tornaria possível a Vossa Majestade conduzir uma grande política ultramarina". Isso havia sido quase conseguido em 1914.[27] E, nessa época, os alemães estavam produzindo encouraçados tecnicamente superiores.

Também estava longe de ser claro se essa superioridade naval afetaria o resultado de uma guerra terrestre continental; no prazo em que um bloqueio naval conseguiria parar a economia alemã, o exército alemão poderia já estar em Paris de longa data. Até o Comitê Imperial de Defesa reconheceu que a única ajuda significativa que poderia ser oferecida à França na eventualidade de uma guerra teria que vir do exército. Só que, sem serviço militar obrigatório, como vimos, o exército britânico era um anão, perto do da Alemanha; e esse era o X do problema. Os políticos podiam tentar argumentar que um punhado de divisões britânicas poderia fazer a diferença entre uma vitória francesa e uma alemã, mas em Londres, Paris e Berlim, os soldados sabiam que era mentira. Os liberais poderiam ter, com alguma credibilidade, um compromisso *e* serviço militar obrigatório; ou uma política de neutralidade sem serviço obrigatório. A combinação que preferiam – o compromisso com a França sem o serviço militar obrigatório – mostrar-se-ia fatídica. Kitchener comentaria causticamente em 1914: "Ninguém pode dizer que meus colegas de gabinete não são corajosos. Eles não têm um exército e declararam guerra à nação militarmente mais poderosa do mundo".

Em 1905, apareceu um livro com o intrigante título *O declínio e a queda do Império Britânico*. Ele fingia ter sido publicado em 2005 em Tóquio e imaginava um mundo em que a Índia estava sob domínio russo, a África do Sul sob domínio alemão, o Egito sob domínio turco, o Canadá sob domínio americano e a Austrália sob domínio japonês. Era apenas um de uma verdadeira biblioteca de ficção distópica publicada nas décadas anteriores à Primeira Guerra Mundial. Com o passar o tempo, e com o encorajamento de *Lord* Northcliffe, cujo *Daily Mail* serializou obras desse tipo em quantidades generosas, mais e mais autores tratavam das consequências potenciais de uma ameaça militar alemã ao Império.

Havia *Os espiões de Wight* (1899), de Headon Hill; *O enigma das areias* (1903), de Erskine Childer; *O ordenança menino* (também de 1903), de L. James; *Um fazedor de história* (1905), de E. Phillips Oppenheim; *A invasão de 1910*, de William Le Queux; *O inimigo entre nós* (1906), de Walter Wood; *A mensagem* (1907), de A. J. Dawson; *Os espiões do Kaiser* (1909), de Le Queux; e *Enquanto a Inglaterra dormia* (também de 1909), do capitão Curties. Em todos os casos, a premissa era que os alemães tinham um plano malévolo de invadir a Inglaterra ou derrubar de alguma outra maneira o Império Britânico. O medo se disseminou e chegou tão longe quanto os leitores do *Boy's Own Paper*. Em 1909, a revista da escola Aldeburgh Lodge imaginou, de modo bastante sagaz, como as crianças seriam educadas em 1930, pressupondo que, a essa altura, a Inglaterra teria se tornado meramente "uma pequena ilha ao largo da costa ocidental da Teutônia". Até Saki (Hector Hugh Munro) experimentou o gênero com *Quando Guilherme veio: uma história de Londres sob os Hohenzollern* (1913).

Hybris imperial – a arrogância do poder absoluto – tinha existido e desaparecido, substituída pelo medo atroz da decadência e da queda repentina. Rhodes estava morto, Chamberlain, morrendo. A corrida pela África, aqueles dias felizes das Maxims contra os matabeles, de repente pareciam uma lembrança remota. Era a corrida pela Europa, aproximando-se rapidamente, que determinaria o destino do Império. A reação de Baden-Powell foi fundar, imitando a Brigada de Meninos anterior, os Escoteiros, a mais bem-sucedida experiência da época em mobilizar a juventude em apoio ao Império. Com sua peculiar mistura de equipamento colonial e jargão kiplinguiano, o movimento escoteiro ofereceu uma versão destilada e desinfetada da vida na fronteira para gerações de entediados moradores de cidades. Embora fosse uma diversão indubitavelmente boa e limpa – de fato, seus atrativos logo a espalharam muito além dos limites do Império –, o propósito político do escotismo foi apresentado de modo bastante explícito no *best-seller* de Baden-Powell *Escotismo para meninos* (1908):

> Sempre há membros do Parlamento que tentam tornar o exército e a marinha menores para economizar dinheiro. Só querem ser populares com os eleitores da Inglaterra, para que eles e o partido a que pertencem possam chegar ao poder. Esses homens chamam-se "políticos". Não olham para o bem de seu país. A maioria deles sabe muito pouco e se importa muito pouco com nossas colônias. Se tivessem feito as coisas do jeito deles antes, a essa altura nós poderíamos estar falando francês, e se forem autorizados a fazer as coisas do jeito deles no futuro, nós bem que poderíamos aprender alemão ou japonês, porque seremos vencidos por eles.

Só que os escoteiros dificilmente seriam páreo para o Estado-Maior prussiano; uma tese bem defendida em *Como Clarence salvou a Inglaterra* (1909), de P. G. Woodehouse, em que um escoteiro, leitor do *Daily Mail*, encontra a notícia de que a Inglaterra foi invadida – por alemães, russos, suíços, chineses, monegascos, marroquinos e pelo "mulá louco" – relegada a um simples parágrafo entre os últimos resultados de críquete e das corridas.

Os líderes do capitalismo financeiro mundial – os Rothschild em Londres, Paris e Viena, os Warburg em Hamburgo e Berlim – insistiam que o futuro econômico dependia da cooperação anglo-germânica, não do confronto. Os teóricos da superioridade britânica eram igualmente inflexíveis sobre o fato de que o futuro da humanidade estava nas mãos da raça anglo-saxônica. Mesmo assim, o hífen entre anglo e saxão mostrou ser grande o bastante para impedir um relacionamento estável entre a Grande Bretanha e o novo Império entre o Reno e o Oder. Como muitas outras coisas depois de 1900, a nêmesis imperial revelou ser fabricada na Alemanha.

---

1. Nathaniel Rothschild tornou-se nobre em 1885, o primeiro judeu a entrar na Casa dos *Lords*.
2. Lugard era filho de dois missionários e tinha se alistado no exército indiano depois de fracassar no exame do Serviço Civil Indiano. Tinha ido para a África depois de pegar sua mulher na cama com outro homem, o que fez com que perdesse a fé em Deus (para não falar de sua mulher).
3. Em janeiro de 1876, o preço das ações tinha subido de 22 libras e 10 pence para 34 libras e 12 xelins, uma subida de 50%. O valor de mercado da parcela do governo era de 24 milhões de libras em 1898, 40 milhões de libras às vésperas da Primeira Guerra e 93 milhões de libras em 1935 (cerca de 528 libras por ação). Entre 1875 e 1895, o governo recebeu 200 mil libras por ano do Cairo; daí em diante foram pagos dividendos, que subiram de 690 mil libras em 1895 para 880 mil libras em 1901.
4. O que Bismarck disse ao explorador Eugen Wolff foi: "Seu mapa da África é ótimo, mas o meu mapa da África fica na Europa. Aqui fica a Rússia e aqui" – apontando para a esquerda – "é a França, e nós estamos no meio; esse é o meu mapa da África".
5. Os países representados foram Áustria-Hungria, Bélgica, Dinamarca, França, Alemanha, Grã-Bretanha, Itália, Holanda, Portugal, Rússia, Espanha, Suécia, Turquia e os Estados Unidos. Significativamente, nem um único representante africano esteve presente, apesar do fato de que, a essa altura, quase um quinto do continente estava sob domínio europeu.
6. As Novas Hébridas eram governadas conjuntamente com os franceses.
7. Em 1867, Canadá, Nova Escócia e Nova Brunswick foram unidas para formar "Um domínio sob o nome de Canadá", ao qual outras províncias canadenses se juntaram gradualmente. Desde 1907, o *status* de Domínio foi estendido a todas as colônias de assentamento branco autogovernadas.

8. O nacionalismo radical frequentemente atraiu seus mais fortes adeptos na periferia dos impérios europeus; nisso, o movimento da Grande Bretanha teve algo em comum com a Liga Pan-Germânica, sua contemporânea. O próprio Milner fora criado na Alemanha, enquanto seu seguidor mais leal, Leo Amery, nascera na Índia de (embora ele não falasse disso) pais judeus húngaros. Um outro que veio relativamente de fora, o romancista escocês John Buchan, fazia parte do círculo deles. Em nenhum lugar a ideia de uma Grande Bretanha é expressa de forma mais atraente do que em seus romances.
9. A Índia desconcertou Chamberlain. Pareceu-lhe, escreveu ele em 1897, "ficar entre o inferno e o mar profundo – por um lado, o mais sério perigo de ataque de fora ou distúrbios internos a não ser que uma preparação completa seja feita; do outro, a perspectiva dos mais sérios embaraços financeiros". Sendo um homem que gostava das cidades estrangeiras quanto mais elas se parecessem com Birmingham, era improvável que fosse cativado por Calcutá.
10. O próprio Gladstone fez explicitamente a analogia: "O Canadá não obtete governo local porque era leal e amigável, mas se tornou leal e amigável porque obteve governo local". Isso era bastante correto, mas os unionistas liberais eram surdos à razão.
11. Paradoxalmente, no entanto, houve poucos baluartes do sentimento unionista mais firmes do que o Canadá. Já em 1870, Ontário tinha novecentos Pavilhões Orange, dedicados a "resistir a todas as tentativas de [...] desmembrar o Império".
12. Lema: "Muitos países, mas um Império". A Liga tinha 7 mil sócios em 1900.
13. Curzon via a caça ao tigre como a maior de todas as prerrogativas de ser vice-rei, e tinha um prazer particularmente evidente em ser fotografado em pé sobre suas vítimas. Como descreveu ele ofegante a seu pai: "Você consegue escutar seu coração batendo conforme ele se aproxima, sem ser visto, com as folhas estalando sob suas patas, e repentinamente emerge, às vezes caminhando, às vezes a galope, às vezes com um rugido feroz".
14. O jogo moderno conhecido pelos americanos como *football* na verdade evoluiu do mesmo ancestral britânico comum do futebol e do rúgbi. Durante um tempo, pareceu provável que as faculdades americanas adotassem as regras da Associação Inglesa de Futebol, mas, em 1870, elas concordaram com um jogo híbrido e, na altura dos anos 1880, haviam adotado regras (passe para a frente, contato do jogador sem bola) bastante diferentes e incompatíveis tanto com as do futebol quanto com as do rúgbi.
15. Refrão do poema de Henry Newbolt "Vitai Lampada" (1897), a clássica representação do críquete escolar como uma forma de aprendizado militar. Newbolt era um produto de Clifton.
16. Um escocês das Terras Baixas está uma fração acima de um inglês. Atenienses antigos apareciam no topo.
17. Ele foi convidado para a Secretaria Particular de *Lord* Ripon, quando este foi nomeado vice-rei da Índia, aceitou e renunciou três dias depois. O motivo foi uma carta que

lhe pediram para escrever em resposta a uma, enviada ao vice-rei, dizendo que o vice-rei a lera com interesse. "Você sabe perfeitamente", declarou Gordon, "que *Lord* Ripon nunca a leu, e eu não posso dizer esse tipo de coisa". Também tinha uma aversão obsessiva a jantares oficiais, o que teria sido um defeito sério no secretário particular de um vice-rei.

18. Na altura do fim da guerra, Canadá, Austrália e Nova Zelândia tinham, de fato, fornecido 30 mil soldados.
19. Trinta mil é uma subestimação. Segundo os números dos bôeres, 54.667 homens pegaram em armas, mas em 1903 os britânicos declaravam um total de 72.975.
20. Deve-se notar que cerca de dois terços da mortalidade britânica deveu-se à tifoide, à disenteria e a outras doenças, não à ação do inimigo.
21. *Sir* Neville Henderson, embaixador britânico em Berlim nos anos 1930, lembrava que, quando repreendeu Goering por causa da brutalidade dos campos de concentração nazistas, o último tomou de um volume da enciclopédia alemã: "Abrindo em *Konzentrationslager* [...] leu em voz alta: 'Usado pela primeira vez pelos britânicos na Guerra da África do Sul'".
22. Os efeitos da legislação foram amargamente descritos por Solomon Plaatje em seu *Native Life in South Africa* (1916).
23. Melhorias foram muito mais lentas nos campos para negros. Sintomaticamente, o pico de mortalidade neles – 38% – foi em dezembro de 1902.
24. Os preços de títulos no século XIX eram cotados em porcentagens de seu valor nominal. Esses empréstimos eram títulos turcos garantidos pelo "tributo" pago anualmente pelo Egito à Turquia.
25. A meta alemã, é preciso observar, era, em parte, defensiva, e longe de irracional, dado o plano britânico de um bloqueio naval no caso de uma guerra com a Alemanha.
26. Em determinado momento, ele falou com grandiloquência de uma "Nova Tríplice Aliança entre a raça teutônica e os dois grandes ramos da raça anglo-saxã".
27. Para ser preciso, a frota alemã era, então, dois terços da britânica.

6
Império à Venda

Se formos derrotados desta vez, talvez tenhamos mais sorte da próxima. Para mim, a atual guerra é, de forma muito enfática, só o começo de um longo desenvolvimento histórico, no fim do qual está a derrota da posição da Inglaterra no mundo [...] [e] a revolução das raças de cor contra o imperialismo colonial da Europa.
Marechal-de-campo Colmar von der Goltz, 1915

No fim, as desdenhosas faces amarelas dos jovens que me encontravam em todo lugar, os insultos atirados às minhas costas quando estava a uma distância segura, mexeram com os meus nervos [...] era desconcertante e perturbador. Naquela altura, eu já tinha chegado à conclusão de que o imperialismo era uma coisa ruim e que quanto mais rápido eu desistisse do meu trabalho e saísse de lá melhor. Teoricamente – e secretamente, é claro –, eu era totalmente a favor dos birmaneses e totalmente contra os opressores deles, os britânicos. Quanto ao trabalho que estava fazendo, eu o detestava mais amargamente do que talvez possa deixar claro [...] Mas eu não conseguia colocar nada em perspectiva [...] Nem sabia que o Império Britânico estava morrendo, e sabia menos ainda que ele é muito melhor do que os impérios mais jovens que vão suplantá-lo.
George Orwell, "O abate de um elefante"

Na última década da era vitoriana, um obscuro estudante de *public school* fez uma profecia sobre o destino do Império Britânico no século que se aproximava:

Vejo mudanças enormes [...] um mundo agora pacífico; grandes revoltas, lutas terríveis; guerras tais que ninguém pode imaginar; e lhes digo que Londres vai ficar em perigo – Londres vai ser atacada e vou me destacar muito na defesa de

Londres [...] Enxergo mais longe do que vocês. Eu vejo o futuro. O país vai ser subjugado de alguma forma por uma tremenda invasão [...] mas eu lhes digo que vou estar no comando das defesas de Londres e vou salvar Londres e o Império do desastre.

Winston Churchill tinha só dezessete anos quando disse essas palavras para um colega em Harrow, Murland Evans. Elas eram espantosamente prescientes. Churchill realmente salvou Londres, e, de fato, a Grã-Bretanha. Mas, no final, nem mesmo ele pôde salvar o Império Britânico.

Ao longo de uma única vida, aquele Império – que ainda não havia alcançado sua maior extensão quando Churchill fez a sua profecia, em 1892 – desandou. Quando Churchill morreu, em 1965, todas as suas partes mais importantes tinham-se ido. Por quê? Os relatos tradicionais da "descolonização" tendem a dar o crédito (ou colocar a culpa) aos movimentos nacionalistas nas colônias, do Sinn Fein na Irlanda ao Congresso na Índia. O fim do Império é retratado como uma vitória de "lutadores pela liberdade", que pegaram em armas de Dublin a Délhi para livrar seus povos do jugo do domínio colonial. Isso é enganoso. Ao longo do século XX, as principais ameaças – e as alternativas mais plausíveis – ao domínio britânico não foram os movimentos nacionais de independência, mas outros impérios.

Esses impérios alternativos tratavam os povos subjugados por eles de forma consideravelmente mais cruel do que os britânicos. Antes mesmo da Primeira Guerra Mundial, o domínio belga no Congo supostamente "independente" havia se tornado sinônimo de violação dos direitos humanos. As *plantations* de borracha e as estradas de ferro da Associação Internacional eram construídas e operadas com base em trabalho escravo e os lucros escoavam diretamente para o bolso do rei Leopoldo II.[1] A voracidade desse regime era tanta, que o custo em vidas humanas por assassinato, fome, doença e redução da fertilidade foi calculado em dez milhões – metade da população. Não havia nada de hiperbólico no retrato de Joseph Conrad do "horror" em *O coração das trevas*. Foram, de fato, dois britânicos que expuseram o que estava acontecendo no Congo: o cônsul britânico, Roger Casement, e um humilde escriturário de Liverpool chamado Edmund Morel, que percebeu que imensas quantidades de borracha estavam sendo embarcadas da Bélgica, mas praticamente nenhuma importação, exceto armas, entrava. A campanha de Morel contra o regime belga foi, ele disse, "um apelo considerando quatro princípios: piedade humana em todo o mundo; honra britânica; responsabilidades imperiais britânicas na África; [e] direitos comerciais internacionais *coincidentes com e inseparáveis das liberdades econômicas e pessoais dos nativos*". É verdade que o Império Britânico não tratou escravos africanos na Jamaica muito melhor no século XVIII. Mas a comparação correta é entre esses outros impérios e o Império Britânico como ele era no século XX. Com base nisso, as diferenças já estavam se manifestando antes mesmo da Primeira Guerra Mundial, e não somente em comparação com o domínio belga.

A revista satírica alemã *Simplicissimus* defendeu a tese de forma divertida em 1904, com uma caricatura contrastando as diferentes potências coloniais. Na colônia alemã, até as girafas e os crocodilos são ensinados a marchar no passo de ganso. Na francesa, as relações entre as raças são íntimas a ponto de serem indecentes. No Congo, os nativos são simplesmente assados sobre uma fogueira e comidos pelo rei Leopoldo. Mas as colônias britânicas são claramente mais complexas do que as outras. Lá, o nativo é obrigado por um comerciante a engolir uísque, espremido em uma prensa até o último centavo por um soldado e forçado a ouvir um sermão de um missionário. Na realidade, as diferenças eram mais profundas – e estavam se aprofundando. Os franceses não se comportavam muito melhor do que os belgas na sua parte do Congo: a diminuição da população era igualmente enorme. Na Argélia, na Nova Caledônia e na Indochina também havia uma política de expropriação sistemática de terra dos nativos que fazia da retórica gaulesa sobre cidadania universal uma piada. A administração ultramarina alemã não era muito mais liberal. Quando os hereros tentaram resistir aos abusos dos colonizadores alemães, em 1904, o tenente-general Lothar von Trotha publicou uma proclamação que declarava que "todo heréro, encontrado com ou sem um rifle, com ou sem gado, será alvejado". Apesar de essa "ordem de aniquilação" (*Vernichtungsbefehl*) ter sido posteriormente revogada, a população heréro foi reduzida de cerca de 80 mil, em 1903, para apenas 20 mil, em 1906. Por isso, Trotha recebeu o *Pour le Mérite*, a mais alta condecoração alemã. O levante Maji Maji, no leste da África em 1907, foi suprimido com igual crueldade.

E as comparações também não devem ficar limitadas às potências da Europa ocidental. O domínio colonial japonês na Coreia – um protetorado a partir de 1905 e uma colônia governada diretamente de Tóquio a partir de 1910 – foi claramente não liberal. Quando centenas de milhares de pessoas foram às ruas manifestar-se a favor da Declaração de Independência de Yi Kwang-su, as autoridades japonesas reagiram brutalmente. Mais de 6 mil coreanos foram mortos, 14 mil foram feridos e 50 mil foram condenados à prisão. Também deveríamos recordar o caráter do domínio russo na Polônia, a Irlanda da Europa central; no Cáucaso, onde se estendeu até Batum, no mar Negro, e Astara, no mar Cáspio; nas províncias do Turquestão e do Turcomenistão na Ásia central; e no Extremo Oriente, onde a nova linha de trem trans-siberiana comunicava as ordens do Tsar até Vladivostok e por fim à Manchúria. É certo que houve semelhanças entre a colonização russa na estepe e a colonização mais ou menos contemporânea das pradarias americanas. Mas houve também diferenças. Em suas colônias europeias, os russos seguiam uma política agressiva de "russificação"; a coerção dos poloneses estava aumentando na época em que os britânicos estavam debatendo o governo local para a Irlanda. Na Ásia central, lidou-se com a resistência à colonização russa sem negociações; uma revolta de muçulmanos em Samarcanda e Semirechie, em 1916, foi reprimida de forma sangrenta e o número de mortos pode ter chegado a centenas de milhares.

No entanto, isso não é nada perto dos crimes dos impérios russo, japonês, alemão e italiano nos anos 1930 e 1940. Quando Churchill se tornou primeiro-ministro, em 1940, as alternativas mais prováveis ao domínio britânico eram a Esfera de Coprosperidade da Grande Ásia Oriental de Hirohito, o Reich de Mil Anos de Hitler e a Nova Roma de Mussolini. E não se pode esquecer a ameaça representada pela União Soviética de Stálin, embora até depois da Segunda Guerra Mundial a maior parte das suas energias estivesse dedicada a aterrorizar os seus próprios súditos. Foi o custo absurdo de combater esses rivais imperiais que acabou arruinando o Império Britânico. Em outras palavras, o Império foi desmantelado não porque tinha oprimido os povos subjugados por séculos, mas porque pegou em armas por apenas alguns anos contra impérios muito mais opressivos. Ele fez a coisa certa, sem se importar com o custo. E é por isso que o perfeito, ainda que relutante, herdeiro do poderio global britânico não foi um dos impérios do mal do leste, mas sim a mais bem-sucedida ex-colônia britânica.

Weltkrieg

Em 1914, Winston Churchill era primeiro *Lord* do Almirantado, o ministro responsável pela maior marinha do mundo. O correspondente de guerra corajoso e arrogante que construíra sua reputação cobrindo o triunfo de Omdurman e as farsas da Guerra dos Bôeres tinha entrado para o Parlamento em 1901 e, depois de um breve período na bancada dos conservadores, tinha cruzado a Câmara e ascendido rapidamente para a linha de frente do Partido Liberal.

Ninguém estava mais agudamente ciente do que Churchill da ameaça à posição britânica como potência mundial representada pela Alemanha. Ninguém estava mais determinado a manter a supremacia naval britânica, sem importar quantos novos navios de batalha os alemães construíssem. Apesar disso, em 1914, como vimos, ele estava confiante: na sua visão, "a rivalidade naval tinha [...] deixado de ser uma causa de atrito com a Alemanha", já que "era certo que nós não poderíamos ser ultrapassados". Nas questões coloniais também parecia haver espaço para um entendimento anglo-alemão, e até para cooperação. Ainda em 1911, a suposição entre os planejadores militares britânicos era de que, no caso de uma guerra europeia, qualquer força expedicionária britânica seria ativada na Ásia central; em outras palavras, eles supunham que o inimigo em uma guerra dessas seria a Rússia. Então, no verão de 1914, uma crise em outro império – na província austro-húngara da Bósnia-Herzegovina – levou, de modo bastante repentino, os impérios britânico e germânico a uma colisão calamitosa.

Como muitos outros estadistas da época, Churchill ficou tentado a explicar a guerra como um tipo de desastre natural:

> [As] nações naqueles dias [eram] organizações prodigiosas de forças [...] que, como corpos planetários, não poderiam se aproximar uns dos outros no espaço sem [...] reações magnéticas profundas. Se chegavam perto demais, os relâmpagos começavam a lampejar, e, além de um determinado ponto, elas poderiam ser completamente atraídas da órbita [...] [em] que estavam, e arrastar uma à outra rumo à colisão.

Na realidade, a Primeira Guerra Mundial aconteceu porque políticos e generais dos dois lados calcularam mal. Os alemães acreditavam (não sem motivo) que os russos estavam ultrapassando-os militarmente, então arriscaram um ataque preventivo antes que a disparidade aumentasse.[2] Os austríacos falharam em ver que pisar a Sérvia, por mais útil que isso pudesse ser em sua guerra contra o terrorismo nos Bálcãs, iria envolvê-los em uma conflagração em toda a Europa. Os russos superestimavam sua própria capacidade militar quase tanto quanto os alemães; também teimavam em ignorar que seu sistema político poderia rachar sob a tensão de uma nova guerra logo depois do fiasco da derrota para o Japão, em 1905. Só os franceses e os belgas não tiveram escolha de verdade. Os alemães os invadiram. Eles tinham que lutar.

Os britânicos também tinham liberdade de errar. Na época, o governo alegou que os alemães haviam desafiado os termos do Tratado de 1839 sobre a neutralidade da Bélgica que todas as grandes potências tinham assinado. Na verdade, a Bélgica era um pretexto útil. Os liberais foram para a guerra por dois motivos: primeiro, porque temiam as consequências de uma vitória da Alemanha sobre a França, imaginando o *Kaiser* como um novo Napoleão, com os dois pés sobre o continente e ameaçando a costa do canal da Mancha. Isso pode ou não ter sido um temor legítimo; mas, se foi, então os liberais não haviam feito o suficiente para dissuadir os alemães, e os conservadores estavam certos em fazer pressão pelo recrutamento obrigatório. O segundo motivo para ir à guerra foi uma questão de política doméstica, não de grande estratégia. Desde o seu triunfo, em 1906, os liberais viram seu apoio eleitoral minguar. Em 1914, o governo de Herbert Asquith estava à beira do colapso. Dado o fracasso da sua política externa em evitar uma guerra europeia, ele e os seus colegas de gabinete deveriam de fato ter renunciado. Mas temiam a volta à oposição. E mais, temiam a volta dos conservadores ao poder. Foram para a guerra em parte para manter os *tories* de fora.

As imagens familiares da Primeira Guerra Mundial são as da "tempestade de aço" no Somme e o inferno lamacento em Passchendaele. Como a guerra começou em Sarajevo e terminou em Versalhes, ainda tendemos a pensar nela como um conflito primariamente europeu. Certamente, o cerne dos objetivos alemães era "eurocêntrico": o principal objetivo era derrotar a Rússia, e o imenso arco através da Bélgica para o norte da França era meramente um meio para esse fim, planejado para proteger a retaguarda da Alemanha nocauteando, ou pelo menos ferindo bastante, a principal aliada do Tsar. Olhando mais de perto, entretanto, a guerra foi um verdadeiro choque global de impérios, comparável em sua abrangência geográfica às guerras dos britânicos contra a França no século XVIII, que tinham acabado cerca de um século antes.

Foram os alemães que primeiro falaram da guerra como *"der Weltkrieg"*, a guerra mundial; os britânicos preferiam "Guerra Europeia" ou, mais tarde, a

"Grande Guerra". Conscientes da própria vulnerabilidade na guerra de duas frentes na Europa, os alemães buscaram globalizar o conflito – e desviar recursos britânicos para fora da Europa –, solapando seu domínio na Índia. O verdadeiro fulcro dessa nova guerra imperial não deveria ser Flandres, mas o caminho para a Índia, o Oriente Médio.

O romance de suspense da época da guerra *Greenmantle,* de John Buchan, é aparentemente um imbróglio inverossímil sobre um plano alemão para subverter o Império Britânico provocando uma guerra santa islâmica. À primeira vista, a história é uma das mais fantasiosas de Buchan:

> "Há um vento seco vindo do leste, e o mato seco espera a fagulha. E esse vento sopra em direção à fronteira com a Índia. De onde você acha que vem esse vento? [...] Você tem uma explicação, Hannay?"
> [...] "Parece que o Islã tinha um papel maior na coisa do que achávamos," eu disse.
> "Você está certo [...] Há um Jehad [sic] se armando. A pergunta é, como?"
> "Raios me partam se eu souber", disse eu, "mas aposto que não vai ser feito por um bando de oficiais alemães [...] usando *pickelhaubes*".
> "Concordo [...] Mas, supondo que eles tivessem alguma sanção religiosa tremenda – alguma coisa sagrada [...] que possa enlouquecer o camponês muçulmano mais remoto com sonhos do Paraíso? E aí, meu amigo?"
> "Então vai haver um inferno à solta naquelas bandas logo, logo."
> "Inferno que pode se espalhar. Além da Pérsia, lembre-se, fica a Índia."

Como o camarada de Hannay, Sandy Arbuthnot, descobre, "a Alemanha poderia engolir os franceses e os russos quando quisesse, mas estava querendo ter todo o Oriente Médio em suas mãos primeiro, de modo a poder sair vencedora com o controle, na prática, sobre metade do mundo". Tudo isso soa perfeitamente absurdo; e a posterior aparição de dois vilões alemães ridiculamente caricatos, o sádico Von Stumm e a *femme fatale* Von Einem, só serve para reforçar o efeito cômico. No entanto, Buchan baseou a sua trama em relatórios de inteligência genuínos, aos quais teve acesso privilegiado.[3] Pesquisas posteriores confirmaram que os alemães realmente tinham por objetivo patrocinar um *Jihad* islâmica contra o imperialismo britânico.

A Turquia era fundamental para a estratégia global dos alemães, especialmente porque a sua capital, Istambul – conhecida então como Constantinopla – abre-se sobre o Bósforo, o estreito canal que separa o Mediterrâneo do mar

Negro e a Europa da Ásia. Na era do poder naval, esse era um dos gargalos estratégicos do mundo, especialmente por ser através do mar Negro que boa parte do comércio da Rússia era realizado. Em tempos de guerra, uma Turquia hostil poderia ameaçar não só o fluxo de suprimentos para a Rússia, mas também as linhas de comunicação imperiais britânicas com a Índia. Por esses motivos, os alemães tinham trabalhado duro para conquistar a Turquia como aliada nos anos anteriores a 1914. O *Kaiser* Guilherme II visitou Constantinopla duas vezes, em 1889 e 1898. Desde 1888, o Deutsche Bank exercia um papel importante no financiamento da chamada Ferrovia Berlim-Bagdá.4 Os alemães também ofereceram sua perícia militar. Entre 1883 e 1896, o general alemão Colmar von der Goltz foi empregado pelo sultão para reformar o exército otomano. Outro alemão, Otto Liman von Sanders, foi nomeado inspetor geral do exército, em 1813.

No dia 30 de julho de 1914, antes mesmo de os turcos finalmente se comprometerem a lutar ao lado dos alemães, o *Kaiser* já estava planejando a próxima manobra nos característicos termos destemperados:

> Nosso cônsules na Turquia, na Índia, agentes [...] precisam incendiar todo o mundo maometano para uma rebelião feroz contra essa nação de lojistas odiosa, mentirosa e sem consciência, pois, mesmo se tivermos que sangrar até morrer, a Inglaterra deve, pelo menos, perder a Índia.

Em novembro de 1914, o sultão turco, o líder espiritual de todos os muçulmanos sunitas, reagiu obedientemente à convocação da Alemanha declarando uma guerra santa contra os britânicos e seus aliados. Dado que pouco menos da metade dos 270 milhões de muçulmanos estavam sob domínio britânico, russo ou francês, isso poderia ter sido um golpe de mestre da estratégia alemã. Exatamente como os alemães esperavam, os britânicos reagiram à ameaça turca desviando homens e material da frente ocidental para a Mesopotâmia (atual Iraque) e para Dardanelos.

O Estado-Maior alemão tinha ido para a guerra sem pensar muito nos britânicos. Em comparação com o enorme exército deles, a força expedicionária britânica enviada para a França era, de fato, como disse o *Kaiser*, "desprezivelmente" pequena. Henry Wilson, o diretor de operações militares a partir de 1910, admitiu francamente que seis divisões eram "cinquenta abaixo do necessário". Contudo, a Alemanha não estava combatendo só o exército britânico, mas a Grande Bretanha, que dominava mais de um quarto do mundo. A reação britânica à declaração de guerra mundial dos alemães foi mobilizar suas forças imperiais em uma escala sem precedentes.

Simbolicamente, os primeiros tiros disparados em terra por soldados britânicos, no dia 12 de agosto de 1914, foram contra a estação de telégrafo sem fio alemã em Kamina, na Togolândia. Logo a luta se espalhou para todas as colônias africanas alemãs (Togolândia, Camarões, sudoeste da África e África Oriental). Apesar de muitas vezes isso ser esquecido, a Primeira Guerra Mundial foi a mais "total" na África que os recursos permitiam que fosse. Na ausência de estradas de ferro extensas e animais de carga confiáveis, havia apenas uma solução para o problema da logística: homens. Mais de 2 milhões de africanos serviram na Primeira Guerra Mundial, quase todos como carregadores de suprimentos, armas e feridos, e, embora longe dos campos de Flandres, esses auxiliares esquecidos passaram por momentos tão infernais quanto os soldados mais expostos da linha de frente na Europa. Não apenas eram subnutridos e sobrecarregados; uma vez removidos de seus lugares usuais, eram tão susceptíveis a doenças quanto seus senhores brancos. Aproximadamente um quinto de todos os africanos que serviram como carregadores morreu, muitos deles da disenteria, que devastava todos os exércitos coloniais nos trópicos. Na África Oriental, 3.156 brancos do serviço britânico morreram no cumprimento do dever; desses, menos de um terço foi vítima da ação inimiga. Mas se os soldados e carregadores negros forem incluídos, o total de baixas sobe para mais de 100 mil.

A justificativa familiar para o domínio branco na África era que ele conferia os benefícios da civilização. A guerra fez dessa reivindicação uma piada. "Atrás de nós, deixamos campos destruídos, celeiros saqueados e, no futuro imediato, fome", escreveu Ludwig Deppe, médico do exército alemão da África Oriental. "Não somos mais agentes de cultura; nosso rastro é marcado por morte, saques e aldeias evacuadas, exatamente como o progresso das nossas tropas e das dos nossos inimigos na Guerra dos Trinta Anos".

A Marinha Real era para ser a chave do poderio mundial britânico. O desempenho dela na guerra foi decepcionante. Revelou-se incapaz de destruir a marinha alemã no mar do Norte; o único encontro aberto entre as frotas de superfície, em Jutland, foi um dos grandes empates da história militar. Em parte, por causa de atraso técnico. Apesar de Churchill ter convertido os navios do carvão para petróleo antes de a guerra começar, os britânicos ficaram atrás dos alemães quanto à precisão da artilharia, principalmente porque o Almirantado tinha se recusado a adotar o sistema de ajuste de alcance conhecido como relógio Argo, que compensava o balanço do navio. Os alemães também gozavam de superioridade nas comunicações sem fio, apesar de costumarem se comunicar "sem código" ou com códigos facilmente decifráveis. A Marinha Real, por seu lado, mantinha-se apegada ao semáforo da era Nelson, impossíveis de ler para os inimigos à distância, mas não muito mais fácil de decifrar para o receptor almejado.

A marinha, porém, conseguiu infligir uma imensa interrupção no comércio marítimo alemão fora do Báltico. A marinha mercante alemã não foi só implacavelmente destruída em questão de meses depois da deflagração da guerra; sob as ordens do Conselho de março de 1915, até os navios de países neutros suspeitos de carregar suprimentos para a Alemanha estavam sujeitos a ser abordados, revistados e, se fosse encontrado contrabando, danificados. Apesar de essas táticas causarem irritação no exterior, a reação alemã de guerra submarina irrestrita causava muito mais, especialmente quando o navio de cruzeiro *Lusitania* foi afundado sem advertência com mais de cem passageiros americanos a bordo. Durante certo tempo, na primavera de 1917, parecia que os ataques irrestritos de submarinos impediriam fatalmente a importação de comida pelos britânicos – no mês de abril, uma entre cada quatro embarcações que partia dos portos britânicos era afundada. Mas a redescoberta do sistema de comboio, familiar ao Almirantado nos dias de Nelson, fez a guerra marítima favorecer mais uma vez os britânicos.

Muito mais impressionante era a capacidade militar do Império Britânico em terra. Um terço dos soldados britânicos convocados durante a Primeira Guerra Mundial era das colônias. As contribuições mais célebres vieram das colônias mais distantes. A nova Zelândia enviou 100 mil homens e mulheres (como enfermeiras) para além-mar, um décimo da população inteira. Bem no início da guerra, Andrew Fisher, o líder do Partido Trabalhista Australiano nascido na Escócia, prometeu "nosso último homem e nosso último xelim em defesa da pátria-mãe". O movimento inicial de voluntários foi impressionante, apesar de ser significativo que uma proporção muito alta de voluntários australianos tivesse nascido na Grã-Bretanha (isso também era verdade para os voluntários canadenses) e o alistamento obrigatório tenha sido, mais tarde, rejeitado em dois referendos. J. D. Burns, de Melbourne, captou o clima de lealdade radiante que tomou conta dessa primeira geração de imigrantes:

Os clarins da Inglaterra soam no mar,
Chamando através dos anos, chamando agora por mim.
Eles me acordaram do sonho, ao nascer do dia,
Os clarins da Inglaterra: como eu poderia ficar?

Embora no começo os comandantes britânicos relutassem em confiar nos soldados coloniais, logo começaram a apreciar suas qualidades. Os australianos, em particular, empatavam com os regimentos das Terras Altas escocesas quando se tratava da ferocidade em batalha: os "*diggers*" eram tão temidos pelo outro lado quanto os "demônios de saia".

O símbolo máximo do esforço de guerra imperial talvez seja o Corpo Imperial de Camelos, formado em 1916. Embora australianos e neozelandeses fossem cerca de três quartos dessa força, também havia soldados de Hong Kong e Cingapura, voluntários da Polícia Montada da Rodésia, um explorador de minas sul-africano que tinha lutado contra os britânicos na Guerra dos Bôeres, um produtor de frutas das Montanhas Rochosas canadenses e um pescador de pérolas de Queensland.

Ainda assim, seria um erro pensar que a contribuição imperial para o esforço de guerra tenha vindo principalmente dos domínios brancos. Quando a guerra estourou, um homem que viria a ser o mais famoso líder político e espiritual da Índia disse aos seus compatriotas: "Nós somos, acima de tudo, cidadãos britânicos do Grande Império Britânico. Lutando como os britânicos estão, neste momento, por uma causa justa, para o bem e para a glória da dignidade humana e da civilização [...] nosso dever é claro: dar o melhor de nós para apoiar os britânicos, lutar com nossa vida e nossas posses". Muitos milhares de indianos compartilhavam os sentimentos de Gandhi. No outono de 1914, cerca de um terço das forças britânicas na França era da Índia; ao fim da guerra, mais de um milhão de indianos haviam servido no exterior, quase tantos quantos os que vieram dos quatro domínios brancos juntos. "A luta é estranha", escreveu o sinaleiro Kartar Singh da frente ocidental para seu irmão. "Em solo, sob o solo, no céu e no mar, em todo lugar. Isso é corretamente chamado de guerra de reis. É o trabalho de homens de grande inteligência." Como isso sugere, os indianos não eram conscritos hesitantes; eles eram, na verdade, todos voluntários, e voluntários entusiasmados, diga-se. Como Kartar Singh explicou:

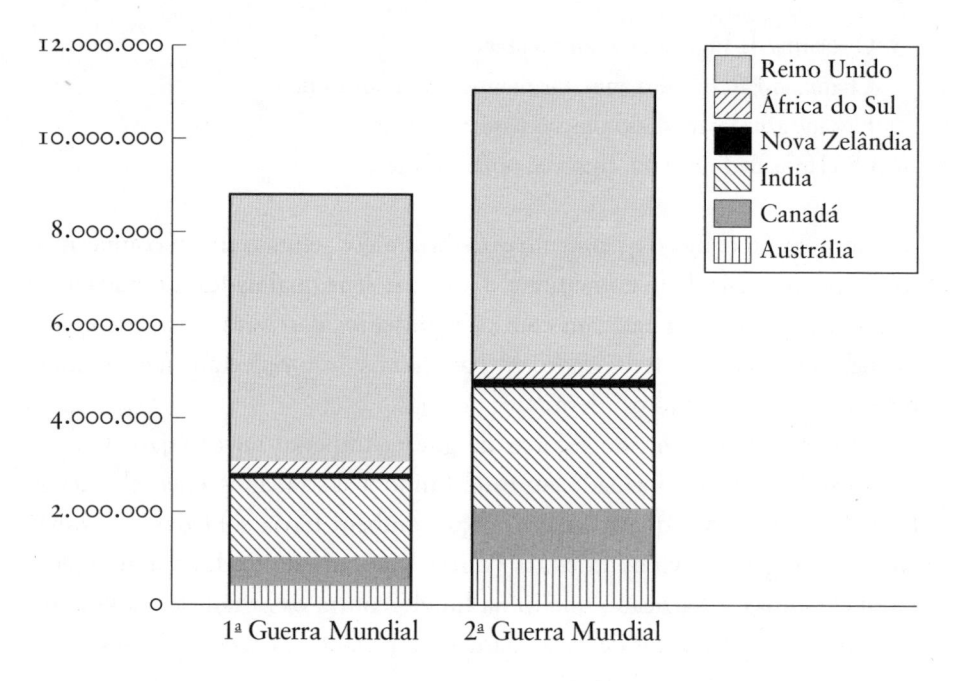

Total de homens mobilizados pelo Império Britânico nas duas Guerras Mundiais

Nunca vamos ter outra chance de exaltar o nome da raça, do país, dos ancestrais, dos pais, das aldeias e dos irmãos, e de provar nossa lealdade ao governo [...] Nunca vai haver uma luta tão acirrada [...] Comida e roupas, tudo é do melhor; não falta nada. Veículos trazem as rações até as trincheiras [...] Vamos cantando enquanto marchamos sem nos importar nada que vamos morrer.

Não eram só meninos das *public schools*, criados à base de Horácio e Moore, que acreditavam que *"dulce et decorum est pro patria mori"*. É verdade que houve três motins de soldados muçulmanos no Iraque, que se recusaram a combater companheiros de religião (mais uma prova de que a trama de *Greenmantle* tinha algum fundamento). Mas eram exceções a uma regra de lealdade e valor visível em toda parte.[5]

Só quando eram maltratados os soldados coloniais questionavam a legitimidade das exigências que o Império lhes fazia. Os homens do Regimento das Índias Ocidentais Britânicas, por exemplo, ressentiu-se do fato de que eram usados principalmente para a tarefa arriscada, mas inglória, de carregar a munição. Para ser direto, os oficiais britânicos tinham pouco respeito por eles; como reclamou um sargento de Trinidad em 1918: "Nós não somos tratados nem como cristãos nem como cidadãos britânicos, mas como 'niggers' das Índias Ocidentais, ninguém se interessa por nós ou toma conta de nós. Em vez nos trazerem para mais perto da Igreja e do Império, somos afastados deles". Contudo, reclamações não muito diferentes podiam ser ouvidas em quase qualquer parte da força expedicionária britânica[6] – uma empreitada completamente multinacional que, diferente de seus pares habsburgos e russos, de alguma forma resistiu, apesar das profundas divisões étnicas e, frequentemente, liderança lamentável.

Frequentemente se diz (especialmente por seus descendentes) que australianos e neozelandeses forneceram os melhores homens que lutaram do lado britânico durante a Primeira Guerra Mundial. Foi em Gallipoli que eles foram postos à prova pela primeira vez.

Houve, em todo caso, duas campanhas em Gallipoli: uma operação naval para passar pelas defesas turcas em Dardanelos e uma operação militar para desembarcar soldados na própria península de Gallipoli. Se tivessem sido unidas adequadamente, poderiam ter sido bem-sucedidas; mas nunca foram. O homem responsável pela parte naval era ninguém menos do que Churchill, e estava confiante de poder nocautear os fortes turcos ao longo do estreito "depois de dois ou três dias de ação intensa". Não foi a última vez em sua longa carreira que ele estava buscando um jeito fácil de vencer uma guerra europeia. Não foi a última vez que o "ponto fraco" do inimigo revelou-se mais forte do que o esperado. Na verdade, o ataque naval em Dardanelos quase funcionou. Duas vezes – nos dias 3 de novembro de 1914 e 19 de fevereiro de 1915 – os fortes turcos foram muito danificados pelos bombardeios aliados. Na segunda ocasião, uma tropa de marinheiros e fuzileiros navais desembarcou com sucesso. Então, houve um atraso desnecessário, seguido por um desastre, no dia 18 de março, quando três navios afundaram como resultado de uma varredura de minas descuidada.

Kitchener decidiu então que a tarefa deveria ser assumida pelo exército. Cinco semanas depois, em uma operação anfíbia parecida com um ensaio final para o dia D na guerra mundial seguinte, 129 mil soldados desembarcaram nas praias em volta da península. Os homens do Corpo do Exército Australiano e Neozelandês – Anzacs, na sigla em inglês – eram só parte de uma imensa força aliada que incluía regulares britânicos e territoriais sem experiência, gurcas e até soldados coloniais franceses do Senegal. A ideia era simples: estabelecer cabeças de ponte na costa e, depois, marchar para a própria Constantinopla, cem milhas a nordeste. Churchill (sempre adepto de cassinos) admitiu privadamente que era o "maior lance" que ele jamais tinha jogado. Uma aposta que custou, no final, mais de um quarto de milhão de baixas aliadas.

Ao raiar do dia 25 de abril, os australianos e os neozelandeses vadearam até uma praia em forma de meia-lua no lado oeste da península conhecida desde então como enseada Anzac. Provavelmente por causa das fortes correntes, eles desembarcaram cerca de 1,5 quilômetro mais ao norte do que deviam. Entretanto, os turcos – entre eles o futuro presidente Mustafa Kemal – foram rápidos em chegar ao local e logo os soldados que desembarcavam ficaram sob uma saraiva letal de tiros de rifle e metralha.* Quinhentos anzacs morreram só no primeiro dia; 2500 foram feridos. Embora haja evidências de que alguns soldados entraram em pânico assim que se viram sob fogo, o verdadeiro problema foi simplesmente o terreno, pois a enseada Anzac é cercada por uma parede natural de pedra marrom macia coberta só por arbustos. Os homens na praia, embaixo, eram alvo fácil para os atiradores turcos. Ao subir o morro hoje, ainda é possível ver as linhas das trincheiras: as dos anzacs, apressadamente cavadas na terra queimada de sol, as dos turcos, cuidadosamente preparadas segundo especificações alemãs.

Entre os australianos da infantaria havia dois irmãos, Alex e Sam Weingott, de Annandale, um subúrbio de Sydney, filhos de um bem-sucedido fabricante de roupas judeu que havia fugido da perseguição na Polônia russa para construir uma vida nova no Império Britânico. Alex, o mais velho, foi morto em uma semana, mas Sam sobreviveu ao massacre inicial. O diário que ele escreveu não é, de forma alguma, uma grande obra de literatura de guerra, mas transmite claramente a intensidade da luta na enseada Anzac: a proximidade do inimigo, o efeito letal da metralha e a assustadora brevidade da vida na linha de frente.

Domingo, 25 de abril
Cheguei à península de Gallipoli às cinco da manhã quando os encouraçados abriram fogo pesado contra o inimigo. Embate com os turcos do meio-dia do

---

* Metralha é um tipo de munição de canhão para combate a curta distância que, quando explode, espalha fragmentos de metal em uma área ampla. (N. T.)

domingo até o raiar do dia da segunda. Cotovelo esfolado por causa dos estilhaços. Muitas baixas entre os nossos companheiros.

Segunda, 26 de abril
[...] embates com o inimigo o dia inteiro. Os canhões deles causaram um estrago terrível. A grande maioria dos camaradas parece aniquilada.

Sexta, 30 de abril
[...] o fogo pesado continuou ao longo do dia. Atiradores ainda continuam firmes e acertam muitos camaradas na praia. Um indiano levou uma e ela arrancou a cabeça dele.

Quarta, 5 de maio
Fui para a linha de tiro às 7 e saí à uma da tarde. Foram momentos alegres com o inimigo e eu mesmo dei perto de 250 tiros. Os inimigos fazem muitos estragos com a metralha e eu quase fui atingido pela cápsula de uma granada. Fogo pesado com metralha continua ao longo do dia. Os turcos têm um bom alcance. Fui para as trincheiras às duas da manhã. Aguentei firme o tempo todo. Corpos de mortos fora da trincheira começam a cheirar.

Segunda, 17 de maio
O inimigo mantém o fogo pesado e a mira é bem precisa. Parceiro meu foi morto com um tiro no coração enquanto dormia [...] Granada explode na nossa trincheira, matando ou ferindo gravemente o capitão Hill.

Terça, 18 de maio
Turcos nos dão um mau bocado. Levanta toneladas de terra. Visões horríveis. Homens aos pedaços ao meu lado. Mais de cinquenta granadas lançadas. Grande efeito moral sobre os soldados. Muitos se descontrolam. Trincheiras explodidas. Trabalho a noite inteira para consertá-las.

Sábado, 29 de maio
Bombardeio tremendo pelas armas inimigas começando às três da manhã. Eles atiram de perto fazendo grande estrago nas nossas trincheiras. Uma granada explodiu na minha frente e, ainda que não ferido, fiquei nocauteado por alguns minutos. Meu rifle ficou irreconhecível de tão retorcido. Dispensado pelo resto do dia.

Terça, 1º de junho
Artilharia se manteve ocupada. Engenheiros explodiram um pedaço das trincheiras inimigas [...] Morteiros fizeram um belo estrago durante a noite. Promovido a cabo encarregado de uma seção e me sinto muito orgulhoso.

Quarta, 2 de junho
Ouvi por alto o tenente Lloyd dizer que eu daria um bom sargento, pois eu não estava nada amedrontado. Artilharia do inimigo bem ocupada.

Essa foi uma das últimas anotações de Sam Weingott em seu diário. Três dias depois, levou um tiro no estômago. Morreu em um navio hospital poucas horas depois de ter sido retirado.

Apesar de uma tentativa de romper a linha inimiga em agosto, os anzacs simplesmente não conseguiam superar a tenaz defesa turca do terreno elevado. E era quase a mesma história onde quer que as forças aliadas atacassem. Ataques frontais de infantaria eram simplesmente suicidas se os artilheiros da marinha não conseguissem anular a artilharia e as metralhadoras turcas. O impasse logo ficou obviamente tão completo quanto o da frente ocidental – "guerra de trincheiras horrorosa", como a chamou o desafortunado comandante-em-chefe britânico, *Sir* Ian Hamilton –, ao passo que os problemas de abastecimento e saneamento eram muitos piores. Em meio a recriminações cáusticas, todos negando responsabilidade, Churchill pediu mais tempo. No dia 21 de maio, ele escreveu para Asquith: "Deixe-me ficar ou cair por causa de Dardanelos, mas não tire das minhas mãos". Asquith respondeu asperamente: "Você deve considerar decidido que não vai permanecer no Almirantado". Encostado no ducado de Lancaster, a carreira política de Churchill parecia estar no fim. Sua mulher, Clementine, achava que ele "nunca iria superar Dardanelos"; durante algum tempo, parecia até que ia "morrer de desgosto".[7]

A memória folclórica de Gallipoli é a dos corajosos *diggers* levados à morte pelos afetados e incompetentes oficiais *pom*.* É uma caricatura, embora tenha um grão de verdade. O problema real foi que o Império Britânico escolheu o que achava ser um despotismo oriental defunto para provocar, e perdeu. Bem

---

* *Digger* designa militares australianos e neozelandeses. *Pom*, na Austrália, designa, um tanto pejorativamente, ingleses. (N. T.)

treinados por seus aliados alemães, os turcos foram mais rápidos em aprender as novas técnicas de guerra de trincheira. E o moral deles também era excelente, uma combinação de nacionalismo "jovem turco" e fervor islâmico. Hasan Ethem era um soldado do 57º regimento da 19ª Divisão de Kemal. No dia 17 de abril de 1915, ele escreveu para sua mãe:

> Meu Deus, tudo o que esses soldados heróicos querem é apresentar Teu nome aos franceses e ingleses. Por favor, aceite esse nosso desejo honroso e torne as nossas baionetas mais afiadas, para que possamos destruir nosso inimigo. Você já destruiu um grande número deles, então, destrua mais alguns. Depois de rezar assim, eu me levantei. Ninguém poderia ser considerado mais sortudo ou feliz do que eu, depois disso.
> Se Deus quiser, o inimigo vai desembarcar e nós vamos ser levados para as linhas de frente, então a cerimônia de casamento [a união do mártir com Alá] vai acontecer, não vai?

Como nos motins dos soldados indianos no Iraque, o fervor dos soldados turcos em Gallipoli sugeria que a estratégia alemã de guerra santa poderia estar funcionando.

Em todo lugar em que foi tentado, o ataque frontal ao poderio turco fracassou. Apesar do sucesso inicial da tomada de Basra e do avanço pelo Tigre rumo a Bagdá, a invasão da Mesopotâmia pelo exército indiano acabou em desastre quando o exército do general Charles Townshend de 9 mil homens – dois terços deles indianos – ficou cinco meses sitiado em Kut el Amara. Apesar de tentativas de resgate, Townshend foi forçado a se render.[8] Contudo, os britânicos não demoraram a inventar uma nova estratégia para o Oriente Médio depois dessas debacles. Ela surgiu de uma forma quase tão fantástica quanto o plano alemão de *jihad* islâmica contra o Império Britânico. A ideia era incitar uma revolta das tribos árabes do deserto contra o governo turco, sob a liderança do xerife de Meca, Hussein ibn Ali. O homem que acabou se identificando mais de perto com essa nova estratégia foi um excêntrico historiador de Oxford transformado em agente secreto – um arqueólogo, linguista, cartógrafo hábil e um guerrilheiro intuitivo, mas também um homossexual masoquista que ansiava pela fama, só para, depois, desprezá-la quando ela veio. Esse era T. E. Lawrence, filho ilegítimo de um baronete irlandês e sua babá; um orientalista exuberante que adorava usar trajes árabes, um homem que não fazia segredo (ou ele só sonhou?) de ter sido estuprado por guardas turcos quando foi brevemente feito prisioneiro em Dera'a. Sua afinidade com os árabes viria a se mostrar inestimável.

O objetivo de Lawrence era destruir o império otomano por dentro, incitando o nacionalismo árabe como uma nova e poderosa força que ele acreditava poder ser um trunfo contra a guerra santa patrocinada pelos alemães. Durante séculos, o domínio turco sobre os desertos arenosos da Arábia desagradou e, esporadicamente, foi desafiado pelas tribos nômades da região. Ao adotar a língua e o vestuário delas, Lawrence começou a tornar seu descontentamento em vantagem britânica. Como oficial de ligação com o filho de Hussein, Faiçal, desde julho de 1916, ele se opunha veementemente à mobilização de soldados britânicos no Hejaz. Os árabes tinham que sentir que estavam lutando pela própria liberdade, argumentava Lawrence, não pelo privilégio de serem dominados pelos britânicos em vez dos turcos. Sua ambição, escreveu ele, era

> que os árabes fossem o nosso primeiro domínio marrom, e não a nossa última colônia marrom. Os árabes reagem contra você se você tenta conduzi-los, e eles são tão tenazes quanto os judeus; mas você pode levá-los para qualquer lugar sem usar a força, se nominalmente de braços dados. O futuro da Mesopotâmia é tão imenso que, se for cordialmente nosso, podemos mover todo o Oriente Médio com ele.

Funcionou. Com o apoio de Lawrence, os árabes travaram uma guerra de guerrilhas altamente eficaz contra as comunicações turcas ao longo da estrada de ferro do Hejaz, de Medina a Aqaba. No outono de 1917, estavam fazendo incursões exploratórias contra as defesas turcas na Síria, quando o exército do general Edmund Allenby marchou do Sinai em direção à própria Jerusalém. No dia 9 de dezembro, Allenby convidou Lawrence para juntar-se a ele quando, com a devida humildade, entrou na Cidade Sagrada a pé pelo antigo Portão de Jaffa ("Como poderia ser de outra forma, *onde Ele havia andado antes?*"). Foi um momento sublime. Depois de três longos anos de reveses militares, ali estava finalmente uma vitória decente com todos os apetrechos desejados: ataques da cavalaria, inimigos em fuga e um jovem e vistoso herói na vanguarda. Para aqueles com inclinações românticas, o fato de que Jerusalém estava em mãos cristãs lembrava as Cruzadas – mesmo com a história na cantina dos oficiais de que a rendição da cidade tinha sido inicialmente aceita por um cozinheiro *cockney*, que tinha acordado cedo para procurar ovos para o café da manhã.⁹

No fim do verão de 1918, estava claro que a estratégia do *Kaiser* de guerra global havia dado errado. No fim, não era tanto *Greenmantle* que fosse ficção; era à estratégia alemã que faltava realismo. Assim como o plano de enviar 50 mil soldados turcos para mobilizar os cossacos de Kuban sob um oficial austríaco que por acaso era irmão do metropolita de Halyc, ou a tentativa igualmente maluca do etnógrafo Leo Frobenius para convencer Lij Yasu, o imperador da Abissínia, a *Weltkrieg* era simplesmente impraticável. Os alemães precisavam de homens como Lawrence, camaleões humanos com capacidade de penetrar em culturas não europeias. Mas produzir tais homens requer séculos de engajamento com o Oriente. Típica do amadorismo dos alemães no ultramar foi a expedição deles até o emir do Afeganistão, cujos quinze membros viajaram via Constantinopla com cópias de um atlas mundial vitoriano e disfarçados como um circo mambembe. Não é de se espantar que o *jihad* antibritânico não tenha feito mais do que fortalecer temporariamente a determinação turca; não é de espantar que o nacionalismo árabe tenha provado ser a força mais poderosa.

A Primeira Guerra Mundial foi uma conflagração verdadeiramente global. No final, porém, foi decidida na Europa ocidental. Os austríacos venceram a guerra que tinham desejado, contra a Sérvia. Os alemães também venceram a guerra que tinham desejado, contra a Rússia. Também derrotaram a Romênia. Por outro lado, os britânicos e os franceses conseguiram derrotar o império otomano, sem contar a Bulgária. Até mesmo os italianos, no final, derrotaram a Áustria. Nada disso foi decisivo. O único caminho para acabar com a guerra ficava em Flandres e na França. Lá, os alemães fizeram uma última tentativa de vitória, na primavera de 1918, mas, quando essas ofensivas foram minguando, a derrota foi inevitável e o moral do exército alemão – tão resistente até aquele momento – começou finalmente a esmorecer. Ao mesmo tempo, a força expedicionária britânica, tendo passado quatro sangrentos anos tentando entender a arte da guerra de massas em terra, finalmente subiu a sua curva de aprendizado. Com a volta da mobilidade na frente ocidental, a coordenação adequada da infantaria, da artilharia e do poderio aéreo foi finalmente conseguida. Em maio e junho de 1918, menos de 3 mil prisioneiros alemães tinham sido capturados pelas forças britânicas.

Em julho, agosto e setembro, o número disparou para mais de 90 mil. No dia 29 de setembro, o alto comando alemão, temendo uma derrota total, pediu um armistício, deixando o trabalho sujo de negociar a rendição para os até então impotentes parlamentares alemães.

Em parte por esse motivo, muitos alemães não conseguiram entender por que tinham perdido a guerra. Buscaram a responsabilidade dentro da Alemanha, jogando a culpa uns nos outros (os militares incompetentes ou os criminosos de novembro, conforme o gosto). A realidade era que a derrota alemã tinha sido exógena, não endógena: foi o resultado inevitável de tentar lutar um conflito global sem ser uma potência global. Considerando a enorme diferença entre os recursos dos dois impérios, o único enigma real é que tenha demorado tanto tempo para o Império Britânico ganhar.

Em Versalhes, onde foi realizada a conferência de paz, falou-se muito, por inspiração do presidente americano Woodrow Wilson, de uma nova ordem internacional baseada em autodeterminação e segurança coletiva. Entretanto, depois que tudo foi traçado e assinado, parecia só uma outra versão da velha história familiar: ao vencedor, o espólio. Como disse o historiador H. A. L. Fisher, os tratados de paz embrulhavam "a crueza da conquista" no "véu da moralidade".

Apesar das promessas de Lawrence aos árabes durante a guerra, ficou combinado dar ao Iraque, à Transjordânia e à Palestina o *status* de "mandatos" britânicos – o eufemismo para colônias –, enquanto a França ficou com a Síria e o Líbano.[10] As ex-colônias alemãs Togolândia, Camarões e África Oriental foram acrescentadas às possessões britânicas na África. Além disso, o sudoeste da África foi para a África do Sul, Samoa ocidental para a Nova Zelândia e a Nova Guiné do norte, junto com o arquipélago Bismarck e as ilhas Salomão do norte, para a Austrália. Nauru, rica em fosfato, foi dividida entre os dois domínios australasianos e a Grã-Bretanha. Assim, agora até as colônias tinham colônias. Ao todo, cerca de 4,6 milhões de quilômetros quadrados foram somados ao Império, e cerca de 13 milhões de novos súditos; como observou o ministro das Relações Exteriores, Arthur Balfour, complacentemente, o mapa do mundo tinha "mais vermelho ainda". O secretário de Estado para a Índia, Edwin Montagu, comentou de forma seca que queria ouvir alguns argumentos contra os britânicos anexarem o mundo inteiro. Um ano mais tarde, como se fosse uma demonstração da tese, o secretário colonial, Leo Amery, reivindicou a posse de toda a Antártica.

Ao se aliar aos turcos, os alemães transformaram o Oriente Médio em palco da guerra. O resultado foi entregar o Oriente Médio para os britânicos. Já antes da guerra, Aden, Egito, Sudão, Chipre, Somalilândia do Norte, os Estados da Trégua assim como Muscat, Oman, Kuwait e Qatar já haviam sido trazidos direta ou indiretamente para a esfera de influência britânica. Agora os mandatos haviam sido acrescidos sem, como disse um funcionário, "a pantomima oficial conhecida como 'declarar um protetorado'". Além disso, a influência britânica sobre a monarquia Pahlavi, na Pérsia, estava crescendo, graças ao fato de os britânicos serem acionistas majoritários da Companhia de Petróleo Anglo-Persa (depois British Petroleum). Como diz um memorando de 1922 do Almirantado: "Do ponto de vista estratégico, o essencial é que a Grã-Bretanha controle os territórios em que o petróleo está situado". Embora nessa época o Oriente Médio respondesse por apenas 5% da produção mundial, os britânicos estavam construindo um império com o futuro em mente.

E esses prêmios territoriais nem foram considerados suficientes. Em 1914, a Alemanha tinha sido o principal rival dos britânicos no mar. A guerra, o armistício e o tratado de paz entre eles aniquilou a Alemanha como potência marítima. Os britânicos pegaram tudo o que puderam da Alemanha, tanto da marinha de guerra quanto da marinha mercante. Apesar do fato de os alemães terem preferido afundar a primeira em Scapa Flow a entregá-la, o resultado foi uma preponderância naval espantosa. Contando apenas os Dreadnoughts e os modelos subsequentes, os britânicos tinham 42 navios principais no mar, contra um total de 44 para o resto do mundo. Os Estados Unidos eram os segundos, com apenas dezesseis.

É sabido que, em Versalhes, tomou-se a decisão de responsabilizar a Alemanha pelos custos não só dos estragos da guerra, mas também das pensões de guerra e das pensões pagas às famílias dos soldados que lutaram no exterior; daí a imensa escala da conta da reparação apresentada em seguida. É menos conhecido – porque mais tarde os britânicos tentaram culpar os franceses – que isso foi feito, em grande medida, por insistência do primeiro-ministro australiano, William M. Hughes, que percebeu que seu país não ganharia nada se uma definição estrita de reparação fosse adotada. Um bombástico galês que tinha emigrado para a Austrália com vinte e poucos anos, Hughes levou para o processo de paz todo o refinamento da região litorânea de Sydney, onde ele adquiriu seu traquejo político como organizador sindical. O *Kaiser*, ele declarou, podia ter liderado a Alemanha,

> mas ela seguiu não só sem objeções, mas de boa vontade. Sobre os ombros de todas as classes e setores repousa a culpa. Eles estavam inebriados com a paixão bestial, com a esperança de conquistar o mundo – *junker*, comerciante e trabalhador, todos esperavam dividir o butim. Sobre a nação alemã, portanto, repousa a responsabilidade pela guerra, e ela precisa pagar a pena por seu crime.

A expressão mais viva da atmosfera triunfalista do pós-guerra talvez seja o grandioso mural alegórico de Sigismund Goetze, *Britannia Pacifatrix*, encomendado pelo Ministério do Exterior e terminado em 1921. Britânia está de pé, resplandecente, com capacete romano e manto vermelho, ladeada à esquerda por quatro bem proporcionadas figuras parecidas, tipo Adônis, representando os quatro domínios brancos, e à direita por seus aliados um tanto mais exóticos França, Estados Unidos e (um dia a fonte da estranha forma de governo republicano deles) a Grécia. Aos pés de Britânia, os filhos do inimigo vencido se prostram, arrependidos. Quase invisíveis, abaixo dos joelhos dos grandes deuses brancos, há um pequeno menino negro carregando uma cesta de frutas – presumivelmente para representar a contribuição da África para a vitória.

Todavia, havia um lado ilusório na vitoriosa paz de Britânia. É verdade que o Império nunca havia sido maior. Mas o custo da vitória também não, comparado ao qual, o valor econômico desses novos territórios era desprezível, se é que não era negativo. Nenhuma potência beligerante gastou tanto com a guerra quanto a Grã-Bretanha, cuja despesa somou pouco menos de 10 bilhões de libras. Era um preço muito alto para pagar até por 2,5 milhões de quilômetros quadrados, especialmente porque eles custavam mais para governar do que geravam em receita. O custo de administrar o Iraque, para dar só um exemplo, chegou, em 1921, a 23 milhões de libras, mais do que todo o orçamento de saúde do Reino Unido.

Antes de 1914, os benefícios do Império pareciam, para a maioria das pessoas, pareciam superar os custos. Depois da guerra, os custos repentinamente, irremediavelmente, superaram os benefícios.

Dúvidas

Durante a maior parte do século XX, as torres gêmeas de concreto do estádio de Wembley foram o símbolo arquitetônico supremo do futebol inglês, lar da final da Copa da Associação de Futebol. Originalmente, porém, elas foram construídas como um símbolo do imperialismo britânico.

A Exposição do Império Britânico foi inaugurada pelo rei Jorge V em 23 de abril de 1924. Foi planejada para ser uma celebração popular das realizações globais da Grã-Bretanha, uma afirmação de que o Império tinha mais do que só um passado glorioso, tinha um futuro também, e, particularmente, um futuro econômico. O guia oficial era bastante explícito quanto ao propósito da exposição; era

> Encontrar, no desenvolvimento e utilização das matérias-primas do Império, novas fontes de riqueza imperial. Promover o comércio intraimperial e abrir novos mercados mundiais para os produtos dos domínios e da Grã-Bretanha. Fazer as diferentes raças do Império Britânico conhecerem melhor umas às outras, e demonstrar para as pessoas na Grã-Bretanha as possibilidades quase ilimitadas dos domínios, colônias e dependências unidos.

Para marcar a ocasião, as ruas suburbanas sem graça foram rebatizadas por Rudyard Kipling com os nomes de heróis imperiais, como Drake. Mas o tom do evento foi dado pelo estádio em si. O fato de ser feito de concreto e ser medonho era, em si, uma afirmação ousada de modernidade. A abertura da exposição foi também a ocasião da primeira transmissão de rádio do rei.

Segundo um indicador, foi um grande sucesso. Mais de 27 milhões de pessoas afluíram ao local de duzentos acres; de fato, a exposição fez tanto sucesso que precisou ser reaberta em 1925. No próprio Dia do Império, mais de 90 mil pessoas lotaram o estádio para um serviço de Ação de Graças – não tantas quanto as que foram assistir ao Bolton Wanderers jogar contra o West Ham no ano anterior (127 mil), mas, de qualquer forma, um bom comparecimento. Os visitantes podiam se maravilhar com uma estátua equestre do príncipe de Gales inteiramente feita de manteiga canadense. Podiam testemunhar as Guerras Zulus, que foram espetacularmente encenadas dentro do estádio. Podiam ir de pavilhão em pavilhão sobre um trem chamado, de forma um tanto esperançosa, de "Trem Sem Parada". Para onde quer que se olhasse, havia exemplos tangíveis da vitalidade do Império – acima de tudo, da sua vitalidade econômica.

A ironia foi que, apesar de um subsídio de 2,2 milhões de libras do governo, a exposição deu um prejuízo de mais de 1,5 milhão, em evidente contraste com as rentáveis exibições pré-1914. Na verdade, nesse aspecto houve quem visse paralelos preocupantes entre a Exposição do Império e o próprio Império. Mais preocupante, talvez, foi a exposição virar uma espécie de piada nacional. Em uma história para o *Saturday Evening Post*, P. G. Wodehouse mandou a sua mais famosa criação, Bertie Wooster, visitar Wembley com seu amigo Biffy. Preocupados como estavam com as dificuldades do último com uma garota, os dois logo se cansaram das atrações dignas, porém sem graça:

> Na hora em que tínhamos cambaleado para fora da Costa do Ouro e esforçávamo-nos rumo ao Palácio do Maquinário, tudo colaborava para que eu executasse rapidamente uma escapadela na direção do bastante agradável Bar do Plantador, na seção das Índias Ocidentais [...] Nunca estive nas Índias Ocidentais, mas estou em posição de afirmar que, quanto a certos fundamentos da vida, eles estão ruas à frente da nossa civilização europeia. O homem atrás do balcão, o cara mais prestativo que já conheci, parecia adivinhar os nossos pedidos no momento em que aparecemos. Mal nossos cotovelos haviam tocado a madeira, ele já estava saltitando para lá e para cá, trazendo uma garrafa a cada saltitada. Um plantador, aparentemente, não considera que tomou alguma bebida se ela não contiver pelo menos sete ingredientes, e não estou dizendo, veja bem, que ele não está certo.
> O homem atrás do balcão nos disse que as coisas se chamam Green Swizzles; e, se um dia eu me casar e tiver um filho, Green Swizzle Wooster é o nome que vai para o registro, em memória do dia em que a vida do seu pai foi salva em Wembley.

Billy Bunter, do *Magnet*, foi outro visitante, assim como Noël Coward ("Trouxe você aqui para ver as maravilhas do Império, e tudo o que você quer fazer é ir para a pista dos carrinhos de bate-bate"). Na *Punch*, a caricatura de H. M. Bateman perguntava simplesmente: "Do you wemble?".*

Antes dos anos 1920, os britânicos haviam sido muito bons em não *wemble* – em levar o seu Império a sério. Isso por si só era uma fonte importante de força imperial. Muitos feitos heróicos foram realizados simples-

---

* Trocadilho intraduzível entre o nome do parque de exposições de Wembley e o verbo *wemble*, estar enjoado, ter ânsia de vômito. (N. T.)

mente porque era o que se esperava que um homem branco no comando fizesse. Como superintendente assistente em Birmânia, nos anos 1920, George Orwell se viu tendo que atirar em um elefante descontrolado "só para não parecer um idiota":

> Eu não estava pensando particularmente na minha própria pele, somente nas faces amarelas atentas atrás de mim. Naquele momento, com a multidão me observando, não fiquei com medo no sentido comum, como teria ficado se estivesse sozinho. Um branco não deve nunca ficar assustado na frente dos "nativos"; e, assim, em geral, ele não fica assustado. O único pensamento na minha cabeça era, que se alguma coisa desse errado, aqueles dois mil birmaneses me veriam perseguido, alcançado, pisoteado e reduzido a um cadáver sorridente como aquele indiano em cima da colina. E se isso acontecesse era bem provável que alguns deles iriam rir. Isso não podia acontecer de jeito nenhum.

Eric Blair, como era conhecido então, não poderia estar mais preparado para a sua tarefa. Ele nasceu em Bengala, filho de um funcionário público do Departamento do Ópio, e foi educado em Eton. Mesmo assim, achava difícil fazer o papel de policial mundial e ficar sério.

Orwell estava longe de ser o único. Em todo o Império, uma geração estava silenciosamente falhando. Leonard Woolf, marido da romancista Virginia Woolf, tinha entrado para o serviço civil do Ceilão em 1904, e foi enviado para governar 2.500 quilômetros quadrados no interior do país. Ele se demitiu antes mesmo da guerra, convencido de que era "um absurdo um povo de uma civilização e com um modo de vida tentar impor seu domínio sobre uma civilização inteiramente diferente com outro modo de vida". O máximo que um administrador imperial podia ter esperança de fazer, concluiu ele, era

> evitar que as pessoas matassem ou roubassem umas às outras, queimassem o campo, tivessem cólera ou varíola, e, se conseguir uma noite de sono a cada três, pode se dar por contente [...] Lá [...] as coisas acontecem devagar, inexoravelmente pelo destino, e você – você não faz coisas, você assiste junto com os 300 milhões.

Quando era jovem, Francis Younghusband atravessou o deserto de Gobi, testemunhou a Incursão Jameson e, em 1904, liderou a primeira expedição britânica para a corte do Dalai Lama em Lhasa. Em 1923, porém, tinha se convertido à ideia do amor livre e começou a chamar a si mesmo de Svabhava, "um seguidor do Raio"; quatro anos depois, produziu um livro chamado *Vida nas estrelas: uma exposição da opinião de que em alguns planetas de algumas estrelas existem seres mais elevados do que nós, e, em um, um líder--mundial, a suprema encarnação do espírito eterno que anima o todo*. Erskine Childers é lembrado hoje pelo seu romance de suspense alarmista *O Enigma das Areias*. No entanto, esse veterano da Guerra dos Bôeres contrabandeou armas da Alemanha para os Voluntários Irlandeses, em 1914, atuou como secretário da delegação irlandesa nas negociações do tratado de 1921 e, por fim, enfrentou um pelotão de fuzilamento por ficar do lado dos extremistas republicanos na Guerra Civil Irlandesa.

Um caso especialmente estranho foi o de Harry St John Bridger Philby. Filho de um plantador de café do Ceilão, Philby era outro homem com todos os ingredientes de um herói imperial do *Boy's Own Paper*: bolsista do rei em Westminster, um excelente First em Trinity, em Cambridge, uma vaga no Serviço Civil Indiano. Os feitos de Philby no Oriente Médio durante e depois da Primeira Guerra Mundial foram obscurecidos apenas pelos de Lawrence. Mesmo assim, ao apoiar obsessivamente as reivindicações de Ibn Saud à supremacia na Arábia pós-otomana, Philby foi contra a linha oficial de Whitehall, que era apoiar o indicado de Lawrence, o rei Hussein. Em 1921, Philby se demitiu do serviço do governo quando estava para ser despedido. Em 1930, tinha se convertido ao Islã e passado a cuidar assiduamente dos interesses de Ibn Saud, que havia então deposto Hussein. O auge da deserção de Philby foi a sua bem-sucedida negociação do vital tratado de 1933 entre os sauditas e a Standard Oil, que assegurou a posterior predominância dos americanos sobre os britânicos nos campos de petróleo árabes. Seu filho, o espião soviético Kim Philby, mais tarde recordou que, sob a influência de seu pai, ele era um "pequeno anti-imperialista sem Deus" antes mesmo de chegar à adolescência. A perda da fé no Império muitas vezes andava de mãos dadas com a perda da fé em Deus.

Até o próprio Lawrence, o herói da Guerra do Deserto, entrou em colapso. Transformado em celebridade pelo empresário americano Lowell Thomas, cujo filme *Com Allenby na Palestina* estreou no Covent Garden, em agosto de 1919, Lawrence fugiu dos holofotes, primeiro para All Souls e depois, de forma mais obscura, para uma base da RAF em Uxbridge, onde adotou o pseudônimo Ross. Tendo sido dispensado da força aérea, ele se alistou no

Corpo de Tanques com o nome Shaw, em honra do seu novo e mais improvável mentor, o excêntrico dramaturgo George Bernard Shaw. Para evitar a agitação provocada pela publicação da versão abreviada de *Sete pilares da sabedoria*, Lawrence realistou-se na RAF e foi lotado em Karachi, antes de se aposentar em Dorset. Ele morreu em um acidente de motocicleta sem sentido, em 1935.

Se heróis como esses tinham dúvidas, não é de admirar que os que tinham pouca experiência do Império também tivessem. E. M. Forster tinha viajado para a Índia apenas brevemente quando aceitou o emprego de secretário particular do marajá de Dewas, em 1921. A experiência inspirou *Passagem para a Índia* (1924), que talvez seja a mais influente acusação literária aos britânicos na Índia, em que jovens pedantes dizem coisas como "não estamos aqui com o propósito de nos comportarmos de forma agradável" e moças pudicas reclamam que "estão sempre olhando para as luzes do chão do palco". Apesar de seu conhecimento ter sido adquirido por mero turismo, Somerset Maugham se deliciava com as fendas na fachada de autoridade, como no episódio de "A porta da oportunidade", em que um único ato de covardia em um lugar distante custa a um homem tanto sua carreira quanto sua esposa. Eis a questão-chave: "Então, você percebe que [...] expôs o governo ao ridículo [...] [e] transformou-se em motivo de piada em toda a colônia [?]". Outro turista literário, Evelyn Waugh, fez uma coisa ainda mais prejudicial para os britânicos na África com *Malícia negra* (1932): ele os ridicularizou, do inescrupuloso aventureiro Basil Seal ao imperador Seth, educado em Oxford. No *Daily Express* (cuja interferência nos assuntos coloniais inspiraram o posterior *Furo*, de Waugh), a coluna de J. B. Morton, "Beachcomber", retratava um desfile de personagens imperiais ainda mais ridículos: "Big White Carstairs", o Residente de Jaboola, e M'babwa de M'Gonkawiwi. Mas talvez nada tenha captado melhor a nova e infame imagem do Império do que o personagem de cartum de David Low, coronel Blimp. Estereótipo de um coronel colonial ultrapassado – gordo, careca, irascível e irrelevante –, Blimp personificava tudo o que a geração do entreguerras desprezava no Império. Low posteriormente resumiu a *persona* do seu personagem em termos reveladores:

> Blimp não era nenhum entusiasta da democracia. Não tinha paciência com as pessoas comuns e suas reclamações. Sua solução para a instabilidade social era menos estudo, para as pessoas não poderem ler sobre problemas. Isolacionista

radical, não gostava de estrangeiros (o que incluía judeus, irlandeses, escoceses, galeses, e pessoas das colônias e dos domínios); um homem da violência, que aprovava a guerra. Não via utilidade para a Liga das Nações nem de esforços internacionais para evitar guerras. Em particular, era contra qualquer reorganização econômica dos recursos mundiais envolvendo mudanças no *status quo*.

Imperceptivelmente, até o arqui-imperialista estava se transformando em um *Little Englander*.

O curioso sobre esse ataque coletivo de dúvida foi que a elite imperial tradicional era quem mais parecia ser suscetível a ele. As opiniões populares sobre o Império continuavam positivas, graças especialmente ao novo e logo ubíquo meio de comunicação de massa, o cinema. O Império – e um grande número de cinemas se chamavam eles mesmos "O Império" – era um assunto que naturalmente dava bilheteria. Tinha ação; tinha locações exóticas; com um pouco de imaginação podia até ter romance heterossexual também. Não surpreende que o cinema britânico tenha produzido filmes sobre assuntos imperiais, como *O tambor* (1938) e *As quatro Plumas* (1939), um filme tão poderoso que até o *New York Times* chamou-o de "uma sinfonia imperialista". Mais surpreendente foi o entusiasmo pelos temas imperiais que se manifestou nos anos 1930 em Hollywood, que, em um espaço de apenas quatro anos, produziu não só o clássico *Lanceiros da Índia* (1935), mas também *Clive da Índia* (1935), *O sol nunca se põe*, *Gunga Din* e *Stanley e Livingstone* (todos de 1939). Contudo, de certa forma esse era o Império dos incultos. Apenas um ano depois, John Buchan escreveria melancólico: "Hoje, a palavra [Império] está tristemente manchada [...] [identificada] com coisas feias como telhados de ferro ondulado e aldeias rústicas, ou, pior ainda, com arrogância racial insensível [...] Frases que continham uma palavra de idealismo e poesia foram estragadas pelo uso em versos ruins e perorações depois do jantar".

A crise de confiança no Império que se alastrava tinha raízes no preço paralisante que os britânicos tinham pago para vencer a Alemanha na Primeira Guerra Mundial. A taxa de mortalidade só das Ilhas Britânicas foi de cerca de três quartos de milhão, um a cada dezesseis homens adultos entre quinze e cinquenta anos. O custo econômico era mais difícil de calcular. Escrevendo em 1919, John Maynard Keynes refletiu saudoso sobre "esse episódio extraordinário no progresso econômico do homem [...] que terminou em agosto de 1914":

Para [...] as classes média e alta [...] a vida oferecia, a preço baixo e sem o menor problema, conveniências, confortos e amenidades além do alcance dos monarcas mais ricos e poderosos de outras eras. Um habitante de Londres podia encomendar por telefone, bebericando o chá da manhã na cama, os vários produtos do mundo inteiro na quantidade que julgasse necessária, e racionalmente esperar que eles lhe seriam entregues logo à porta de sua casa; ele poderia no mesmo instante e pelos mesmos meios arriscar sua riqueza em recursos naturais e novos empreendimentos em qualquer lugar do mundo, e partilhar, sem qualquer esforço ou contratempo, de seus frutos e vantagens futuros [...]

Agora, depois da queda, mostrou-se extremamente difícil refazer os fundamentos da era de globalização pré-guerra. Mesmo antes da guerra, os primeiros passos para reduzir a liberdade de movimento do trabalho tinham sido dados, mas, depois, as restrições proliferaram e se tornaram mais rigorosas, praticamente sufocando o fluxo de novos migrantes para os Estados Unidos nos anos 1930. Antes da guerra, as tarifas vinham aumentando em todo o mundo, mas elas tinham sido planejadas mais para aumentar a receita; nos anos 1920 e 1930, as barreiras contra o livre comércio foram inspiradas em visões de autossuficiência.

A maior de todas as mudanças econômicas provocadas pela guerra foi no mercado internacional de capitais. Superficialmente, ele voltou ao normal nos anos 1920. O padrão ouro foi generalizadamente restaurado e os controles sobre a movimentação de capital da época da guerra foram suspensos. A Grã-Bretanha retomou seu papel de banqueiro do mundo, apesar de os Estados Unidos estarem investindo quase a mesma coisa no exterior.[11] Mas a grande máquina que um dia tinha funcionado tão suavemente agora chacoalhava e emperrava. Um motivo para isso foi a criação de novas dívidas enormes como resultado da guerra: não só a dívida das reparações alemãs, mas todo o complexo de dívidas que os aliados vitoriosos deviam uns aos outros. Outro foi o fracasso dos bancos centrais americano e francês em seguir as "regras do jogo" do padrão ouro, já que amealharam escasso ouro em suas reservas. O principal problema, porém, era que a política econômica – um dia baseada nos princípios liberais clássicos de que os orçamentos deviam ser equilibrados e as notas conversíveis em ouro – estava agora sujeita às pressões da política democrática. Os investidores não podiam mais ter confiança de que governos já endividados teriam disposição para cortar gastos e aumentar impostos; nem podiam ter certeza de que, no caso de uma evasão de ouro, as taxas de juros seriam aumentadas para manter a convertibilidade, independentemente do arrocho doméstico que isso implicasse.

A Grã-Bretanha, a maior beneficiária da primeira era de globalização, provavelmente não ganharia muito com o seu fim. Nos anos 1920, as velhas e comprovadas políticas pareciam não funcionar mais. Pagar pela guerra tinha levado a um aumento de dez vezes a dívida nacional. Só pagar os juros dessa dívida consumia perto de metade dos gastos do governo central em meados da década de 1920. A premissa de que o orçamento devia ficar equilibrado assim mesmo – e, idealmente, ter um *superavit* – significou que as finanças públicas foram dominadas por transferências dos pagadores de imposto para portadores de títulos do governo. A decisão de voltar para o padrão ouro com a taxa de câmbio de 1914, naquele momento supervalorizada, condenou os britânicos a mais de uma década de política de deflação. O poder dos sindicatos aumentado durante e depois da guerra não só intensificou o conflito na indústria – expresso da forma mais visível na greve geral de 1926 –, mas também significou que os cortes de salário ficavam atrás dos cortes de preços. Elevar os salários reais levou ao desemprego: no nadir da Depressão, em janeiro de 1932, quase 3 milhões de pessoas, perto de um quarto de todos os trabalhadores segurados, estavam sem emprego.

Ainda assim, o que é significativo sobre a Depressão na Grã-Bretanha não é ela ter sido tão severa, mas sim que, comparada ao impacto nos Estados Unidos e na Alemanha, tenha sido tão branda. Isso não teve nada a ver com a revolução keynesiana na teoria econômica: embora *Teoria geral* de Keynes defendesse a administração da demanda pelo governo – em outras palavras, o uso de *deficits* de orçamento para estimular uma economia em depressão –, isso só foi posto em prática muito mais tarde. O que gerou a recuperação foi uma redefinição da economia do Império. Os britânicos tinham voltado para o ouro à taxa antiga em parte por medo de que os domínios mudariam para o dólar se a libra fosse desvalorizada. Em 1931, ficou claro que a libra poderia ser desvalorizada e que os domínios seguiriam sem problemas. Da noite para o dia, o bloco esterlino se tornou o maior sistema de taxas de câmbio fixas do mundo, mas um sistema libertado de sua ancoragem em ouro. Houve também uma mudança radical na política comercial. O eleitorado britânico já tinha rejeitado duas vezes o protecionismo nas urnas. Mas o que parecia impensável nos bons tempos passou a ser visto como indispensável na crise generalizada. E exatamente como Joseph Chamberlain esperara, a "preferência imperial" – tarifas preferenciais para produtos coloniais, adotada em 1932 – impulsionou o comércio dentro do Império. Nos anos 1930, a participação das exportações britânicas para o Império subiu de 44% para 48%; a participação das importações vindas dele subiu de 30% para 39%. Assim, apesar de os laços políticos entre a Grã-Bretanha e os seus domínios terem sido afrouxados pelo Estatuto de Westminster (1931), os laços econômicos se estreitaram.[12]

A mensagem da Exposição de Wembley não tinha sido tão equivocada: ainda havia realmente dinheiro no Império. E essa mensagem era enviada incessantemente por organizações como o Conselho de Mercado do Império (estabelecido por Leo Amery para defender a preferência imperial subliminarmente). Só em 1930, houve mais de duzentas "Semanas de Compras do Império" em 65 cidades britânicas diferentes. Por sugestão do Conselho, o chefe de cozinha do rei forneceu sua própria receita cuidadosamente elaborada para um "Pudim de Natal do Império":

1 lb de passas brancas (Austrália)

1 lb de passas escuras (Austrália)

1 lb de passas de Corinto sem caroço (África do Sul)

6 onças de maçã picada (Canadá)

1 lb de migalhas de pão (Reino Unido)

1 lb de banha (Nova Zelândia)

6 onças de casca cristalizada picada (África do Sul)

8 onças de farinha (Reino Unido)

4 ovos (Estado Livre Irlandês)

½ onça de canela em pó (Ceilão)

½ onça de cravo moído (Zanzibar)

½ onça de noz-moscada moída (Colônias dos Estreitos)

1 pitada de especiarias (Índia)

1 colher de sopa de conhaque (Chipre)

2 colheres de sopa de rum (Jamaica)

1 caneca de cerveja (Inglaterra)

A composição dessa deliciosa mistura transmitia uma mensagem não ambígua. Com o Império, haveria bolo de Natal. Sem ele, seriam apenas migalhas de pão, farinha e cerveja. Ou, como disse Orwell, a Grã-Bretanha sem o

Império seria só uma "pequena ilha gelada sem importância onde todos nós teríamos que trabalhar muito e viver basicamente de arenque e batatas".

A ironia era que, apesar de o Império estar se tornando economicamente mais importante, a sua defesa afundava inexoravelmente na lista das prioridades políticas. Sob pressão dos eleitores para honrar as promessas da época da guerra de construir "casas dignas de heróis", sem falar em hospitais e escolas secundárias, os políticos britânicos primeiro negligenciaram, depois simplesmente esqueceram a defesa do Império. Nos dez anos até 1932, o orçamento da defesa foi cortado em mais de um terço – em uma época em que os gastos militares da Itália e da França subiram, respectivamente, 60% e 55%. Em uma reunião do Gabinete de Guerra, em agosto de 1919, uma regra conveniente tinha sido adotada:

> Deveria ser pressuposto, para enquadrar as estimativas revistas, que o Império Britânico não vai se envolver em nenhuma guerra importante durante os próximos dez anos, e que não é necessária nenhuma força expedicionária para esse propósito [...] A principal função do exército e das forças aéreas é fornecer guarnições para a Índia, o Egito, o novo território sob mandato e todo território (que não governe a si mesmo) sob controle britânico, assim como fornecer apoio necessário ao poder civil internamente.

Todo ano, até 1932, a "Regra dos Dez Anos" foi renovada, e todo ano novos gastos eram adiados. O raciocínio era simples e direto: como ministro da Economia em 1934, o filho de Joseph Chamberlain, Neville,[13] admitiu: "Era impossível para nós pensar em uma guerra simultânea contra o Japão e a Alemanha; simplesmente não tínhamos recursos para pagar a despesa envolvida". Como chefe do Estado-Maior Imperial, o "pensamento único" do general *Sir* Archibald Montgomery-Massingberd entre 1928 e 1940 era "adiar a guerra – não olhar para a frente".

Em 1918, os britânicos tinham ganhado a guerra na frente ocidental graças a um enorme feito de modernização militar. Nos anos 1920, quase tudo o que tinha sido aprendido foi esquecido em nome da economia. A triste realidade era que, apesar da vitória e do território que ela tinha trazido, a Primeira Guerra Mundial tinha deixado o Império mais vulnerável do que nunca. A guerra tinha agido como uma sementeira de uma série de novas tecnologias militares – tanque, submarino e avião armado. Para garantir o seu futuro pós-guerra, o Império precisava investir em todos eles. E não fez nada no gênero. Os britânicos se orgulhavam da "linha vermelha" de serviços aéreos civis ligando Gibraltar ao Bahrein e continuando depois até Karachi, mas praticamente nada foi feito para aumentar as defesas aéreas do Império. Nos feiras de aviação de Hendon, nos anos 1920, uma atração importante era o bombardeio encenado de aldeias "nativas"; mas isso era uma questão do alcance da capacidade da Força Aérea Real. Em 1927, o general *Sir* R. G. Egerton argumentou ardorosamente contra substituir os cavalos por veículos blindados na cavalaria pela intrigante razão de que "o cavalo tem um efeito humanizador sobre os homens". Apesar do apoio de Churchill aos tanques e carros blindados (ou talvez por causa disso), a decisão de motorizar os regimentos da cavalaria só foi tomada em 1937. Para os responsáveis por equipar a cavalaria, parecia ser mais importante desenhar uma lança curta do tipo usado na Índia para caçar javalis. Quando a Grã-Bretanha foi de novo para a guerra, em 1939, a maioria das suas armas de campo ainda era do modelo de 1905, com metade do alcance das suas equivalentes alemãs.

Os políticos escaparam por um tempo porque as principais ameaças à estabilidade do Império pareciam vir mais de dentro do que de fora.

Na segunda feira da Páscoa de 1916, ao meio-dia, cerca de mil nacionalistas radicais irlandeses liderados pelo poeta Patrick Pearse e pelo socialista James Connolly marcharam para Dublin e ocuparam prédios públicos selecionados, notadamente a enorme Agência Geral do Correio, onde Pearse proclamou a república independente. Depois de três dias de luta acirrada, mas inútil, em que a artilharia britânica infligiu danos consideráveis ao centro da cidade, os rebeldes se renderam. Isso foi claramente um ato de traição – os rebeldes, de fato, pediram e receberam armas alemãs – e a reação britânica inicial foi dura: os líderes da conspiração foram rapidamente executados. (Connolly, já morrendo, precisou ser apoiado em uma cadeira para ser fuzilado.) Depois da guerra, o governo estava querendo usar ex-soldados, o notório Black and Tans, para tentar eliminar o republicanismo militante, agora algo mais parecido com um movimento de massas por trás da bandeira do Sinn Fein e seu braço armado, o Exército Republicano Irlandês. Mas, como viria a acontecer com frequência nesse período, os britânicos não tiveram estômago para a repressão. Quando os Black and Tans abriram fogo contra a multidão em uma partida de futebol gaélico no Croke Park, houve quase tanto repúdio na Inglaterra quanto na Irlanda. Em 1921, com as perdas britânicas chegando perto de 1.400, a vontade de lutar tinha desaparecido e um acordo de paz foi arranjado às pressas. A Irlanda já tinha sido dividida no ano anterior entre o norte predominantemente protestante (seis condados) e o sul católico (os 26 restantes). A única realização de Lloyd George foi manter as duas partes dentro do Império. Mas, fora o estardalhaço em volta dos juramentos à Coroa e o *status* de domínio, o "Estado Livre" do sul já estava a meio caminho para a independência como república (o que finalmente iria conseguir em 1948).

Várias vezes, no período entre guerras, esse foi um padrão que se repetiu. Uma pequena insurreição, uma resposta militar severa seguida de um colapso da autoconfiança britânica, gente torcendo as mãos, reconsiderações, uma concessão confusa, outra concessão. Mas a Irlanda foi o caso exemplar. Ao deixar sua primeira colônia se dividir, os britânicos mandaram um sinal para todo o Império.

Embora se fale muito menos sobre isso, a Índia fez uma contribuição maior para a guerra imperial do que a Austrália, tanto em termos financeiros quanto em combatentes. Os nomes de mais de 60 mil soldados indianos mortos em campos estrangeiros, da Palestina a Passchendaele, estão inscritos no enorme arco do Portão da Índia em Nova Délhi. Em troca desse sacrifício, e talvez também para garantir que quaisquer agrados dos alemães para os indianos fossem ignorados, Montagu prometeu, em 1917, o que ele chamou de "aquisição progressiva do governo responsável" na Índia. Essa foi uma daquelas frases que prometem muito, mas deixam a data de entrega em aberto – e possivelmente muito distante. Para os membros mais radicais do Congresso Nacional Indiano, assim como para os grupos terroristas mais radicais de Bengala, o ritmo da reforma era intoleravelmente lento. É verdade que agora os indianos tinham pelo menos um certo grau de representação para si mesmos. A Assembleia Legislativa Central em Délhi tinha até a aparência de uma miniatura da Câmara dos Comuns, inclusive com os assentos de couro verde. Mas era representação sem poder. A decisão do governo de estender as restrições à liberdade política da época da guerra por mais três anos (que davam poder de fazer buscas sem mandato, deter sem acusação e julgar sem um júri) pareciam confirmar que as promessas de governo responsável eram vazias. Os indianos olharam para a Irlanda e chegaram à conclusão óbvia. Não adiantava nada ficar só esperando que o governo local fosse concedido.

Os britânicos tinham larga experiência em lidar com protestos violentos na Índia. Mas o pequenino Mohandas Karamchand Gandhi – o Mahatma para seus seguidores, um "faquir insurgente" para Churchill – era algo de novo: advogado formado na Inglaterra, veterano condecorado da Guerra dos Bôeres,[14] um homem cujo poema favorito era "Se", de Kipling, e ainda assim, a julgar pela sua constituição magra e sua tanga, um religioso. Para protestar contra a extensão das restrições da época da guerra, Gandhi instou os indianos a se armar de *satyagraha*, que se traduz aproximadamente por "força de alma". Era um apelo deliberadamente religioso a fazer resistência passiva, não violenta. Mesmo assim, os britânicos ficaram desconfiados. A ideia de Gandhi de um *hartal*, um dia nacional de "autopurificação", soou para eles como só uma palavra criativa para greve geral. Eles resolveram enfrentar a "força de alma" com o que o tenente-governador do Punjab, *Sir* Michael O'Dwyer, chamou de "força de punho".

Na primavera de 1919, apesar dos apelos de Gandhi (ainda que frequentemente em seu nome), a resistência indiana passou de passiva a ativa. A violência detonou quando uma multidão tentou impor o *hartal* na estação ferroviária de Délhi no dia 30 de março. Três homens foram mortos quando os soldados abriram fogo. O confronto mais famoso, porém, foi em Amritsar, no Punjab, quando um homem tentou parar o que ele viu como uma reprise incipiente do Motim Indiano. Em Amritsar, como em outros lugares, as pessoas tinham reagido à convocação de Gandhi. No dia 30 de março, uma multidão de 30 mil pessoas se reuniu em uma demonstração de "resistência passiva". No dia 6 de abril, houve outro *hartal*. A situação ainda era pacífica nesse estágio, mas suficientemente tensa para dois dos líderes nacionalistas locais serem presos e deportados. Quando a notícia da prisão deles se espalhou, a violência irrompeu. Tiros foram dados, bancos atacados, as linhas de telefone cortadas. No dia 11 de abril, uma missionária da Igreja da Inglaterra chamada Manuella Sherwood foi derrubada da sua bicicleta e apanhou da multidão até ficar inconsciente. Nesse momento, os civis entregaram o poder para os soldados. Naquela noite, o general-de-brigada Rex Dyer chegou para assumir o comando.

Fumante compulsivo, pugilista de pavio curto, Dyer não era famoso pela sutileza da sua maneira de abordar distúrbios sociais. Na Academia Militar, foi descrito como "mais feliz do que nunca quando rasteijava sobre uma paliçada birmanesa com um revólver na boca". Agora, no entanto, estava com 54 anos e doente, com dores constantes por causa de ferimentos de guerra e contusões de montaria. O humor dele estava trovejante. Ao chegar, recebeu instruções que afirmavam claramente: "Nenhuma concentração de pessoas nem procissões de qualquer espécie serão permitidos. Todas as concentrações serão alvejadas". No dia seguinte, ele emitiu uma proclamação proibindo formalmente "todas as concentrações e reuniões". Quando, em 13 de abril, uma multidão de 20 mil pessoas se aglomerou no Jallianwalla Bagh num desafio a essas ordens, ele não hesitou. Levou dois carros blindados e cinquenta soldados gurca e balúchi para o local e, assim que os posicionou em volta da multidão, deu ordem para abrir fogo. Não houve advertência prévia e a multidão não tinha nenhuma chance de se dispersar, já que o terreno de dois hectares do local do encontro era cercado por muros dos quatro lados e havia apenas uma entrada estreita. Em dez minutos de fogo contínuo, 379 manifestantes foram mortos e mais de 1.500 feridos. Depois disso, Dyer ordenou açoitamentos públicos de suspeitos de casta elevada. Todo indiano que passasse pela rua em que Manuella Sherwood havia sido atacada era forçado a rastejar de barriga.[15]

Exatamente como na Irlanda, a linha dura inicialmente teve apoio. O'Dwyer endossou a ação de Dyer. Seus oficiais superiores rapidamente encontraram um novo trabalho para ele no Afeganistão. Alguns sikhs locais até o nomearam Sikh Honorário em uma cerimônia no Templo Dourado, igualando-o ao "Nikalseyan Sahib" (John Nicholson, o herói legendário do Motim de 1857). Na metrópole, o *Morning Post* abriu um fundo de solidariedade para Dyer, coletando mais de 26 mil libras de doadores, entre eles Rudyard Kipling. Mais uma vez, porém, a atmosfera mudou rapidamente de autossatisfação moral para remorso. A destruição de Dyer começou quando dois advogados que apoiavam o Congresso conseguiram intimá-lo a depor num inquérito para responder por suas ações. Sua admissão descarada de que pretendera "espalhar terror em todo o Punjab" fez o teto cair sobre a sua cabeça. No Parlamento, Montagu perguntou inflamado aos que apoiavam Dyer: "Vocês vão manter o controle sobre a Índia com terrorismo, humilhação racial, e subordinação, e amedrontamento [...]?". Menos previsível foi a denúncia de Churchill do massacre "monstruoso". Foi

> sem precedentes ou paralelos na história moderna do Império Britânico. É um acontecimento de uma ordem inteiramente diferente de todas essas ocorrências trágicas que têm lugar quando soldados são levados a entrar em colisão com a população civil. É um evento extraordinário, um evento monstruoso, um evento que está em isolamento singular e sinistro.

Insistindo que atirar em civis desarmados "não era o modo britânico de fazer as coisas", Churchill acusou Dyer de solapar o domínio da Grã-Bretanha na Índia, ao invés de salvá-lo. Era simplesmente "o mais terrível de todos os espetáculos: a força da civilização, sem a sua misericórdia". Dyer foi rapidamente afastado do exército. Apesar de nunca ter sido processado, sua carreira acabou.

A Índia era a Irlanda, mas em uma escala enorme; e Amritsar foi o Levante da Páscoa da Índia, criando mártires nacionalistas de um lado e uma crise de autoconfiança do outro. Em ambos os países, os nacionalistas tinham começado pacificamente, pedindo governo local, transferência de poder dentro do Império. Em ambos os casos foi preciso violência para fazer os britânicos concordar. E em ambos os casos a reação dos britânicos à violência foi esquizofrênica: dura na base, mas, depois, mole no topo. Se, como disse Gandhi, Amritsar tinha "abalado a fundação" do Império, então o primeiro tremor viera de Dublin, três anos antes. De fato, os indianos vinham aprendendo com a experiência irlandesa havia algum tempo. Quando o jovem Jawaharlal Nehru visitou Dublin, achou o Sinn Fein "um movimento muito interessante [...] A política deles não é implorar favores, mas arrancá-los". Quando o visionário hindu Bal Gangadhar Tilak quis protestar contra a divisão de Bengala, ele adotou a tática irlandesa do boicote. De fato, uma irlandesa foi eleita para a presidência do Congresso, em dezembro de 1918: Annie Besant, uma teosofista meio maluca, que achava que seu filho adotivo era "o veículo do professor do mundo" e via "Governo Local" como a resposta para a Questão Indiana.

O mais importante, porém, não foram os tremores nacionalistas em si; foi o fato de que eles fizeram o Império balançar. Nos séculos anteriores, os britânicos não tinham tido nenhum escrúpulo em atirar para matar em defesa do Império. Isso começou a mudar depois de Morant Bay. Na época de Amritsar, a determinação implacável exibida antes por gente como Clive, Nicholson e Kitchener parecia ter se esvanecido completamente.

Ainda assim, em meio a toda essa ansiedade de entreguerras, havia um homem que continuava a acreditar no Império Britânico. Aos seus olhos, os britânicos eram "um povo admiravelmente educado" que havia "trabalhado por trezentos anos para garantir para si o domínio do mundo por dois séculos". Eles tinham "aprendido a arte de ser senhores, e de segurar as rédeas com tanta leveza, além disso, que os nativos não percebem o freio". Até o filme favorito dele, *Lanceiros da Índia*, tinha um tema imperial.

Em *Mein Kampf* e em seus posteriores monólogos à mesa do jantar, Adolf Hitler expressou repetidas vezes sua admiração pelo imperialismo britânico. O que a Alemanha precisava fazer, argumentava, era aprender com o exemplo dos britânicos. "A riqueza da Grã-Bretanha", declarou ele, "é resultado [...] da exploração capitalista de trezentos e cinquenta milhões de escravos indianos". Era precisamente isso o que Hitler mais admirava: a opressão efetiva de uma raça "inferior". E havia um lugar óbvio onde a Alemanha podia tentar fazer o mesmo. "O que a Índia foi para a Inglaterra", explicou, "os territórios da Rússia serão para nós". Se Hitler tinha alguma crítica aos britânicos, era meramente que eles eram autocríticos demais e lenientes demais com seus povos subjugados:

> Há ingleses que se culpam por ter governado mal o país. Por quê? Porque os indianos não mostram estusiasmo com o seu domínio. Eu afirmo que os ingleses governaram a Índia muito bem, mas que o erro deles é esperar entusiasmo do povo que administram.

Como ele explicou ao ministro das Relações Exteriores britânico, *Lord Halifax*, em 1937, a forma de lidar com o nacionalismo indiano era simples: "Mate Gandhi, e, se isso não bastar para reduzi-los à submissão, mate uma dúzia de líderes do Congresso; e, se isso não bastar, mate duzentos, e assim por diante até a ordem ser estabelecida".

Hitler não tinha dúvida de que eram impérios rivais, não nacionalismo nativo, que representavam o verdadeiro desafio ao domínio britânico. "A Inglaterra vai perder a Índia", argumentou ele em *Mein Kampf*, "se sua própria maquinaria administrativa se tornar vítima da decomposição racial [...] ou porque vai levar a pior pela espada de um inimigo poderoso. Os agitadores indianos, todavia, nunca vão conseguir isso [...] Se os ingleses devolverem a liberdade à Índia, dentro de vinte anos a Índia vai ter perdido sua liberdade de novo". Ele também foi de uma franqueza de desarmar ao admitir que sua versão de imperialismo seria muito pior do que a versão britânica:

> Por mais infelizes que os habitantes da Índia vivam sob os britânicos, eles certamente não vão ficar em melhor situação se os britânicos se forem [...] Se eu

tomasse a Índia, os indianos certamente não ficariam entusiasmados, e eles não demorariam para ter saudade dos velhos bons tempos do domínio britânico.

Hitler negava, no entanto, qualquer desejo de "tomar" a Índia. Pelo contrário, como disse em *Mein Kampf*: "Eu, como homem de sangue germânico, preferiria, apesar de tudo, ver a Índia sob domínio britânico do que sob qualquer outro". Ele insistia que não desejava causar a destruição do Império Britânico, um ato que (como ele colocou em outubro de 1941) "não traria qualquer benefício para a Alemanha [...] [mas] beneficiaria apenas o Japão, os Estados Unidos, e outros". O Império, disse ele a Mussolini em junho de 1940, era "um importante fator de equilíbrio para o mundo".

Foi exatamente essa anglofilia que representou, talvez, a mais grave ameaça ao Império Britânico: a ameaça da tentação diabólica. Em 28 de abril de 1939, Hitler fez um discurso no Reichstag que merece ser citado extensamente:

> Durante toda a minha atividade política eu sempre expus a ideia de amizade e colaboração entre a Alemanha e a Inglaterra [...] Esse desejo de amizade e cooperação anglo-germânica se conforma não meramente com sentimentos que resultam das origens raciais dos nossos dois povos, mas também com minha percepção da importância para toda a humanidade da existência do Império Britânico. Nunca deixei margem a qualquer dúvida sobre minha crença de que a existência desse império é um fator de valor inestimável para toda a vida cultural e econômica humana. Quaisquer que tenham sido os meios com que os britânicos conquistaram seus territórios coloniais – e sei que foram os da força e, muitas vezes, da brutalidade –, mesmo assim, sei muito bem que nenhum outro império jamais veio a existir de qualquer outra forma, e que em última instância não são tanto os métodos que são levados em conta pela história como sucesso, e não o sucesso dos métodos em si, mas sim o bem geral que os métodos produzem. Ora, não há dúvida de que os anglo-saxões realizaram um trabalho de colonização imensurável no mundo. Por esse trabalho tenho uma admiração sincera. O pensamento de destruir esse esforço pareceu-me e ainda me parece, visto de um ponto de vista humano mais elevado, como nada mais do que a vazão de destrutividade humana sem peias.

Então ele chega ao ponto:

No entanto, esse meu respeito sincero por essa realização não significa deixar de garantir a vida do meu próprio povo. Considero impossível estabelecer uma amizade duradoura entre a Alemanha e os povos anglo-saxões se o outro lado não reconhecer que existem interesses alemães, tanto quanto interesses britânicos, que não só a preservação do Império Britânico é o sentido e o propósito da vida dos britânicos, mas que também para os alemães a liberdade e a preservação do Reich Alemão é o propósito de suas vidas.

Esse foi o preâmbulo cuidadosamente calculado para uma última tentativa de evitar a guerra com a Grã-Bretanha, fazendo um acordo de coexistência: os britânicos poderiam manter seu Império ultramarino se dessem a Hitler licença para formar um império alemão na Europa central e oriental. Em 25 de junho de 1940, Hitler telefonou a Goebbels para detalhar exatamente como deveria ser esse acordo:

O *Führer* [...] acredita que o Império [Britânico] deve ser preservado, se possível. Pois, se ele ruir, nós não o herdaremos, mas potências estrangeiras e até hostis vão tomá-lo. Se a Inglaterra ficar inflexível, porém, então ela deve ser posta de joelhos. O *Führer*, porém, estaria disposto à paz nos seguintes termos: Inglaterra fora da Europa, colônias e mandatos devolvidos. Reparações pelo que foi roubado de nós depois da Guerra Mundial [...]

Era uma ideia que Hitler retomava repetidamente. Em janeiro de 1942, ainda estava convencido de que "os ingleses têm duas possibilidades: abrir mão da Europa e garantir o Oriente, ou vice-versa".

Sabemos que havia alguns elementos no Gabinete de Guerra que teriam ficado – e ficaram – tentados por essa "paz" baseada em entregar o continente ao nazismo. O próprio Halifax tinha abordado o embaixador italiano, em 25 de maio, para oferecer subornos coloniais (talvez Gibraltar, talvez Malta) em troca de Mussolini ficar fora da guerra e mediar uma conferência de paz. Chamberlain admitiu privadamente que, se acreditasse "que poderíamos comprar a paz e um acordo duradouro entregando Tanganica para os alemães", então "não hesitaria nem por um instante". Churchill, porém, para seu eterno crédito, enxergou através das adulações de Hitler. Três dias depois, falando ao gabinete todo, não só o apaziguador Gabinete de Guerra, Churchill insistiu que "era perder tempo achar que, se tentarmos fazer a paz agora, vamos conseguir condições melhores do que se lutarmos. Os alemães exigiriam a nossa frota – o que seria chamado desarmamento –, nossas bases navais e muito mais. Nós nos tornaríamos um estado escravo...". Era bem isso. As ofertas de Hitler de coexistência pacífica com o Império Britânico não eram totalmente insinceras. Senão, por que se referir à "Inglaterra" como uma "antagonista inspirada pelo ódio", como fez no seu famoso encontro com os chefes do serviço alemão em 5 de novembro de 1937? Nessa ocasião, Hitler falou sobre o Império Britânico num tom muito diferente, prevendo abertamente sua dissolução iminente. Isso era o que Hitler realmente achava do Império, que era "insustentável [...] do ponto de vista da política de poder". Os planos dos alemães para uma frota atlântica e um império colonial africano diziam a mesma coisa.

Não obstante, Churchill não estava desafiando só Hitler; estava, em certa medida, desafiando também as chances militares. É certo que a Marinha Real ainda era muito maior do que a alemã, desde que os alemães não pusessem as mãos na marinha francesa também. É certo que a Força Aérea Real tinha uma vantagem suficiente sobre a Luftwaffe para ter uma chance razoável de ganhar a batalha da Grã-Bretanha.[16] Mas os 225 mil soldados que foram evacuados de Dunquerque (junto com 120 mil franceses) deixaram para trás não somente 11 mil mortos e 40 mil companheiros capturados, mas também quase todo o seu equipamento. Em comparação com as divisões de *panzers* dos alemães, os britânicos praticamente não tinham tanques. Além de tudo, com a França vencida e a Rússia do lado de Hitler, a Grã-Bretanha estava sozinha.

Estava mesmo? A peroração do discurso de Churchill para os Comuns em 4 de junho de 1940 é lembrada mais por suas promessas de lutar "nas praias [...] nos campos e nas ruas" e assim por diante. Mas era a conclusão que realmente importava:

> não nos renderemos, e mesmo se, o que não acredito nem por um momento, esta ilha ou uma grande parte dela for subjugada e estiver morrendo de fome, então nosso Império além-mar, armado e protegido pela esquadra britânica, continuará a luta, até, quando Deus quiser, o novo mundo, com todo o seu poder e força, dará um passo à frente para resgatar e libertar o velho.

A Europa havia sido perdida. Mas o Império continuava. E isso foi conseguido sem mais negociações com "Aquele Homem".

De Senhores a Escravos

Em dezembro de 1937, a cidade chinesa de Nanquim, caiu diante de tropas imperiais. Com ordens explícitas para "matar todos os prisioneiros", o exército saiu do controle. Entre 260 mil e 300 mil não combatentes foram mortos, cerca de 80 mil mulheres chinesas foram estupradas e, em cenas de tortura grotescas, os prisioneiros foram pendurados pela língua em ganchos para carne e dados como comida para cães famintos. Os soldados imperiais competiam em torneios de matar prisioneiros; um oficial desafiou o outro a ver quem seria o primeiro a despachar cem prisioneiros de guerra chineses. Algumas das vítimas foram esfaqueadas, algumas mortas a baioneta, algumas a tiros, algumas cobertas de gasolina e queimadas até a morte. A destruição deixou metade da cidade em ruínas. "As mulheres foram as que mais sofreram", recordou um veterano da 114ª Divisão. "Não importa quão velha ou jovem, elas todas não puderam escapar do destino de ser estupradas. Nós mandávamos nossos caminhões de carvão [...] para as ruas da cidade e das aldeias para apanhar um lote de mulheres. E depois cada uma delas era entregue a quinze, vinte soldados para sexo e abuso". "Estaria tudo certo se nós apenas as estuprássemos", um de seus companheiros confessou. "Eu não deveria dizer tudo certo. Mas nós sempre as esfaqueávamos e matávamos. Porque cadáveres não falam." Por um bom motivo, aquilo é chamado de o Estupro de Nanquim.

Isso era o pior do imperialismo. Mas era imperialismo japonês, não britânico. O Estupro de Nanquim revela precisamente o que a principal alternativa para o domínio britânico na Ásia representava. É fácil retratar a guerra entre os impérios britânico e japonês como a colisão entre um império antigo, que duvidava de si mesmo, e um novo e absolutamente cruel império – entre o sol poente e o sol nascente. Mas era também a colisão de um Império que tinha alguma concepção de direitos humanos e um que via as raças diferentes como não sendo melhores do que porcos. Nas palavras do tenente-coronel Ryukichi Tanaka, diretor do serviço secreto japonês em Xangai: "Nós podemos fazer qualquer coisa com essas criaturas". Nos anos 1930, muita gente na Grã-Bretanha tinha adquirido o hábito de considerar o Império um lixo. Mas a ascensão do império japonês na Ásia ao longo daquela década mostrou que as alternativas ao domínio britânico não eram necessariamente mais benignas. Havia graus de imperialismo, e, na sua brutalidade contra os povos conquistados, o império japonês foi além de qualquer coisa que os britânicos jamais tinham feito. E dessa vez os britânicos estavam entre os conquistados.

A base naval de Cingapura tinha sido construída nos anos 1920 como a chave da defesa britânica no Extremo Oriente. Nas palavras dos chefes do Estado-Maior: "A segurança do Reino Unido e a segurança de Cingapura seriam as vigas mestras das quais a sobrevivência da Comunidade Britânica de Nações iria depender".[17] Durante o período entreguerras, a estratégia declarada para defesa de Cingapura no caso de um ataque era enviar a esquadra. Mas, em 1940, os comandantes tinham percebido que isso não era mais uma opção; e, no fim de 1941, até mesmo Churchill estava dando menos prioridade à defesa de Cingapura do que à necessidade tripla de defender a Grã-Bretanha, ajudar a União Soviética e manter o Oriente Médio. Mesmo assim, não se fez o suficiente para proteger a base da ameaça representada pelo Japão. Na véspera da invasão, só havia 158 aviões de primeira linha, quando seriam necessários mil; e três divisões e meia de infantaria, quando oito divisões mais dois regimentos motorizados mal teriam bastado. Ainda por cima, havia ocorrido uma falha lamentável na construção de defesas fixas adequadas (campos minados, abrigos de metralhadoras e obstáculos antitanque) nos caminhos por terra para Cingapura. O resultado foi que, quando atacaram, os japoneses descobriram que a cidadela inexpugnável era um alvo fácil. Quando as granadas começaram a cair como chuva sobre a cidade, a escolha era entre o horror de um ataque japonês no estilo do Estupro de Nanquim ou rendição abjeta. Às quatro da tarde do dia 15 de fevereiro de 1942, apesar da exortação desesperada de Churchill para lutar "até a morte", a bandeira branca foi hasteada.

Ao todo, 130 mil soldados imperiais – britânicos, australianos e indianos – se entregaram para uma força com menos da metade disso. Nunca na história do Império Britânico tantos entregaram tanto a tão poucos. Já era tarde demais quando ficou claro quão desgastados os próprios japoneses estavam da marcha extenuante pela rota da floresta. O artilheiro da Artilharia Real Jack Chalker estava entre os prisioneiros. "Era difícil acreditar que estávamos nas mãos dos japoneses", ele relembrou depois. "Naquela noite, nós nos perguntávamos o que o futuro reservava para nós, nós não conseguíamos parar de pensar no Estupro de Nanquim [...] Nossas perspectivas não eram animadoras." O que realmente envenenou Chalker e seus companheiros foi o fato de que aquilo era humilhação nas mãos de asiáticos. No fim, a retórica antiocidental japonesa não se traduziu em um tratamento melhor para a po-

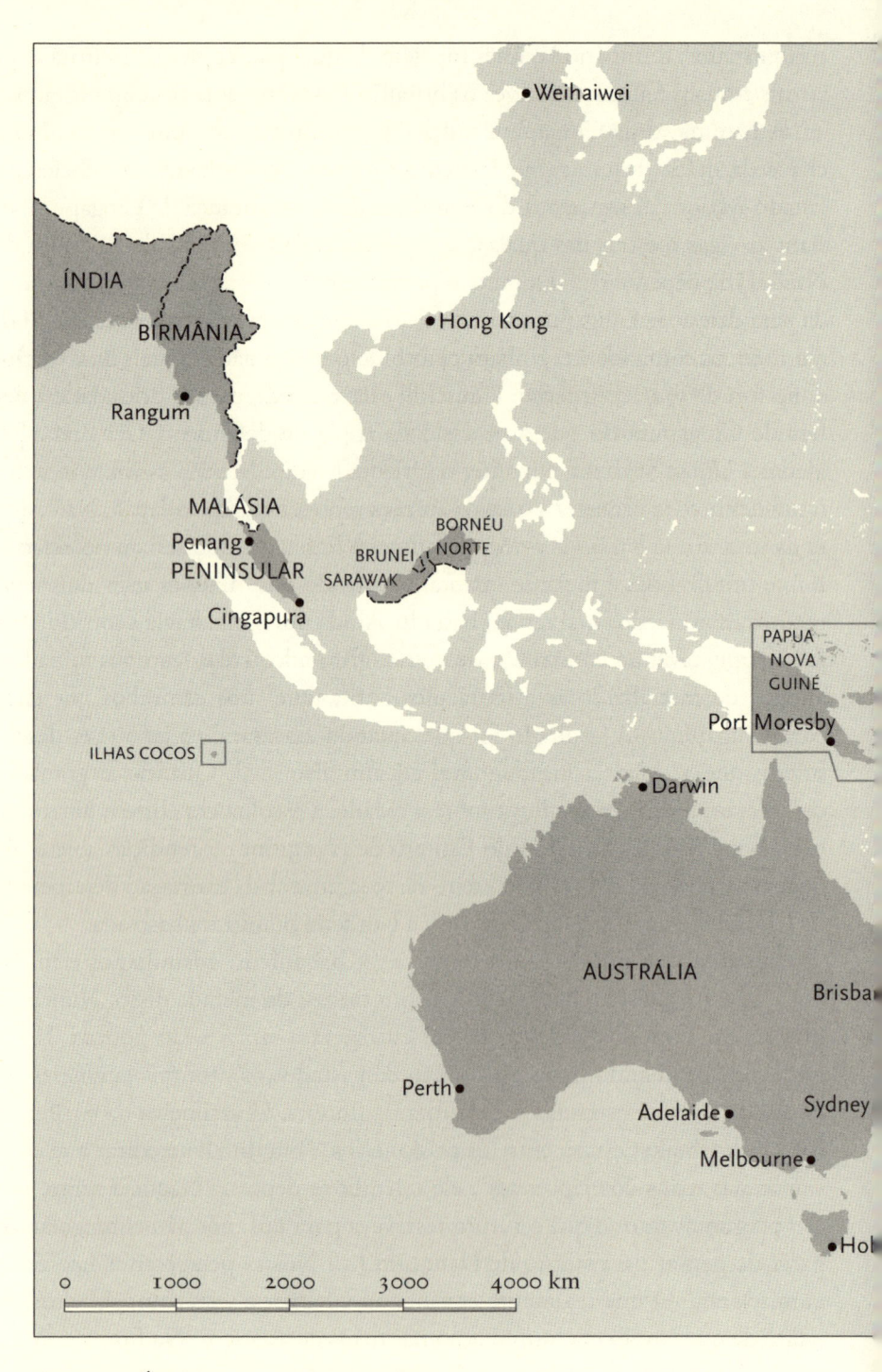

Sudeste da Ásia britânica e o Pacífico, 1920

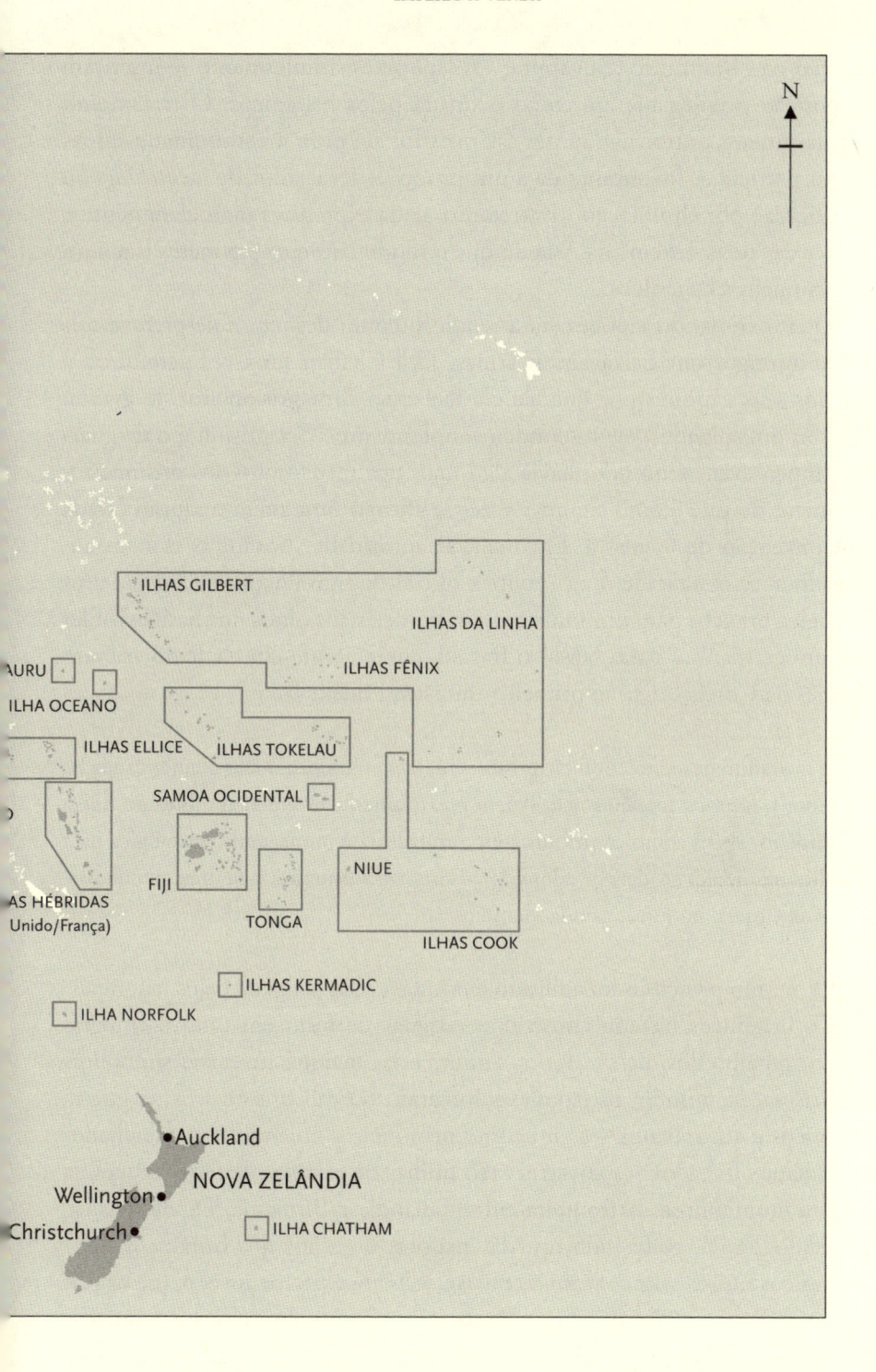

ILHAS GILBERT
ILHAS DA LINHA
ILHAS FÊNIX
AURU
ILHA OCEANO
ILHAS ELLICE   ILHAS TOKELAU
SAMOA OCIDENTAL
FIJI   NIUE
AS HÉBRIDAS
Unido/França   TONGA
                ILHAS COOK

ILHAS KERMADIC
ILHA NORFOLK

•Auckland
NOVA ZELÂNDIA
Wellington•
Christchurch•   ILHA CHATHAM

pulação não branca de Cingapura. Os japoneses simplesmente se inseriram na posição privilegiada até então ocupada pelos britânicos. O tratamento que davam aos outros habitantes asiáticos foi até pior: a comunidade chinesa, em particular, foi submetida a um processo devastador de *sook ching*, ou "purificação por eliminação". Entretanto, nada expressava mais claramente o caráter da "nova ordem" na Ásia do que o modo como os japoneses trataram os prisioneiros britânicos.

O alto comando japonês via a rendição como desonra e desprezava soldados inimigos que baixavam as armas. Jack Chalker uma vez perguntou a um dos seus captores por que ele era tão cruel com prisioneiros de guerra. "Eu sou um soldado", ele respondeu simplesmente. "Ser prisioneiro de guerra é impensável." Contudo, havia algo mais nos maus-tratos aos prisioneiros britânicos do que (como algumas vezes se afirma) uma mera tradução errada da Convenção de Genebra. Em 1944, as autoridades britânicas tinham começado a desconfiar de uma "política oficial de humilhação de prisioneiros de guerra brancos para diminuir o prestígio deles aos olhos dos nativos". Eles estavam certos. Em 1942, Seishiro Itagaki, comandante-em-chefe do exército japonês na Coreia, disse ao primeiro-ministro Hideki Tojo:

> É nossa intenção, ao confinar prisioneiros de guerra britânicos e americanos na Coreia, fazer os coreanos perceberem positivamente a verdadeira força do nosso império, assim como contribuir com o trabalho de propaganda psicológica para eliminar qualquer ideia de adoração à Europa e à América, que uma grande parte da Coreia, no fundo, ainda mantém.

O mesmo princípio foi aplicado em toda a Ásia ocupada pelos japoneses. Os britânicos haviam construído estradas de ferro em todo o Império com o trabalho dos *coolies*. Agora, em uma das maiores inversões simbólicas da história do mundo, os japoneses forçaram 60 mil prisioneiros de guerra britânicos e australianos – assim como prisioneiros holandeses e trabalhadores indianos forçados – a construir 250 milhas de estradas de ferro através da floresta montanhosa da fronteira entre Tailândia e Birmânia. Desde meados de século XVIII, tinha sido um das maiores orgulhos dos britânicos dizer "britânicos nunca, nunca serão escravos". Mas era exatamente isso que os prisioneiros de guerra foram na estrada de ferro. Como observou amargamente um prisioneiro britânico: "Deve ser bem divertido para os japoneses ver os 'senhores brancos' se arrastando pela estrada com um cesto e uma vara enquanto eles passam de caminhão!".

Secretamente, e arriscando a própria vida, Jack Chalker, que tinha sido estudante de arte antes da guerra, desenhou esboços bastante vívidos da forma como ele e seus companheiros eram tratados. Exaustos e quase morrendo de fome, eram obrigados a trabalhar até quando estavam com malária, disenteria e, pior de tudo, úlceras tropicais que podiam corroer a carne de um homem até o osso:

> Dormir era uma coisa superficial e tensa. Podíamos ser forçados a sair das nossas cabanas a qualquer hora para desfilar em uma chamada, reunidos em grupos de trabalho ou apanhar; mesmo os desesperadoramente doentes tinham que comparecer, fosse qual fosse seu estado. Essas reuniões podiam durar horas e até um dia ou uma noite inteiros [...] algumas vezes, pacientes doentes morriam.

O filme de Pierre Boulle e David Lean tornou a ponte do rio Kwai famosa. Mas as condições eram muito piores do que o filme sugere. E elas eram as piores mais adiante, na "Ferrovia da Morte", perto da fronteira birmanesa.

O abuso incessante e muitas vezes sádico dos prisioneiros no campo de Hintok foi registrado em um diário meticuloso escrito ao longo do cativeiro pelo cirurgião australiano e oficial comandante de prisioneiros de guerra, tenente-coronel Edward Dunlop, apelidado "Cansado" em parte porque, sendo um homem alto, precisava se curvar quando falava com os seus captores muito mais baixos para evitar constrangimento e evitar provocar a ira deles, geralmente violenta:

> 19 de março de 1943 [...] amanhã serão necessários seiscentos homens na ferrovia... homens aptos a trabalho leve, homens aptos a trabalho nenhum e todos os homens sem botas têm que ir do mesmo jeito. Isso é praticamente assassinato. Obviamente os Ns [*nips*, nipônicos] têm uma grande reserva de homens aqui e em Cingapura e estão mostrando total intenção de quebrar os homens nesse trabalho, sem a menor consideração pela vida ou pela saúde. Isso só pode ser visto como um crime contra a humanidade impiedoso e a sangue-frio, obviamente premeditado [...]
> 22 de março de 1943 Eu estava furioso [...] e falei irritado para Hiroda [o oficial japonês no comando] que era absolutamente contra mandar homens doentes para

o trabalho [...] Convidei-o a levar a cabo sua ameaça e atirar em mim (havia rifles apontados para mim). "Você pode atirar em mim, mas meu segundo no comando é tão durão quanto eu, e depois dele você vai ter que atirar em todo mundo. Então você não vai mais ter trabalhadores. De qualquer forma, tomei providências para que um dia você seja enforcado, porque você é um bastardo desalmado!"

Aos olhos de Dunlop, a ferrovia que os japoneses – ou melhor, seus prisioneiros – estavam construindo era "uma coisa espantosa", que parecia "avançar sem [...] levar o terreno em consideração, como se alguém tivesse traçado uma linha no mapa". Em Konyu, a linha passava reto por uma enorme superfície de pedra, com 73 metros de comprimento e 25 metros de altura. Trabalhando em turnos sem parar, os homens de Dunlop precisavam explodir, perfurar e escavar até passar. Apesar do início da estação das monções e de uma epidemia de cólera horrenda, eles conseguiram terminar a tarefa em apenas doze semanas. Durante o turno da noite, a luz trêmula emitida pelas lâmpadas de carboneto iluminando os rostos emagrecidos dos prisioneiros de guerra fez esse trecho merecer o apelido de Passagem do Fogo do Inferno. O diário de Dunlop deixa claro quem eram os demônios desse inferno:

> 17 de maio de 1943 [...] Nesses dias, em que vejo homens sendo progressivamente transformados em farrapos emagrecidos de dar dó, inchados por causa do beribéri, terrivelmente castigados pela pelagra, pela disenteria e pela malária, cobertos por feridas horríveis, um ódio ardente surge em mim cada vez que vejo um *nip*. Tropa de homens-macacos repulsivos, detestáveis, odiosos. É uma lição amarga para todos nós aprendermos que não é para se render a essas bestas enquanto o corpo ainda tiver vida.

Duas vezes ele foi cruelmente espancado e amarrado a uma árvore esperando a execução pelas baionetas, sob suspeita de estar escondendo um transmissor de rádio. Não foi executado por questão de segundos. Mas foi o tratamento dado a um dos seus homens – o sargento S. R. "Mickey" Hallam – que pareceu exemplificar, para Dunlop, a crueldade gratuita dos japoneses:

> 22 de junho de 1943 [...] O sargento Hallam (malária) havia dado entrada com os japoneses neste campo e sido mandado para o hospital [...] foi arrastado para fora do hospital muito doente de malária (na verdade, tinha desmaiado a caminho do

trabalho) e, então, espancado de forma inominável pelo sargento engenheiro e os outros nipônicos. Isso incluiu o seguinte: golpes com os punhos, pancadas no rosto e na cabeça com tamancos de madeira, repetidamente jogado no chão com força por cima dos ombros, do jeito que os bombeiros erguem uma pessoa, depois chutes no estômago, no escroto, nas costelas etc., espancamento com bambus, frequentemente na cabeça, e outras medidas de rotina [...] Essa coisa brutal e repugnante se estendeu por algumas horas no total [...] O sargento Hallam estava em falência, com uma temperatura de 39,6, o rosto extremamente machucado – contusões no pescoço e no peito, escoriações múltiplas e contusões nos membros [...]

Hallam morreu por causa dos ferimentos quatro dias depois. Como observou Dunlop: "Ele foi assassinado por esses nipônicos sádicos com mais certeza do que se tivessem atirado nele".

Quando Dunlop somou o número de prisioneiros aliados que tinham morrido no campo de Hintok entre abril de 1943 e janeiro de 1944, o total chegou a 676 – um de cada dez prisioneiros australianos, e dois de cada três britânicos. Ao todo, cerca de 9 mil britânicos não sobreviveram a seu período nas mãos dos japoneses, aproximadamente um quarto de todos os capturados. Nunca antes tropas britânicas tinham sofrido um tratamento tão horrendo.

Isso foi a Paixão do Império; seu momento na cruz. Depois disso, poderia ele algum dia ser ressuscitado?

Com o Império reduzido a isso – com seus soldados escravizados por senhores asiáticos –, com certeza havia chegado o momento de os nacionalistas indianos se insurgirem e jogar longe o jugo britânico. Como Subhas Chandra Bose declarou, a queda de Cingapura parecia anunciar "o fim do Império Britânico [...] e o amanhecer de uma nova era da história indiana".

Os acontecimentos na Índia, no entanto, revelaram a fraqueza do movimento nacionalista e a resistência do Raj. O vice-rei anunciou a entrada da Índia na guerra sem uma palavra de consulta aos líderes do Congresso. A campanha "Deixem a Índia", lançada em 1942, foi extinta em seis semanas pelos expedientes simples de prender Gandhi e outros líderes da campanha, censurar a imprensa e reforçar a polícia com soldados. O Congresso rachou, com apenas uma pequena minoria instigada por Bose – um candidato a Mussolini indiano – preferindo aliar-se aos japoneses.[18] E mesmo seu autodenominado exército indiano Nacional mostrou ser de pouco valor militar. A única ameaça séria aos britânicos na Índia acabaram sendo as divisões japonesas na Birmânia; e o exército indiano derrotou-as completamente em Imphal (março-junho de 1944). Em retrospectiva, a oferta de *Sir* Stafford Cripps, em 1942 – *status* de domínio integral para a Índia depois da guerra ou a opção de deixar o Império –, foi supérflua. Marxista tão dogmático como só um milionário pode ser,[19] Cripps declarou: "É só olhar as páginas da história imperial britânica para não saber onde enfiar a cara de vergonha de ser britânico". Mas os indianos só precisavam olhar para a forma como os japoneses se comportavam na China, em Cingapura e na Tailândia para ver o quanto a alternativa diante deles era pior. Gandhi podia descartar a oferta de Cripps como "um cheque pós-datado de um banco a caminho da falência". Mas como poderia alguém afirmar seriamente que expulsar os britânicos iria melhorar a vida, se o efeito seria abrir a porta para os japoneses? (Como Fielding provoca em *Passagem para a Índia:* "Quem você quer no lugar dos ingleses? Os japoneses?".)

Ninguém jamais deveria subestimar o papel exercido pelo Império – não só os robustos e familiares companheiros dos domínios, mas os leais indianos, caribenhos e africanos também – na derrota das potências do Eixo. Quase um milhão de australianos serviu nas tropas; mais de 2,5 milhões de indianos (embora apenas um décimo deles no exterior). Sem os pilotos canadenses, é bem possível que a batalha da Grã-Bretanha tivesse sido perdida. Sem os marinheiros canadenses, a batalha do Atlântico com certeza teria sido. Apesar dos esforços de Bose, a maioria dos soldados indianos lutou lealmente, fora algumas reclamações ocasionais por causa da diferença no soldo (75 rupias por mês para um soldado britânico, 18 para um indiano). De fato, a atmosfera de *Josh* ("espírito positivo") tendia a crescer conforme as histórias sobre as atrocidades dos japoneses iam se espalhando nas fileiras. "Eu fico inspirado por um sentimento de dever", escreveu um sipai para sua família, "e fico exaltado com a atrocidade brutal dos japoneses incivilizados". Os homens da Força Real da Frente Ocidental Africana tiveram o seu momento de glória quando um grupo de soldados japoneses fez o impensável e se rendeu – temendo, disseram eles, que "os soldados africanos comessem os mortos em batalha, mas não os prisioneiros [...] se comidos pelos africanos, eles não seriam aceitos por seus ancestrais depois da morte". Até o Estado Livre Irlandês, o único domínio que adotou a vergonhosa política de neutralidade, entregou 43 mil voluntários para as forças imperiais. Ao todo, mais de 5 milhões de soldados que lutaram foram recrutados pelo Império, quase tantos quanto os do próprio Reino Unido. Considerando a situação desesperadora da Grã-Bretanha em 1940, foi uma demonstração de unidade imperial ainda mais louvável do que a Primeira Guerra Mundial. O *slogan* do Dia do Império de 1941 era quase uma paródia de uma frase de efeito alemã: "Um Rei, Uma Bandeira, Uma Esquadra, Um Império", mas tinha um fundo de verdade.

Só que o Império não poderia ter vencido a Segunda Guerra Mundial sozinho. A chave para a vitória – e a chave para o futuro do próprio Império foi, ironicamente, o país que havia sido a primeira colônia a se livrar do domínio britânico; com um povo certa vez desprezado por um primeiro-ministro da Nova Zelândia[20] como uma "raça de vira-latas". E isso acabou significando – como um veterano funcionário colonial já pressentira – que "o prêmio da vitória não seria a perpetuação, mas o sepultamento honroso do velho sistema".

Na Primeira Guerra Mundial, o apoio econômico e depois militar dos americanos tinha sido importante, mas não decisivo. Na Segunda Guerra Mundial, foi crucial. Desde os primeiros dias, Churchill tinha posto suas esperanças nos Estados Unidos. "A voz e a força dos Estados Unidos podem não servir para nada se elas forem contidas por tempo demais", disse ele a Roosevelt já em 15 de maio de 1940. Em discursos e transmissões de rádio, Churchill repetidamente dava a entender que a salvação viria do outro lado do Atlântico. Em 27 de abril de 1941, mais de sete meses antes de os Estados Unidos entrarem na guerra, ele citou de forma memorável o poeta Arthur Hugh Clough em uma transmissão da BBC para ouvintes americanos:

> E não somente pela janela a leste,
> Quando a luz do dia chega, chega a luz,
> Em frente, o sol se ergue devagar, tão devagar,
> Mas a oeste, olha, a terra é radiante.

Com seus pais anglo-americanos,[21] Churchill acreditava firmemente que uma aliança entre os povos de língua inglesa era a chave para a vitória – uma vitória que iria, é claro, devolver o Império Britânico ao *status quo ante*. Quando ficou sabendo, na noite de 7 de dezembro, que os japoneses tinham atacado os americanos em Pearl Harbor, ele mal conseguia disfarçar sua excitação. Pouco antes, durante o jantar com dois convidados americanos, ele estivera no mais profundo desânimo, "com a cabeça nas mãos a maior parte do tempo". Mas, ao ouvir a notícia no rádio, como o embaixador americano John G. Winant recordou,

> Churchill deu um pulo e correu para a porta anunciando: "Nós vamos declarar guerra ao Japão".
> [...] "Meu Deus", disse eu, "você não pode declarar guerra com base em um anúncio no rádio".
> Ele parou e olhou para mim, meio sério, meio de brincadeira, e então disse calmamente: "O que devo fazer?". A pergunta foi feita não porque ele precisava que eu dissesse a ele o que fazer, mas como cortesia ao representante de um país atacado.
> Eu disse: "Vou telefonar para o presidente e perguntar a ele quais são os fatos". E ele acrescentou: "Eu quero falar com ele também".
> As primeiras palavras de Roosevelt para Churchill foram: "Estamos todos no mesmo barco agora".

Ainda assim, desde o início, o chamado "relacionamento especial" entre a Grã-Bretanha e os Estados Unidos teve uma ambiguidade especial própria, em cujo cerne está a concepção muito diferente de império dos americanos. Para os americanos, alimentados pelo mito da sua própria luta pela liberdade contra a opressão britânica, domínio formal sobre povos subjugados era intragável. Também implicava aqueles envolvimentos em problemas estrangeiros contra as quais os Pais Fundadores tinham alertado. Mais cedo ou mais tarde, todos precisam aprender a governar a si mesmos e ser democráticos como os americanos – sob a mira de uma arma, se necessário. Em 1913, tinha ocorrido um golpe militar no México, para grande desprazer de Woodrow Wilson, que resolveu "ensinar às repúblicas da América do Sul a eleger bons homens". Walter Page, então o homem de Washington em Londres, relatou uma conversa com o secretário das Relações Exteriores, *Sir* Edward Grey, que perguntou:

> "Suponha que vocês precisem intervir, o que acontece?"
> "Fazemos com que eles votem e vivam de acordo com suas decisões."
> "Mas suponha que eles não vivam assim?"
> "Entramos lá e os fazemos votar de novo."
> "E continuam nisso por até duzentos anos?", perguntou ele.

"Sim", disse eu. "Os Estados Unidos vão estar aqui por duzentos anos e podem continuar a atirar em homens por esse pequeno espaço de tempo até que eles aprendam a votar e a governar a si mesmos."

Tudo, em outras palavras, menos conquistar o México – o que teria sido a solução britânica.

O que essas atitudes implicavam para o futuro do Império Britânico ficou clamorosamente claro em uma carta aberta dos editores da revista *Life* ao "povo da Inglaterra", publicada em outubro de 1942: "Uma coisa pela qual nós temos certeza de que *não* estamos lutando é manter o Império Britânico unido. Não gostamos de pôr a questão tão rudemente, mas não queremos que vocês tenham qualquer ilusão. Se seus estrategistas estão planejando uma guerra para manter o Império Britânico unido, mais cedo ou mais tarde eles vão acabar sozinhos".[22]

O presidente americano, Franklin Delano Roosevelt, concordava. "O sistema colonial é sinônimo de guerra", disse ao filho durante a guerra. "Explore os recursos da Índia, da Birmânia, de Java; leve toda a riqueza para fora desses países, mas nunca dê nada em troca [...] tudo o que você está fazendo é armazenar o tipo de problema que leva à guerra." Uma breve parada em Gâmbia a caminho de uma conferência em Casablanca confirmou essas suspeitas teóricas. Era, ele declarou, um "buraco do inferno [...] a coisa mais horrível que eu já vi na vida":

> Sujeira. Doença. Taxa de mortalidade muito alta [...] Aquela gente é tratada pior do que gado. O gado deles vive mais tempo [...] Para cada dólar que os britânicos [...] puseram em Gâmbia [afirmou ele depois], eles tiraram dez. É só pura exploração.

Confiando ingenuamente em Stálin, decididamente bajulador com o líder nacionalista chinês Chiang Kai-shek, Roosevelt desconfiava profundamente do imperialismo não reelaborado de Churchill. Do modo como o presidente via: "Os britânicos pegariam terra em qualquer lugar do mundo, até se fosse só uma pedra ou uma faixa de areia". "Vocês tem quatrocentos anos de instinto aquisitivo no sangue", disse ele a Churchill em 1943, "e simplesmente não entendem como um país pode não querer obter terra em algum outro lugar se puder". O que Roosevelt queria ver, em vez de colônias, era um novo sistema de "curadorias" temporárias para as colônias de todas as potências europeias, preparando o terreno para a independência; elas seriam submetidas a alguma autoridade internacional supervisora, à qual seriam dados direitos de inspeção. Essas visões anti-imperialistas estavam longe de ser exclusividade do presidente. Em 1942, Summer Welles, o subsecretário americano, proclamou: "A era do imperialismo acabou". Wendell Wilkie, candidato republicano à presidência, em 1940, tinha usado praticamente as mesmas palavras.

Esse, então, era o espírito em que os objetivos de guerra americanos foram formulados; eles eram, em vários sentidos, muito mais abertamente hostis ao Império Britânico do que qualquer coisa que Hitler jamais tivesse dito. O artigo III da Carta do Atlântico, de agosto de 1941, que serviu de base para os objetivos de guerra dos aliados ocidentais, parecia excluir a continuação de formas imperiais depois da guerra, em favor dos "direitos de todos os povos de escolher a forma de governo sob a qual viverão". Em 1943, o esboço de uma Declaração de Independência Nacional americana foi mais longe: como lamentou um oficial britânico, "o teor inteiro dela é ansiar pelo ideal de dissolução do Império Britânico". E os americanos não se limitaram a generalidades. Em uma ocasião, Roosevelt pressionou Churchill para devolver Hong Kong à China como gesto de "boa vontade". Teve até a temeridade de levantar a questão da Índia, com o que Churchill entrou em erupção, e retrucou que uma equipe de inspeção internacional deveria ser enviada para o Sul dos Estados Unidos. "Nós já fizemos declarações quanto a essas questões", Churchill assegurou na Câmara dos Comuns: o governo britânico já havia se comprometido com "a evolução gradual de instituições autogovernantes nas colônias britânicas". "Tirem as mãos do Império Britânico" foi o seu *slogan* incisivo em uma minuta de dezembro de 1944: "Ele não deve ser enfraquecido ou maculado para agradar comerciantes de novelas água com açúcar internos ou estrangeiros de qualquer coloração". Churchill tinha incitado os americanos a entrar na guerra. Agora, ressentia-se amargamente com a sensação de que o Império estava sendo "conduzido para fora ou aproximado cada vez mais do abismo". Ele simplesmente não permitiria que

> quarenta ou cinquenta países enfiando o dedo para interferir na existência do Império Britânico [...] Depois de termos dado o melhor de nós para lutar esta guerra [...] Não vou permitir nenhuma sugestão de que o Império Britânico deve ser posto no banco dos réus e examinado por todo o mundo para ver se atende a determinado padrão.

Aos olhos britânicos, as "curadorias" propostas seriam apenas uma fachada por trás da qual um império econômico americano informal seria erguido. Como expressou o Ministério Colonial, "os americanos [estavam] bem dispostos a tornar suas dependências politicamente 'independentes', mas economicamente atadas de pés e mãos a eles". Curiosamente, o modelo de curadoria parecia não ser aplicável ao Havaí, Guam, Porto Rico, Ilhas Virgens, todos colônias americanas *de facto*. Também isenta estava a longa lista de compras de ilhas no Atlântico e no Pacífico para bases da marinha americana, elaborada para Roosevelt pelo Estado-Maior das Forças Armadas. Como observou astutamente Alan Watt, membro da missão diplomática australiana em Washington, em janeiro de 1944: "Há sinais neste país do desenvolvimento de uma atitude imperialista um tanto cruel". Era o grande paradoxo da guerra, como observou o economista judeu-alemão exilado Moritz Bonn: "Os Estados Unidos foram o berço do anti-imperialismo moderno, e ao mesmo tempo os fundadores de um império poderoso".[23]

A aliança com os Estados Unidos durante a guerra foi um abraço sufocante; mas nasceu da necessidade. Sem o dinheiro americano, o esforço de guerra britânico teria entrado em colapso. O sistema de empréstimo e arrendamento através do qual os Estados Unidos forneciam armas para seus aliados a crédito valeu US$ 26 bilhões para a Grã-Bretanha, cerca de um décimo da produção total da época da guerra. Foi mais ou menos o dobro do que os britânicos conseguiram pegar emprestado dos domínios e das colônias. Como disse de forma sucinta um funcionário americano, os Estados Unidos eram uma "potência vindo", a Grã-Bretanha uma "potência indo". Por isso, os funcionários britânicos enviados para negociar com seus credores americanos em Washington viram-se na posição de humildes suplicantes. Era uma posição que não se adequava naturalmente à principal figura da delegação britânica, John Maynard Keynes.

Keynes era o maior economista do século XX, e sabia disso. Em Londres, todo mundo – inclusive Churchill – ficava impressionado com seu enorme cérebro, cujo brilho não foi diminuído pela doença do coração que logo o mataria. Mas, quando ele se reuniu com os funcionários do Tesouro americano em Washington, foi outra história. Para os americanos, Keynes era "um desses caras que simplesmente sabem todas as respostas". Keynes também não os suportava.[24] Não gostava da forma como os advogados americanos tentavam cegá-lo com o jargão – falando (como Keynes colocou) "cherokee". Detestava o modo como os políticos atendiam o telefone no meio de reuniões com ele. Acima de tudo, Keynes detestava a forma como os americanos tentaram tirar vantagem da fraqueza financeira dos britânicos. Na sua imagem forte, os Estados Unidos estavam tentando "arrancar os olhos do Império Britânico". E ele não estava sentindo-se assim sozinho. Um de seus colegas lamentou amargamente: "Um visitante de Marte poderia ser desculpado por achar que nós éramos os representantes de um povo vencido discutindo as penalidades econômicas da derrota".

Essas eram, na verdade, reações típicas ao equilíbrio de poder que estava mudando rapidamente. Com poucas exceções, a elite política britânica, diferente da elite intelectual predominantemente socialista, achava extremamente difícil aceitar que o Império seria o preço da vitória. Em novembro de 1942, Churchill bramiu que não tinha se tornado primeiro-ministro do rei "para presidir a liquidação do Império Britânico". Até o ministro do Interior, o trabalhista Herbert Morrison, comparou a ideia de independência de algumas colônias britânicas a "dar a uma criança de dez anos uma chave da porta, uma conta no banco e uma espingarda". Mas a conta bancária da Grã-Bretanha deixava claro que o jogo tinha acabado. Um dia, a Grã-Bretanha tinha sido o banqueiro do mundo. Agora, devia a credores estrangeiros mais de US$ 40 bilhões. As fundações do Império eram econômicas, e essas fundações tinham sido simplesmente comidas pelo custo da guerra. Ao mesmo tempo, o governo trabalhista de 1945 tinha ambições de construir um Estado de bem-estar social, que só poderia pagar se os compromissos britânicos ultramarinos fossem drasticamente reduzidos. Em uma palavra, a Grã-Bretanha estava quebrada – e o Império, hipotecado até o osso.

Quando uma empresa quebra, a solução óbvia é os credores tomarem o espólio. A Grã-Bretanha devia bilhões para os Estados Unidos. Então, por que não simplesmente vender o Império para eles? Afinal, Roosevelt havia uma vez feito uma brincadeira sobre "tomar o controle do Império Britânico" de seus senhores "falidos". Mas os britânicos conseguiriam vender? E – talvez o mais importante –, os americanos conseguiriam se convencer a comprar?

A Transferência de Poder

Havia algo de muito britânico na base militar do canal de Suez, que cobria uma área do tamanho do País de Gales e, em 1954, ainda abrigava 80 mil soldados. Havia dez banheiros na estação ferroviária de El Quantara: três para oficiais (um para usuários europeus, um para asiáticos e um para os de cor), três para oficiais intermediários e sargentos de cada raça, três para outras patentes de cada raça e um para o pequeno número de mulheres em serviço. Ali, pelo menos, a velha hierarquia imperial continuava viva.

Mas na embaixada americana no Cairo, a atmosfera era bem diferente. O embaixador Jefferson Caffery e seu conselheiro político, William Lakeland, estavam impressionados com os jovens oficiais do exército que haviam tomado o poder no Egito em 1952, particularmente com seu líder, coronel Nasser. O secretário de Estado, John Foster Dulles, concordava. Quando Nasser pressionou os britânicos a apressar a retirada de Suez, eles não o desencorajaram. Em outubro de 1954, os britânicos finalmente concordaram em começar a evacuação gradual da base; no verão de 1956, o último de seus soldados tinha ido embora. Entretanto, quando Nasser avançou para a nacionalização do canal – do qual o governo britânico mantinha a porcentagem substancial de ações adquirida originalmente por Disraeli –, o autocontrole britânico partiu-se. "O que acontecer aqui [no Egito]", Churchill havia declarado em 1953, "vai determinar o nosso ritmo em toda a África e no Oriente Médio". Isso se provaria verdadeiro demais. Convencido de que estava lidando com o Hitler do Oriente Médio, Anthony Eden, agora primeiro-ministro, resolveu contra-atacar contra a "pirataria" de Nasser.

Da sua parte, os americanos não poderiam ter sido mais explícitos quanto à oposição a uma intervenção britânica no Egito. Eles estavam dispostos a fazer pressão econômica sobre Nasser retirando o apoio financeiro para a nova barragem em Assuã. Mas uma ocupação militar no estilo de 1882 era outra história: que, temiam eles, teria o efeito de empurrar os estados árabes para o campo soviético. Ação unilateral no Egito ou em qualquer outro lugar, alertou Dulles, iria "rasgar a coalizão do mundo livre em pedaços". O presidente Eisenhower perguntou mais tarde: "Como podemos apoiar os britânicos [...] se, ao fazer isso, perdemos todo o mundo árabe?". Esses avisos não foram ouvidos. No dia 5 de novembro de 1956, uma expedição anglo-francesa desembarcou no canal, afirmando que eram tropas de paz tentando evitar uma guerra entre Israel e Egito.

Nada poderia ter revelado melhor a nova fraqueza dos britânicos do que o que aconteceu em seguida. Primeiro, os invasores foram incapazes de impedir o Egito de bloquear o canal e interromper a passagem de navios de petróleo por ele. Houve uma fuga da libra quando os investidores resolveram cair fora.

De fato, foi no Banco da Inglaterra que o Império foi efetivamente perdido. Conforme as reservas de ouro e dólar do banco foram minguando durante a crise, Harold Macmillan (então ministro da Economia) teve de escolher entre desvalorizar a libra – o que seria, ele avisou, uma "catástrofe, afetando não só o custo de vida britânico mas também [...] todas as nossas relações econômicas externas" – ou pedir maciça ajuda americana. A última opção colocou os americanos em posição de ditar os termos. Somente depois de Eden concordar em sair incondicionalmente do Egito foi que Eisenhower arrumou um pacote de ajuda de um bilhão de dólares do FMI e do Export-Import Bank.

A recusa americana de sancionar a derrubada de Nasser mostrou ser um erro. Nasser continuou a flertar com os soviéticos; de fato, logo era Eisenhower quem o estava acusando de tentar "controlar o fornecimento do petróleo para ganhar dinheiro e poder para destruir o mundo ocidental". Suez, porém, enviou um sinal para os nacionalistas em todo o Império Britânico: a hora da liberdade tinha soado. Mas a hora foi escolhida pelos americanos, não pelos nacionalistas.

A dissolução do Império Britânico aconteceu com uma surpreendente – e em alguns casos excessiva – rapidez. Uma vez que os britânicos decidiram sair, eles quiseram pegar o primeiro barco para casa, sem olhar as consequências em suas ex-colônias. Nas palavras do chanceler trabalhista Hugh Dalton: "Quando você está em um lugar em que não é bem-vindo, e onde você não tem a força para esmagar aqueles que não o querem, a única coisa a fazer é sair".

Isso teve suas desvantagens. Na pressa para se livrar da Índia, deixaram para trás um caos que quase anulou dois séculos de governo ordeiro. Originalmente, o governo pretendia sair da Índia na segunda metade de 1948. Mas o último vice-rei, *Lord* Mountbatten,[25] cedeu ao gosto que teve a vida inteira por aceleração e antecipou a data da independência para 15 de agosto de 1947. Ele se alinhou abertamente ao Congresso, dominado pelos hindus, contra a Liga Muçulmana,[26] uma preferência ainda mais surpreendente (ou talvez não) dados os rumores sobre um caso entre *Lady* Mountbatten e o líder do Congresso, Jawaharlal Nehru. Em particular, Mountbatten pressionou o supostamente neutro comissário de Fronteiras, *Sir* Cyril Radcliffe – cruelmente ridicularizado na época por W. H. Auden –, a fazer ajustes críticos a favor da Índia quando traçasse a fronteira através do Punjab. A onda de violência intercomunitária acirrada que se seguiu deixou no mínimo 200 mil pessoas mortas, talvez até meio milhão.

Muitas mais foram tiradas de suas casas: em 1951, cerca de 7 milhões de pessoas, uma em cada dez pessoas da população total do Paquistão, eram refugiados.

Na Palestina, também os britânicos correram, em 1949, deixando de herança para o mundo a questão não resolvida das relações entre o novo estado de Israel com os palestinos "sem país" e com os países árabes vizinhos.[27] Foi só depois de Suez, porém, que os dominós realmente começaram a tombar.

No período imediatamente posterior à guerra, houve vários planos grandiosos de um "novo" Império. O secretário das Relações Exteriores, Ernest Bevin, estava convencido de que o caminho para a recuperação econômica doméstica começava na África. Como disse A. H. Poynton, do Ministério Colonial, às Nações Unidas, em 1947:

> Os objetivos fundamentais na África são promover o surgimento de sociedades de grande escala, integradas para o autogoverno por instituições políticas e econômicas efetivas e democráticas, tanto nacionais como locais, inspiradas por uma fé comum no progresso e em valores ocidentais, e equipadas com técnicas eficientes de produção e progresso.

Havia uma nova Corporação de Desenvolvimento Colonial e uma Corporação Ultramarina de Alimentos, e planos que soavam maravilhosos para cultivar amendoim em Tanganica e produzir ovos em Gâmbia. Os agentes da Coroa viajavam pelo mundo vendendo velhos trens e embarcações britânicas para qualquer governo colonial que pudesse pagar e para alguns que não podiam. Havia planos ambiciosos para a federação das colônias das Índias Ocidentais; África Ocidental; das Rodésias e Niassalândia; da Malásia, Cingapura, Sarawak e Bornéu. Falou-se até em um novo prédio para o Ministério Colonial. O velho Império, enquanto isso, continuava a atrair um fluxo regular de migrantes: de 1946 a 1963, quatro em cada cinco emigrantes que deixavam a Grã-Bretanha por mar iam para países do Commonwealth.

Esse renascimento imperial poderia ter sido levado adiante se os Estados Unidos e a Grã-Bretanha tivessem se unido em uma causa comum, porque o apoio americano era a coisa *sine qua non* para a recuperação imperial. O primeiro primeiro-ministro depois da guerra, Clement Attlee, certamente viu a necessidade disso. "Um homem pequeno e modesto, com muitos motivos para ser modesto", como disse Churchill bastante injustamente, Attlee era, porém, o mais realista dos dois quanto ao futuro da Grã-Bretanha. Ele reconhecia que as novas tecnologias militares de poder aéreo de longo alcance e a bomba atômica significavam que "o Commonwealth britânico e o Império não são uma unidade que pode ser defendida por si mesma [...] As condições que tornaram possível defender uma sucessão de possessões espalhadas por cinco continentes por meio de uma esquadra com base em fortes em uma ilha se foram". Como argumentou ele em março de 1946, agora era necessário "considerar as Ilhas Britânicas como uma extensão a leste de um arco estratégico, no centro do qual está o continente americano, mais do que uma potência olhando para o leste, através do Mediterrâneo, até o Oriente". Houve de fato vários lugares em que americanos e britânicos cooperaram com sucesso no período pós-guerra. Em Chipre, Aden, Malásia, Quênia e Irã, o domínio britânico foi basicamente "subscrito" pelos Estados Unidos. Essa reviravolta política refletia a crescente consciência americana de que a União Soviética representava uma ameaça muito mais séria aos interesses e ideais americanos do que o Império Britânico. "Quando talvez o inevitável confronto entre a Rússia e nós chegar", um funcionário americano tinha observado antes mesmo de começar a Guerra Fria, "a questão seria quem são os nossos amigos [...] os que nós enfraquecemos na luta, ou os que fortalecemos?" Havia, talvez, alguma coisa a ser dita a favor do imperialismo britânico, afinal. Assim, o Conselho Geral da marinha americana e o Comitê de Levantamento Estratégico do Estado-Maior das Forças Armadas concordaram em que a rede de bases militares britânicas poderia ser um complemento útil para as deles. Isso tudo deixou Bevin otimista:

> A Europa ocidental, incluindo os seus territórios ultramarinos dependentes, está agora patentemente dependente da ajuda americana [...] [entretanto] os Estados Unidos reconhecem que o Reino Unido e o Commonwealth [...] são essenciais para a sua defesa e segurança. Isso já é [...] um caso de interdependência mais do que de completa dependência. Conforme o tempo for passando (nos próximos dez ou vinte anos) os elementos de dependência devem diminuir e os de interdependência aumentar.

Isso não aconteceu. Pelo contrário, Suez revelou que a hostilidade fundamental americana com relação ao Império persistia. E, quando os americanos exerceram o seu veto, a fachada do poderio neoimperialista ruiu. "Pensando sobre as nossas dificuldades no Egito", escreveu em uma minuta um mandarim do Ministério das Relações Exteriores, cansado de tudo, nos anos 1950, "parece-me que a dificuldade essencial surge do fato bastante óbvio de que nos falta poder [...] Em uma visão estritamente realista, deveríamos reconhecer que a nossa falta de poder tem que limitar o que podemos fazer, e deveria nos conduzir a uma política de rendição ou quase rendição imposta pela necessidade".

Exatamente como Hitler tinha previsto, foram os impérios rivais, mais do que os nacionalistas locais, que levaram o processo de descolonização à frente. Quando a Guerra Fria entrou em sua fase mais quente, nos anos 1960, os Estados Unidos e a União Soviética disputavam entre si para ganhar o apoio dos movimentos de independência na África, na Ásia e no Caribe. O que Harold Macmillan chamou de "ventos da mudança" quando viajou pela África, em 1960, não sopraram nem de Windhoek nem do Malauí, mas de Washington e Moscou. Tragicamente, eles sopraram para longe o governo colonial só para substituí-lo por guerra civil.

O mais importante era, claro, a economia. Exauridos pelos custos da vitória, sem o recomeço concedido ao Japão e à Alemanha depois da derrota, a Grã-Bretanha simplesmente não era mais capaz de arcar com os custos do Império. Insurgência nacionalista e nova tecnologia militar tornaram a defesa imperial muito mais cara do que antes. Entre 1947 e 1987, o gasto da defesa britânica chegou a 5,8% do PIB. Um século antes, a proporção tinha sido de meros 2,6%. No século XIX, a Grã-Bretanha tinha financiado seu *deficit* comercial crônico com a receita de um vasto *portfolio* de investimentos ultramarinos. Isso agora tinha sido substituído pelo peso esmagador da dívida externa, e o Tesouro precisava dar conta dos custos muito mais altos no sistema de saúde, do transporte e da indústria nacionalizados.

Foi, como disse Keynes, "primariamente [...] para dar conta da despesa política e militar ultramarinas" que a Grã-Bretanha foi pedir aos Estados Unidos um empréstimo quando a guerra – e o crédito para ela – terminaram, em 1945. Mas as condições vinculadas ao empréstimo ao mesmo tempo tiveram o efeito de minar o poder ultramarino britânico. Em troca de US$ 3,75 bilhões,[28] os americanos exigiram que a libra se tornasse conversível para o dólar em um ano. A fuga das reservas do Banco da Inglaterra que isso causou foi a primeira da sucessão de crises da moeda que iriam pontuar a retirada da Grã-Bretanha do Império: na época de Suez, o padrão já cansava de tão familiar. No início dos anos 1950, Harold Macmillan declarou que a escolha que o país enfrentava era entre "escorregar para um socialismo ordinário e seboso

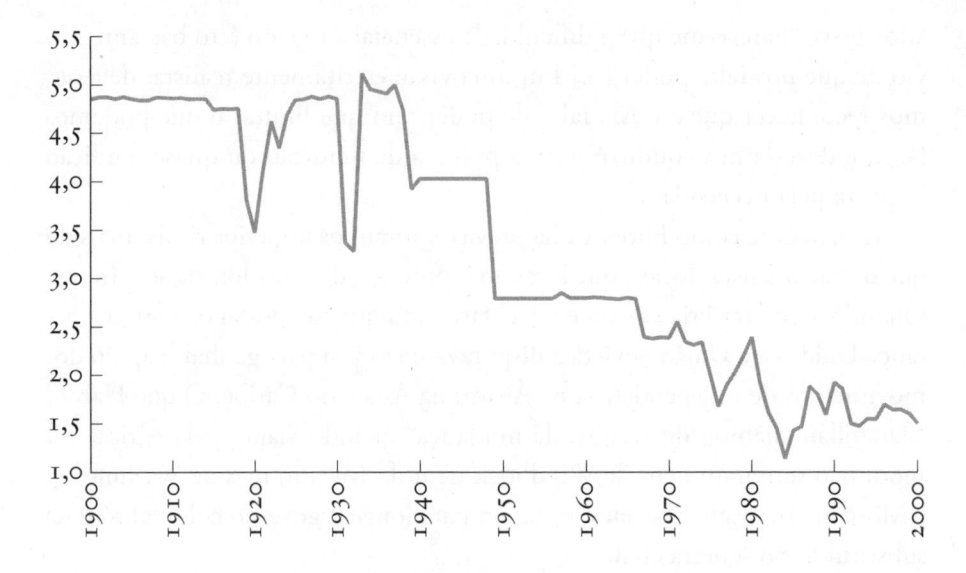

Crises da libra: dólares por libra, 1900-2000

(como uma potência de segundo escalão) ou uma marcha para o terceiro Império Britânico". Depois de Suez, parecia só restar a primeira opção.

A desvalorização da libra contra o dólar foi só um sintoma do declínio econômico abissal do país: de 25% das exportações mundiais de manufaturados, nos anos 1950, para só 9% em 1973; de mais de 33% dos lançamentos de navios mercantes do mundo para menos de 4%; de 15% das exportações de aço do mundo, para nem 5%. Por ter sido muito menos afetada pelos estragos da guerra, a Grã-Bretanha havia saído do conflito como a maior economia europeia; em 1973, havia sido ultrapassada tanto pela França como pela Alemanha, e estava quase sendo superada pela Itália. A taxa de crescimento do PIB *per capita* britânico entre 1950 e 1973 foi o mais baixo da Europa, menos da metade da taxa da Alemanha. Ainda assim, não se deve pular para a conclusão de que isso tenha tornado o redirecionamento britânico, afastando-se do Commonwealth rumo à Europa continental, economicamente inevitável. Foi frequentemente esse o modo como a defesa da adesão britânica à Comunidade Econômica Europeia foi feita. É verdade que a proporção do comércio britânico com os países que formaram a CEE cresceu de 12% para 18% entre 1952 e 1965. Mas a parcela do comércio com o Commonwealh permaneceu substancialmente maior: embora tenha caído de 45% para 35%, continuou a ser duas vezes mais importante do que o comércio com a CEE. Foi só depois que os britânicos entraram para o "Mercado Comum" que as tarifas protecionistas europeias, particularmente sobre produtos agrícolas, forçaram um redirecionamento do comércio britânico do Commomwealth para o continente. Como acontece tantas vezes, foi a decisão política que causou a mudança econômica, e não o contrário.

O que estava errado com o Commonwealth não era tanto o declínio de sua importância econômica para a Grã-Bretanha, mas sua crescente impotência política. Originalmente formado somente pela Grã-Bretanha e os domínios brancos, o Commomwealth passou a integrar a Índia, o Paquistão e o Ceilão (Sri Lanka), em 1949. Em 1965, havia 21 membros, e dez mais se juntaram nos dez anos seguintes. O Commonwealth atualmente tem 54 membros e se tornou pouco mais do que um subgrupo das Nações Unidas ou do Comitê Olímpico Internacional, o seu único mérito óbvio sendo o de economizar dinheiro com tradutores profissionais. A língua inglesa é a única coisa que o Commonwealth ainda tem em comum.

Foi assim que o Império Britânico, que tinha efetivamente estado à venda, em 1945, foi desmembrado em vez de tomado; foi liquidado em vez de ganhar um novo dono. Tinha levado quase três séculos para ser construído. No seu auge, havia coberto um quarto da superfície terrestre do mundo e governado mais ou menos a mesma proporção da sua população. Levou só três décadas para se desmantelar, deixando apenas algumas ilhas esparsas – de Ascensão a Tristão da Cunha – como monumentos.

Lá atrás, em 1892, o jovem Churchill estava mais do que certo ao esperar "grandes reviravoltas" no curso de sua longa vida. Mas, quando ele morreu, em 1965, tinha ficado claro que sua esperança de salvar o Império não fora mais do que uma fantasia de menino.

Quando confrontado com a escolha entre apaziguar ou lutar contra os piores impérios da história, o Império Britânico tinha feito a coisa certa. Até Churchill, imperialista fiel que era, não precisou pensar muito antes de rejeitar a miserável oferta de Hitler de deixá-lo sobreviver ao lado da Europa nazista. Em 1940, sob a liderança inspirada, incansável e incomparável de Churchill, o Império resistiu sozinho contra o imperialismo realmente malévolo de Hitler. Mesmo que não tenha durado os mil anos que Churchill havia sugerido esperançosamente que poderia, esse foi de fato o "melhor momento" do Império Britânico.

```
                              Bermudas        Áreas de soberania
                                      Gibraltar britânica, Chipre
              Ilhas Cayman Turcos e Caicos
                       Ilhas Virgens Britânicas
                       Montserrat e
                       Anguila
                                Ascensão
                                                    Território britânico
                         Santa Helena                no Oceano Índico
   Ilhas Pitcairn,
   Henderson,
   Ducie e Oeno       Tristão da Cunha
              Ilhas Malvinas  Ilha South Georgia
              Ilhas Shetland do Sul  Ilhas South Sandwich
                                Ilhas Orkney do Sul
```

Remanescentes do Império, 2002

Só que aquilo que o tornou tão bom, tão autenticamente nobre, foi que a vitória do Império só poderia ter sido uma vitória de Pirro. No fim, os britânicos sacrificaram o seu Império para impedir que os alemães, os japoneses e os italianos mantivessem os deles. Esse sacrifício, sozinho, não expiou todos os outros pecados do Império?

---

1. A *promenade* de Ostende e o campo de golfe em Klemskerke, nas proximidades, são só dois dos frutos do regime de Leopoldo II.
2. Os alemães agiram mais por uma sensação de fraqueza do que de força. O chefe do Estado-Maior, Helmuth von Moltke, contou ao secretário de Estado no Ministério das Relações Exteriores Gottlieb von Jagow, em maio de 1914: "Precisamos travar uma guerra preventiva para conquistar nossos oponentes enquanto ainda temos uma chance razoável nesta luta". Observe a frase pesarosa "uma chance razoável". Mas Moltke estava convencido de "que nunca mais vamos encontrar uma situação tão favorável quanto agora, em que nem a França nem a Rússia completaram a expansão das suas organizações do exército".
3. No começo da guerra, Buchan foi correspondente de guerra antes de entrar para o exército. Serviu no quartel-general do exército britânico na França como tenente--coronel temporário e, quando Lloyd George tornou-se primeiro-ministro, foi nomeado diretor de informação (1917-18). Foi brevemente diretor de inteligência, mas teve acesso informal a informações da inteligência durante toda a guerra.

4. Embora já houvesse uma conexão ferroviária entre Berlim e Constantinopla (via Viena), o objetivo do sultão era expandir a linha através da Anatólia, via Ancara, para Bagdá. Os banqueiros alemães só queriam realmente construir a linha até Ancara, mas, em 1899, foram forçados a continuar até Bagdá pelo *Kaiser*. Eles, então, tentaram tornar a linha rentável estendendo-a até Basra. Os britânicos tinham ficado consideravelmente desconfiados, mas isso não pode ser visto como uma causa da guerra. De fato, tinha sido firmado um acordo às vésperas da guerra dando aos alemães o direito de estender a linha até Basra em troca de deixar os britânicos liderarem a exploração dos campos de petróleo da Mesopotâmia.
5. Uma das ações mais bem-sucedidas no Somme foi o ataque da Brigada de Secunderabad em Morlancourt.
6. O romance semiautobiográfico do australiano Frederic Manning, *Partes médias da fortuna*, captou o clima igualmente descontente entre os soldados ordinários ingleses no Somme.
7. Na verdade, ele voltou ao governo (como ministro do Abastecimento) só dois anos depois.
8. A subsequente negligência e a alta mortalidade da tropa de Townshend foi um escândalo que levou à renúncia de Austen Chamberlain como secretário de Estado para a Índia, embora a culpa fosse da equivocada parcimônia dos seus subordinados.
9. Ele teria dito, ao receber as chaves da cidade: "Eu não quero a sua cidade. Quero alguns ovos para os meus oficiais!".
10. Segundo o acordo Sykes-Picot, da época da guerra, que Lawrence repudiava furiosamente. Ele disse a Faiçal que "pretendia ficar do lado deles chovesse ou fizesse sol, se fosse necessário lutar contra os franceses pela recuperação da Síria".
11. O estoque de capital estrangeiro do Reino Unido em 1930 somava US$ 18,2 bilhões; o número para os Estados Unidos era US$ 14,7 bilhões.
12. Em 1926, o Relatório Balfour sobre as Relações Imperiais tinha proposto redefinir os domínios como "comunidades autônomas dentro do Império Britânico, iguais em *status* e de nenhuma forma subordinadas umas às outras em nenhum aspecto dos seus assuntos domésticos ou externos [...] [e] unidas por uma fidelidade comum à coroa", e essa formulação foi adotada no Estatuto de Westminster, em 1931. Os domínios continuavam impedidos de aprovar leis contrárias a Westminster, mas agora Westminster só podia legislar para os domínios a pedido deles, e os domínios tinham liberdade para se retirar, se desejassem, do que agora era chamado "Comunidade Britânica de Nações". É interessante que houve pouco entusiasmo por essa descentralização tanto na Austrália quanto na Nova Zelândia, que só adotaram o estatuto nos anos 1940.
13. Chamberlain nunca compartilhou com seu pai a paixão pelo Império, talvez porque, quando jovem, seu pai o tenha forçado a administrar uma plantação de sisal de 20 mil acres nas Bahamas. A aventura foi um completo fracasso.
14. Gandhi serviu como carregador de maca em Spion Kop.

15. Alude-se a esse episódio em *Passagem para a Índia*, de Forster: "Bem, eles têm que rastejar daqui até as cavernas sobre as mãos e joelhos toda vez que há uma mulher inglesa à vista [...] têm que se esfregar na poeira".
16. No dia 9 de agosto, pouco antes de os alemães lançarem sua ofensiva contra as defesas aéreas britânicas, a RAF tinha 1.032 caças. Os caças alemães disponíveis para o ataque somavam 1.011. Além disso, a RAF tinha 1.400 pilotos, algumas centenas a mais do que a Luftwaffe. E, o que era crucial, a produção britânica era mais rápida do que a alemã: durante meses críticos, de junho a setembro de 1940, foram produzidos 1.900 novos caças nas fábricas britânicas, para apenas 775 na Alemanha. A superioridade técnica em radares e um sistema de comando e controle magnífico reforçavam muito a eficiência britânica. No total, as perdas alemãs (incluindo bombardeiros) foram quase o dobro das britânicas (1.733 para 915).
17. O termo "Comunidade Britânica de Nações" foi usado pela primeira vez no Tratado Anglo-Irlandês de 1922, para expressar a quase autonomia dos domínios.
18. Em um discurso em Tóquio, em 1944, Bose defendeu explicitamente um Estado indiano "de caráter autoritário". A essa altura, ele chamava a si mesmo de *Netaji* (querido líder) e trajava o habitual uniforme fascista.
19. Ele era filho de *Lord* Parmoor e marido da herdeira do Sal de Fruta Eno.
20. William Ferguson Massey, primeiro-ministro da Nova Zelândia de 1912 a 1925.
21. Sua mãe, Jennie Jerome, nasceu no Brooklyn, e era filha de Leonard Jerome, proprietário do *New York Times*.
22. O general Smuts respondeu em uma entrevista à *Life* em dezembro que a Comunidade Britânica de Nações, a Commonwealth, era "o sistema mais amplo de liberdade humana organizada que jamais havia existido na história da humanidade".
23. Roosevelt, significativamente, também não parecia pretender que curadoria devesse ser a futura base do vasto império russo na Eurásia. Isso era o que os britânicos apelidaram de "falácia da água salgada": por algum motivo, as colônias eram tratadas de forma diferente se fossem separadas por mar daqueles que as governavam.
24. Como contou a um amigo em 1941: "Eu sempre encaro uma visita [aos Estados Unidos] como da natureza de uma doença grave a ser seguida de convalescência".
25. Para ser preciso, *Lord* Louis Francis Albert Victor Nicholas Mountbatten, "KG, PC, GCB, OM, GCSI, GCIE, GCVO, DSO, FRS, Hon. DCL, Hon. LLD, Hon. D. Sc., AMIEE, AMRINI" – como ele muitas vezes gostava de fazer lembrar. Mountbatten gostava de montar tabelas genealógicas mapeando a linhagem real da sua família, usando um sistema desenvolvido para criadores de gado de raça.
26. A Liga Muçulmana tinha sido fundada em 1906, mas, sob a liderança de Mohammad Ali Jinnah, ela se engajou na ideia de um estado muçulmano independente separado somente em 1940.
27. Tanto o estado judeu quanto o nacionalismo árabe foram em certa medida criação da política britânica durante a Primeira Guerra Mundial; mas os termos da Decla-

ração de Balfour, de 1917, acabou mostrando conter uma contradição sem saída: "O governo de Sua Majestade vê com bons olhos o estabelecimento na Palestina de um lar nacional para o povo judeu, e vai se empenhar ao máximo para facilitar a realização desse objetivo, devendo ser claramente compreendido que nada vai ser feito que possa prejudicar os direitos civis e religiosos das comunidades não judaicas existentes na Palestina".

28. A última parcela a ser paga em 2006.

Conclusão

A Grã-Bretanha perdeu um Império e ainda não achou uma função.
DEAN ACHESON, 1962

O Império Britânico está morto há muito tempo; agora restam só destroços. O que se baseara na supremacia comercial e financeira britânica nos séculos XVII e XVIII e na sua supremacia industrial no século XIX estava destinado a desfazer-se uma vez que a economia britânica dobrou-se sob o peso acumulado de duas guerras mundiais. O grande credor se tornou um devedor. Similarmente, os grandes movimentos populacionais que, uma vez, levaram à expansão imperial britânica, mudaram de direção nos anos 1950. Migração da Grã-Bretanha deu lugar à migração para a Grã-Bretanha. Quanto ao impulso missionário que havia mandado milhares de jovens ao redor do mundo pregando o cristianismo e o evangelho da limpeza, isso também minguou, assim como a frequência de público na igreja. O cristianismo hoje é mais forte em muitas das antigas colônias do que na própria Grã-Bretanha.

Sir Richard Turnbull, o penúltimo governador de Aden, uma vez disse ao político trabalhista Denis Healey que, "quando o Império Britânico finalmente afundar sob as ondas da história, deixará para trás apenas dois monumentos: um é o jogo de futebol, o outro, a expressão *fuck off*". Na verdade, o legado imperial moldou o mundo moderno tão profundamente que nós quase não percebemos.

Sem a propagação do domínio britânico pelo mundo, é difícil acreditar que as estruturas do capitalismo liberal tivessem se estabelecido com tanto sucesso em tantas economias diferentes pelo mundo. Os impérios que adotaram modelos alternativos – o russo e o chinês – impuseram uma miséria incalculável aos povos que foram seus súditos. Sem a influência do comando imperial britânico, é difícil acreditar que as instituições da democracia parlamentar teriam sido adotadas pela maioria dos estados no mundo, como são hoje. A Índia, a maior democracia do mundo, deve reconhecer ao comando britânico, mais do que tem feito. Suas escolas de elite, suas universidades, seu serviço público, seu exército, sua imprensa e seu sistema parlamentar, todos ainda têm modelos britânicos reconhecíveis. Finalmente, há a própria língua inglesa, talvez o artigo de exportação mais importante dos últimos trezentos anos. Hoje, 350 milhões de pessoas falam inglês como primeira língua e cerca de 450 milhões como segunda língua. É aproximadamente uma em cada sete pessoas no planeta.

Obviamente ninguém alegaria que a ficha do Império Britânico foi imaculada. Ao contrário, tentei mostrar quão frequentemente ele não conseguia fazer jus a seu próprio ideal de liberdade individual, particularmente na era inicial da escravidão, degredo e "limpeza étnica" de povos indígenas. Ainda assim, o Império do século XIX inegavelmente foi pioneiro do comércio livre, do livre movimento de capital e, com a abolição da escravidão, do trabalho livre. Ele investiu somas imensas no desenvolvimento de uma rede global de comunicação moderna. Propagou e impôs o império da lei em vastas áreas. Apesar de ter lutado muitas guerras pequenas, o Império manteve uma paz global jamais alcançada antes ou depois. Também no século XX, ele mais do que justificou sua existência, pois as alternativas ao comando britânico representadas pelos impérios alemão e japonês eram claramente muito piores. E, sem seu Império, é inconcebível que a Grã-Bretanha pudesse ter resistido a eles.

Certamente não teria havido tanto comércio livre entre os anos 1840 e 1930 se não fosse pelo Império Britânico. Abrir mão das colônias britânicas na segunda metade do século XIX teria levado a tarifas maiores em seus mercados e, talvez, a outras formas de discriminação comercial. A prova disso não precisa ser puramente hipotética; ela se manifestou nas políticas altamente protecionistas adotadas pelos Estados Unidos e pela Índia depois que conseguiram sua independência, assim como nas tarifas adotadas pelos rivais imperiais da Grã-Bretanha, a França, a Alemanha e a Rússia nos anos 1870 e depois. O orçamento militar britânico antes da Primeira Guerra Mundial pode, portanto, ser visto como uma taxa de seguro notavelmente baixa contra o protecionismo internacional. De acordo com uma estimativa, o benefício econômico para o Reino Unido por ter forçado o comércio livre pode ter sido tão alto quanto 6,5% do produto nacional bruto. Ninguém ainda se arriscou a estimar qual pode ter sido o benefício para a economia mundial como um todo; mas que foi um benefício e não um custo parece fora de discussão, dadas as consequências catastróficas do declínio global rumo ao protecionismo conforme o poder imperial britânico declinava nos anos 1930.

E não teria havido tanta mobilidade internacional de trabalho – e, portanto, tanta convergência global de rendas antes de 1914 – sem o Império Britânico. É verdade que os Estados Unidos sempre foram o destino mais atraente para migrantes europeus; nem todos os migrantes são originários dos países colonizadores. Mas não se deve esquecer que o núcleo dos Estados Unidos esteve sob comando britânico durante a maior parte de um século e meio antes da Guerra da Independência, e que as diferenças entre a América do Norte independente e britânica continuaram mínimas.

Também vale a pena lembrar que a importância dos domínios brancos como destino de emigrantes britânicos cresceu marcadamente depois de 1914, quando os Estados Unidos aumentaram as restrições para imigração e, depois de 1929, sofreram uma Depressão muito pior que qualquer coisa experimentada no bloco da libra. Finalmente, não devemos perder de vista o enorme número de asiáticos que deixaram a Índia e a China para trabalhar como servos por contrato, muitos deles em plantações e minas britânicas ao longo do século XIX. Não há dúvida de que a maioria deles sofreu grandes dificuldades; muitos, de fato, poderiam ter se dado melhor ficando em casa. Mas, mais uma vez, não podemos fingir que essa mobilização de trabalho asiático barato, e provavelmente subempregado, para produzir borracha e escavar ouro não teve valor econômico.

Considere-se também o papel do Império Britânico na facilitação da exportação de capital para o mundo menos desenvolvido. Apesar de alguns indicadores de integração financeira internacional parecerem sugerir que os anos 1990 viram fluxos de capital entre fronteiras maiores que os dos anos 1890, na realidade, muito do investimento estrangeiro de hoje vai para países desenvolvidos. Em 1996, só 28% do investimento estrangeiro direto foi para países em desenvolvimento, enquanto, em 1913, a proporção era de 63%. Um outro indicador, mais estrito, mostra que, em 1997, só cerca de 5% do estoque mundial de capital era investido em países com renda *per capita* de 20% ou menos do PIB *per capita* dos Estados Unidos. Em 1913, esse número era 25%. Uma hipótese plausível é de que o império – e particularmente o Império Britânico – encorajava investidores a pôr seu dinheiro em economias em desenvolvimento. O raciocínio é simples e direto. Investir nessas economias é arriscado. Elas tendem a ser distantes e mais propensas a crises econômicas, sociais e políticas. Mas a ampliação do império para o mundo menos desenvolvido teve o efeito de reduzir esses riscos impondo, direta ou indiretamente, alguma forma de governo europeu. Na prática, dinheiro investido numa colônia britânica *de jure* como a Índia (ou uma colônia em tudo menos no nome, como o Egito) era muito mais seguro que dinheiro investido numa "colônia" *de facto* como a Argentina. Esse era um "selo de aprovação de boa manutenção da casa" melhor até do que o padrão ouro (que garantiu efetivamente os investidores contra a inflação) – embora a maioria das colônias britânicas no fim das contas tivesse ambos.

Por todas essas razões, o conceito de que o imperialismo britânico tendia a empobrecer países colonizados parece intrinsecamente problemático. Isso não quer dizer que muitas ex-colônias não sejam extremamente pobres. Atualmente, por exemplo, o PIB *per capita* da Grã-Bretanha é aproximadamente 28 vezes o de Zâmbia, o que significa que o zambiano comum tem que viver com um pouco menos do que dois dólares por dia. Mas culpar o legado do colonialismo por isso não é muito convincente, já que a diferença das rendas britânica e zambiense era muito menor no fim do período colonial. Em 1995, o PIB *per capita* britânico era apenas sete vezes maior que o de Zâmbia. Foi depois da independência que a vala entre o colonizador e a ex-colônia tornou-se um golfo. É a mesma coisa em quase todas as antigas colônias na África subsaariana, com a notável exceção de Botsuana.

A fortuna econômica de um país é determinada por uma combinação de recursos naturais (geografia, de um modo geral) e ação humana (história, em resumo); essa é a versão da história econômica para o debate natureza-criação. Enquanto uma defesa convincente pode ser feita sobre a importância desses fatores "dados" como a temperatura média, umidade, incidência de doenças, qualidade do solo, proximidade do mar, latitude e recursos minerais para determinar o desempenho econômico, parece haver fortes evidências de que também a história exerce um papel crucial. Em particular, há boas evidências de que a imposição de instituições de estilo britânico tendeu a melhorar as perspectivas econômicas de um país, particularmente naqueles locais onde as culturas indígenas eram relativamente fracas por causa da população escassa (ou escasseada), permitindo que as instituições britânicas dominassem com pouca diluição. Onde os britânicos, como os espanhóis, conquistaram sociedades já sofisticadas e urbanizadas, os efeitos da colonização foram mais comumente negativos, já que os colonizadores ficavam tentados a roubar em vez de construir suas próprias instituições. De fato, essa talvez seja a melhor explicação disponível para a "grande divergência" que reduziu a Índia e a China de serem possivelmente as economias mais avançadas do mundo no século XVI à relativa pobreza no século XX. Isso também explica por que os britânicos foram capazes de ultrapassar seus rivais ibéricos: precisamente porque, como recém-chegados à corrida imperial, tiveram que se contentar em colonizar os resíduos pouco promissores da Virgínia e da Nova Inglaterra, em vez das cidades eminentemente saqueáveis do México e do Peru.

Quais instituições britânicas promoveram o desenvolvimento? Em primeiro lugar, não se deve subestimar os benefícios conferidos pelo direito e pela administração britânicos. Uma pesquisa recente em 49 países concluiu que "países com sistema de *common-law* têm as mais fortes proteções legais dos investidores [incluindo tanto acionistas como credores], e os países de direito civil francês, as mais fracas". Isso é de enorme importância no incentivo à formação de capital, sem o que empresários pouco podem fazer. O fato de que dezoito dos países da amostra adotam o sistema de *common-law* é, óbvio, quase inteiramente devido ao fato de terem estado em um momento ou outro sob domínio britânico.

Um raciocínio similar pode ser feito sobre a natureza do governo britânico. Duas características dos serviços indiano e colonial em seu apogeu, na metade do século XIX, são especialmente impressionantes, quando comparadas a muitos regimes modernos da Ásia e da África. Em primeiro lugar, a administração britânica foi notavelmente barata e eficiente. Em segundo lugar, foi notavelmente não venal. Seus pecados eram geralmente pecados de omissão, não de comissão. Isso também não pode ser totalmente sem importância, dadas as correlações demonstráveis de hoje entre fraco desempenho econômico e gasto excessivo do governo corrupção no setor público.

Conclusão

O historiador econômico David Landes esboçou recentemente uma lista de medidas que o governo "de crescimento e desenvolvimento ideal" adotaria. Esse governo, sugere ele

1. garantiria os direitos de propriedade privada, a melhor coisa para encorajar poupança e investimento;
2. garantiria os direitos de liberdade pessoal [...] tanto contra os abusos da tirania como [...] contra o crime e a corrupção;
3. faria cumprir os direitos de contrato;
4. propiciaria um governo estável [...] governado por regras conhecidas publicamente;
5. propiciaria um governo que reagisse rapidamente;
6. propiciaria um governo honesto [...] [sem] pagamentos em troca de favores ou posições;
7. propiciaria um governo moderado, eficiente, não ambicioso [...] para manter os impostos baixos [e] reduzir a apropriação do governo do *superavit* social.

A coisa impressionante sobre essa lista é quantos de seus pontos correspondem ao que os funcionários coloniais britânicos na Índia acreditavam estar fazendo. As únicas, óbvias exceções são os pontos 2 e 5. Ainda assim, o argumento britânico para adiar (às vezes indefinidamente) a mudança para a democracia era que muitas de suas colônias ainda não estavam preparadas para isso; de fato, o discurso clássico e não totalmente desonesto do Serviço Colonial no século XX era de que o papel da Grã-Bretanha era precisamente prepará-las.

É um ponto que vale a pena enfatizar: numa medida significativa, o domínio britânico teve esse efeito benigno. Segundo o trabalho de cientistas políticos como Seymour Martin Lipset, países que foram colônias britânicas tiveram uma chance significativamente maior de atingir uma democratização duradoura após a independência do que aqueles comandados por outros países. De fato, quase todos os países com população de pelo menos um milhão que emergiu da era colonial sem sucumbir a ditaduras são ex-colônias britânicas. É verdade que houve muitas antigas colônias que não conseguiram sustentar instituições livres: Bangladesh, Birmânia, Quênia, Paquistão, Tanzânia e Zimbábue vêm à mente. Mas, numa amostra de 53 países que foram colônias britânicas, pouco menos da metade (26) ainda eram democracias em 1993. Isso pode ser atribuído ao modo como o domínio britânico, particularmente onde ele era "indireto", encorajou a formação de elites colaboradoras; também pode estar relacionado ao papel dos missionários protestantes, que claramente tiveram um papel no encorajamento de aspirações de estilo ocidental de liberdades políticas em partes da África e do Caribe.

Em resumo, o que o Império Britânico provou é que império é uma forma de governo internacional que pode funcionar – e não só em benefício do poder dominante. Ele procurou globalizar não só um sistema econômico, mas também um sistema legal e, principalmente, político.

A questão final a ser abordada é se algo pode ser aprendido com o exemplo imperial britânico.

É preciso dizer que a experiência de administrar o mundo sem o Império não pode ser julgada um sucesso absoluto. A era pós-imperial se caracterizou por duas tendências contraditórias: globalização econômica e fragmentação política. A primeira certamente promoveu o crescimento econômico, mas os frutos do crescimento foram distribuídos muito desigualmente. A última tendência veio associada aos problemas da guerra civil e da instabilidade política, que desempenharam um papel importante na pauperização dos países mais pobres do mundo.

De maneira geral, o mundo experimentou, na segunda metade do século XX, um crescimento maior do que em qualquer outra época. Muito disso foi, sem dúvida, devido ao crescimento muito rápido que se alcançou no período de reconstrução pós-Segunda Guerra Mundial. Segundo as melhores estimativas disponíveis, a média anual de crescimento do PIB *per capita* mundial foi de 2,93% entre 1950 e 1973, em contraste com o valor miseravelmente baixo de 0,91% para os anos de Depressão e devastação pela guerra entre 1913 e 1950. O período inteiro de 1913 a 1973 foi, no entanto, um tempo de isolamento econômico, flanqueado em ambas as extremidades por períodos de globalização econômica. Esses períodos geraram taxas de crescimento notavelmente similares no PIB *per capita*: 1,30% de 1870 a 1913; 1,33% de 1973 a 1998. O período anterior da globalização, no entanto, esteve associado a um certo grau de convergência dos níveis internacionais de renda, particularmente entre as economias de ambos os lados do oceano Atlântico, enquanto o período recente tem sido associado a uma acentuada divergência do mercado global, particularmente porque o resto do mundo se afastou da África subsaariana. Não há dúvida de que isso é devido, em parte, à natureza desequilibrada da globalização econômica – o fato de que o capital flui principalmente dentro do mundo desenvolvido e de que o comércio e a imigração ainda são restringidos de muitas maneiras. Isso era menos verdade na era da globalização pré-1914 quando, em parte por influência das estruturas imperiais, investidores eram encorajados a colocar dinheiro em economias em desenvolvimento.

Às vésperas da Primeira Guerra Mundial, o imperialismo havia reduzido o número de países independentes no mundo para 59. Desde o advento da descolonização, porém, tem havido um aumento constante desse número. Em 1946, havia 74 países independentes; em 1950, 89. Em 1995, o número era 192, com os dois maiores aumentos vindo nos anos 1960 (principalmente na África, onde 25 novos estados foram formados entres 1960 e 1964) e 1990 (principalmente no leste europeu, quando o império soviético se desintegrou). E muitos dos novos estados são minúsculos. Nada menos do que 58 dos estados atuais têm população de menos de 2,5 milhões de habitantes; 35 têm menos de 500 mil habitantes. Há duas desvantagens nessa fragmentação política. Países pequenos são frequentemente formados como resultado de uma guerra civil dentro de uma entidade política multiétnica anterior – a forma mais comum de conflito desde 1945. Isso, em si, é economicamente destrutivo. Além disso, eles podem ser economicamente ineficientes mesmo em tempos de paz, pequenos demais para justificar toda a parafernália estatal com que insistem em se enfeitar: postos de fronteira, burocracias e tudo o mais. A fissiparidade política – a fragmentação dos estados – e os custos econômicos que a acompanham foi uma das principais fontes de instabilidade do mundo pós-guerra.

Finalmente, embora o liberalismo político e econômico anglófono continue sendo a cultura mais atraente do mundo, continua a enfrentar, como tem feito desde a revolução iraniana, uma séria ameaça do fundamentalismo islâmico. Na ausência do império formal, fica em aberto a questão sobre o quanto a disseminação da "civilização" ocidental – quer dizer, a mistura protestante-deísta-católica-judaica que emana da América moderna – pode ser confiada com segurança aos srs. Disney e McDonald.

Essas tendências fornecem a melhor explicação para o fracasso da história em "acabar" com o colapso do império soviético em 1989-91 e para a persistente instabilidade do mundo pós-Guerra Fria – da qual o mais espetacular sintoma foram os ataques de 11 de setembro de 2001 ao World Trade Center e ao Pentágono.

Um Novo Imperialismo?

Menos de um mês depois desses ataques, o primeiro-ministro britânico Tony Blair fez um discurso messiânico para a conferência anual do Partido Trabalhista em Brighton. Nele, falou com fervor das "políticas da globalização"; de "uma outra dimensão" das relações internacionais; da necessidade de "reordenar esse mundo à nossa volta". A guerra iminente para derrubar e substituir o regime talibã no Afeganistão, sugeriu ele, não era o primeiro passo na direção de um tal reordenamento; nem seria o último. Já tinha havido intervenções de sucesso contra outros governos fora da lei: o regime de Milošević na Sérvia e o "grupo de gângsteres assassinos" que tentaram tomar o poder em Serra Leoa. "E digo para vocês", declarou, "se Ruanda acontecesse de novo hoje como aconteceu em 1993, quando um milhão de pessoas foram massacradas a sangue-frio, teríamos o dever moral de agir lá também". Os casos de Kosovo e Serra Leoa eram claramente para ser entendidos como modelos do que poderia ser conseguido com intervenção; o caso de Ruanda como um exemplo lamentável das consequências da não intervenção. É claro, apressou-se ele em acrescentar, que não se podia esperar que os britânicos fossem executar essas operações regularmente. Mas "o poder da comunidade internacional" poderia "fazer tudo isso [...] se assim decidisse":

> Ele poderia, com a nossa ajuda, resolver o flagelo que é o conflito contínuo da República Democrática do Congo, onde 3 milhões de pessoas morreram por causa da guerra ou da fome na última década. Uma Parceria pela África, entre o mundo desenvolvido e o mundo em desenvolvimento [...] pode ser feita se tivermos determinação.

A natureza de tal parceria seria um simples e direto "acordo":

> Do nosso lado: fornecer mais assistência, desvinculada do comércio; cancelar dívidas; colaborar com a boa governança, a infraestrutura, o treinamento para

os soldados [...] na resolução de conflitos; encorajar investimentos; e acesso aos nossos mercados [...] Do lado africano: democracia verdadeira, fim das desculpas para a ditadura, fim dos abusos contra os direitos humanos; nenhuma tolerância com a má governança [...] [e] a corrupção endêmicas de alguns estados [...] Sistemas comerciais, legais e financeiros apropriados.

E isso não era tudo. Sob o impacto recente dos ataques de 11 de setembro, o sr. Blair declarou seu desejo de "justiça":

Justiça não só para punir os culpados. Mas justiça para levar esses mesmos valores de democracia e liberdade às pessoas ao redor do mundo [...] Os famintos, os miseráveis, os despossuídos, os ignorantes, aqueles que vivem na escassez e na pobreza, dos desertos da África setentrional às favelas de Gaza, às cadeias montanhas do Afeganistão: eles também são a nossa causa.

Desde antes da Crise de Suez um primeiro-ministro britânico não falava com entusiasmo tão sincero sobre o que os britânicos podiam fazer pelo resto do mundo. Na verdade, é difícil pensar em um primeiro-ministro, desde Gladstone, tão preparado para fazer daquilo que soa como puro altruísmo, a base de sua política externa. A coisa mais surpreendente, no entanto, é que, com apenas uma pequena reformulação, isso poderia soar como um projeto totalmente mais ameaçador. Intervenções de rotina para derrubar governos considerados "maus"; assistência econômica em troca de um "bom" governo e "sistemas comerciais, legais e financeiros apropriados"; um mandato para "levar [...] [os] valores da democracia e liberdade" a "pessoas ao redor do mundo". Pensando bem, isso tem mais do que uma semelhança passageira com o projeto vitoriano de exportar sua própria "civilização" para o mundo. Como vimos, os vitorianos consideravam derrubar governos fora da lei, da Abissínia a Oudh, um parte totalmente legítima do processo de civilização; o Serviço Civil Indiano orgulhava-se de substituir governos "maus" por "bons"; enquanto missionários vitorianos tinham certeza absoluta de que era seu papel levar os valores do cristianismo e do comércio às mesmas pessoas "ao redor do mundo" a quem o sr. Blair quer levar "democracia e liberdade".

E as semelhanças não acabam aqui. Quando os britânicos entraram em guerra contra os dervixes do Sudão nos anos 1880 e 1890, não tinham dúvida de que estavam levando "justiça" a um regime fora da lei. O Mádi era, em vários sentidos, um Osama Bin Laden vitoriano, um fundamentalista islâmico renegado cujo assassinato do general Gordon foi uma miniatura do 11 de Setembro. A batalha de Omdurman foi o protótipo do tipo de guerra que os Estados Unidos vêm travando desde 1990, contra o Iraque, contra a Sérvia, contra o Talibã. Assim como a Força Aérea Americana bombardeou a Sérvia em 1999 em nome dos "direitos humanos", a Marinha Real realizou ataques na costa da África Ocidental nos anos 1840 e até ameaçou o Brasil como parte da campanha para acabar com o comércio de escravos. E quando o sr. Blair justifica intervenções contra "maus" regimes prometendo assistência e investimento em troca, está inconscientemente ecoando os liberais gladstonianos, que justificavam sua ocupação militar no Egito em 1881 basicamente da mesma maneira. Até o muito difundido desdém feminista com o tratamento dado às mulheres pelo regime do Talibã recorda o modo com que os administradores britânicos na Índia se esforçaram para erradicar os costumes do *sati* e o infanticídio feminino.

Em um artigo publicado alguns meses depois do discurso do sr. Blair, o diplomata britânico Robert Cooper teve a coragem de chamar essa nova política de "reordenar o mundo" pelo seu nome correto. Se Estados "pré-modernos" fora da lei se tornassem "perigosos demais para os estados estabelecidos tolerar", escreveu, era "possível imaginar um imperialismo defensivo", já que: "A maneira mais lógica de lidar com o caos, e a mais empregada no passado, é a colonização". Infelizmente, as palavras "império e imperialismo" se tornaram "uma forma de insulto" no mundo "pós-moderno":

> Hoje, não existem poderes coloniais dispostos a assumir a tarefa, embora as oportunidades, e talvez até a necessidade de colonização seja tão grande quanto jamais foi no século XIX [...] Todas as condições para o imperialismo estão aí, mas tanto a oferta quanto a demanda pelo imperialismo secaram. E, mesmo assim, os fracos ainda precisam dos fortes e os fortes ainda precisam de um mundo ordeiro. Um mundo em que os eficientes e bem governados exportem estabilidade e liberdade, e que esteja aberto para investimento e crescimento – tudo isso parece eminentemente desejável.

A solução de Cooper para esse problema era o que chamou "um novo tipo de imperialismo, aceitável para um mundo de direitos humanos e valores cosmopolitas [...] um imperialismo que, como todo imperialismo, almeje trazer ordem e organização, mas que se baseie, hoje, no princípio voluntário". A natureza exata desse "imperialismo pós-moderno", sugeriu ele, pode ser extrapolada do "imperialismo voluntário da economia global" existente, referindo-se ao poder do Fundo Monetário Internacional e do Banco Mundial, e aquilo que ele chamou de "imperialismo de vizinhos", referindo-se à perene prática de interferência em um país vizinho cuja estabilidade ameace se espalhar além das fronteiras. O lugar institucional do novo imperialismo de Cooper, no entanto, não era outro senão a União Europeia:

> A União Europeia pós-moderna oferece um exemplo de império cooperativo, uma liberdade comum e uma segurança comum sem a dominação étnica e o absolutismo centralizado aos quais impérios passados estiveram sujeitos, mas também sem a exclusividade étnica que é a marca distintiva do estado-nação [...] Um império cooperativo pode ser [...] uma moldura na qual cada um tem uma participação no governo, na qual nenhum país sozinho domina e na qual os princípios de governo não são étnicos, mas legais. O mais suave toque será exigido do centro; a "burocracia imperial" deve estar sob controle, deve ser responsável diante da comunidade, e deve ser serva, não senhora dessa comunidade. Essa instituição deve ser tão dedicada à liberdade e à democracia quanto suas partes constituintes. Como Roma, essa comunidade proveria seus cidadãos com algumas leis, algumas moedas e a estrada ocasional.

Talvez aquilo que tanto o discurso de Blair como o artigo de Cooper ilustram mais claramente é o quão firme continua sendo o apego ao império nas mentes educadas em Oxford. Ainda assim, há um defeito evidente em ambos os argumentos, o que sugere que o idealismo levou a melhor sobre o realismo. A realidade é que nem a comunidade internacional (Blair) nem a União Europeia (Cooper) estão em posição de desempenhar o papel de um novo Império Britânico. Isso ocorre pela simples razão de que nenhuma das duas tem os recursos militares ou fiscais para fazê-lo. O total das despesas operacionais da ONU e de todas as suas instituições afiliadas corresponde a cerca de US$ 18 bilhões por ano, aproximadamente 1% do orçamento federal dos Estados Unidos. Por sua vez, o total do orçamento da União Europeia é um pouco mais de 1% do PIB europeu; gastos por governos nacionais representam um pouco menos de 50%. A este respeito, a ONU e a UE não se assemelham tanto à Roma dos

Imperadores quanto à Roma do papa – sobre quem Stalin fez a famosa pergunta: "Quantas divisões ele tem?". Só existe, na verdade, uma potência capaz de desempenhar um papel imperial no mundo moderno, e essa são os Estados Unidos. De fato, em certa medida, eles já estão desempenhando esse papel.

Carregando o Fardo

Que ensinamentos os Estados Unidos podem tirar hoje da experiência britânica de império? A mais óbvia é que a mais bem-sucedida economia do mundo – como foi a Grã-Bretanha na maior parte dos séculos XVIII e XIX – pode fazer muito para impor seus mais importantes valores a sociedades menos avançadas tecnologicamente. Não é nada menos que desconcertante a Grã-Bretanha ter sido capaz de governar tanto do mundo sem administrar um orçamento de defesa especialmente grande. Para ser preciso, a despesa da Grã-Bretanha com defesa foi, em média, pouco mais de 3% do produto nacional líquido entre 1870 e 1913, e foi mais baixa no resto do século XIX.

Isso era dinheiro bem gasto. É, sem dúvida, verdade que, em teoria, mercados internacionais abertos teriam sido preferíveis ao imperialismo; mas, na prática, comércio livre global não foi e não é natural. O Império Britânico o impôs.

Em comparação, os Estados Unidos são muito mais ricos hoje em relação ao resto do mundo do que a Grã-Bretanha jamais foi. Em 1913, a participação britânica na produção mundial era de 8%; o número equivalente para os Estados Unidos em 1998 era 22%. E ninguém deve fingir que, pelo menos em termos fiscais, o custo da expansão do Império Americano, mesmo que significasse um grande número de pequenas guerras como a do Afeganistão, seria excessivo. Em 2000, os gastos de defesa americanos ficaram pouco abaixo de 3% do produto nacional bruto, comparados com uma média para os anos 1948-98 de 6,8%. Mesmo depois de grandes cortes em gastos militares, os Estados Unidos ainda são a única superpotência do mundo, com uma capacidade financeira e militar-tecnológica incomparável. Seu orçamento de defesa é 14 vezes o da China e 24 vezes o da Rússia. Os britânicos nunca desfrutaram de uma vantagem assim sobre seus rivais imperiais.

A hipótese, em outras palavras, é um passo em direção à globalização política, com os Estados Unidos passando de império informal para formal

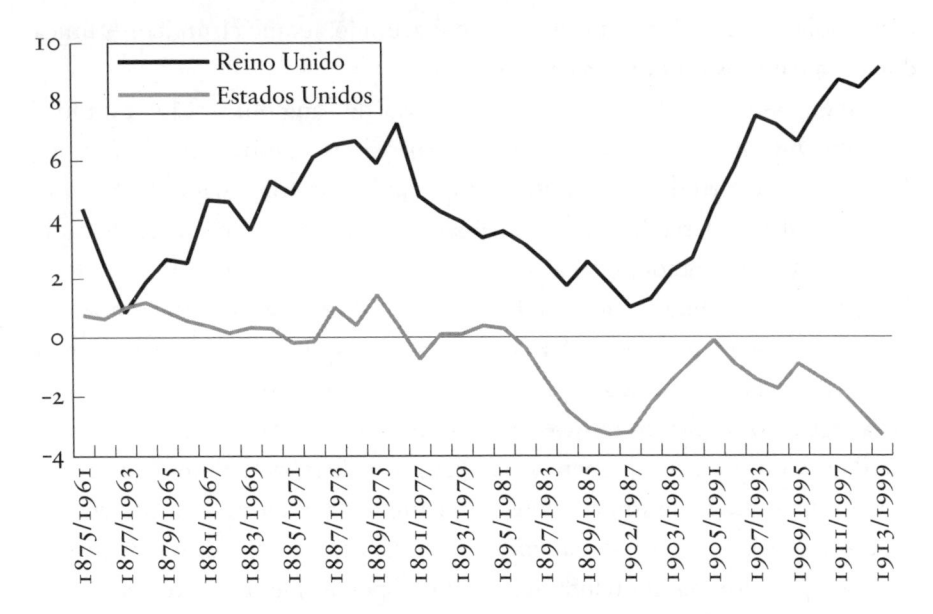

Investimento estrangeiro líquido em porcentagem do produto nacional bruto, Reino Unido (1875-1913) comparado aos Estados Unidos (1961-1999)

como a antiga Grã-Bretanha vitoriana fez um dia. Isso certamente é o que deveríamos esperar, se é que a história de fato se repete. Embora seu imperialismo não tenha sido totalmente distraído, a Grã-Bretanha não previu governar um quarto das terras emersas do mundo. Como vimos, seu império começou como uma rede de bases costeiras e esferas de influência informais, de modo muito parecido com o "império" americano pós-1945. Ameaças reais e supostas a seus interesses comerciais, porém, constantemente tentavam os britânicos a progredir do imperialismo informal para o formal. Foi assim que tanto do atlas passou a ser colorido de vermelho imperial.

Ninguém pode negar a extensão do império americano informal – o império das corporações multinacionais, dos filmes de Hollywood e até dos evangelizadores de TV. É tão diferente assim do Império Britânico precoce, aquele do monopólio das companhias de comércio e dos missionários? E não é nenhuma coincidência que um mapa mostrando as principais bases militares dos Estados Unidos ao redor do mundo se pareça muito com um mapa das estações carvoeiras da Marinha Real de cem anos atrás. Até a política externa americana recente lembra a diplomacia das canhoneiras do Império Britânico em seu apogeu vitoriano, quando um pequeno problema na periferia podia ser resolvido com um rápido e acurado ataque cirúrgico. A única diferença é que as canhoneiras de hoje voam.

Ainda assim, em três aspectos o processo de "anglobalização" é fundamentalmente diferente hoje. Olhando de perto, as virtudes americanas podem não ser as virtudes de um poder imperial hegemônico natural. Por uma coisa: o poder imperial britânico se baseava na exportação em massa de capital e pessoas. Mas, desde 1972, a economia americana tem sido uma *im*portadora líquida de capital (na ordem dos 5% do produto interno bruto em 2002) e continua a ser o destino preferido de imigrantes do mundo inteiro, e não uma produtora de candidatos a emigrantes coloniais. A Grã-Bretanha, em seu apogeu, foi capaz de recorrer a uma cultura de imperialismo descarado que datava do período elisabetano, enquanto os Estados Unidos – nascidos não em uma guerra contra a escravidão, como o sr. Blair parecia sugerir em seu discurso na conferência, mas em uma guerra contra o Império Britânico – serão sempre governantes relutantes de outros povos. Desde a intervenção de Woodrow Wilson para restaurar o governo eleito do México em 1913, a abordagem americana tem sido, frequentemente, atirar algumas granadas, entrar marchando, realizar eleições e depois dar o fora – até a próxima crise. O Haiti é um exemplo recente; o Kosovo é outro. O Afeganistão ainda pode revelar-se o próximo, ou talvez o Iraque.

Em 1899, Rudyard Kipling, o maior poeta do Império, dirigiu um poderoso apelo aos Estados Unidos, para que assumissem suas responsabilidades imperiais:

Toma o fardo do Homem Branco –
Envia os melhores que criaste –
Vai, condena teus filhos a, no exílio,
atender as necessidades de teus cativos;
A servir, com pesado arreio,
Um inquieto povo, e selvagem –
Teus recém-conquistados, povos escuros,
Metade demônio, metade criança.

Assume o fardo do Homem Branco
E colha a recompensa de sempre:
A censura dos que melhoras,
O ódio dos que proteges [...]

Ninguém ousaria usar uma linguagem tão politicamente incorreta atualmente. Não obstante, a realidade é que os Estados Unidos assumiram – admitam eles ou não – algum tipo de fardo global, exatamente como Kipling pediu. Eles se consideram responsáveis não só por travar uma guerra contra o terrorismo e contra Estados fora da lei, mas também por propagar os benefícios do capitalismo e da democracia no exterior. E, assim como o Império Britânico antes dele, o Império Americano invariavelmente age em nome da liberdade, mesmo quando seu próprio interesse é assumidamente o mais importante. Essa era a tese de John Buchan, olhando para o apogeu do jardim de infância imperialista de Milner de 1940:

> Eu sonhava com uma irmandade mundial com base em uma raça e um credo comuns, consagrada ao serviço da paz; a Grã-Bretanha enriquecendo o resto com sua cultura e suas tradições, e o espírito dos domínios, como um forte vento, refrescando o ar abafado das velhas terras [...] Acreditávamos estar estabelecendo a base de uma federação do mundo [...] O "fardo do homem branco" é, agora, quase uma frase sem sentido; antes envolvia uma nova filosofia da política, e um padrão ético, sério e certamente não ignóbil.

Mas Buchan, como Churchill, detectou um herdeiro para esse legado, no outro lado do Atlântico.

> Só há no globo duas organizações de unidades sociais de larga escala comprovadas, os Estados Unidos e o Império Britânico. O último não é mais de exportação [...] Mas os Estados Unidos [...] são o exemplo supremo de uma federação existente [...] Se for para o mundo algum dia ter prosperidade e paz, terá que haver algum tipo de federação – não direi de democracias, mas de Estados que aceitam o império da lei. Nessa tarefa, os Estados Unidos me parecem ser os líderes predestinados.

Descontada a retórica do tempo da guerra, há mais do que um pouco de verdade nisso. E, ainda assim, o império que comanda o mundo hoje é, ao mesmo tempo, mais e menos que seu progenitor britânico. Ele tem uma economia muito maior, muito mais gente, um arsenal muito maior. Mas é um império a que falta a disposição para exportar seu capital, seu povo e sua cultura para aquelas regiões atrasadas que precisam deles com mais urgência e que, se forem negligenciadas, se tornarão as maiores ameaças para sua segurança. É um império, em resumo, que não ousa falar seu nome. É um império em negação.

O secretário de Estado americano Dean Acheson, numa frase famosa, disse que os britânicos perderam um império, mas fracassaram em achar uma função. Talvez a realidade seja que os americanos tomaram nossa antiga função sem enfrentar, até agora, o fato de que um império vem junto. A tecnologia de governo ultramarino pode ter mudado – os Dreadnoughts podem ter dado lugar aos F-15. Mas, goste-se ou não, e negue quem quiser, o império é hoje uma realidade, tanto quanto foi ao longo dos trezentos anos em que a Inglaterra governou, e criou o mundo moderno.

Agradecimentos

Um livro como esse é, mais do que a maioria, o produto de um esforço coletivo. Apesar de muitas das pessoas a que gostaria de agradecer aqui terem pensado que estavam trabalhando para uma produtora ou uma emissora com o objetivo de fazer uma série de televisão, elas estavam sempre contribuindo também para estas páginas impressas.

Em primeira instância, gostaria de agradecer a Janice Hadlow, chefe de História no Canal 4, a cuja iniciativa ambos, o livro e a série, devem sua existência. Também presente na criação estava seu representante, Hamish Mykura, que era originalmente o produtor da série. Na Produções Blakeway, tenho uma dívida imensa com Denys Blakeway, o produtor executivo; Charles Miller, o sucessor de Hamish Mykura como produtor da série; Melanie Fall, a produtora associada da série; Helen Britton e Rosie Schellenberg, as assistentes de produção; Grace Chapman, a pesquisadora da série; Alex Watson, Joanna Potts e Rosalind Bentley, as pesquisadoras; Emma Macfarlane, a coordenadora de produção; Clare Odgers, a gerente de produção; e Kate Macky, a gerente do escritório.

Aprendi uma quantidade imensa de coisas sobre como contar uma história com os três diretores que trabalharam em *Império*: Russel Barnes, Adrian Pennink e David Wilson. Também estou em dívida com Dewald Aukema, Tim Cragg, Vaughan Matthews e Chris Openshaw, os câmeras; Dhruv Singh, o assistente de câmera; assim como Adam Prescod, Martin Geissman, Tony Bensusan e Paul Kennedy, os técnicos de som.

"Fixadores" são figuras cruciais em qualquer série de televisão: agradecimentos especiais são, portanto, devidos a Maxine Walters e Ele Rickham (Jamaica), Matt Bainbridge (Estados Unidos), Sam Jennings (Austrália), Lansana Fofana (Serra Leoa), Goran Musíc (África do Sul), Alan Harkness (Zambia), Nicky Sayer (Zanzibar), Funda Odemis (Turquia), Toby Sinclair e Reinee Ghosh (Índia).

Por vários atos de bondade e assistência, eu gostaria também de agradecer a Alric, Nasir, diretor da Faculdade Lamartinière, Joan Abrahams, Richard e Jane Aitken, Gourab K. Banerji, Rod Beattie, Professor A. Chaterjee, Dayn Cooper, Tom Cunningham, Steve Dodd, Eric Doucout, Tessa Fleicher, Rob Fransisco, Penny Fustle, Alan Harkness, Peter Jacques, pastor Hendric James, Jean François Lesage, Swapna Liddle, Neil McKendrick, Ravi Manet, John Manson, Bill Markham, Said Suleiman Mohammed, George Mudavanhu, Chefe Mukuni, Gremlin Napier, Tracy O"Brian, Adolph Oppong, Mabvuto Phiri, Victoria Phiri, G. S. Rawat, Ludi Schulze, Sua Excelência Viren Shah, Mark Shaw, Ratanjit Singh, Jane Skinner, Mary Slattery, Iona Smith, Simon Smith, Angus Stevens, Colin Steyn, Philip Tetley, Bispo Douglas Toto, tenente Chris Watt e Elria Wessels.

Escritores precisam de bons agentes; tenho sido sortudo o suficiente para ter Clare Alexander, Sally Riley e todos da Gillon Aitken, assim como Sue Ayton na Knight Ayton. Na Penguin, agradecimentos são devidos em particular a Anthony Forbes-Watson, Helen Fraser, Cecilia Mackay, Richard Martson e Andrew Rosenheim. Acima de tudo, gostaria de agradecer a meu editor, Simon Winder, cujo entusiasmo e encorajamento têm sido acima e além do dever.

Sem o apoio dos meus colegas da Jesus College, Oxford, e da Faculdade de História de Oxford, não teria sido capaz de achar tempo para escrever este livro e certamente não para fazer a série. Em particular, gostaria de agradecer a Bernhard Fulda, Felicity Heal e Turlough Stone.

Finalmente, muitos membros da minha família me ajudaram a descobrir mais sobre o meu próprio passado imperial. Gostaria de agradecer particularmente a minha mãe e meu pai, Molly e Campbell Ferguson, minha avó, May Hamilton, meus sogros Ken e Vivienne Douglas, e minha prima Sylvia Peters no Canadá. Acima de tudo, preciso agradecer a Susan, Felix, Freya e Lachlan, que tiveram que ser soldados em casa – como tantas famílias antes deles – enquanto seu pai fazia sua parte pelo Império.

Em um empreendimento tão colaborativo, as possibilidades de erros humanos são inevitavelmente ampliadas. Um número de leitores atenciosos gentilmente escreveu apontando escorregadas na edição de capa dura. Em particular, gostaria de agradecer ao atento sr. L. W. Haigh. Não obstante, assumo total responsabilidade por quaisquer erros que tenham sobrevivido.

Bibliografia

A lista a seguir não pretende ser uma bibliografia completa da história imperial, o que ocuparia um número excessivo de páginas. Em vez disso, tem a intenção de indicar as principais obras que utilizei na minha investigação e reconhecer minha dívida para com os seus autores, bem como para fornecer sugestões para leituras de aprofundamento.

GERAL

Abernerhy, David B., *The Dynamics of Global Dominance: European Overseas Empires 1415-1980* (New Haven, 2001)
Brown, Judith M. and Louis, Wm. Roger (eds.), *The Oxford History of the British Empire, vol. IV: The Twentieth Century* (Oxford/New York, 1999)
Canny, Nicholas (ed.), *The Oxford History of the British Empire, vol. I: The Origins of Empire* (Oxford/New York, 1998)
Fieldhouse, David, *The Colonial Empires* (London, 1966)
Harlow, Barbara and Carter, Mia, *Imperialism and Orientalism: A Documentary Sourcebook* (Oxford/Malden, Massachusetts, 1999)
Hyam, Ronald, *Britain's Imperial Century, 1815-1914* (Basingstoke, 1993)
James, Lawrence, *The Rise and Fall of the British Empire* (London, 1994)
Judd, Dennis, *Empire: The British Imperial Experience from 1765 to the Present* (London, 1996)
Lloyd, Trevor, *Empire: The History of the British Empire* (London, 2001)
Maddison, Angus, *The World Economy: A Millennial Perspective* (Paris, 2001)
Marshall, P. J. (ed.), *The Cambridge Illustrated History of the British Empire* (Cambridge, 1996)
— (ed.), *The Oxford History of the British Empire, vol. II: The Eighteenth Century* (Oxford/New York, 1998)
Morris, James, *Heaven's Command: An Imperial Progress* (London, 1992 [1973])
—, *Pax Britannica: The Climax of an Empire* (London, 1992 [1968])

—, *Farewell the Trumpets: An Imperial Retreat* (London, 1992 [1979])
Pagden, Anthony, *Peoples and Empires: Europeans and the Rest of the World, from Antiquity to the Present* (London, 2001)
Palmer, Alan, *Dictionary of the British Empire and Commonwealth* (London, 1996)
Porter, Andrew N. (ed.), *Atlas of British Overseas Expansion* (London, 1991)
— (ed.), *The Oxford History of the British Empire, vol. III: The Nineteenth Century* (Oxford, New York, 1999)
Winks, Robin W. (ed.), *The Oxford History of the British Empire, vol. V: Historiography* (Oxford, New York, 1999)

CAPÍTULO I

Andrews, Kenneth R., "Drake and South America", in Thrower, Norman J. W. (ed.), *Sir Francis Drake and the Famous Voyage, 1577-1580* (Berkeley/Los Angeles/London, 1984), pp. 49-59
Armitage, David, *The Ideological Origins of the British Empire* (Cambridge, 2000)
Barua, Pradeep, "Military Developments in India, 1750-1850", *Journal of Military History*, 58/4 (1994), pp. 599-616
Bayly, C. A., *Indian Society and the Making of the British Empire* (Cambridge, 1988)
—, *Imperial Meridian: The British Empire and the World, 1780-1830* (London, 1989)
Bernstein, Jeremy, *Dawning of the Raj: The Life and Trials of Warren Hastings* (London, 2001)
Boxer, C. R., *The Dutch Seaborne Empire, 1600-1800* (London, 1965)
Brenner, Robert, "The Social Basis of English Commercial Expansion, 1550-1650", *Journal of Economic History*, 32/1 (1972), pp. 361-84
Brigden, Susan, *New Worlds, Lost Worlds* (London, 2000)
Carlos, Ann M. and Nicholas, Stephen, "Agency Problems in Early Chartered Companies: The Case of the Hudson's Bay Company", *Journal of Economic History*, 50/4 (1990), pp. 853-75
Carnall, Geoffrey and Nicholson, Colin (eds.), *The Impeachment of Warren Hastings: Papers from a Bicentenary Commemoration* (Edinburgh, 1989)
Cell, Gillian T. (ed.), *Newfoundland Discovered: English Attempts at Colonisation, 1610-
-1630* (London, 1982)
Chaudhuri, K. N., *The English East India Company* (London, 1963)
—, *The Trading World of Asia and the English East India Company* (Cambridge, 1978)
Cruikshank, E. A., *The Life of Sir Henry Morgan, with an Account of the English Settlement of the Island of Jamaica, 1655-1688* (London/Basingstoke/Toronto, 1935)
Dalton, Sir Cornelius Neale, *The Life of Thomas Pitt* (Cambridge, 1915)
Dickson, P. G. M., *The Financial Revolution in England: A Study in the Development of Public Credit, 1688-1756* (London/Melbourne/Toronto, 1967)

Edney, Matthew H., *Mapping an Empire: The Geographical Construction of British India, 1765-1843* (Chicago/London, 1997)
Ehrman, John, *The Younger Pitt,* 3 vols. (London, 1969-1996)
Exquemlin, A. O., trans. Alexis Brown, *The Buccaneers of America. Comprising a Pertinent and Truthful Description of the Principal Acts of Depredation and Inhuman Cruelty committed by the English and French Buccaneers against the Spaniards in America* (London, 1972)
Forrest, Denys, *Tea for the British: The Social and Economic History of a Famous Trade* (London, 1973)
Fraser, J. Baillie, *Military Memoirs of Lieut. Col. James Skinner, C.B.* (Mussoorie, 1955 [1856])
Hagen, Victor Wolfgang von, *The Gold of El Dorado: The Quest for the Golden Man* (London/Toronto/Sydney/New York, 1978)
Hakluyt, Richard, edited, abridged and introduced by Jack Beeching, *Voyages and Discoveries: The Principal Navigations Voyages, Traffiques and Discoveries of the English Nation* (London, 1985 [1598-1600])
Heathcote, T. A., *The Military in British India: The Development of British Land Forces in South Asia, 1600-1947* (Manchester/New York, 1995)
Hemming, John, *The Search for El Dorado* (London, 1978)
Hossein Khan, Sied Gholam, *The Seir Mutaqherin: or Review of Modern Times: Being an History of India, From the Year 1118 to the Year 1194* (Calcutta, 1903 [1789])
Irwin, Douglas A., "Mercantilism and Strategic Trade Policy: The Anglo-Dutch Rivalry for the East Indian Trade", *Journal of Political Economy,* 99/6 (1991), pp. 1296-314
—, "Strategic Trade Policy and Mercantilist Trade Rivalries", *American Economic Review,* 2 (1982), pp. 134-9
Kelsey, Harry, *Sir Francis Drake: The Queen's Pirate* (New Haven/London, 1998)
Kennedy, Paul, *The Rise and Fall of British Naval Mastery* (London, 1976)
Koehn, Nancy F., *The Power of Commerce, Economy and Governance in the First British Empire* (Ithaca, New York, 1995)
Lemire, Beverly, *Fashion's Favourite: The Cotton Trade and the Consumer in Britain, 1660--1800* (Oxford, 1991)
Lindsay, Philip, *Morgan in Jamaica: Being an Account Biographical and Informative of the Latter Days of Sir Henry Morgan, Admiral of Buccaneers, Captain of Privateers... also Twice Acting Governor of Jamaica* (London, 1930)
Lyte, Charles, *Sir Joseph Banks: 18th Century Explorer, Botanist and Entrepreneur* (Devon, 1980)
MacInnes, C. M., *The Early English Tobacco Trade* (London, 1926)
Miller, David Philip and Reill, Peter Hanns (eds.), *Visions of Empire: Voyages, Botany, and Representations of Nature* (Cambridge/New York/Melbourne, 1996)
Neal, Larry, *The Rise of Financial Capitalism: International Capital Markets in the Age of Reason* (Cambridge, 1990)
Pagden, Anthony, *Lords of All the World: Ideologies of Empire in Spain, Britain and France, c. 1500-c. 1800* (New Haven, 1996)

Parry, John H., "Drake and the World Encompassed", in Thrower, Norman J. W. (ed.), *Sir Francis Drake and the Famous Voyage, 1577-1580* (Berkeley/Los Angeles/London, 1984), pp. 1-11

Pearson, N. M., "Shivaji and the Decline of the Mughal Empire", *Journal of Asian Studies*, 35/2 (1976), pp. 221-35

Pillai, Anandaranga, *The Private Diary of Ananda Ranga Pillai, Dubash to Joseph Francois Dupleix: A Record of Matters Political, Historical, Social, and Personal, from 1736 to 1761*, 12 vols. (Madras, 1904)

Pocock, Tom, *Battle For Empire: The Very First World War, 1756-63* (London, 1998)

Pope, Dudley, *The Buccaneer King: The Biography of Sir Henry Morgan, 1635-1688* (New York, 1977)

Pope, Peter E., *The Many Landfalls of John Cabot* (Toronto/Buffalo/London, 1997)

Price, Jacob M., "What Did Merchants Do? Reflections on British Overseas Trade, 1660--1790", *Journal of Economic History*, 49/2 *(1989)*, pp. 267-84

Quinn, David Beers, *England and the Discovery of America, 1481-1620: From the Bristol Voyages of the Fifteenth Century to the Pilgrim Settlement at Plymouth – The Exploration, Exploitation, and Trial-and-Error Colonization of North America by the English* (London, 1974)

Riddy, John, "Warren Hastings: Scotland's Benefactor", in G. Cornall and C. Nicholson, *The Impeachment of Warren Hastings: Papers from a Bicentenary Commemoration* (Edinburgh, 1989), pp. 30-57

Rowse, A. L. and Dougan, Robert O. (eds.), *The Discoverie of Guiana by Sir Walter Ralegh, 1596 and The Discoveries of the World by Antonio Galvao, 1601: Historical Introductions and Bibliographical Notes* (Cleveland, Ohio, 1966)

Ruville, Albert von, trans. H. J. Chaytor, *William Pitt, Earl of Chatham* (London, 1907)

Sinclair, Andrew, *Sir Walter Raleigh and the Age of Discovery: The Extraordinary Life and Achievements of a Renaissance Explorer, Sailor and Scholar* (Harmondsworth, 1984)

Williams, Glyn, *"The Prize of all the Oceans": The Triumph and Tragedy of Anson's Voyage round the World* (London, 1999)

Williamson, James A., *The Cabot Voyages and Bristol Discovery under Henry VII* (Cambridge, 1962)

CAPÍTULO 2

Anderson, Fred, *Crucible of War: The Seven Years' War and the Fate of Empire in British North America, 1754-1766* (London, 2000)

Anstey, Roger, *The Atlantic Slave Trade and British Abolition, 1760-1810* (London, 1975)

Bailyn, Bernard, *The Ideological Origins of the American Revolution* (Cambridge, Mass., 1967)

—, *The Peopling of British North America* (New York, 1986)

Barbour, Philip L., "*The Jamestown Voyages under the First Charter 1606-1609, vol. I: Documents Relating to the Foundation of Jamestown and the History of the Jamestown Colony up to the Departure of Captain John Smith, Last President of the Council in Virginia under the First Charter, Early in October 1609* (London/New York, 1969)

Bardon, Jonathan, *A History of Ulster* (Belfast, 1992)

Bauman, Richard, *For the Reputation of Truth: Politics, Religion, and Conflict among the Pennsylvania Quakers, 1750-1800* (Baltimore/London, 1971)

Belich, James, *Making Peoples: A History of the New Zealanders from Polynesian Settlement to the End of the Nineteenth Century* (London, 1997)

—, *Paradise Reforged: A History of the New Zealanders from the 1880s to the Year 2000* (London, 2001)

Berlin, Ira, *Many Thousands Gone: The First Two Centuries of Slavery in North America* (Cambridge, Mass., 1998)

Blackburn, Robin, *The Making of New World Slavery: From the Baroque to the Modern, 1492-1800* (New York, 1997)

Boogart, E. Van Den and Emmer, P. C., "Colonialism and Migration: An Over-view", in P. C. Emmer (ed.), *Colonialism and Migration: Indentured Labour before and after Slavery* (Dordrecht, 1986)

Brogan, Hugh, *The Pelican History of the United States of America* (Harmondsworth, 1986)

Calder, Angus, *Revolutionary Empire: The Rise of the English-Speaking Empires from the Fifteenth Century to the 1780s* (London, 1981)

Calhoon, Robert M., Barnes, Timothy M., and Rawlyk, George A. (eds.), *Loyalists and Community in North America* (Westport/Connecticut/London, 1994)

Campbell, Mavis C., *The Maroons of Jamaica, 1655-1796* (Massachusetts, 1988)

Cecil, Richard, ed., Marylynn Rouse, *The Life of John Newton* (Fearn, 2000)

Chiswick, Barry and Hatton, Timothy, "International Migration and the Integration of Labour Markets", in Michael Bordo, Alan Taylor and Jeffrey Williamson (eds.), *Globalization in Historical Perspective* (Chicago, 2003)

Christie, I. R. and Larabee, B. W., *Empire and Independence, 1760-1776* (Oxford, 1976)

Clark, J. C. D., *The Language of Liberty, 1660-1832: Political Discourse and Social Dynamics in the Anglo-American World* (Cambridge, 1993)

Curtin, Philip D., *Death by Migration: Europe's Encounter with the Tropical World in the Nineteenth Century* (Cambridge, 1989)

—, *The Atlantic Slave Trade: A Census* (Madison/London, 1969)

Draper, Theodore, *A Struggle for Power: The American Revolution* (New York, 1996)

Drayton, Richard, "The Collaboration of Labour: Slaves, Empires and Globalizations in the Atlantic World, c. 1600-1950", in A. G. Hopkins (ed.), *Globalization in World History* (London, 2002), pp. 98-114

Eltis, David, "Europeans and the Rise and Fall of African Slavery in the Americas: An Interpretation", *American Historical Review*, 98/5 (1993), pp. 1399-423.

Emmer, P. C. (ed.), *Colonialism and Migration: Indentured Servants before and after Slavery* (Dordrecht, 1986)

Engerman, Stanley L. and Gallman, Robert E. (eds.), *The Cambridge Economic History Of The United States, vol. I: The Colonial Era* (Cambridge, 1997)

Foster, Roy, *Modern Ireland, 1600-1972* (London, 1988)

Frank Felsenstein (ed.), *English Trader, Indian Maid: Representing Gender, Race, and Slavery in the New World: An Inkle and Yarico Reader* (Baltimore/London, 1999)

Galenson, D. W., *White Servitude in Colonial America: An EconomicAnalysis* (London, 1981)

Gemery, Henry A., "Markets for Migrants: English Indentured Servitude and Emigration in the Seventeenth and Eighteenth Centuries", in P. C. Emmer (ed.), *Colonialism and Migration: Indentured Labour before and after Slavery* (Dordrecht, 1986)

Grant, Douglas, *The Fortunate Slave: An Illustration of African Slavery in the Early Eighteenth Century* (New York/Toronto, 1968)

Hughes, Robert, *The Fatal Shore: A History of the Transportation of Convicts to Australia, 1787-1868* (London, 1987)

Hunter, James, *A Dance Called America: The Scottish Highlands, the United States and Canada* (Edinburgh, 1994)

Inikori, J. E., "Marker Structure and the Profits of the British African Trade in the Late Eighteenth Century", *Journal of Economic History*, 41/4 (1981), pp. 745-76

Jeffery, Keith (ed.), *"An Irish Empire": Aspects of Ireland and the British Empire* (Manchester, 1996)

Jones, Maldwyn A., *The Limits of Liberty: American History, 1607-1980* (Oxford,1983)

Jones, Rufus M., *The Quakers in the American Colonies* (London, 1911)

Knight, Franklin W. (ed.), *General History of the Caribbean, vol. III: The Slave Societies of the Caribbean* (London, 1997)

Langley, Lester D., *The Americas in the Age of Revolution, 1750-1850* (New Haven, 1997)

Long, Edward, *The History of Jamaica, or General Survey of the Ancient and Modern State of that Island: With Reflections on its Situations, Settlements, Commerce, Lawsand Government* (London, 1970 [1774])

Main, Gloria L., *Tobacco Colony: Life in Early Maryland, 1650-1720* (Princeton, New Jersey, 1982)

Martin, Bernard, *John Newton: A Biography* (Melbourne/London/Toronto, 1950)

— and Spurrell, Mark (eds.), *The Journal of a Slave Trader (John Newton) 1750-1754, with Newton's "Thoughts upon the African Slave Trade"* (London, 1962)

Middleton, Arthur Pierce, *Tobacco Coast: A Maritime History of Chesapeake Bay in the Colonial Era* (Newport News, Virginia, 1953)

Newton, John, *Letters to a Wife, by the Author of Cardiphonia* (Edinburgh, 1808)

— and Cecil, Revd R., *An Authentic Narrative of Some Remarkable and Interesting Particulars in the Life of John Newton; Memoirs of Mr. Newton; Forty-One Letters Originally Published under the Signatures of Omicron and Virgil* (Edinburgh, 1825)

Oxley, Deborah, *Convict Maids: The Forced Migration of Women to Australia* (Cambridge, New York, Melbourne, 1996)

Pestana, Carla Gardina, *Quakers and Baptists in Colonial Massachusetts* (Cambridge, 1991)
Quinn, David B., *Explorers and Colonies: America, 1500-1625* (London/Ronceverte, 1990)
Rice, C. Duncan, "The Missionary Context of the British Anti-Slavery Movement", in Walvin, James (ed.), *Slavery and British Society, 1776-1846* (London/Basingstoke, 1982), pp. 150-64
Riley, Edward Miles (ed.), *The Journal of John Harrower: An Indentured Servant in the Colony of Virginia, 1773-1776* (Williamsburg, Virginia,1963)
Rouse, Parke Jr., *Planters and Pioneers: Life in Colonial Virginia – The Story in Pictures and Text of the People who Settled England's First Successful Colony from its Planting in 1607 to the Birth of the United States in 1789* (New York, 1968)
Smith, Abbot Emerson, *Colonists in Bondage: White Servitude and Convict Labour in America, 1607-1776* (Chapel Hill, 1947)
Thomas, Hugh, *The Slave Trade: The History of the Atlantic Slave Trade, 1440-1870* (New York, 1997)
Walvin, James, *England, Slaves and Freedom, 1776-1838* (Basingstoke, 1986)
—, *Britain's Slave Empire* (London, 2000)
Ward, J. M., *Colonial Self-Government: The British Experience, 1759-1856* (London, 1976)
Whiteley, Peter, *Lord North: The Prime Minister who Lost America* (London, 1996)

CAPÍTULO 3

Blaikie, W., *The Personal Life of David Livingstone LL.D. D.C.L.* (London, 1880)
Chinnian, P., *The Vellore Mutiny – 1806: The First Uprising Against the British* (Erode, 1982)
Gelfand, Michael, *Livingstone the Doctor, His Life and Travels: A Study in Medical History* (Oxford, 1957)
Helly, Dorothy O., *Livingstone's Legacy: Horace Waller and Victorian Mythmaking* (Athens, Ohio/London, 1987)
Hibbert, Christopher, *The Great Mutiny: India, 1857* (London, 1978)
Holmes, Timothy, *Journey to Livingstone: Exploration of an Imperial Myth* (Edinburgh, 1993)
Jeal, Tim, *Livingstone* (London, 1973)
Liebowitz, Daniel, *The Physician and the Slave Trade: John Kirk, the Livingstone Expeditions, and the Crusade Against Slavery in East Africa* (New York, 1999)
Metcalfe, C. T., *Two Native Narratives of the Mutiny* (London, 1898)
Murray, Jocelyn, *Proclaim the Good News: A Short History of the Church Missionary Society* (London, 1985)
Panigrahi, Lalita, *British Social Policy and Female Infanticide in India* (New Delhi, 1972)
Philips, C. H. (ed.), *The Correspondence of Lord William Cavendish Bentinck: Governor-General of India 1828-1835, vol. I: 1828-1831; vol. II: 1832-1835* (Oxford, 1977)

Ray, Ajit Kumar, *Widows are not for Burning: Actions and Attitudes of the Christian Missionaries, the Native Hindus and Lord William Bentinck* (New Delhi, 1985)
Sen, Surendranath, *1857* (New Delhi, 1957)
Soderlund, Jean R., *Quakers and Slavery: A Divided Spirit* (Princeton, New Jersey, 1985)
Stanley, B., *The Bible and the Flag: Protestant Missions and BritishImperialism in the Nineteenth and Twentieth Centuries* (Leicester, 1990)

CAPÍTULO 4

Allen, Charles, *Soldier Sahibs: The Men who Made the North-West Frontier* (London, 2000)
Allen, Charles (ed.), *Plain Tales from the Raj* (London, 1976)
Baber, Zaheer, *The Science of Empire: Scientific Knowledge, Civilization, and Colonial Rule in India* (Albany, 1996)
Beaglehole, T. H., *Thomas Munro and the Development of Administrative Policy in Madras 1792-1818: The Origins of "The Munro System"* (Cambridge, 1966)
Bejoy Krishna Bose, Vakil, *The Alipore Bomb Trial, with a foreword by Mr Eardley Norton, Bar-at-Law* (Calcutta, 1922)
Bennett, Mary, *The Ilberts in India, 1882-1886: An Imperial Miniature* (London, 1995)
Bhasin, Raja, *Viceregal Lodge and the Indian Institute of Advanced Study, Shimla* (Shimla, 1995)
Blunt, Sir Edward, *The I.C.S.: The Indian Civil Service* (London, 1937)
Brook, Timothy and Wakabayashi, Tadashi (eds.), *Opium Regimes: China, Britain, and Japan, 1839-1952* (Berkeley/Los Angeles/London, 2000)
Cannadine, David, *Ornamentalism: How the British Saw Their Empire* (London, 2001)
Clive, John, *Thomas Babington Macaulay: The Shaping of the Historian* (London, 1973)
Daumas, Maurice, *A History of Technology and Invention: Progress through the Ages, vol. III: The Expansion of Mechanization, 1725-1860* (London, 1980)
Davis, Mike, *Late Victorian Holocausts: El Niño Famines and the Making of the Third World* (London, 2001)
Dewey, Clive, *Anglo-Indian Attitudes: The Mind of the Civil Service* (London, 1993)
Dutton, Geoffrey, *The Hera as Murderer: The Life of Edward John Eyre* (Sydney, 1967)
Endacott, G. B., *A History of Hong Kong* (Hong Kong, 1973)
Frykenberg, Robert Eric, "Modern Education in South India, 1784-1854: Its Roots and Its Role as a Vehicle of Integration under Company Raj", *American Historical Review*, 91/1 (supplement to vol. 91) (1986), pp. 37-65
Gilbert, Martin (ed.), *Servant of India: A Study of Imperial Rule from 1905 to 1910 as Told through the Correspondence and Diaries of Sir James Dunlop Smith* (London, 1966)
Gilmour, David, *Curzon* (London, 1994)
—, *The Long Recessional: The Imperial Life of Rudyard Kipling* (London, 2002)

Heehs, Peter, *The Bomb in Bengal: The Rise of Revolutionary Terrorism in India, 1900-1910* (Oxford, 1993)

Heuman, Gad, *"The Killing Time": The Morant Bay Rebellion in Jamaica* (London/Basingstoke, 1994)

Hirschmann, Edwin, *"White Mutiny": The Ilbert Bill Crisis in India and the Genesis of the Indian National Congress* (New Delhi, 1980)

Holt, Edgar, *The Strangest War: The Story of the Maori Wars, 1860-1872* (London, 1962)

Hutchins, Francis G., *The Illusion of Permanence: British Imperialism in India* (Princeton, New Jersey, 1967)

Irving, R. G., *Indian Summer: Lutyens, Baker and Imperial Delhi* (New Haven, 1981)

James, Lawrence, *Raj: The Making and Unmaking of British India* (London, 1997)

Kanwar, P., *Imperial Simla: The Political Culture of the Raj* (Delhi, 1990)

Kieve, Jeffrey, *The Electric Telegraph: A Social and Economic History* (Newton Abbot, 1973)

Kipling, Rudyard, *Kim* (Oxford, 1987 [1901])

—, *Plain Tales from the Hills* (London, 1987 [1890])

—, *The Man Who Would Be King and Other Stories* (Oxford, 1987 [1885-1888])

—, *Traffics and Discoveries* (London, 2001 [1904])

—, *War Stories and Poems* (Oxford, 1990)

Knight, Ian (ed.), *Marching to the Drums: Eyewitness Accounts of War from the Charge of the Light Brigade to the Siege of Ladysmith* (London, 1999)

Machonochie, Evan, *Life in the Indian Civil Service* (London, 1926)

MacLeod, Roy and Kumar, Deepak (eds.), *Technology and the Raj: Western Technology and Technical Transfers to India, 1700-1947* (New Delhi/Thousand Oaks/London, 1995)

Mehta, Uday Singh, *Liberalism and Empire: A Study In Nineteenth-Century British Liberal Thought* (Chicago, 1999)

Misra, Maria, *Business, Race and Politics in British India, c. 1850-1960* (Oxford, 1999)

Napier, Lt.-Col. The Hon. H. D., *Field Marshal Lord Napier of Magdala GCB, GCSI: A Memoir* (London, 1927)

— (ed.), *Letters of Field Marshal Lord Napier of Magdala concerning Abyssinia, Egypt, India, South Africa* (London, 1936)

Narasimhan, Sukuntala, *Sati: A Study of Widow Burning in India* (New Delhi, 1998)

Oldenburg, Venna Talwar, *The Making of Colonial Lucknow, 1856-1877* (Princeton, New Jersey, 1984)

Samanta, Amiya K. (ed.), *Terrorism in Bengal: A Collection of Documents on Terrorist Activities from 1905 to 1939*, 6 vols. (Calcutta, 1995)

Seal, Anil, *The Emergence of Indian Nationalism: Competition and Collaboration in the later Nineteenth Century* (Cambridge, 1968)

Spangenberg, Bradford, "The Problem of Recruitment for the Indian Civil Service during the Late Nineteenth Century", *Journal of Asian Studies*, 30/2 (1971), pp. 341-60

Steeds, David and Nish, Ian, *China, Japan and Nineteenth-Century Britain* (Dublin, 1977)

Sullivan, Eileen, "Liberalism and Imperialism: J. S. Mill's Defense of the British Empire", *Journal of the History of Ideas*, 44/4 (1983), pp. 595-617
Tinker, Hugh, *A New System of Slavery: The Export of Indian Labour Overseas, 1830-1920* (London/New York/Bombay, 1974)
Tomlinson, B. R., *The Economy of Modern India, 1860-1970* (Cambridge, 1989)
Trevelyan, George Otto (ed.), *The Life and Letters of Lord Macaulay*, 2 vols. (London, 1876)
Waley Cohen, Ethel A. (ed.), *A Young Victorian in India: Letters of H. M. Kisch of the Victorian Civil Service* (London, 1957)
Wong, J. Y., *Deadly Dream: Opium, Imperialism and the "Arrow" War (1856-1860) in China* (Cambridge, 1998)
Yalland, Zoe, *Traders and Nabobs: The British in Cawnpore, 1765-1857* (Wilton, 1987)

CAPÍTULO 5

Boehmer, Elleke (ed.), *Empire Writing: An Anthology of Colonial Literature, 1870-1918* (Oxford, 1998)
Brailsford, Henry Noel, *The War of Steel and Gold: A Study of the Armed Peace* (London, 1917 [1914])
Davis, Lance E. and Huttenback, R. A., *Mammon and the Pursuit of Empire: The Political Economy of British Imperialism, 1860-1912* (Cambridge, 1986)
Ellis, John, *The Social History of the Machine Gun* (London, 1993)
Ferguson, Niall, *The World's Banker: The History of the House of Rothschild* (London, 1998)
Fieldhouse, D. K., *Economics and Empire, 1830-1914* (London, 1973)
Flint, John E., *Sir George Goldie and the Making of Nigeria* (London, 1960)
Ford, Roger, *The Grim Reaper: The Machine-Gun and Machine-Gunners* (London/Basingstoke, 1996)
Friedberg, Aaron, *The Weary Titan: Britain and the Experience of Relative Decline, 1895--1905* (New York, 1987)
Gallagher, John and Robinson, Ronald, "The Imperialism of Free Trade", *Economic History Review*, 2nd ser., 6 (1953), pp. 1-15
Goldsmith, Dolf, *The Devil's Paintbrush: Sir Hiram Maxim's Gun* (Toronto/London, 1989)
Headrick, Daniel R., *The Tools of Empire* (Oxford, 1981)
Hobhouse, Emily, *The Brunt of War, and Where it Fell* (London, 1902)
Hobsbawm, E. J., *The Age of Empire, 1875-1914* (London, 1987)
Hobson, J. A., *Imperialism: A Study* (London, 1988 [1902])
Hyam, Ronald, *Empire and Sexuality* (Manchester, 1992)
Imlah, Albert H., *Economic Elements in the Pax Britannica* (Cambridge, Mass., 1958)

Jeal, Tim, *Baden-Powell* (London, 1989)
Lyons, F. S. L., *Ireland Since the Famine* (London, 1982)
MacKenzie, John M., *Propaganda and Empire: The Manipulation of British Public Opinion, 1880-1960* (Manchester, 1984)
— (ed.), *Imperialism and Popular Culture* (Manchester, 1986)
Markham, George, *Guns of the Empire: Automatic Weapons* (London, 1990)
Marples, Morris, *A History of Football* (London, 1954)
Marsh, Peter T., *Joseph Chamberlain: Entrepreneur in Politics* (New Haven/London, 1994)
Martin, A. C., *The Concentration Camps, 1900-1902: Facts, Figures, and Fables* (Cape Town, 1957)
McCallum, Iain, *Blood Brothers: Hiram and Hudson Maxim – Pioneers of Modern Warfare* (London, 1999)
McClintock, Anne, *Imperial Leather: Race, Gender and Sexuality in the Colonial Contest* (New York, London, 1995)
Moorehead, Alan, *The White Nile* (London, 1971)
Muffett, D. J. M., *Empire Builder Extraordinary: Sir George Goldie – His Philosophy of Government and Empire* (Douglas, Isle of Man, 1978)
Neillands, Robin, *The Dervish Wars: Gordon and Kitchener in the Sudan, 1880-1898* (London, 1996)
Pakenham, Thomas, *The Boer War* (London, 1991)
—, *The Scramble for Africa* (London, 1991)
Platt, D. C. M., *Finance, Trade, and Politics in British Foreign Policy, 1815-1914* (Oxford, 1968)
Pollock, John, *Kitchener* (London, 2001)
Roberts, Andrew, *Salisbury: Victorian Titan* (London, 1999)
Robinson, Ronald and Gallagher, John, *Africa and the Victorians: The Official Mind of Imperialism* (London, 1961)
Rosenthal, Eric, *Gold! Gold! Gold! The Johannesburg Gold Rush* (New York/London/Johannesburg, 1970)
Rotberg, Robert I., *The Founder: Cecil Rhodes and the Pursuit of Power* (New York/Oxford, 1988)
Seeley, J. R., *The Expansion of England: Two Courses of Lectures* (London and New York, 1886)
Shannon, Richard, *Gladstone, vol. II: Heroic Minister, 1865-1898* (London, 1999)
Spies, S. B., *Methads of Barbarism? Roberts and Kitchener and Civilians in the Boer Republics: January 1900-May 1902* (Cape Town, 1977)
Staley, Eugene, *War and the Private Investor: A Study in the Relations of International Politics and International Private Investment* (Chicago, Illinois, 1935)
Strachey, Lytton, *Eminent Victorians* (Harmondsworth. 1948 [1918])
Taylor, S. J., *The Great Outsiders: Northcliffe, Rothermere, and The Daily Mail* (London, 1996)
Wynne-Thomas, Peter, *The History of Cricket: From the Weald to the World* (Norwich, 1988)

CAPÍTULO 6

Aldrich, Robert, *Greater France: A History of French Overseas Expansion* (Basingstoke, 1996)
Andrew, Christopher M. and Kanya-Forstner, A. S., *France Overseas: The Great War and the Climax of French Imperial Expansion* (London, 1981)
Bond, Brian, *British Military Policy between the Two World Wars* (Oxford, 1980)
Brockington, Leonard, "John Buchan in Canada", in Tweedsmuir, Susan (ed.), *John Buchan by his Wife and Friends* (London, 1947), pp. 267-77
Brook, Timothy (ed.), *Documents on the Rape of Nanking* (Ann Arbor, 1999)
Brown, Anthony Cave, *Treason in the Blood: H.St. John Philby, Kim Philby and the Spy Case of the Century* (London, 1995)
Brown, Judith M., *Modern India: The Origins of an Asian Democracy* (Oxford, 1994)
Buchan, John, *Greenmantle* (London, 1916)
—, *Memory Hold-The-Door* (London, 1941)
Buchan, William, *John Buchan: A Memoir* (London, 1982)
Chakrabarty, Bidyut, *Subhas Chandra Bose and Middle Class Radicalism: A Study in Indian Nationalism, 1928-1940* (London/New York, 1990)
Chalker, Jack Bridger, *Burma Railway Artist: The War Drawings of Jack Chalker* (London, 1994)
Chang, Iris, *The Rape of Nanking: The Forgotten Holocaust of World War II* (New York, 1997)
Charmley, John, *Churchill's Grand Alliance. The Anglo-American Special Relationship, 1940-57* (London, 1995)
Cohen, Michael J. and Kolinsky, Martin (eds.), *Demise of the British Empirein the Middle East: Britain's Response to Nationalist Movements, 1943-55* (London, 1998)
Colvin, Ian, *The Life of General Dyer* (London, 1929)
Conrad, Joseph, *Heart of Darkness* (London, 1973 [1902])
—, *Lord Jim* (Oxford, 1983 [1921])
Daniell, David, *The Interpreter's House: A Critical Assessment of John Buchan* (London, 1975)
Darwin, John, *Britain and Decolonization: The Retreat from Empire in the Post-War World* (Basingstoke, 1988)
DeLong, Brad, *Slouching Towards Utopia: The Economic History of the Twentieth Century*, "*Old Draft*" (http://www.j-bradford-delong.net, 2000)
Draper, Alfred, *The Amritsar Massacre: Twilight of the Raj* (London, 1985)
Dunlop, E. E., *The War Diaries of Weary Dunlop: Java and the Burma-Thailand Railway, 1942-1945* (London, 1987)
Ellis, John, *The World War II Databook: The Essential Facts and Figures for all the Combatants* (London, 1993)

— and Michael Cox, *The World War I Databook: The Essential Facts and Figures for all the Combatants* (London, 1993)

Ferguson, Niall, *The Pity of War* (London, 1998)

Forster, E. M., *A Passage to India* (London, 1985 [1924])

Forth, Nevill de Rouen, *A Fighting Colonel of Camel Corps: The Life and Experiences of Lt.-Col. N.B. de Lancey Forth, DSO (&Bar), MC 1879-1933 of the Manchester Regiment and Egyptian Army* (Braunton, Devon, 1991)

French, Patrick, *Younghusband: The Last Great Imperial Adventurer* (London, 1994)

Gallagher, John, *The Decline, Revival and Fall of the British Empire* (Cambridge, 1982)

Geyer, Dietrich, *Russian Imperialism: The Interaction of Domestic and Foreign Policy, 1860--1914* (Leamington Spa/Hamburg/New York, 1987)

Gilbert, Martin, *In Search of Churchill: A Historian's Journey* (London, 1994)

Gilbert, Vivient Major, *The Romance of the Last Crusade: With Allenby to Jerusalem* (New York, 1923)

Goldsworthy, David (ed.), *British Documents on the End of Empire, The Conservative Government and the End of Empire, 1951-1957, Part 1: International Relations; Part 2:Politics and Administration; Part 3: Economic and Social Policies* (London, 1994)

Greene, Graham, *The Heart of the Matter* (London, 1962 [1948])

Hauner, Milan, *India in Axis Strategy: Germany, Japan and Indian Nationalists in the Second World War* (Stuttgart, 1981)

Henderson, W. O., *The German Colonial Empire, 1884-1919* (London/Portland, 1993)

Hochschild, Adam, *King Leopold's Ghost: A Story of Greed, Terror, and Heroism in Colonial Africa* (London/Basingstoke/Oxford, 1998)

Inchbald, Geoffrey, *Imperial Camel Corps* (London, 1970)

Kent, John (ed.), *Egypt And The Defence Of The Middle East [BritishDocuments on the End of Empire]*, 3 vols. (London, 1998)

Kershaw, Ian, *Hitler, 1936-45: Nemesis* (London, 2000)

Louis, Wm. Roger, *Imperialism at Bay: The United States and the Decolonization of the British Empire, 1941-1945* (New York, 1978)

— and Robinson, Ronald, "The Imperialism of Decolonization", *Journal of Imperial and Commonwealth History* 22 (1995), pp. 462-511

Lowe, Peter, "Great Britain and the Coming of the Pacific War, 1939-1941", *Transactions of the Royal Historical Society* (1974), pp. 43-62

Maugham, W. Somerset, *Far Eastern Tales* (London, 2000)

—, *Collected Short Stories*, 4 vols. (Harmondsworth, 1963 [1951])

Monroe, Elizabeth, *Britain's Moment in the Middle East, 1914-1956* (London, 1981)

Murfett, Malcolm H., Miksic, John N., Farrell, Brian P. and Shun, Chiang Ming, *Between Two Oceans: A Military History of Singapore from First Settlement to Final British Withdrawal* (Oxford/New York, 1999)

Neidpath, James, *The Singapore Naval Base and the Defence of Britain's Eastern Empire, 1919-1941* (Oxford, 1981)
Offer, Avner, *The First World War: An Agrarian Interpretation* (Oxford, 1989)
Overy, Richard, *Why the Allies Won* (London, 1995)
Owen, Geoffrey, *From Empire to Europe: The Decline and Revival of British Industry since the Second World War* (London, 1999)
Perkins, Roger, *The Amritsar Legacy: Golden Temple to Caxton Hall, The Story of a Killing* (Chippenham, 1989)
Pickering, Jeffrey, *Britain's Withdrawal From East Of Suez: The Politics Of Retrenchment* (London, 1998)
Rabe, John, *The Good Man of Nanking: The Diaries of John Rabe* (New York,1998)
Reynolds, David, *Rich Relations: The American Occupation of Britain, 1942-1945* (London, 1995)
Rhee, M. J., *The Doomed Empire: Japan in Colonial Korea* (Aldershot/Brookfield/Singapore/Sydney, 1997)
Ritchie, Harry, *The Last Pink Bits* (London, 1997)
Schmokel, Wolfe W., *Dream of Empire: German Colonialism, 1919-1945* (New Haven/London, 1964)
Smith, Janet Adam, *John Buchan: A Biography* (London, 1965)
Swinson, Arthur, *Six Minutes to Sunset – The Story of General Dyer and the Amritsar Affair* (London, 1964)
Thio, Eunice, "The Syonan Years, 1942-1945", in Chew, Ernest C. T. and Lee, Edwin (eds.), *A History of Singapore* (Singapore, 1991), pp. 95-114
Thomas, Lowell with Brown Collings, Kenneth, *With Allenby in the Holy Land* (London/Toronto/Melbourne/Sydney, 1938)
Tomlinson, B. R., *The Political Economy of the Raj, 1914-1947: The Economics of Decolonization* (London, 1979)
Travers, Tim, *Gallipoli 1915* (Stroud/Charleston, 2001)
Trevor-Roper, H. R. (ed.), *Hitler's Table Talk, 1941-44: His Private Conversations* (London, 1973 [1953])
Waugh, Evelyn, *Black Mischief* (London, 1962 [1932])
Yamamoto, Masahiro, *Nanking: Anatomy of an Atrocity* (Westport, Connecticut/London, 2000)
Yardley, Michael, *Backing into the Limelight: A Biography of T. E. Lawrence* (London, 1985)

CONCLUSÃO

Acemoglu, Daron, Johnson, Simon and Robinson, James A., "Reversal of Fortune: Geography and Institutions in the Making of the Modern World Income Distribution", *NBER Working Paper W8460* (Sept. 2001)

Cooper, Robert, "The Postmodern State", in Foreign Policy Centre (ed.), *Reordering the World: The Long-term Implications of September 11* (London, 2002).

Edelstein, Michael, "Imperialism: Cost and Benefit", in Roderick Floud and Donald McCloskey (eds.), *The Economic History of Britain since 1700*, vol. II (Cambridge, 1994), pp. 173-216

Ferguson, Niall, *The Cash Nexus: Money and Power in the Modern World, 1700-2000* (London, 2001)

La Porta, Rafael, Lopez-de-Silanes, Florencio, Shleifer, Andrei and Vishny, Robert W., "Law and Finance", *Journal of Political Economy*, 106/6 (1998), pp.1113-55

Landes, David S., *The Wealth and Poverty of Nations* (London, 1998)

Obstfeld, Maurice and Taylor, Alan M., "The Great Depression as a Watershed: International Capital Mobility over the Long Run", in Michael D. Bordo, Claudia Goldin and Eugene N. White (eds.), *The Defining Moment: The Great Depression and the American Economy in the Twentieth Century* (Chicago, 1998), pp. 353-402

Índice Remissivo

A
Abdul Karim 221
Abissínia 194, 239, 385
aborígenes da Austrália 127
Açúcar 22, 36, 37, 40, 58, 94, 97, 101, 104, 128, 136, 175, 209, 232, 362, 271
Aden 329, 368, 376
Afeganistão 162, 186, 192, 193, 276, 277, 327, 344, 384, 385, 388, 390
África
 do Sul 14, 244, 266, 267, 271, 275, 288, 294, 295, 296, 298, 304, 308, 328
 escravos 32
 missionários para a 172, 173, 177
 ocidental 27, 32, 43, 45, 104, 136, 138, 139, 148, 225, 239, 244, 255, 288, 302, 367, 386
 parceria pela 384
 Guerra dos Bôeres 271, 272, 288, 290, 295, 297, 300, 313, 319, 334, 343
Ahmed Shah Abdali, líder afegão 52
Aix-la-Chapelle 55
Alexandria 248, 249
algodão 17, 36, 37, 47, 149, 150

Allahabad, Tratado de 61
Allenby, general Edmund 326
Amboina, Indonésia, massacre de (1623) 44
América Latina 25, 81, 85, 132, 139, 257, 260, 261, 302
Amery, Leo 307, 329, 339
Amherst, *Lord* 200
Amritsar, massacre de 24
Amsterdã 17, 21, 41, 42, 44
Ananda Ranga Pillai 55
Angola portuguesa 147, 250
Annie Besant 345
Anson, George (*Lord* almirante) 56, 57
Antártica 329
Anthony Eden 365
antissemitismo 298
anúncios 84
Arabi Pasha 248
Archdale, John 88
Arcot 52, 59, 67
Argentina 260, 379
Arnold, Matthew 263
arquitetura 12, 226, 230
Arthur Lee 233
Ásia central 312

Asquith, Herbert 314
Asquith, Margot 223
Ato da Índia 73
Attlee, Clement 367
Auden, W. H. 366
Aurungzeb, imperador mogol 51
Austin, Alfred 270
Austrália 11, 14, 122, 123, 124, 125, 126, 127, 128, 129, 130, 131, 132, 133, 134, 138, 187, 207, 211, 261, 264, 267, 270, 273, 275, 276, 304, 308, 324, 328, 329, 342, 373

B

Bahadur Shah Zafar, último imperador mogol 167
Baía de Botany 126
Baines, Thomas 174
Baker, Herbert 229
Balcarres, *Lord* 105
Bálcãs 247, 313
Balfour, Arthur 300, 328
Balfour, Declaração de (1917) 374
Baltimore, *Lord* 88
Banco Mundial 387
Bangladesh 192, 381
Barbados 49, 95, 102
Bargash, Sultão de Zanzibar 252, 254
Baring, *Sir* Evelyn 283
Barlow, *Sir* George 163
Barnato, Barney 239
Barrackpur 165
BBC 11, 359
Bedingfeld, comandante Norman 174

Bengala 41, 43, 61, 63, 70, 75, 161, 165, 166, 182, 197, 204, 207, 227, 228, 229, 333, 342, 345
Bentinck, William 161
Berkeley, Bispo George 58
Berrio, Antonio de 31
Bevin, Ernest 367
Birmânia 11, 162, 192, 333
    ferrovia 354
Bismarck, Otto von 250
Blair, Tony 384
Bloemfontein 21, 271, 292, 293, 294, 295
Blunt, Wilfrid Scawen 291
Bôeres 266, 271, 287, 288, 289, 290, 291, 293, 294, 295, 297, 308
Bogle, George 63
Bogle, Paul 210
bolsas de estudo 243
Bombaim 20, 48, 50, 153, 165, 176, 187, 194, 195, 200, 205, 236
Bonn, Moritz 363
Booth, Charles O'Hara 127
Bornéu 256, 367
Bose, Janakinath 207, 220
Bose, Subhas Chandra 220
Bósnia-Herzegovina 313
Boswell, James 101, 117, 138
Botha, Louis 294
Botswana 147, 255
Bowater, soldado Joseph 165, 167
Boys of the Empire 273
Brailsford, Henry Noel 297
Branson, James 216
Brasil 27, 48, 139, 184, 260, 386

Brett, Reginald 299
Bright, John 16
Bristol 30
British Petroleum 329
Brooks, coronel Thomas 103
Brown, Samuel Snead 153
Brunel, Isanbard Kingdom 187
bucaneiros 26, 36, 43, 75
Buchan, John 14, 307, 315, 336, 391
Buller, Charles 130
Buller, general *Sir* Redvers 289
Bunker's Hill 118
Buraco Negro 59, 63
Burke, Edmund 71, 77, 118, 138
Burke, Thomas Henry 268
Burns, J. D. 318
Burns, Robert 68
Burrup, Henry de Wint 173
Butler, Lady 271
Butt, Isaac 268
Byng, Almirante John 57

C

Cabot, John 28, 30
café 37, 39, 81, 105, 142
Caffery, Jefferson 365
Calcutá 20
califa 284
Camarões 250, 255, 317, 328
Cameron, *Sir* Donald 225
Campbell, *Sir* Archibald 63
Campbell-Bannerman, *Sir* Henry 296
campos de concentração 293, 294, 295, 308
campos de petróleo 373

capitalismo 17, 19, 24, 42, 85, 158, 306, 376, 391
Carey, William 140
Caribe 22, 26, 32, 33, 43, 49, 54, 58, 75, 93, 95, 97, 101, 104, 118, 132, 139, 232, 369, 382
Carlos I 88
Carlos II 38, 45, 46, 48, 88, 89
Carlton, *Sir* Guy 118
Carlyle, Thomas 73, 130, 212
casamento
  inter-racial 86, 132
  misto 236
Casement, Roger 310
Catarina (de Bragança), Rainha 48
Cáucaso 192, 312
Cavendish, *Lord* Frederick 268
Cawnpore 165, 169, 170, 171, 213
chá 22, 37, 38, 39, 40, 42, 107, 110, 186, 215, 217, 337
Chalker, Jack 351, 354
Chamberlain, Austen 373
Chamberlain, Joseph 301
Charles Grant 154
Charnock, Job 160
Chiang Kai-shek 361
Child, Josiah 44
Childers, Erskine 334
China 27, 37, 38, 124, 139, 144, 189, 232, 261, 302, 358, 362, 378, 380, 388
Chinsura 21, 41, 43, 48
Chipre 329, 339, 368
Churchill, *Lord* Randolph 242
Churchill, Winston 24, 284, 310, 312

Cidade do Cabo 49, 133, 141, 142, 186, 244, 254, 265, 275, 295
ciência 56, 57, 101, 143, 144, 179, 207, 277, 286
Cingapura 319, 351, 354, 355, 357, 358, 367
City de Londres 240
Clive, Robert 59
Clough, Arthur Hugh 359
Cobden, Richard 16
Coghill, tenente Kendal 169
Coke, *Sir* Edward 88
Coleridge, Samuel Taylor 138
Colombo, Cristóvão 27
Colônia do Cabo 255, 288, 290
Colquhoun, Patrick, Tratado 74
Combe, George 277
comércio de escravos 9, 10, 24, 32, 97, 121, 132, 135, 137, 138, 139, 386
comércio de especiarias 42, 44, 47
Comitê da Sociedade Protestante 155
Companhia Britânica da África do Sul 241, 242, 244
Companhia da Escócia 63
Companhia do Levante 43
Companhia Nacional Africana 245
Companhia Real Africana 45, 97
Companhia Real do Níger 245
Comunidade Britânica 166, 351, 373, 374
Comunidade Econômica Europeia 370
Conan Doyle, Arthur 279
Conferência de Berlim 250, 252, 253
Congresso de Berlim 247

Congresso Nacional Indiano 220, 228, 342
Connolly, James 341
Cook, Capitão James 57, 122
Cooper, Robert 386
Cope, *Sir* Walter 31
Coreia 311
corrupção 67, 74, 380, 381, 385
Cripps, *Sir* Stafford 358
Crise de Suez 385
Cristianismo 148, 150, 151, 154, 155, 157, 158, 171, 172, 173, 175, 177, 179, 180, 376, 385
Crown, Eyre 301
Cudjoe, líder maroon, capitão 103
Cumberland, duque de 45
Curzon, George Nathaniel 222

D

'Demos', Centro de Estudos 10
Dale, *Sir* Thomas 86
Dalton, Hugh 366
Dardanelos 316, 321, 324
Darjeeling 199
Darwin, Charles 212
Darwinismo 279
Davies, *Sir* John 79
Dean Acheson 376, 392
De Beers 240, 241, 242, 244
Defoe, Daniel 36
Delamere, *Lord* 275
Denis Healey 376
Deppe, Ludwig 317
Depressão 84, 338, 378, 382

Derby, *Lord* 194
Dia do Império 267, 331, 359
Dickens, Charles 213
Dillo, John 288
direitos humanos 310, 350, 385, 386
Drake, *Sir* Francis 30
Drayton, Michael 81
Dreadnoughts 329, 392
Duad Khan, o nawab da Carnática 52
Duché, Jacob 115
Dulles, John Foster 365
Dundas, Henry 63
Dundas, Robert 154
Dunlop, tenente-coronel Edward 355
Dunmore, *Lord* 121
Dupleix, Joseph François 54
Durban, Declaração de 9
Durbar de Délhi 226
Durham, John Lambton, Conde de 130
Durham, Relatório 130
Dyer, general-de-brigada Rex 343

E
Eden, Anthony 365
Edmund Burke 138
Eduardo VII, Rei 226
Egerton, General *Sir* R. G. 341
Egito, Quediva do 247
Elizabeth I, Rainha 33, 34, 42, 74, 83
Elyot, Hugh 30
emigração 63, 89, 90, 93, 95, 270
Entente Cordiale 302
Equiano, Olaudah, escravo 99
Escócia 112, 123, 132, 133
escorbuto 34, 37, 57

Espanha 27, 29, 32, 78, 79, 80, 81, 103, 139, 255
Esportes coletivos 21
Essex, Walter Devereau, Duque de 78
Estado Livre Irlandês 339, 358
Estados da Trégua 329
exército alemão 287, 301, 302, 303, 317, 327
exército britânico 120, 292, 304, 317, 372
exército indiano 70, 162, 163, 169, 189, 192, 194, 227
exposições imperiais 272
Eyre, Edward 211

F
Fanning, David, legalista americano 116
Farrer, *Sir* Thomas 217
Fashoda, incidente de 251
Fawcett, Millicent 295
Ferdinand de Lesseps 247
Ferguson, Adam 137
Ferrovia Berlim-Bagdá 316
Festa do Chá de Boston 110
Fisher, Andrew 318
Fisher, H. A. L. 328
Fitzgerald, Oswald 280
Fitzgerald, Richard 126
Fletcher de Saltoun, Andrew 33
fluxos de capital 257, 260, 378
Força Aérea Real 11, 349
força expedicionária britânica 313, 316
Forster, E. M. 214, 335
Fox, Charles James 117

fragmentação política 382, 383
França 22, 37, 53, 54, 55, 57, 58, 59, 65, 68, 69, 80, 117, 238, 240, 247, 248, 249, 251, 261, 263, 282, 301, 302, 303, 304, 306, 314, 316, 319, 327, 328, 330, 340, 349, 370, 372, 377
Franklin, Benjamin 107, 113, 114, 115
frenologia 277, 278
Frobenius, Leo 327
Frobisher, Martin 31
Froude, J. A. 264
Fundo Monetário Internacional 387
futebol 275, 276, 307, 331, 341, 376

G

Gallipoli, campanhas de 321
Galloway, Joseph 112, 120
Galton, Francis 278
Gâmbia 31, 32, 97, 239, 361, 367
Gana (Costa do Ouro) 255
Gandhi, Mohandas Karamchand (Mahatma) 11, 342
Garraway, Thomas 37
Garvin, J. L. 256
Gates, *Sir* Thomas 31
Gholam Hussein Khan, Seir Mutaqherin 15, 60, 64, 65, 70
Ghose, Aurobindo 228, 229
Gibraltar 54, 103, 104, 184, 341, 348
Gilbert, Humphrey 32, 80
Gingee, forte, Carnática (Índia) 53
globalização 17, 18, 22, 23, 40, 41, 337, 338, 382, 383, 384, 388

Goetze, Sigismund, 'Britannia Pacifatrix' 330
Gogerly, George 156
Goldie, George 244
Goltz, Marechal de Campo Colmar von der 309, 316
Gordon, General Charles George 282, 386
Gordon, George William 211
governo direto de Westminster 268
Grace, W. G. 275
Grainger, James, 'The Sugar Caine' 101
Grande Exposição (1851) 272
Grande Jogo 193
Gran Grenada, ataque de Morgan a 26
Grant, Charles 154
Granville, *Lord* 283
Gray, Robert 86
Great Eastern 187
Greenway, Francis Howard 125
Greve Geral (1926) 338
Grey, *Sir* Edward 360
Guerra da Crimeia 247
Guerra dos Sete Anos 21, 58, 59, 68, 73, 94, 107, 111, 117, 120, 121
Guerra Fria 193, 261, 368, 369, 384
Guilherme II, Kaiser 287, 316
Guilherme III de Orange, Rei 58

H

Haggard, H. Rider 14, 279
Haia, Conferência de Paz de (1899) 273
Haider Ali, de Mysore 71
Haiti 105, 390

Hakluyt, Richard (o moço) 29, 86
Halifax, *Lord* 346, 348
Hallam, Sargento S. R. 356
Hamilton, Alexander 119
Hamilton, Lady 225
Hamilton, *Sir* Ian 324
Harmsworth, Alfred 272
Harrison, John 57
Harrower, John 92
Hasan Ethem 325
Hastings, Warren 62
Hawke, *Sir* Edward 57
Hawkins, *Sir* John 32
Hayls, John 40
Healey, Denis 376
Heber, Reginald, Bispo 156
Helmore, Reverendo Holloway 173
Henderson, *Sir* Neville 308
Henley, W. E. 270
Henrique VII, Rei 28, 30
Henrique VIII, Rei 34, 78
Henry Labouchere 297
Henty, G. A. 270
Heriot, Thomas 38
Hicks, Coronel William 282
hierarquia 223, 225, 226, 365
Hirohito, Imperador do Japão 312
Hitler, Adolf 24, 312, 237, 346, 347, 348, 349, 362, 365, 369, 371
Hobhouse, Emily 295
Hobhouse, Leonard 16
Hobson, J. A. 16, 297
Hodson, William 169
Hong Kong 182, 185, 319, 362
Howe, General William 118

Hughes, William M. 329
Hugli (Hooghly), rio, Bengala 41, 48
Hume, Allan Octavian 236
Hunt, Dr. James 277
Hunt, G. W. 271
Hyderabad 52, 67

I

Igreja Católica Romana 243
Igreja da Inglaterra 115, 343
Ilbert, Courtenay Peregrine 215, 216
Ilbert, Lei 215, 216, 217, 218, 219, 220
império alemão, 348
império espanhol 29, 35
império holandês 21
império japonês 21, 350, 351
império otomano 246, 247, 326, 327
imprensa popular 272
índios americanos 87, 127, 129
Indonésia 27, 42, 44, 47, 231
infanticídio (feminino) na Índia 158, 386
investimento estrangeiro 256, 378
Irã 368
Iraque (Mesopotâmia) 316, 320, 325, 328, 330, 386, 390
Irlanda 14, 19, 30, 32, 58, 77, 78, 80, 81, 85, 89, 122, 132, 187, 264, 267, 268, 269, 301, 310, 312, 341, 342, 344, 345
Irmandade Feniana 267
Isambard Kingdom Brunel 187
Isandhlwana (1879) 290
Islã 282, 315, 334

Israel, Estado de 367
Itagaki, General Seishiro 354
Itália 17, 248, 250, 255, 306, 340, 370

J
Jack Chalker 355
Jaime I, Rei 32, 38, 39
Jaime II, Rei, como Duque de York 45, 46
Jamaica 19, 20, 26, 27, 35, 36, 68, 89, 93, 100, 101, 102, 103, 104, 105, 106, 136, 209, 211, 212, 213, 225, 311, 393
Jameson, Leander Starr 288
Jamestown, Virgínia 82
Japão 18, 30, 261
Jardine Matheson 185
Java 361
Jefferson, Thomas 113, 120
Jerusalém 176, 326
jingoísmo 271
Jinnah, Mohammed Ali 374
Job Charnock 160
John Adams 112
John Maynard Keynes 363
Johnson, Samuel 26, 38, 66, 117, 121
John Talbot Campo-bell 102
Joseph Banks 57

K
Kartar Singh, Sinaleiro 319
Kemal Ataturk (Mustafa Kemal) 322
Kennedy, Charles Pratt 199
Keswick 215, 216, 217
Keynes, John Maynard 336, 363

Kimberley, *Lord* 216, 225
Kimberley, minas de diamante 240
Kingsfor, J. D. 228
Kipling, Rudyard 200, 331, 344, 390
Kiralfy, Imre 272
Kirk, Dr. John 174, 252, 254
Kisch, H. M. 235
Kitchener, General Herbert Horatio (*Lord*) 284
Kosovo 384, 390
Kut el Amara, cerco de 325
Kuwait 329
Kwai, Rio 21, 355

L
Labouchere, Henry 297
Ladysmith, Natal 289
Lakeland, William 365
Landes, David 381
Lawrence, Henry 166, 181
Lawrence, T. E 325
Lee, Arthur 93, 233
Lesseps, Ferdinand de 247
Levante da Páscoa 345
Lexington, 'batalha' 105, 107
Líbano 328
Liberal, Partido 264, 313
liberalismo 11, 18, 157, 213, 383
Libéria 239
Liman von Sanders, Otto 316
Lipset, Seymour Martin 381
Littleton, Edward 102
Livingstone, David 135, 138, 143
Livingstone, Mary 175
Livingstone, Zâmbia 177

Lloyd George, Davi 296
Lobengula, chefe matabele 240, 241
Locke, John 86, 87
Logan, Patrick 127
Londonderry, 80
Long, Edward 100, 102
Low, David, 'Coronel Blimp' 335
Lowe, Ludwig 287
Lugard, Frederick 225, 245
Luís XVI, Rei da França 117
Lusitania, SS 318
Lutyens, *Sir* Edwin 229

M

Macartney, *Sir* George 58
Macaulay, Thomas Babington 206
Macaulay, Zachary 154
Macdermott, G. H. 271
Macdonald, Hector 280, 285
Machonochie, Evan 204, 224
Mackenzie, Charles Frederick, Bispo 173
Macmillan, Harold 366, 369
Macquarie, Lachlan, Governador de Nova Gales do Sul 124
Madagascar 255
Mafeking, cerco de 290
Mainodin Hassan Khan 166, 169
Makalolo, tribo 148
malaios 288
Malária 34, 82, 93, 135, 176, 177, 231, 355, 356
Manning, Frederic 373
Manning, George 103
Mansfield, *Lord* 62, 112, 121

Marathas 52, 71, 74
Marinha Alemã 301, 317
Marinha Real 12, 56, 135, 139, 184, 188, 301, 317, 318, 349, 386, 389
Mar Negro 247, 312, 316
Marrocos 255, 261, 302
Marsden, Samuel 141
Marvell, Andrew 76
Massachusetts 84, 86, 105, 106, 107, 111
Massey, Wiliam Ferguson 374
Maugham, W. Somerset 278
Maxim, Hiram 243
  metralhadora de Maxim 245, 255
Maxwell, Hugh 213, 214, 215, 218
Maxwell, John 64
McLaren, Kenneth ('O Garoto') 280
Meerut, Motim Indiano 165
Mehmet Ali, líder egípcio 246
mercantilismo 44
Mesopotâmia ver Iraque 316, 325
Metodismo 137
México 27, 32, 360, 361, 380, 390
Mill, John Stuart 157, 212
Milner, Alfred 266
Minto, *Lord* 274
miscigenação 64, 102, 236
Missão das Universidades para a África Central 173, 177
Mithra, Pramathanath Mitra P. 228
Moffat, Robert 145
Mogol, Império 15, 21, 51, 167
Moltke, Helmuth von 372
Molucas 42
monopolistas, companhias de comércio 83, 244

Montagu, Edwin 328
Montgomery-Massingberd, General *Sir* Archibald 340
Morel, Edmund 310
Morgan, *Sir* Henry 26, 35, 36
Morley, John 273
Morrison, Herbert 364
mortalidade, taxas de 125, 132, 189, 296
Morton, J. B. 335
Motim Branco 215, 218, 220, 221
Motim Indiano 21, 164, 171, 186, 211, 213, 218, 343
Mountbatten, *Lord* 366
movimento evangélico 161, 168, 176
Muçulmana, Liga 366, 374
Munro, Thomas 153
Munster, Irlanda 80
Muscat 329
Musolini, Benito 312
Mysore 67, 71, 74, 224

N

nababos 66, 67, 69, 73
nacionalismo indiano 220, 232, 346
nacionalismo radical 307
Nações Unidas 10, 367, 371
Namíbia 250, 255
Napier, General *Sir* Robert 194, 195
Narrangasett, índios, Rhode Island 87
Nauru 328
Navegação
  arte da 33
  Leis de 45, 110
  navios de escravos 100

Nehru, Jawaharlal 345, 366
Nehru, Motilal 220
Neill, General de Brigada 169
Newbolt, Henry, 'Vitai Lampada' 281, 307
Newport, Christopher 31, 35
Newton, John comerciante de escravos 95
Ngami, lago 146, 147, 149
Nigéria 97, 134, 177, 246, 251, 255
Nilo, nascente do 176
Norfolk, ilha 124, 127
North, *Lord* 110, 111, 112
Northcliffe, *Lord* (Alfred Harmsworth) 272, 304
Northcote, *Sir* Stafford 195
Nova Délhi 229, 230, 342
Nova Escócia 131
Nova Gales do Sul 122, 124, 125, 126, 127, 129, 288
Nova Guiné 256, 328
Nova Inglaterra 84, 85, 87, 88, 94, 380
Nova Zelândia 14, 128, 131, 132, 141, 207, 267, 270, 275, 308, 318, 328, 339, 359, 373, 374
  maoris 128, 141, 275
Nyangwe, massacre de 176

O

O'Dwyer, *Sir* Michael 343
O'Neill, Hugh, Conde de Tyrone 78
O'Neill, Shane 78
O Fardo do Homem Branco 271, 390
Oliver, Peter 76
Omdurman, Batalha de 281, 287, 386

Ópio,
  comércio de 139
  Guerras do 144, 184
Oriente Médio 247
Orinoco, rio 31
Orwell, George 309, 333
Osama Bin Laden 386
Osborne, House 183, 186, 222, 239
Oudh 67, 70, 72, 158, 166, 181, 385

P

Page, Walter 360
Paine, Thomas 113
Palestina 328, 334, 342, 367, 375
Pall Mall Gazette 273, 282, 283
Palmerston, *Lord* 175, 184
Panamá 27, 32, 35, 63
Paquistão 192, 367, 371, 381
Park, Mungo 146
Parnell, Charles Steward 268
paz global 377
Pearl Harbor 359
Pearse, Patrick 341
Pearson, Karl 278, 301
Penn, William 89, 103
Pensilvânia 89, 113, 118, 121, 137
Pentágono, ataques de 11 de setembro 384
Pepys, Samuel 38
Peregrinos 83, 84, 85, 88, 89 124
Peru 27, 30, 32, 380
Peshawar 169
petições 138, 155, 161
Petty, William 44
Philby, Harry St, John Bridger 334

Philby, Kim 334
Pickering, Neville 280
Pinto, Isaac de 58
pirataria 27, 32, 36, 73, 365
Pitt, Thomas 'Diamante' 49, 51, 56, 65, 203
Pitt, William 56, 67, 73, 94
Plassey, Batalha de 59
Playfaire, Tenente-coronel William 162
Pocahontas 86
Pocock, *Sir* George 57
Polônia, domínio russo sobre a 312
Pondicherry 21, 53, 54, 55, 58
Portobelo, Panamá 27, 35
Portsmouth, base naval 123, 183
português, império 27
Poynton, A. H. 367
Price, John Giles 127
Price, Roger 173
Primeira Guerra Mundial 313, 314
protecionismo 338, 378
Protestantismo 21, 29, 46
protetorado britânico 246, 255
Puritanos 83

Q

Qatar 329
Quacres 89, 137, 154
Quebec 54, 57, 58, 118, 120, 129, 130
Quênia 12, 255, 368, 381
Quiberon, baía 57

R

Radcliffe, *Sir* Cyril 366
Raikes, Charles 172

rainha Vitória 194, 233
Ralegh, Sir Walter 31, 38, 78, 80
Reade, Winwood 277
Recessional 233
Reforma 29, 83, 125, 130
Reibey, Mary 126
Relatório Balfour sobre Relações Imperiais (1926) 373
republicanismo 113, 341
Revere, Paul 105
Revolução Francesa 20, 73
Revolução Gloriosa (1688) 46, 111
Revolução Industrial 183, 214
Rhodes, Cecil 238, 239, 301
rifles 179, 192, 241, 242, 285, 289, 356
rio Kwai 355
Roanoke, ilha 80
Rodésia 242, 244, 255, 319, 367
Roe, Sir Thomas 50
Ronalds, Francis 186
Roosevelt, F. D. 361
Rosebery, Conde de 298
Rothschild, Banco 240, 298
Rothschild, família 298
Rothschild, Ferdinand de 298
Rothschild, Nathaniel de, Lord 240
Ruanda 384
Ruskin John 212, 238

S
Said, Edward 15
Saint Leger, Sir Warham 78
Saki (Hector Hugh Munro) 305
Salisbury, Marquês de 222

Samoa Ocidental 328
Samuel Adams 107, 112
sati (suttee) 158
Scott, Paul 214
Searight, Kenneth 281
Sechele, Bakwena, chefe 145
seda 40, 195
Seeley, John Robert 263
Segunda Guerra Mundial 170, 220, 312, 359
Seita de Clapham 137, 139, 154, 161
Selo, lei do 107, 111
Serampore 154
Seringapatam 74
Serra Leoa 20, 43, 95, 98, 132, 135, 136, 184, 239, 255, 384
Sérvia 313, 327, 384, 386
Serviço Civil Indiano 23, 73, 201, 202, 225, 231, 306, 334, 385
Shangani, Batalha do Rio 241
Sharp, Granville 138
Sheridan, Richard 72
Shire, rio 175
Sião 261
Sidgwick, Adam 174
Simla 199, 200, 201, 205, 207, 217, 219
sistema penal 122
Skinner, James, cavalo de Skinner 64
Sleeman, William 159
Smith, Adam 15, 16, 71, 112, 137, 157
Smith, Capitão Robert 152
Smith, Coronel Francis 106
Smuts, General Jan 19

Sociedade Alemã de Colonização 252
Sociedade Geográfica Real 146, 147
Sociedade Missionária Batista 210
Sociedade Missionária da Igreja 140, 155, 156, 263
Sociedade para a Promoção do Evangelho Cristão (1698) 140
Sociedade para a Propagação do Evangelho (1701) 140
soldados nativos 159, 188, 198
Somália 250, 255
Sorabji, Cornelia 278
Spurgeon, Charles 168
Sucessão Espanhola, Guerra da 54
Sudão 251, 255, 270, 272, 281, 282, 283, 284, 299, 329, 385
Suez 247, 248, 287, 299, 364, 365, 366, 367, 368, 369, 370, 385
suntuárias, leis 39
Sydney, Austrália 123, 125, 126
Sydney, *Sir* Henry 78

T

tabaco 32, 36, 37, 38, 81, 83, 86, 90, 91, 94, 104, 124, 128, 198
Tagore, Rabindranath 228
Tagore, Satyendernath 207
Taiping, rebelião 282
Tanganica 178, 225, 250, 252, 254, 348, 367
Tanzânia 381
Tasmânia 127, 128
taxação 73, 107, 110, 111, 112
tecnologia 183, 185, 186, 187, 192
telégrafo 206, 234, 236

Tennyson, Alfred, *Lord* 213
Terranova 30, 84, 187
Terry, Samuel 126
Tewfiq, Quediva do Egito 248
Thackeray, W. M., Vanity Fair 67
thagi (thuggee) 158
Thatcher, Dr. James 114
Thomason, James 158
Thornton, Richard 174
Threlfall, William 141
Tiedemann, Major von 287
Tipu Sultan, de Mysore 71, 74, 181, 224
Togolândia 317, 328
tolerância religiosa 89, 153, 251
Townshend, Charles 107, 114, 325
tráfico de escravos 139, 185, 250, 252
Trinity House, Deptford 34
Trollope, Anthony 128
Trotha, General Lothar von 311
Trucanini, último aborígene da Tasmânia 128
Tucker, Josiah 112
turismo, África Ocidental 173
Turnbull, *Sir* Richard 376
Turquia 247, 261, 306, 308, 315, 316, 393

U

Uganda 189, 251, 255, 275
Ujiji, lago Tanganica 178
Ulster, plantation de 80, 85
Underhill, Edward 210
União Europeia 387
União Monetária Latina 261

União Soviética 312, 351, 368, 369
Unionismo 265, 268

V
Venezuela 35, 90
Vietnã 290
Vincent, Matthias 50
Vitória, Cataratas 20, 149, 150, 173, 177
Vitória, Rainha 168, 171, 182, 184, 207, 210, 215, 221, 233, 238, 256, 270
Volkner, Reverendo Carl S. 141

W
Wahabita, seita islâmica 282
Wahunsonacock, chefe powhatan 86
Wakefield, Edward Gibbon 130
Waller, Edmund 38
Walpole, Horace 74, 133
Warburg, família 306
Warren, General *Sir* Charles 289
Warrior, HMS 184, 185
Washington, George 107, 131
Wateson, George 35
Watt, Alan 363
Waugh, Evelyn 12, 335
Wedgwood, Josiah 138
Weingott, Alex 322
Weingott, Sam 322, 324
Welles, Sumner 362
Wellesley, Richard, Conde de 74
Wembley, Exposição Imperial Britânica 331
Westminster, Estatuto de 339, 373

White, John 82
Wickham, R. 37
Wilberforce, William 137, 154
Wilkie, Wendell 362
Wilson, Henry 316
Wilson, Lady Sarah 291
Wilson, Woodrow, presidente dos Estados Unidos 328, 360, 390
Winant, John G. 360
Winthrop, John 85, 86
Wolfe, General 57
Wolseley, *Sir* Garnet 249, 283
Woolf, Leonard 333
World Trade Center, ataques de 11 de setembro 384
Wrong, Professor George M. 9
Wyatt, *Sir* Francis 86
Wylie, Macleod 134

X
xerife de Meca, Hussein ibn Ali 325

Y
Yorktown 119, 120
Younghusband, Francis 333

Z
Zachary Macaulay 136
Zâmbia, terras altas 150
Zanzibar 148, 176, 177, 252, 254, 255, 339, 393
  mercado de escravos 148, 177
Zimbábue 255, 381
Zulu, Guerra dos 331

Lista das Imagens

Os créditos das imagens são fornecidos entre parênteses. Fez-se todo o esforço para se encontrar os detentores dos direitos autorais, mas isso não foi possível em todos os casos. Notificada, a editora de bom grado retificará quaisquer omissões na primeira oportunidade.

1. Agnes Ferguson com sua família em Glenrock, 1911-21 (cortesia de Campbell Ferguson)
2. Navios portugueses e franceses do Buttugar, gravura de Theodore de Bry, por Jacques lê Moyne de Morgues, Navigatio in Braziliam, 1562 (Musée de la Marine, Paris/The Art Archive)
3. Thomas "Diamante" Pitt, retrato de John Vanderbank, 1710-20 (coleção particular)
4. *Casa Mastro em Blackwall*, por William Daniell, 1803 (© National Maritime Museum, Londres)
5. *Robert Clive com sua família e uma criada indiana*, por *Sir* Joshua Reynolds, 1765-6 (Gemäldegalerie, Berlin/© Bildarchiv Preubischer Kultbesitz/Jörg P Anders)
6. Oito gurcas, retrato dos membros da família Ghulam Ali Khan, Délhi, 1815. (The Gurkha Museum, Winchester)
7. *Coronel James Todd viajando de elefante com a cavalaria e sipaios*, pintura de artista anônimo da Companhia das Índias Orientais, século XVIII (Victoria & Albert Museum/Bridgeman Art Library)
8. Escravos abaixo do convés, esboço de aquarela do tenente Francis Meynell, 1844-6 (© National Maritime Museum, Londres)
9. Uma *plantation* de açúcar ao sul de Trinidad, C. Bauer, 1850 (coleção particular/Bridgeman Art Library)
10. *A batalha de Bunker Hill, com o incêndio da Charles Town*, American School, 1783 ou depois (Doação de Edgar William and Bernice Chrysler Garbisch. Fotografia © Board of Trustees, National Galley of Art, Washington)
11. *Flagelação do condenado Charles Maher*, esboçado por J. L., 1823, de *Recollections of Thirteem Years' Residence*, por Robert Jones (Mitchell Library, State Library of New South Wales, Sydney)

12. *Uma gangue da prisão do governo,* por Augustus Earle, 1830 (© National Maritime Museum, Londres)
13. *Escravos acorrentados,* Zanzibar, século XIX (Bojan Brecelj/Corbis)
14. David Livingstone, fotografia de Maull & Co., 1864-5 (cortesia de National Portrait Gallery, Londres)
15. *Um pregador itinerante na Índia,* ilustração de Anon, século XIX (United Society for the Gospel/Eileen Tweedy/The Art Archive)
16. *Rendição de Lucknow 1857: o sonho de Jessie,* por Frederick Goodall, 1858 (Shwffield City Art Galleries/Bridgeman Art Library
17. *Passando o Cabo a bordo do Grande Oriental,* ilustração de Robert Dudley, de *The Atlantic Telegrafh,* por William Howard Russell, 1866 (Science & Society Picture Library)
18. Soldados indianos com elefantes, 1897 (Public Record Office Image Library)
19. Navios a vapor no rio Hugli carredagos e descarregados, Calcutta, 1900 (Hulton Archive)
20. *Toryentalismo e terrorismo: Curzon e companheiros aristocratas em Aina-Khana,* o Palace of Maharaja Peshkai, 1900 (Hulton Archive)
21. Grande procissão no Red Fort durante o Delhi Durbar, 1903 (© The British Library)
22. Aurobindo Ghose
23. Os vencedores de Tel-el-Kebir: tropas escocesas ao redor da esfinge, Giza, 1882. (Bettmann/Hulton Archive)
24. Hiram Maxim com a sua arma, 1880 (© Bettmann/Corbis)
25. Os mortos em Omdurman, 1898 (cortesia do diretor da National Army Museum, Londres)
26. Churchill rumo à Inglaterra, 1899 (© Bettmann/Corbis)
27. Corpos mortos, Spion Kop, Natal, 1900 (Hulton Archive)
28. Caricatura francesa criticando os campos de concentração britânicos na Guerra dos Bôeres, por Jean Veber, do L'Assiette au Beurre, 28 de setembro de 1901 (Archives Charmet/Bridgeman Art Library)
29. Um Espectro na Luz do Dia, caricatura da capa de *Der Wahre Jacob,* 11 de setembro de 1900 (AKG Londres)
30. Nossos Aliados, cartão-postal francês mostrando soldados hindus e ingleses, Nantes, 1914 (coleção particular/AKG Londres)
31. T. E Lawrence, fotografia de B. E. Leeson, 1917 (cortesia da National Portrait Gallery, Londres)
32. Esboço da escavação Konyu-Hintok, Tailândia, 1942, por Allied PoW Jack Chalker (cortesia de Jack Walker)
33. Charge japonesa incitando indianos a jogar fora o comando britânico, 1942 (Imperial War Museum, Department of Printed Books)

34. *Dominó: Trabalho em equipe aliado ganha o jogo*, caricatura cubana de Conrado Massaguer (© Estate of Conrado Massaguer/Franklin. D Roosevelt Library, New York/Bridgeman Art Library)
35. Coronel Gamal Abdel-Nasser em meio à multidão durante uma demonstração contra a proposta de dissolução do Conselho Revolucionário, Egito, 29 de março de 1954 (Hulton Archive)
36. O bloqueio do Porto Said durante a Crise de Suez, 19 de novembro de 1956 (© Hulton-Deutsch Collection/Corbis)

Leia também, do mesmo autor:

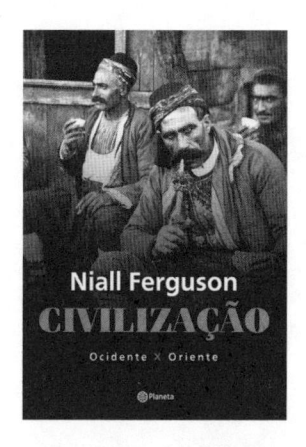

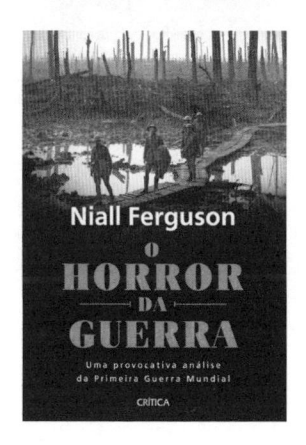

Niall Ferguson — CIVILIZAÇÃO
Ocidente x Oriente

Niall Ferguson — A ASCENSÃO DO DINHEIRO
A HISTÓRIA FINANCEIRA DO MUNDO

Niall Ferguson — O HORROR DA GUERRA
Uma provocativa análise da Primeira Guerra Mundial

NIALL FERGUSON — A PRAÇA E A TORRE
REDES, HIERARQUIAS E A LUTA PELO PODER GLOBAL

**Acreditamos
nos livros**

Este livro foi composto em Garamond e
impresso pela Geográfica para a Editora
Planeta do Brasil em julho de 2021.